SCHÄFFER
POESCHEL

Bettina Schwarzer/Helmut Krcmar

Wirtschaftsinformatik

Grundlagen betrieblicher Informationssysteme

5., überarbeitete Auflage

2014
Schäffer-Poeschel Verlag Stuttgart

Herausgeber:
Prof. Dr. Bernd P. Pietschmann, Fachhochschule Aachen
Prof. Dr. Dietmar Vahs, Hochschule Esslingen

Prof. Dr. Bettina Schwarzer lehrt Betriebswirtschaft mit den Schwerpunkten betriebliche Informationssysteme und Electronic-Business an der Hochschule der Medien in Stuttgart.
Prof. Dr. Helmut Krcmar lehrt Wirtschaftsinformatik an der Technischen Universität München.

Dozenten finden PDF-Dateien der Abbildungen aus diesem Lehrbuch sowie ein Dozentenscript unter www.sp-dozenten.de/3397 (Registrierung erforderlich).

MIX
Papier aus verantwortungsvollen Quellen
FSC® C013736

Gedruckt auf chlorfrei gebleichtem, säurefreiem und alterungsbeständigem Papier

Bibliografische Information Der Deutschen Nationalbibliothek
Die Deutsche Nationalbibliothek verzeichnet diese Publikation in der Deutschen Nationalbibliografie; detaillierte bibliografische Daten sind im Internet über http://dnb.d-nb.de abrufbar.

ISBN 978-3-7910-3397-6

www.schaeffer-poeschel.de
info@schaeffer-poeschel.de

Einbandgestaltung: Melanie Frasch (Foto: Shutterstock.com)
Druck und Bindung: Kösel, Krugzell · www.koeselbuch.de
Layout: Ingrid Gnoth | GD 90, 79256 Buchenbach
Satz: Johanna Boy, Brennberg

Printed in Germany
September 2014

Schäffer-Poeschel Verlag Stuttgart
Ein Tochterunternehmen der Haufe Gruppe

Vorwort zur fünften Auflage

Auch vierzig Jahre nach den ersten Gehversuchen des Internets und dessen Vorläufern hat die Geschwindigkeit des technischen Fortschritts im Umfeld der Informations- und Kommunikationstechniken nicht nachgelassen. Im Gegenteil: Immer wieder müssen neue technische Entwicklungen zu betriebswirtschaftlich, organisatorisch und gesellschaftlich sinnvoller Nutzung gebracht und manche wieder verworfen werden. Dabei haben Entwicklungen wie Social Media, In-Memory-Datenbanken und Cloud Computing die Einsatzmöglichkeiten und Betriebsmodelle für Informations- und Kommunikationstechniken in Unternehmen bereits grundlegend verändert oder erfordern eine Neubewertung von Ansätzen, die überwunden schienen. Zudem sind mit der zunehmenden Verbreitung des mobilen Internetzugangs neue Nutzungsszenarios für betriebliche Informations- und Kommunikationstechnik entstanden. Von Wirtschaftsinformatikern wird gefordert, diese Entwicklungen betriebswirtschaftlich einordnen und hinsichtlich ihres Wertbeitrags beurteilen zu können.

Das Buch bietet daher eine geschäftsprozessbezogene und nutzungsorientierte Einführung in die Wirtschaftsinformatik. In der fünften Auflage wurden die Inhalte des Buches aktualisiert und um neue Entwicklungen ergänzt, dennoch stehen die technischen Trends nicht im Mittelpunkt. Vielmehr haben wir darauf geachtet, dem Leser die Einordnung und betriebswirtschaftliche Beurteilung solcher Trends zu ermöglichen. Ebenso wird die geschäftsprozessorientierte Perspektive zunächst losgelöst von Branchen erläutert, um anschließend Branchenspezifika und deren Auswirkungen vorzustellen.

Wir danken den Lesern früherer Auflagen für die konstruktiven Kommentare und Anregungen. Marcus Böhm, Sonja Hecht, Marlen Jurisch, Harald Kienegger, Michael Schermann und Manuel Wiesche danken wir für ihre Beiträge zum Text.

Selbstverständlich gehen alle Fehler zu Lasten der Autoren.

Stuttgart/München, im Juni 2014 — Bettina Schwarzer Helmut Krcmar

Inhaltsverzeichnis

1 Grundlagen der Wirtschaftsinformatik

Lernziele

Aufgaben der Wirtschaftsinformatik

- Sie wissen, was Informatik und Wirtschaftsinformatik unterscheidet.
- Sie können erklären, womit sich die Wirtschaftsinformatik beschäftigt.
- Sie kennen Berufsfelder für Wirtschaftsinformatiker.

Grundbegriffe

- Sie können den Unterschied zwischen Zeichen, Daten, Information und Wissen erklären.
- Sie wissen, was ein Informations-/ Anwendungssystem ist.
- Sie wissen, was man unter Anwendungssoftware versteht und welche Anwendungsgebiete unterschieden werden.

Haben Sie heute schon gemailt, gegoogelt, oder gar getwittert? Völlig selbstverständlich nutzen wir täglich das Internet, denn es ist zu einem festen Bestandteil unseres Lebens geworden. Auch wenn nach dem Jahr 2000 viele zunächst hochgejubelte Internet-Unternehmen genauso plötzlich wieder vom Markt verschwunden sind, wie sie vorher aufgetaucht waren, so steigt die Nutzung des Internet sowohl im privaten als auch im geschäftlichen Bereich seit Jahren kontinuierlich an.

Ganze Branchen, wie etwa die Medienbranche, wurden und werden durch das Internet revolutioniert: Die Nutzung von Newsportalen, Video-on-Demand oder Web-Radio ist heute für viele Menschen ganz normal. Klassische Medien wie Tageszeitungen, Fernsehen und Radio verlieren zunehmend an Bedeutung und Medienunternehmen müssen neue Geschäftsmodelle finden, um überleben zu können.

Es ist aber nicht nur das Internet, das unsere Lebens- und Arbeitsbedingungen verändert und neue Möglichkeiten der Abwicklung schafft. Vor lauter »Internethype« darf nicht vergessen werden, dass es auch die »klassischen« Anwendungssysteme sind, die ein wichtiger Bestandteil in allen Lebensbereichen geworden sind und ohne die kaum noch etwas so funktionieren würde, wie wir es gewohnt sind.

Vieles, was vor zwanzig Jahren noch undenkbar erschien, betrachten wir heute als selbstverständlich. Aber haben Sie sich schon einmal Gedanken darüber gemacht, wie und warum alles funktioniert, was wir heute als ganz natürlich ansehen? Wie kommen Preis und Artikelbezeichnung im Supermarkt auf den Kassenzettel obwohl am Produkt doch nur ein Strichcode ist? Wie schafft es der

Autohändler, Ihnen bereits bei der Bestellung zu sagen, wann genau Ihr neues Auto am anderen Ende von Deutschland vom Band rollen wird?

Bevor diese und andere Fragen der Wirtschaftsinformatik beantwortet werden, wird in diesem Kapitel zunächst erklärt, womit sich die Wirtschaftsinformatik überhaupt beschäftigt und was sie von der Informatik unterscheidet. Danach werden wichtige Grundbegriffe erläutert, die für das weitere Verständnis notwendig sind.

1.1 Womit beschäftigt sich die Wirtschaftsinformatik?

Der Begriff »Informatik« ist den meisten Menschen geläufig und sie verbinden damit typischerweise Computer und Programmierung. Das ist sicher richtig, aber kann man Informatik und Wirtschaftsinformatik, wie es immer wieder gemacht wird, einfach gleichsetzen? Was unterscheidet die beiden voneinander?

Informatik

> Die Informatik (engl. Computer Science) beschäftigt sich mit der systematischen, maschinellen Verarbeitung, Speicherung und Übermittlung von Daten.

Die (Kern-)Informatik befasst sich im Rahmen der

- *theoretischen Informatik* mit prinzipiellen (meist mathematischen) Fragen der Programmierbarkeit, d. h. wie können Probleme durch Rechner bearbeitet werden; dazu gehören z. B. die Automatentheorie, die Schaltwerktheorie und formale Sprachen;
- *technischen Informatik* mit der zugehörigen Hardware, dazu gehören z. B. die Schaltungstechnik, die Mikroprogrammierung und die Rechnerorganisation;
- *praktischen Informatik* mit der Umsetzung von Anforderungen in Programme; dazu gehören z. B. der Übersetzerbau und Betriebssysteme.

Angewandte Informatik

Darüber hinaus beschäftigt sich die Informatik mit Anwendungen in allen Fachgebieten und den Auswirkungen der Systeme auf Anwender und Benutzer.

Inzwischen sind Computer überall zu finden: In der Arztpraxis und im Supermarkt, aber auch in Banken, Büros, Hochschulen und privaten Arbeitszimmern. Was aber an den verschiedenen Orten mit den Computern gemacht wird, ist sehr unterschiedlich. Während der Arzt mit dem Computer seine Patientenverwaltung und seine Abrechnung macht, nutzt der Supermarkt seine Systeme für automatische Nachbestellungen, eine Analyse der Absatzzahlen einzelner Produkte oder die Verwaltung seines Lagers.

Mit Hilfe der Computer werden also sehr unterschiedliche Aufgaben abgewickelt, die aus dem jeweiligen Einsatzgebiet resultieren. Um diese Aufgaben mit Computern bearbeiten zu können, ist neben Computer-Kenntnissen auch spezifisches Know-how aus dem jeweiligen Fachgebiet erforderlich.

Aus diesem Grund haben sich für verschiedene Aufgabengebiete sogenannte »angewandte Informatiken« als eigenständige Disziplinen entwickelt. Sie verbinden die formalen Ansätze der Informatik mit den pragmatischen Inhalten der Anwendungsdisziplinen (vgl. Abb. 1-1).

Zu den Gebieten der angewandten Informatik zählen z. B.

- die *Rechtsinformatik*, die sich mit juristischen Informations- und Dokumentationssystemen, der Gesetzgebung für den Datenschutz oder Urheberrechten für Softwareprodukte beschäftigt,
- die *Verwaltungsinformatik*, die sich mit Anwendungen im Einwohnermeldewesen, der Finanzverwaltung, öffentlichen Ausschreibungen oder der Bevölkerungsstatistik beschäftigt und
- die *Wirtschaftsinformatik*, die sich mit dem Einsatz von Informations- und Kommunikationstechnologien in Unternehmen und öffentlichen Verwaltungen beschäftigt.

Abb. 1-1

Verankerung der angewandten Informatik

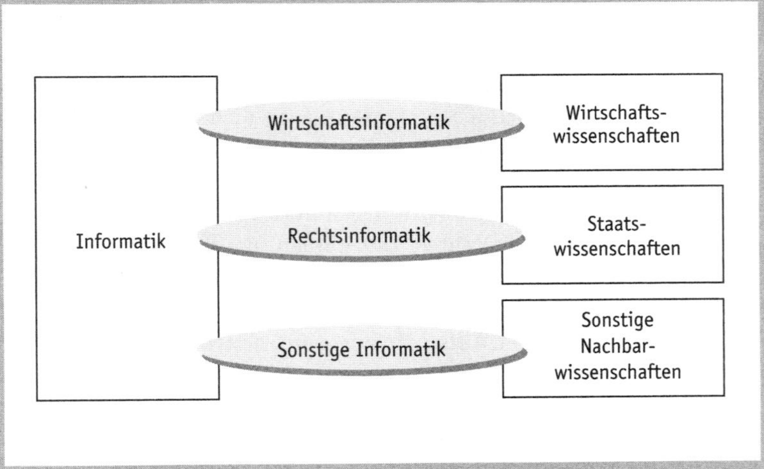

Wirtschaftsinformatik

Die Wirtschaftsinformatik ist eine anwendungsorientierte, interdisziplinäre Wissenschaft, die Inhalte und Fragestellungen der Betriebswirtschaftslehre und der Informatik zusammenführt und darüber hinaus eigene Methoden und Werkzeuge entwickelt. Der Wirtschaftsinformatiker sollte beide »Sprachen« sprechen. Er muss zum einen über betriebswirtschaftliches Know-how verfügen und die Denk- und Ausdrucksweise der Fachabteilungen verstehen. Zum anderen sollte er genug technische Kenntnisse und Erfahrung in der Software-Entwicklung mitbringen, um mit Technikern und Programmierern über mögliche Lösungen diskutieren und diese beurteilen zu können und ein Umsetzungsprojekt steuern zu können.

Wirtschaftsinformatik ist die Wissenschaft von Entwurf, Entwicklung und Nutzung rechnergestützter Informations- und Kommunikationssysteme in Wirtschaft und Verwaltung. (WKWI, 2007, S. 319)

Informations- und Kommunikationssystem

Der Begriff »Informations- und Kommunikationssystem« bezieht sich nicht nur auf die Hardware, d. h. den Computer an sich, und die darauf laufende Software, sondern umfasst auch die Menschen, die mit dem System arbeiten und die organisatorischen Rahmenbedingungen. Es handelt sich also um ein sozio-technisches System.

Die Auslegung des Begriffs kann aber auch weiter gefasst werden. In diesem Fall umfasst das Informationssystem des Unternehmens die Gesamtheit aller Informationssysteme, die im Unternehmen im Einsatz sind.

Aufgaben der Wirtschaftsinformatik

Die Aufgaben der Wirtschaftsinformatik lassen sich nach dem Charakter der Aufgaben in drei große Bereiche aufteilen, die in engem Zusammenhang stehen:

- Beschreibungsaufgaben,
- Erklärungsaufgaben und
- Gestaltungsaufgaben.

Die wichtigste Aufgabe der Wirtschaftsinformatik ist die Gestaltung und Entwicklung von Informations- und Kommunikationssystemen. Voraussetzung für ein systematisches Vorgehen bei der Entwicklung ist eine fundierte *Beschreibung*, denn was nicht beschrieben ist, kann auch nicht erklärt und gestaltet werden. Daher dokumentiert der Wirtschaftsinformatiker die Realität in Form von sogenannten Beschreibungsmodellen und macht sie damit der Analyse und Gestaltung zugänglich. In der Wirtschaftsinformatik sind zu diesem Zweck eigene Modellierungsansätze entwickelt worden, die die Anforderungen des Fachgebiets besonders gut abdecken, so z. B. die Datenmodellierung oder die Prozessmodellierung (vgl. Kap. 3).

Die *Erklärungsaufgabe* der Wirtschaftsinformatik besteht darin, in der Realität beobachtete Sachverhalte zu erklären. So kann z. B. bestimmt werden, unter welchen Bedingungen eine bestimmte Aktivität in einem Prozess durch das Informationssystem angestoßen wird.

Die *Gestaltungsaufgaben* lassen sich danach unterteilen, ob sie direkt in der Praxis oder eher in der Wissenschaft angesiedelt sind:

- Der Wirtschaftsinformatiker im Unternehmen gestaltet und entwickelt Informationssysteme und führt diese ein, um bestimmte Praxisprobleme zu lösen.
- Der Wirtschaftsinformatiker in der Wissenschaft entwickelt Methoden und Werkzeuge, die dem Wirtschaftsinformatiker in der Praxis bei der Gestaltung und Umsetzung der Informationssysteme helfen sollen. Hier wird der starke Einfluss der Praxis deutlich, denn die Entwicklung von Methoden und Werkzeugen wird von den Anforderungen der Praxis bestimmt.

1.2 Was macht ein Wirtschaftsinformatiker im Unternehmen?

Das Arbeitsgebiet eines Wirtschaftsinformatikers ist sehr vielfältig. In aktuellen Stellenanzeigen finden sich viele verschiedene Tätigkeitsbereiche, für die Wirtschaftsinformatiker gesucht werden. So können sie einerseits in Unternehmen der IT-Branche arbeiten, andererseits aber auch in allen Branchen, die IT einsetzen.

Unternehmen der IT-Branche sind z. B. Software-Unternehmen, die Anwendungssysteme bereitstellen, Hardware-Anbieter, die Rechner, Netzwerkkomponenten o. Ä. anbieten oder IT-Dienstleister, die z. B. als Outsourcing-Partner die IT-Infrastruktur für einen Kunden betreiben oder als Berater Spezialthemen wie z. B. die Einführung von SAP-Systemen abdecken.

In allen anderen Branchen können Wirtschaftsinformatiker in kleinen, mittleren und großen Unternehmen entweder in den IT-Abteilungen oder in Fachabteilungen arbeiten. Sehr kleine Unternehmen verzichten häufig auf eigene IT-Experten und beziehen die Leistungen von externen Dienstleistern. Häufig setzen nicht nur die IT-Abteilungen mittlerer und großer Unternehmen Wirtschaftsinformatiker ein, sondern auch Fachabteilungen, die einen konkreten IT-Bezug haben. So finden sich beispielsweise in Banken Abteilungen, die sich mit Online-Banking beschäftigen. In anderen Branchen gibt es Abteilungen, die sich mit Online-Shops oder Online-Marketing auseinandersetzen.

Aufgrund des sowohl betriebswirtschaftlichen als auch technischen Know-hows können Wirtschaftsinformatiker sowohl in den IT-Kernberufen als auch in den sogenannten IT-Mischberufen arbeiten.

IT-Kernberufe

Im Mittelpunkt der *IT-Kernberufe* steht die Konzeption, Realisierung und der Betrieb von Hard- und Software. Mögliche Berufsfelder sind z. B. die Softwareentwicklung (Programmierung), die Datenbankentwicklung und -administration sowie die Netzwerkadministration.

IT-Mischberufe

Die *IT-Mischberufe* beschäftigen sich mit anwendungsnahen Fragestellungen, d. h. sie arbeiten an der Schnittstelle zwischen IT und Business. Häufig sind sie Vermittler zwischen den Mitarbeitern in den Fachbereichen auf der einen und den IT-Experten auf der anderen Seite. Da sie beide Sprachen sprechen, können sie die Anforderungen der Fachbereiche in die Sprache der Entwickler »übersetzen«. Darüber hinaus können sie im Rahmen der Einführung und des Supports einer Software-Lösung eine wichtige Rolle übernehmen, indem sie Schulungen anbieten oder als Hotline-Mitarbeiter konkrete Anwenderfragen im täglichen Betrieb beantworten. Ein weiteres großes Betätigungsfeld für Wirtschaftsinformatiker ist die Beratung. Hier spielen die Analyse und Gestaltung von Geschäftsprozessen, die Auswahl von Anwendungssoftware oder die Anpassung von Standardsoftware eine wichtige Rolle.

Die Vielfältigkeit der Fragestellungen, mit denen sich Wirtschaftsinformatiker in Unternehmen beschäftigen, wird am folgenden Beispiel deutlich:

Aus der Praxis **Aus dem Alltag eines Wirtschaftsinformatikers**

▸▸▸ Der Wirtschaftsinformatiker Paul Klein (Name geändert) ist seit einem Jahr in einem mittelständischen Unternehmen in der IT-Abteilung tätig. Im Laufe des Jahres hat er an drei Projekten mitgearbeitet. Er schildert seine Aufgaben wie folgt: Im ersten Projekt, in dem ich mitgearbeitet habe, ging es darum, unseren Produktionsstandort in Südamerika mit einer neuen Softwarelösung auszustatten. Meine Aufgabe war es, ein Rollout-Konzept für die Einführung der Software zu entwickeln, die Maßnahmen vor Ort abzustimmen und den Rollout zu unterstützen. Dazu gehörten nicht nur die technische Unterstützung der IT-Mitarbeiter, sondern auch Schulungen, die wir für die Mitarbeiter in den Fachbereichen in Südamerika angeboten haben.
Beim zweiten Projekt ging es um die Frage, ob wir einen Online-Shop für Ersatzteile aufbauen sollen, damit sich die Kunden direkt an uns wenden können und nicht erst über unsere Vertragshändler gehen müssen. In diesem Projekt haben wir zunächst einmal die heutigen Prozesse hinsichtlich Ablauf, Dauer und Mengenvolumen analysiert. Auf dieser Basis haben wir Anforderungen an einen Online-Shop definiert und überlegt, welche Prozesse sich ändern und welche Prozesse wir zusätzlich benötigen würden. Zuletzt haben wir abgeschätzt, was ein derartiges Projekt kosten und wie lange es dauern würde. Alle Überlegungen haben wir dann als Entscheidungsvorlage für die Geschäftsführung zusammengefasst, aber leider ist bislang keine Entscheidung getroffen worden.
Das dritte Projekt, in dem ich gerade angefangen habe, ist eher technischer Natur und beschäftigt sich mit der Konsolidierung unserer IT-Landschaft, da wir dringend Kosten einsparen müssen. Wir haben durch den Zukauf verschiedener kleinerer Firmen eine sehr heterogene Systemlandschaft, denn jede Firma hat ihre eigene Infrastruktur und ihre eigenen Systeme »mitgebracht«, was dazu führt, dass wir Soft- und Hardware vieler verschiedener Hersteller im Haus haben. Zurzeit sind wir dabei, einerseits den Ist-Zustand zu erheben, andererseits technische Standards für Hardware, Betriebssysteme und Entwicklungsplattformen zu entwickeln. Danach werden wir einen Plan entwickeln, wie wir uns schrittweise vom Ist-Zustand zum Standard bewegen können.
Alles in allem waren bzw. sind alle Projekte abwechslungsreich und spannend, da es nicht nur um technische oder betriebswirtschaftliche Fragestellungen geht, sondern immer beide Aspekte zusammenspielen. ◂◂◂

1.3 Grundbegriffe der Wirtschaftsinformatik

1.3.1 Zeichen, Daten, Information, Wissen

In der Wirtschaftsinformatik geht es um die Gestaltung, Entwicklung und den Einsatz von Informationssystemen. Daher spielt Information eine sehr wichtige Rolle in der Wirtschaftsinformatik. Umgangssprachlich werden die Begriffe Information, Daten und Wissen häufig synonym gebraucht, was jedoch nicht ganz richtig ist, denn die Begriffe stehen in einer hierarchischen Beziehung zueinander (vgl. Abb. 1-2).

Zeichen

Die unterste Ebene der Begriffshierarchie bilden die Zeichen. Der Zeichenvorrat in Abb. 1-2 besteht aus den Ziffern 1, 2 und dem Sonderzeichen ",".

Zeichen sind »Bausteine« zur Darstellung von Informationen. Dabei kann es sich um Buchstaben, Ziffern oder Sonderzeichen handeln. Die Menge aller zur Verfügung stehenden Zeichen wird Zeichenvorrat genannt.

Daten

Daten folgen einer Struktur (Syntax). Werden die Zeichen in Abb. 1-2 zum Datum »1,12« zusammengesetzt, so wird implizit angenommen, dass dieses Datum einen Bezug besitzt und etwas aussagt. Für sich genommen hat das Datum jedoch keine Aussagekraft, denn es könnte sich auf die Körpergröße eines Menschen, einen Preis oder irgendetwas anderes beziehen.

Daten werden aus Zeichen zum Zweck der Verarbeitung gebildet, ohne dass ein Verwendungszweck aufgezeigt wird.

Abb. 1-2

Die Beziehungen zwischen den Ebenen der Begriffshierarchie

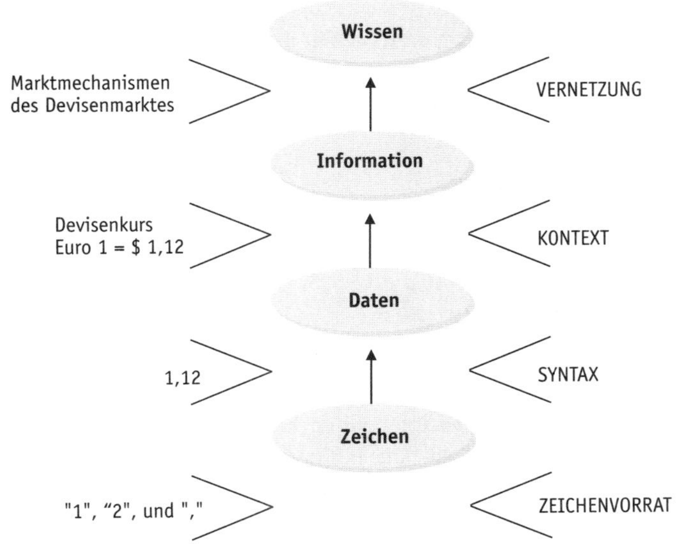

(Quelle: *Rehäuser/Krcmar*, 1996, S. 14)

Information

Werden Daten mit Kontext versehen, spricht man von Information. Information ist das Wissen, das in konkreten Situationen zum Handeln benötigt wird. Im Beispiel der Abb. 1-2 ist folgende Interpretation möglich: Der Betrachter ist ein Devisenhändler, der sich für den Wechselkurs zwischen Euro und Dollar interessiert, um Entscheidungen über Tauschgeschäfte zu treffen. Das Datum 1,12 gibt ihm das zu diesem Zeitpunkt und an diesem Ort geltende Austauschverhältnis zwischen den Währungen an, d. h. sagt ihm, dass 1 Euro 1,12 Dollar kostet.

Information ist zweckorientiertes Wissen (Wittmann, 1959, 14).

Wissen

Die oberste Stufe der Begriffshierarchie stellt das Wissen dar. Im Beispiel liegt bisher die Information »1 Euro kostet 1,12 Dollar« vor, die zu einem bestimmten Zeitpunkt und an einem bestimmten Ort gültig ist. Diese Information gekoppelt mit dem Wissen, das der Devisenhändler über die Marktmechanismen an Devisenmärkten besitzt, erlaubt es ihm, Entscheidungen zu treffen.

Wissen kann als zweckorientierte Vernetzung von Informationen bezeichnet werden, d. h. Wissen besteht aus vielen Informationen sowie der Kenntnis über die Zusammenhänge der Informationen.

Information als Produktionsfaktor

In der Betriebswirtschaftslehre wird Information inzwischen als Produktionsfaktor betrachtet. Information bildet die Grundlage für betriebs- und volkswirtschaftliche Entscheidungen und ist deshalb von großer Bedeutung für Unternehmen und öffentliche Einrichtungen. Funktionstüchtige Informationsysteme stellen für die Unternehmen wichtige Wettbewerbsfaktoren dar, denn wenn Entscheidungen genauer und schneller getroffen werden können, kann das Unternehmen Vorteile gegenüber der Konkurrenz erzielen. Die Qualität von Information als Produktionsfaktor wird bestimmt durch:

- Aktualität,
- Vollständigkeit,
- Verfügbarkeit und
- Genauigkeit.

1.3.2 Daten- und Informationsverarbeitung

Datenverarbeitung

So wie die Begriffe Daten und Information häufig synonym verwendet werden, werden auch die Begriffe Daten- und Informationsverarbeitung häufig nicht genau voneinander abgegrenzt. Wird von der oben gegebenen Definition für Daten ausgegangen, so betreibt jeder Datenverarbeitung, der beispielsweise Zahlen addiert, sei es mit oder ohne Computerunterstützung.

Datenverarbeitung ist die Verarbeitung von Daten mit Algorithmen (Verfahren, Methoden) zu neuen Daten.

Informationslogistisches Prinzip

Gemäß dem informationslogistischen Prinzip sollen Informationssysteme,
- die richtigen Informationen, d. h. die Informationen, die der Aufgabenträger zur Erfüllung seiner Aufgabe benötigt,
- in der richtigen Menge, d. h. nicht zu viel und nicht zu wenig,
- in der richtigen Form und Qualität, d. h. so dass sie sofort weiterverarbeitet werden können,
- zur richtigen Zeit, d. h. dann wenn sie benötigt werden,
- am richtigen Ort, d. h. dort wo der Aufgabenträger sie benötigt,

zur Verfügung stellen.

Informationssysteme bestehen immer aus folgenden Bausteinen (vgl. Abb. 1-4):
- einer Datenbank zur Speicherung von Daten,
- einer Methodenbank mit verschiedenen Programmen zur Lösung betriebswirtschaftlicher Anwendungsprobleme,
- einer Modellbank mit betriebswirtschaftlichen Modellen.

Abb. 1-4

Computergestütztes Informationssystem

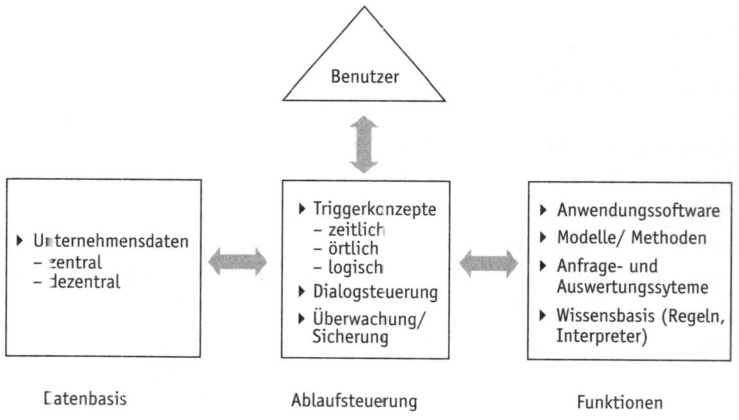

(Quelle: *Scheer*, 1990, S. 8)

Ein computergestütztes Informationssystem ist ein sozio-technisches System, bei dem die Erfassung, Speicherung, Übertragung und/oder Transformation von Informationen durch den Einsatz von Informationstechnik teilweise automatisiert ist (in Anlehnung an Hansen/Neumann, 2009, S. 85).

Anwendungssystem

Der Begriff »Anwendungssystem« ist darauf zurückzuführen, dass es für bestimmte Anwendungsgebiete sogenannte Anwendungssoftware (engl. application software) gibt. Anwendungssysteme unterstützen die operativen Prozesse in allen betrieblichen Funktionsbereichen, so z.B. in der Personal- oder Materialwirtschaft sowie im Finanz- und Rechnungswesen. Darüber hinaus können sie auch zur Analyse, Planung und Kontrolle eingesetzt werden. Die Anwendungssoftware, das eigentliche Programm, ist immer nur ein Teil des gesamten Anwendungssystems. Das Programm wird immer auf einer Hardware eingesetzt, läuft auf einem Betriebssystem und ist in ein organisatorisches Umfeld eingebettet. In diesem Buch werden die Begriffe Informations- und Anwendungssystem synonym verwendet. Als Abkürzung wird IT-System verwendet.

1.3.4 Anwendungssoftware

Anwendungssoftware

Alle Programme, die direkt vom Anwender genutzt werden, werden unter dem Begriff »Anwendungssoftware« zusammengefasst. In Unternehmen kommen unterschiedliche Arten von Anwendungssoftware zum Einsatz:

- *Betriebswirtschaftliche Anwendungen* unterstützen die Prozesse in den verschiedenen kaufmännischen Abteilungen wie der Personalabteilung, dem Finanz- und Rechnungswesen oder dem Vertrieb. Sie sind entweder als einzelnes Programm für eine bestimmte Anwendung oder als integriertes Programmpaket für eine größere Gruppe betriebswirtschaftlicher Anwendungsgebiete (Software-Familie) erhältlich. Bei integrierten Softwarepaketen ist die Abwicklung der Aufgaben so aufeinander abgestimmt, dass die Daten nur einmal erfasst werden müssen. Die einzelnen Bausteine solcher Programmpakete, sogenannte Module, greifen alle auf dieselbe Datenbank zu.
- *Technisch-wissenschaftliche Anwendungen* werden z. B. in der Konstruktion für mathematische Berechnungen verwendet.
- *Branchenbezogene Anwendungen* berücksichtigen die Besonderheiten der Leistungserstellung in verschiedenen Branchen. So arbeitet der Handel beispielsweise mit Warenwirtschaftssystemen während die produzierende Industrie Produktionsplanungs- und Steuerungssysteme im Einsatz hat (vgl. Abb. 1-5).
- *Querschnittsanwendungen* können an allen betrieblichen Arbeitsplätzen zum Einsatz kommen. Hierzu gehören z. B. Textverarbeitung, E-Mail, elektronische Kalender oder Tabellenkalkulation.

Anwendungssoftware kann nach unterschiedlichen Gesichtspunkten gegliedert werden. Eine der am häufigsten verwendeten Einteilungen ist die Gliederung nach dem Anwendungsgebiet, die im Folgenden vorgestellt wird.

Abb. 1-5

Beispiele für Branchensoftware

Branche	Branchenlösung
Hotel	Hotelreservierungssystem, Kundenverwaltung
Gartenbau	Baumkataster, Baummanagement, Gartenplanung
Gastronomie	Rezept- und Menüverwaltung, Essenskostenkalkulation, Kassensysteme, Tisch-Reservierungssystem
Tischler und Schreiner	Abbundprogramm, Treppenprogramm, Visualisierungen für Möbelbau

Abb. 1-6

Übersicht Anwendungssysteme

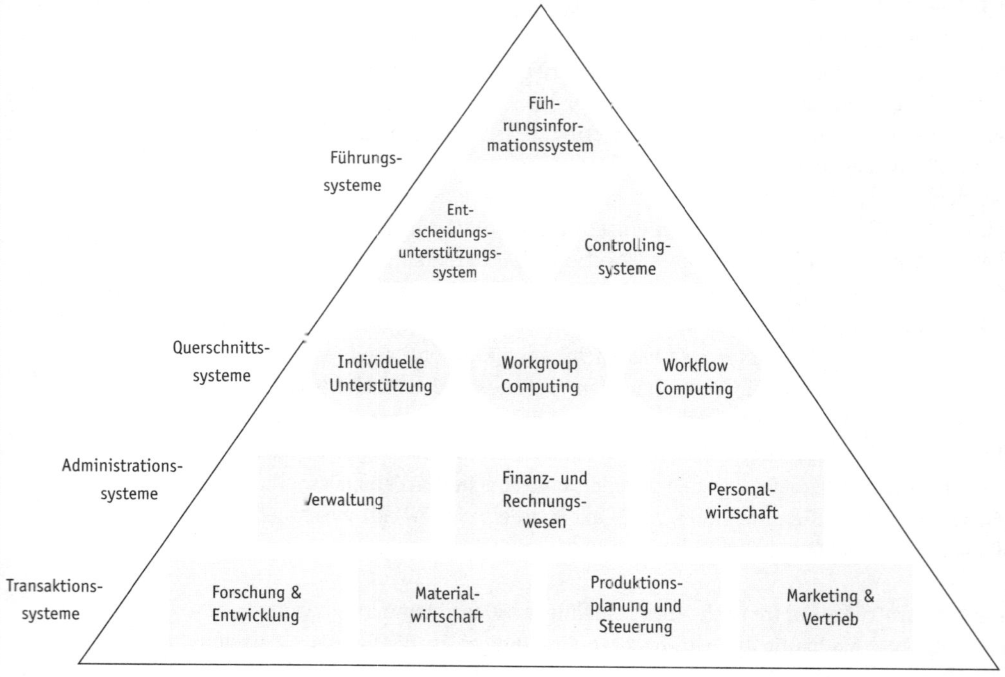

(Quelle: in Anlehnung an *Hansen/Neumann*, 2009, 141)

Transaktionssysteme unterstützen die Abwicklung von Geschäftstransaktionen. Sie sind durch umfängliche Datenbanken gekennzeichnet, die zur Bearbeitung von Geschäftsvorfällen durch Benutzereingaben abgefragt oder geändert werden können. Derartige Systeme werden auch als operative Systeme bezeichnet. Transaktionssysteme sind häufig branchenspezifisch wie z. B. Warenwirtschaftssysteme, die den speziellen Bedürfnissen des Handels genügen (vgl. Kap. 7.2), oder Produktionsplanungs- und Steuerungssysteme (PPS), die die Produktion in der Industrie planen und steuern (vgl. Kap. 7.1).

Transaktionssysteme

Administrationssysteme dienen einerseits der Verarbeitung von Massendaten, andererseits der Verwaltung von Beständen.

Administrationssysteme

Sie sind in der Regel branchenneutral und unterstützen die Grundfunktionen aller Unternehmen, insbesondere das Rechnungswesen, die Personalabrechnung und die Fakturierung (vgl. Kap. 6).

Die sogenannten *Führungssysteme* (vgl. Kap. 6.5.3) können in Führungsinformationssysteme und Planungs- und Kontrollsysteme unterteilt werden. *Führungsinformationssysteme (FIS)*, auch Management-Informationssysteme (MIS) genannt, sollen Managern führungsrelevante Informationen zur Verfügung stellen. Sie greifen dazu sowohl auf unternehmensinterne als auch -externe Datenbestände zu. Typische Anwendungsfelder sind z. B. Marketing-Informationssysteme oder Personal-Informationssysteme.

Führungssysteme

Planungssysteme sollen das Management bei der Planung unterstützen. Anwendungsfelder sind z. B. die Vertriebs- und Absatzplanung. Die sogenannte computergestützte Planung dient hauptsächlich der Berechnung von Planalternativen und -varianten durch die Erstellung von Modellrechnungen. Unterstützung in vielen Anwendungsbereichen bieten auch wissensbasierte Systeme, die dem Gebiet der künstlichen Intelligenz (KI) zuzurechnen sind. Beispielsweise sollen Expertensysteme die Problemlösungsfähigkeiten menschlicher Experten nachahmen. Dazu sollen sie Wissen von Experten sammeln, ordnen und selber anwenden. Ihre Hauptanwendungsgebiete sind die Analyse und Diagnose von Problemfällen.

So genannte *Querschnittssysteme* sind in nahezu allen Bereichen und auf allen Ebenen eines Unternehmens zu finden. Auf der einen Seite sind dazu die Bürosysteme zu rechnen, die der Unterstützung der Aufgabenerfüllung an den einzelnen Arbeitsplätzen dienen. Zum anderen gehören dazu auch Systeme zur Gruppenunterstützung (vgl. Kap. 9). Beschränkt sich die Darstellung und Nutzung der Information nicht mehr ausschließlich auf Texte und Grafiken, sondern umfasst auch Bewegtbilder sowie Tonfolgen, so ist von Multimediasystemen die Rede.

Querschnittssysteme

1.4 Aufbau des Lehrbuchs

1.4.1 Prozessorientierung und Integration als Leitgedanken

Funktionalorganisation

In der Vergangenheit waren die Unternehmen vom funktionsorientierten Denken des Taylorismus geprägt: Eine Aufgabe wurde in viele kleine Einzelschritte zerlegt und diese verschiedenen Mitarbeitern zugewiesen, um durch Spezialisierung die Leistungsfähigkeit des Einzelnen zu erhöhen. Die Spezialisten wurden in Abteilungen zusammengefasst und innerhalb der Abteilungen wurde an Verbesserungen der einzelnen Arbeitsabläufe gearbeitet. Eine enge Zusammenarbeit mit anderen Abteilungen wurde nicht angestrebt, wodurch das sogenannte »Abteilungsdenken« gefördert wurde.

Dementsprechend wurden Anwendungssysteme zur Unterstützung einzelner Arbeitsplätze oder Abteilungen entwickelt, die keinerlei Schnittstellen zu anderen Systemen außerhalb der Abteilung hatten. Durch diese Vorgehensweise wurden die organisatorischen Grenzen durch isolierte IT-Systeme noch zusätzlich verfestigt.

Im Laufe der Jahre zeigte sich jedoch, dass diese Form der Arbeitsorganisation viele Schwachstellen aufweist und den Unternehmen in einer dynamischen Umwelt nicht die benötigte Flexibilität und Reaktionsgeschwindigkeit bieten kann. Die Schwachstellen sind einerseits auf organisatorische, andererseits auf informationsverarbeitungsbedingte Mängel der Funktionalorganisation zurückzuführen (vgl. Abb. 1-7).

Abb. 1-7

Schwachstellen der Funktionalorganisation

Typische organisatorisch bedingte Schwachstellen	Typische informationsverarbeitungsbedingte Schwachstellen
Schnittstellen zwischen Abteilungen nicht gestaltet	Fehlende Datenintegration
Mangelhafte Abstimmung zwischen Abteilungen	Brüche zwischen Büro und operativen Bereichen
Hierarchisches Denken	Medienbrüche
Abteilungsegoismus	Insellösungen
Subkulturbildung	Zahlreiche Schnittstellen

Integration

Bei der Suche nach neuen organisatorischen und technischen Lösungen, die mehr Flexibilität und Reaktionsgeschwindigkeit bieten, rückte der Gedanke der Integration in den Vordergrund. Das Wort Integration kommt aus dem Lateinischen und bedeutet Wiederherstellung, indem verschiedene Teile zu einem Ganzen zusammengefügt werden.

Aus Sicht der Wirtschaftsinformatik sind im Hinblick auf Integration drei Ansatzpunkte besonders wichtig:

- Die Prozessintegration,
- die Datenintegration und
- die Integration der Anwendungssysteme.

Prozessintegration

Seit den 1990er-Jahren beschäftigen sich die Unternehmen sehr intensiv mit ihren Geschäftsprozessen (vgl. Kap. 3). In prozessorientierten Unternehmen wird die Aufgabenverteilung nicht mehr innerhalb der einzelnen Abteilung, sondern entlang der abteilungs-/unternehmensübergreifenden Prozesse gezielt gestaltet, damit die einzelnen Teilprozesse ineinander greifen und keine Reibungsverluste an Abteilungs- oder Unternehmensgrenzen entstehen. Durch diese übergreifende Gesamtsicht, die auf eine Optimierung des Gesamtprozesses gerichtet ist, können grundlegende Verbesserungen erzielt werden.

Anwendungs-/
Datenintegration

Um Brüche im Ablauf zu vermeiden und die prozessorientierte Organisationsgestaltung zu unterstützen, wird seit den 1990er-Jahren gezielt eine Integration der Anwendungssysteme angestrebt. Die ursprünglich isolierten, abteilungsbezogenen Systeme sollen zu einem logisch zusammenhängenden System verknüpft werden.

In diesem Zusammenhang spielt die Datenintegration eine wichtige Rolle. Als Datenintegration bezeichnet man die gemeinsame Nutzung derselben Daten. Wird z. B. die Kundenadresse in mehreren Anwendungssystemen benötigt, wird diese nur einmal gespeichert und alle Systeme greifen darauf zu. Technisch wird dieses durch den Einsatz von Datenbanksystemen realisiert.

1.4.2 Themenbereiche des Buches

Dieses Buch vermittelt Studierenden und interessierten Praktikern einen kompakten Überblick über die wichtigsten Begriffe und Themen der Wirtschaftsinformatik. Die Schwerpunkte und die Struktur der Darstellung basieren auf den Leitgedanken der Prozessorientierung und der Integration, die aus unserer Sicht untrennbar miteinander verbunden sind: Damit ein Unternehmen heutzutage erfolgreich am Markt agieren kann, muss es integrierte Anwendungssysteme einsetzen, die die Geschäftsprozesse bestmöglich unterstützen. Ohne Prozessorientierung ist eine zielgerichtete Integration der Anwendungssysteme nicht denkbar, ohne eine Integration der Anwendungssysteme ist eine prozessorientierte Organisation nicht realisierbar. Dieser enge wechselseitige Zusammenhang zwischen Organisation und IT im weitesten Sinne muss gezielt gemanagt werden.

Vor diesem Hintergrund werden in diesem Buch drei Schwerpunkte gelegt, die sich in den drei Teilen des Buches widerspiegeln (vgl. Abb. 1-8):

1. Trends und Methoden der Wirtschaftsinformatik,
2. Anwendungssysteme sowie
3. Steuerung der Informationsverarbeitung.

Abb. 1-8

Aufbau des Buches

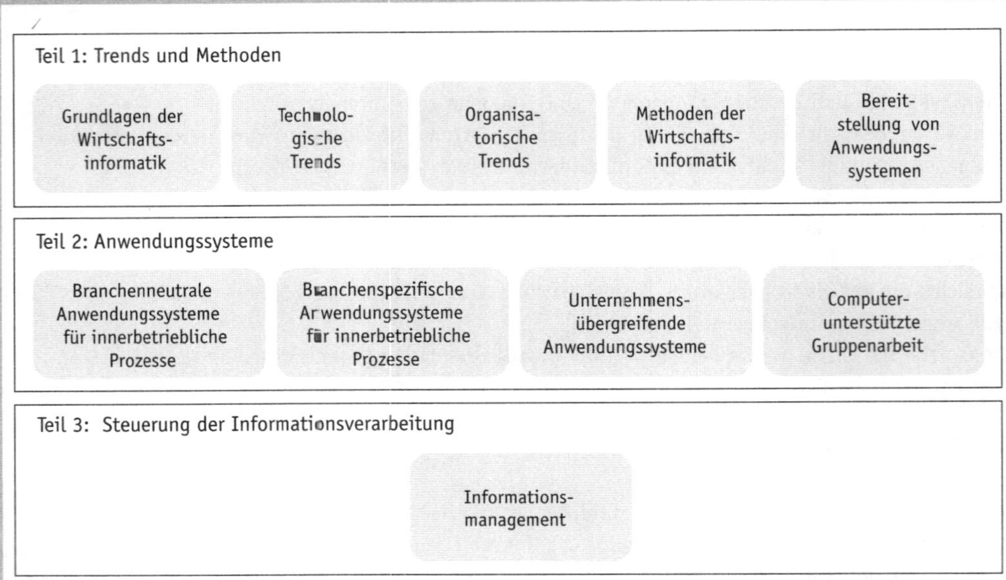

IT und Organisation sind in den Unternehmen untrennbar miteinander verbunden. Entwicklungen im Bereich der IT beeinflussen die Organisation und umgekehrt. In Kapitel 2 »Technologische Trends« werden daher zunächst technologische Grundlagen und aktuelle Trends erläutert, die für das weitere Verständnis sehr wichtig sind. In Kapitel 3 »Organisatorische Trends« wird der Gedanke der Prozessorientierung als wichtiger organisatorischer Trend aufgegriffen. Das Kapitel 4 »Methoden der Wirtschaftsinformatik« beschäftigt sich mit verschiedenen Modellierungsmethoden und Projektmanagement. Diese Methoden bilden das Handwerkszeug eines jeden Wirtschaftsinformatikers und sind daher von großer Bedeutung.

Kapitel 5 »Bereitstellung von Anwendungssystemen« bildet den Übergang zwischen Methoden und Anwendungssystemen. In diesem Kapitel wird der Frage nachgegangen, welche Möglichkeiten der Bereitstellung von Anwendungssystemen es gibt. Dazu wird zwischen Standard- und Individualsoftware unterschieden und es werden Ansätze zur Auswahl von Standardsoftware bzw. zur Entwicklung von Individualsoftware vorgestellt.

In den Kapiteln 6 bis 9 wird auf verschiedene Einsatzbereiche von Anwendungssystemen eingegangen wird. Zum einen unterstützen die Anwendungssysteme branchenneutrale innerbetriebliche Prozesse wie das Rechnungswesen oder die Personalabrechnung (vgl. Kap. 6). Zum anderen sind sie Kernstück vieler branchenspezifischer Prozesse wie beispielsweise Warenwirtschaftssysteme im Handel oder die Produktionsplanungs- und Steuerungssysteme in der produzierenden Industrie (vgl. Kap. 7). Darüber hinaus gibt es noch Anwendungssysteme, die unternehmensübergreifende Wertschöpfungsketten unterstützen, wie z. B. Supply Chain Management-Systeme (vgl. Kap. 8) oder Systeme, die unabhängig von Unternehmensgrenzen, die Zusammenarbeit zwischen Einzelpersonen unterstützen (vgl. Kap. 9).

Den Abschluss des Buches bildet das Kapitel 10 »Informationsmanagement«, das sich mit der Steuerung der Informationsverarbeitung beschäftigt. Damit es überhaupt zu integrierten Anwendungssystemen und einer optimalen Unterstützung der Geschäftsprozesse kommen kann, muss die Informationsverarbeitung im Unternehmen gezielt gestaltet und an den Unternehmenszielen ausgerichtet werden. Eine zielgerichtete Weiterentwicklung und Steuerung der IT im Unternehmen setzt eine entsprechende IT-Organisation, gut funktionierende IT-Managementprozesse und Kennzahlen zur Steuerung voraus.

Schlüsselbegriffe Kapitel 1

- **Informatik**
- **Wirtschaftsinformatik**
- **Daten**
- **Information**
- **Wissen**
- **Informationslogistisches Prinzip**
- **Informationssystem**
- **Anwendungssystem**
- **Anwendungssoftware**

Wiederholungsfragen Kapitel 1

1. *Erläutern Sie Inhalte und Aufgaben der Wirtschaftsinformatik.*
2. *Welche Gemeinsamkeiten und Unterschiede bestehen zwischen Informatik und Wirtschaftsinformatik?*
3. *Begründen Sie warum ein Betriebswirt Wirtschaftsinformatikkenntnisse benötigt und zeigen Sie Anwendungsfelder für dieses Wissen aus der Unternehmenspraxis auf.*
4. *Grenzen Sie die Begriffe Zeichen, Daten, Information und Wissen voneinander ab und zeigen Sie die Unterschiede an einem Beispiel.*
5. *Erläutern Sie die Grundfunktionen der Datenverarbeitung.*
6. *Welche Ziele verfolgen Unternehmen mit dem Einsatz betrieblicher Informationssysteme?*
7. *Definieren Sie den Begriff Anwendungssystem und nennen Sie unterschiedliche Typen von Anwendungssystemen.*
8. *Erklären Sie den Unterschied zwischen Anwendungssystem und Anwendungssoftware.*

Literaturhinweise Kapitel 1

Hansen, H.R.; Neumann, G.: Wirtschaftsinformatik I., 10. Aufl., Stuttgart 2009.

Rehäuser, J.; Krcmar, H.: Wissensmanagement im Unternehmen, in: Schreyögg, G.; Conrad, P.; Sydow, J.: Managementforschung, Bd. 6., Berlin, New York 1996.

Scheer, A.-W.: EDV-orientierte Betriebswirtschaftslehre: Grundlagen für ein effizientes Informationsmanagement, 4. Aufl., Berlin et al. 2008.

Wittmann, W.: Unternehmung und unvollkommene Information. Köln, Opladen 1959.

WKWI: *Rahmenempfehlungen für die Universitätsausbildung in Wirtschaftsinformatik*, in: Wirtschaftsinformatik, 49. Jg. (2007), Nr. 4, S. 318–326.

Weiterführende Literatur

Abts, D.; Mülder, W.: Grundkurs Wirtschaftsinformatik. 8. Aufl., Wiesbaden 2013.

Picot, A.; Frank, E.: Die Planung der Unternehmensressource »Information«, in: Das Wirtschaftsstudium, 17. Jg. (1988), Heft 10, S. 544–549 und Heft 11, S. 91-104.

2 Technologische Trends

Lernziele

- Sie kennen die wesentlichen Aspekte des Bakopoulos-Technologiemodells.
- Sie haben die Grundprinzipien der Rechnerstrukturen verstanden.
- Sie kennen Schema und Konzept der Datenbanksysteme.
- Sie verstehen die Verbindungstechnik und Übertragungsformen bei Kommunikation und Netzwerken.
- Sie können Internetdienste, -sprachen und -sicherheit erläutern.

Sie schauen gerne mal über den Tellerrand und geben sich nicht nur mit der Tatsache zufrieden, dass etwas funktioniert, sondern fragen auch nach dem Warum? – Dann werden Sie auf den folgenden Seiten fündig!

Im Internet surfen, E-Mails versenden oder Instant-Messages schreiben ist heute kaum mehr aus unserem Alltag wegzudenken. Bedient werden können diese Technologien quasi von jedem. Aber wie funktioniert das Internet überhaupt? Und was ermöglicht eigentlich die Kommunikation zwischen vernetzten Computern? Wie funktioniert mein Rechner? Und wie werden Daten und Dokumente, die ich erstelle, tatsächlich gespeichert? – Auf den folgenden Seiten werden Sie interessante Antworten auf diese Fragen finden.

Das kennen Sie alles schon? Oder Sie interessieren sich viel mehr für ganz aktuelle und zukünftige Entwicklungen? Wahrscheinlich werden Sie den Begriff Web 2.0 schon mal gehört haben und sind sicherlich selber Mitglied in einem sogenannten »sozialen Netzwerk« oder haben auch schon einmal einen Blogeintrag kommentiert. Aber wissen Sie denn auch was sich genau hinter diesem Begriff Web 2.0 verbirgt? Kennen sie auch schon Apache Wave oder wissen Sie was Wearables sind? – Sie werden im Folgenden nicht nur Erklärungen zu grundsätzlichen Fragestellungen finden, es werden auch moderne Technologien, neuartige Dienstleistungen und technologische Trends dargestellt.

Insgesamt liefert dieses Kapitel einen Überblick der mittel- und langfristigen systemtechnischen Trends sowie der verwendeten Basistechnologien auf dem Gebiet der IT-Systeme. Auf eine zu detaillierte Betrachtung aktueller Anwendungen der verschiedenen Techniken wird hierbei explizit verzichtet. Falls das Ihren Wissensdurst noch nicht befriedigen sollte, werden an den entsprechenden Stellen auch Hinweise auf weiterführende Literatur gegeben!

2.1 Überblick: Mehr Leistung für weniger Geld

Systemtechnische Trends

Um Entscheidungen über die zukunftsorientierte Gestaltung und den Einsatz von IT im Unternehmen treffen zu können, werden Kenntnisse der wichtigsten systemtechnischen Trends benötigt. Vielen Managern und Mitarbeitern in Unternehmen bereitet dies Probleme: Auf der einen Seite gehen die Entwicklungen im Bereich der IT so schnell vor sich, dass nur noch Experten sie nachvollziehen und alle Veränderungen verstehen können. Auf der anderen Seite verfügen gerade Führungskräfte kaum über ausreichend Zeit, regelmäßig ihr Wissen bezüglich der IT zu vertiefen sowie aktuelle Trends zu verfolgen. Für sie besteht daher großer Bedarf, auf übersichtliche Art und Weise die wichtigsten Entwicklungen beobachten und beurteilen zu können.

Abb. 2-1

Modell der Technologieauswirkungen

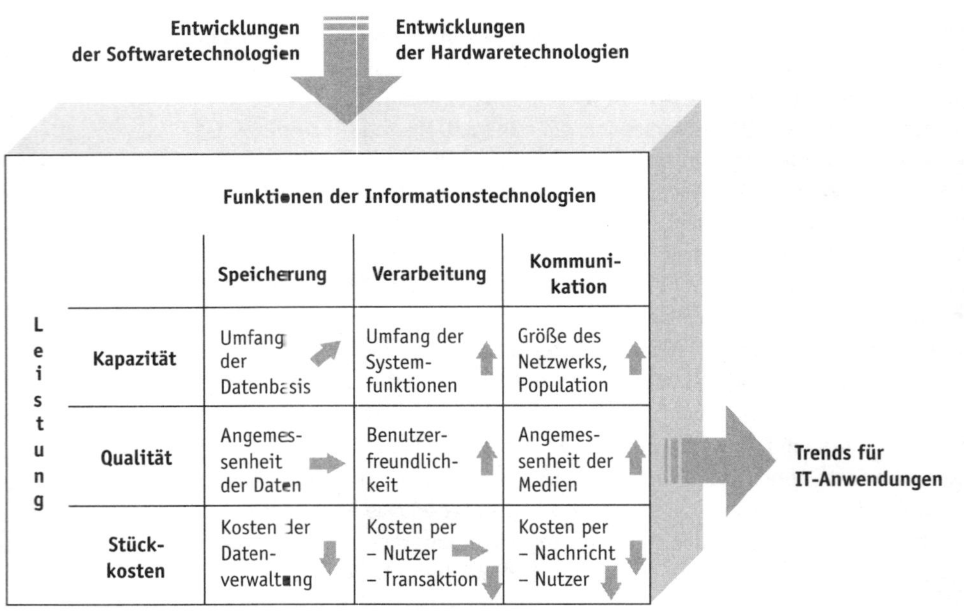

(Quelle: In Anlehnung an *Krcmar*, 1987, S. 104)

Technologiemodell

Bakopoulos (1985) hat zu diesem Zweck ein Modell entwickelt, das auf dem Gedanken basiert, dass die Unternehmensleitung nicht alle Technologien im Detail beurteilen muss. Das Modell (vgl. Abb. 2-1) hilft, systematisch die Potenziale der IT abzuleiten. Zu diesem Zweck wird eine Unterscheidung in die Grundfunktionen der Datenverarbeitung – Speicherung, Verarbeitung und Kommunikation auf der einen und die Eigenschaften Kapazität, Qualität und Stückkosten der IT auf der anderen Seite – vorgenommen. Von Interesse ist dabei nicht jede Veränderung der einzelnen Technologien, sondern wie die Trends zusammenhängen und welche Gesamtwirkungen sich durch die Einzeländerungen entfalten.

Speicherung

Die *Speicherkapazität* kann über den Umfang der Datenbasis gemessen werden. Die Ausrichtung des entsprechenden Pfeils in Abb. 2-1 verdeutlicht, dass der Umfang der Datenbasis, d. h. dessen, was gespeichert wird, kontinuierlich ansteigt. Ursache hierfür sind die fallenden Kosten pro Speichereinheit.

Die *Qualität der Daten*, d. h. die Angemessenheit der Daten in Bezug auf ein Entscheidungsproblem, fällt mit der Zeit, die ein Suchmechanismus benötigt, um bestimmte Daten zu finden. Daneben fällt die Qualität mit abnehmendem Wissen der Nutzer über die Inhalte der gespeicherten Daten. Beide Faktoren hängen mit der Größe der Datenbasis zusammen: Je größer die Datenbasis, desto länger die Suchzeiten und desto geringer der Überblick über die Inhalte. Auf der anderen Seite kann sich eine große Datenbasis jedoch auch positiv auswirken, da die Wahrscheinlichkeit steigt, dass die benötigten Daten in der benötigten Form zur Verfügung stehen. Insgesamt gleichen sich diese Effekte aus, sodass weder eine grundlegende Verbesserung noch eine Verschlechterung zu verzeichnen ist.

Auf die *Stückkosten der Speicherung* weist in Abb. 2-1 ein sinkender Pfeil hin, d. h. die Kosten für die Speicherung sind in den letzten Jahren stark gefallen. Wird der Begriff der Speicherung jedoch weiter gefasst und andere Aktivitäten des Datenmanagements sowie die steigenden Kosten für die Datenmodellierung in die Betrachtung einbezogen, so fallen die Stückkosten für die Datenverwaltung nur leicht.

Verarbeitung

Die *Kapazität der Verarbeitung* kann anhand der gebotenen Systemfunktionen beurteilt werden. Anwendungssysteme, wie beispielsweise Textverarbeitungsprogramme, bieten Benutzern immer neue Funktionalitäten, mit denen mehr Aufgaben ausgeführt werden können. In den Unternehmen werden heute die in den Systemen vorhandenen Funktionalitäten in den meisten Fällen nur zu einem relativ geringen Teil genutzt.

Die *Qualität der Verarbeitung* verbessert sich seit Jahren laufend. Die Benutzerfreundlichkeit, d. h. die Einfachheit des Umgangs mit dem System, steigt beispielsweise durch grafische Oberflächen, klare Strukturen oder durch verbesserte Hilfetexte und Navigationselemente.

Die *Stückkosten der Verarbeitung* für die einzelnen Transaktionen sinken i. d. R., die Hardwarekosten je Nutzer bleiben dagegen unabhängig vom Betrieb ungefähr gleich, da die Ansprüche der Nutzer mit der technologischen Entwicklung Schritt halten. Die zunehmende Zahl von Funktionalitäten und Transaktionen führt bei gleich bleibenden Hardware-Kosten zu sinkenden Kosten je Transaktion.

Kommunikation

Die Kapazität der Kommunikation nimmt mit jedem Nutzer einer Kommunikationstechnologie zu. Dies führt zu immer größeren Netzwerken und besserer Erreichbarkeit der Nutzer untereinander. Beispielsweise macht es keinen Sinn, der einzige Besitzer eines Faxgerätes zu sein, da man niemandem ein Fax zuschicken kann. Für die Kommunikation ist es daher von besonderer Bedeutung, eine kritische Masse von Personen zu erreichen, welche dieselbe Technologie verwendet.

Die Angemessenheit der Medien, d. h. ihre Eignung zur adäquaten Übermittlung einer Nachricht, kann als ein Maß für die *Qualität der Kommunikation* angesehen werden. Durch die zunehmend kostengünstigere Verfügbarkeit multimedialer Kommunikationstechnologien, können die Audio- und Videokommunikation verbessert werden.

Bei den *Stückkosten* der Kommunikation ist bemerkenswert, dass die Kosten je Nachricht und je Nutzer seit Jahren sehr stark absinken. Dieses hängt einerseits mit dem Wachstum des Marktes und dem sich entwickelnden Wettbewerb zusammen, andererseits bindet bei vorhandener *Breitband-Kommunikations-Infrastruktur* die einzelne Nachricht wesentlich weniger Kapazität und kann daher billiger werden.

Mit der Nutzung der Technologiematrix, entsteht die Frage, ob eine neue Technik, wie z. B. Cloud Computing, etwas an den Trends (die in Abb. 2-1 durch Pfeile angedeutet wurden), verändert. Ein technischer Entwicklungssprung ist jedoch wahrscheinlicher wenn sich etwas an den Trends innerhalb der Basisbereiche: Speicherung, Verarbeitung und Kommunikation ändert. Auf dieser Grundlage kann beurteilt werden, ob ein Trend bestehen wird oder ob andere Veränderungen Handlungsbedarf erzeugen.

Dennoch ist auch bei Verwendung des Modells ein Grundverständnis der wichtigsten technischen Begriffe und Konzepte notwendig. Die folgenden Unterkapitel stellen daher die Grundlagen zum Verständnis der drei Grundfunktionen Verarbeitung, Speicherung und Kommunikation vor, ohne dass dabei ein Anspruch auf Vollständigkeit erhoben wird.

2.2 Aufkommende Technologien

Diffusionskurve

Verschiedene Entwicklungsmuster, wie beispielsweise Diffusionsverläufe, können für die Vorausschau und Planung der neuen, aufkommenden Technologien genutzt werden. Die Diffusionskurve beschreibt den Verbreitungsprozess von Neuerungen über die Zeit in sozialen Systemen.

Die Diffusionskurve hat typischerweise einen s-förmigen Verlauf (vgl. Abb. 2-2). Am Anfang wird die neue Technologie nur von wenigen Anwendern benutzt, jedoch wächst der relative Anteil an der Zahl der Anwender mit der Zeit. Der Wendepunkt stellt die maximale Diffusionsrate dar. Dies wird erreicht indem mindestens die Hälfte der potenziellen Anwender diese Technologie nutzt. Anschließend nähert sich die Diffusionskurve der Sättigungsgrenze, d. h. die Rate der Übernahme nimmt immer mehr ab, obwohl die Nutzung der Technologie weiter zunimmt. In diesem Zusammenhang spricht man von fünf unterschiedlichen Technologieanwendern: Der Gruppe der Innovatoren, der frühen Anwender, der frühen Mehrheit, der späten Mehrheit und der Nachzügler.

Abb. 2-2

Diffusionskurve

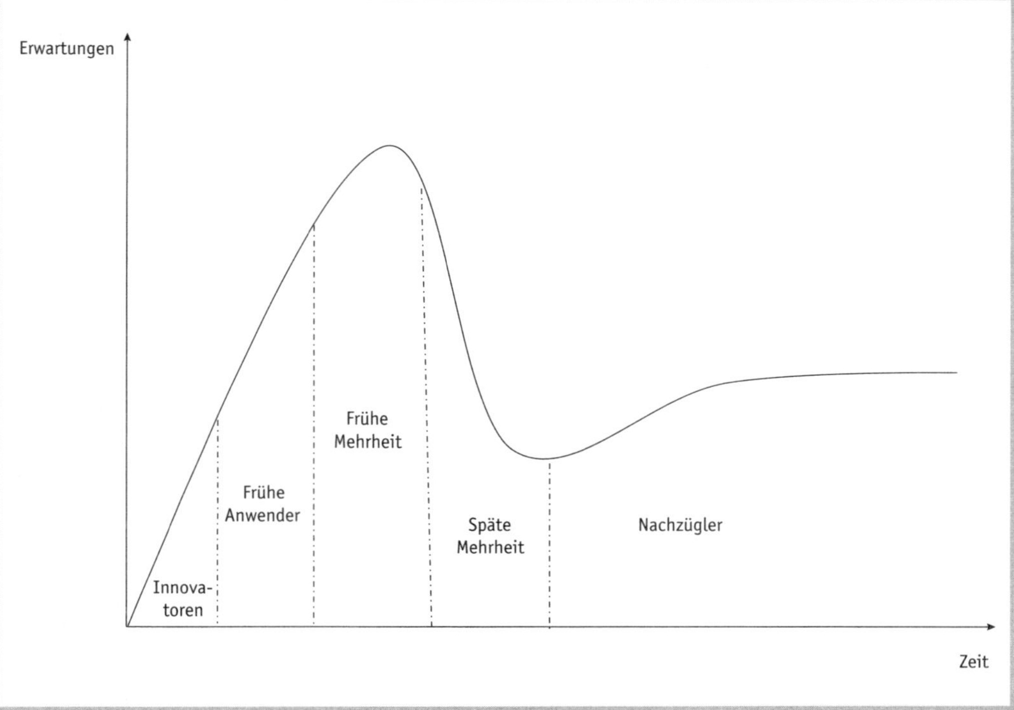

Zusatzinformation

Münchener Kreis

Der Münchener Kreis ist eine gemeinnützige internationale Vereinigung von rund 400 Experten der Kommunikationsforschung, die sich mit der Erforschung, Errichtung und dem Betrieb von Kommunikationssystemen und deren Nutzung beschäftigt (www.muenchener-kreis.de). Zugleich beschäftigt sich der Münchener Kreis mit menschlichen und gesellschaftlichen Problemen, die mit der Einführung neuer Techniken im Zusammenhang stehen. Die Themenergebnisse werden auf Fachkonferenzen und Kongressen wiedergegeben.

Gartners »Hype-Cycle«

Gartners Hype-Cycle nutzt die Dynamik von Erwartungen für das Ableiten von Aussagen über die Attraktivität neuer Technologien. Jedes Jahr führt die Gartner Group Marktforschungsergebnisse und Analysen über das Wachstum neuer Technologien und Trends durch. Die Ergebnisse werden mittels sogenannter Hype-Cycle (*Hype-Zyklen*) dargestellt. Der Hype-Cycle stellt dar, in welcher Phase sich Technologien und Trends in der Verbreitung und Akzeptanz befinden. Sie werden in fünf verschiedenen Phasen eingeteilt. Die erste Phase ist die »Trigger-Technologie« oder der Durchbruch. Anschließend folgt der »Höhepunkt überzogener Erwartungen«, der durch erste Euphorie und unrealistische Erwartungen erzeugt wird. Danach kommt durch Ernüchterung die Abstiegsphase der »Desillusionierung«, bevor nach einer »Zeit der Abklärung« das »Plateau der Produktivität« erreicht wird.

Zu den diesjährigen Technologien auf dem Höhepunkt überzogener Erwartungen gehören 3D-Druck, Gamifizierung und Wearables. Dagegen haben virtuelle Realität und In-Memory-Analysen den Höhepunkt bereits überschritten und befinden sich auf dem Weg in die Phase der Ernüchterung.

3D-Druck

Ein 3D-Drucker ist im Gegensatz zu einem herkömmlichen Drucker in der Lage, ein dreidimensionales Werkstück zu produzieren. Bei 3D-Druckern für Privatpersonen werden aus Kostengründen dabei vor allem Kunststoffe oder Kunstharze verarbeitet. Einige 3D-Drucker sind jedoch auch in der Lage, metallische Werkstoffe oder Keramiken zu verwenden. Wie bei einem herkömmlichen Drucker wird das Endprodukt additiv hergestellt und nicht durch stückweises Entfernen von Material wie beispielsweise bei CNC-Fräsen. Daraus resultiert ein geringerer Materialverbrauch und somit geringere Kosten. Auch im Vergleich zu anderen additiven Verfahren wie dem Spritzguss ergeben sich Kostenvorteile, da beispielsweise die Anfertigung von Formen entfällt. Daher wird der 3D-Druck häufig für Prototypen oder das Erstellen von Produkten in geringen Stückzahlen verwendet.

Gamifizierung

Unter Gamifizierung versteht man die Anwendung von Konzepten aus Spielen in einem Kontext, der nicht spielebezogen ist. Dadurch kann die Motivation für Aufgaben gesteigert werden, die beispielsweise sehr komplex sind. Häufig verwendete Konzepte aus Spielen sind virtuelle Auszeichnungen oder Fortschrittsbalken. Aufgrund von Studien, die die positiven Effekte bestätigen, findet Gamifizierung in immer mehr Anwendungsbereichen Verwendung und wird vereinzelt sogar in Schulen eingesetzt um den Lernerfolg zu steigern. Aber auch Unternehmen nutzen Gamifizierung um z.B. mit einem Bonuspunkteprogramm die Kundenbindung zu stärken.

Wearables

Als Wearables werden Geräte bezeichnet, die wie Kleidung am Körper getragen oder befestigt werden wie beispielsweise Armbanduhren oder Brillen. Dabei zeichnet Wearables aus, dass sie den Benutzer bei realen Tätigkeiten unterstützen und nicht deren Bedienung im Vordergrund steht. Die Idee für Wearables ist nicht neu: Hörgeräte sind Wearables, da sie den Benutzer bei der Aufgabe des Hörens unterstützen. Die Bedienung des Hörgerätes beschränkt sich dabei auf das einmalige einschalten. Eine der neueren Entwicklungen ist Google Glass, eine Brille, die mit einem kleinen Bildschirm, Kamera, Mikrofon und verschiedenen Sensoren ausgestattet ist. Ausstattung und Funktionalität sind somit vergleichbar mit modernen Smartphones. Die Bedienung von Google Glass ist aber wesentlich subtiler und natürlicher.

Zur Datenverarbeitung gehören vier Elemente, die zunächst einmal unabhängig vom Rechnereinsatz sind (vgl. Abb. 1-3):

- die zu verarbeitenden Daten (Eingabedaten, Input),
- die Datenverarbeitung an sich, durch die Veränderungen an den Daten vorgenommen werden (Transformation),
- die Speicherung, durch die Daten abgelegt werden,
- die auszugebenden Daten (Ausgabedaten, Output).

Abb. 1-3

Prozess der Datenverarbeitung

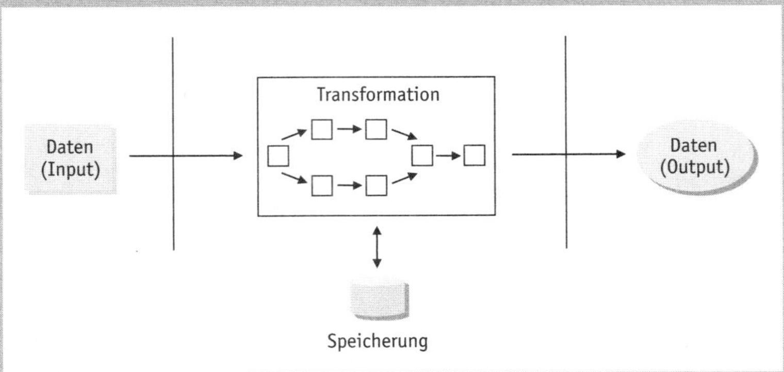

EDV vs. Informationsverarbeitung

Mit zunehmender Verbreitung von Computern wurde der Begriff Datenverarbeitung immer mehr im Sinne der **E**lektronischen **D**aten**V**erarbeitung (EDV), d. h. der Verarbeitung von Daten mittels Computern, verstanden.

Inzwischen ist der Begriff EDV aus der Mode gekommen. Mit der immer stärkeren Durchdringung aller Bereiche durch Computer werden nicht mehr ausschließlich Daten verarbeitet, sondern zunehmend Informationen. Somit setzt sich immer mehr der Begriff »Informationsverarbeitung (IV)« durch.

1.3.3 Informations- und Anwendungssysteme

Der Begriff Informationssystem ist in der Literatur nicht eindeutig definiert und wird teilweise synonym mit dem Begriff Anwendungssystem verwendet.

Informationssysteme sind sozio-technische Systeme, die menschliche und maschinelle Komponenten (Teilsysteme) umfassen.

Sie werden eingesetzt, um das wirtschaftliche Handeln der Unternehmen zu unterstützen, indem sie Informationen für Durchführungs-, Führungs-, Analyse- und Entscheidungsaufgaben im Unternehmen bereitstellen.

2.3 Verarbeitung

Verarbeitung

Die Verarbeitung dient der Veränderung von Daten im Rechner, d. h. der eigentlichen Transformation. Sie findet in der Zentraleinheit statt, die sich aus Speicher und Zentralprozessor zusammensetzt. Um den Vorgang der Verarbeitung und die unterschiedlichen Verarbeitungsformen zu verstehen, ist es erforderlich, die einzelnen Hard- und Softwarekomponenten sowie die Möglichkeiten der Interaktion zwischen System und Benutzer zu kennen. Zunächst wird der Aufbau der Rechner, die sogenannte »von Neumann-Architektur«, und das Zusammenwirken ihrer einzelnen Teile erläutert (vgl. Kap. 2.3.1). Die Hardware alleine führt keine Verarbeitung durch, sondern benötigt ein Betriebssystem und Anwendungsprogramme, um arbeiten zu können. Je nach Betriebssystem (vgl. Kap. 2.3.2.2) sind unterschiedliche Betriebsformen und Nutzungsarten möglich (vgl. Kap. 2.3.2.1). Die Anwendungsprogramme, die die auszuführende Verarbeitung spezifizieren, sind in höheren Programmiersprachen geschrieben (vgl. Kap. 2.3.3), die zunächst »übersetzt« werden müssen, damit der Rechner sie verstehen kann. Ist das System in Betrieb, so kommuniziert der Benutzer über die sogenannte Benutzerschnittstelle mit dem System (vgl. Kap. 2.3.4).

2.3.1 Von Neumann-Architektur

2.3.1.1 Aufbau der von Neumann-Architektur

Rechnerarchitektur

Die in den Unternehmen eingesetzten Rechner sind elektronische, digitale Maschinen, die sich in Kosten, Leistung und angeschlossenen externen Geräten unterscheiden. Trotz der zum Teil grundlegenden Unterschiede sind die meisten Rechner entsprechend der, von dem Mathematiker John von Neumann (1903–1957) entwickelten und nach ihm benannten, von Neumann-Architektur aufgebaut. Als Rechnerarchitektur bezeichnet man

- den inneren Aufbau des Rechners (d. h. seine Komponenten),
- die Organisation der internen Arbeitsabläufe (d. h. das Zusammenwirken der Komponenten),
- sein funktionelles Verhalten (d. h. die Arbeitsweise aus Sicht des Nutzers).

Rechner mit einer von Neumann-Architektur (vgl. Abb. 2-3) bestehen aus der Zentraleinheit und den Datenwegen (Kanalwerke oder Busse), auf denen die Datenübertragung zwischen den Komponenten der Zentraleinheit (interne Datenwege) oder der Zentraleinheit und den peripheren Geräten wie Drucker oder Plotter (externe Datenwege) erfolgt. Diese Komponenten werden im Folgenden eingehender betrachtet.

SISD-Architektur

Charakteristisch für die von Neumann-Architektur ist die sequenzielle Abarbeitung der Befehle eines Programms in der Reihenfolge, in der sie im Zentralspeicher abgelegt sind. Die CPU führt genau ein Befehl aus, und dieser kann höchstens einen Datenwert bearbeiten. Daher wird die Architektur auch als SISD-Architektur (Single Instruction, Single Data) bezeichnet.

Abb. 2-3

von Neumann-Architektur

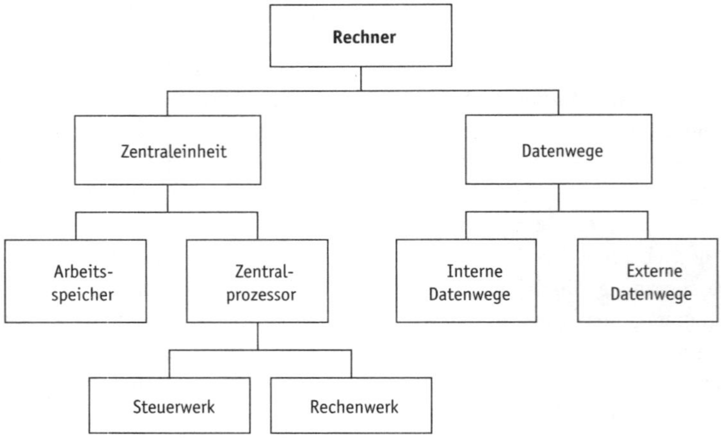

(Quelle: In Anlehnung an *Stahlknecht/Hasenkamp*, 2002, S. 23)

Parallele Architektur

Höhere Rechnerleistungen können durch parallele Architekturen erzielt werden. Darunter versteht man die gleichzeitige Ausführung mehrerer Befehle und/oder die gleichzeitige Bearbeitung mehrerer Daten. Parallele Verarbeitung kann entweder innerhalb eines Prozessors, z. B. indem einem Steuerwerk mehrere Rechenwerke zugeordnet werden (z. B. in Vektorrechnern), oder durch mehrere parallele, gekoppelte Prozessoren (Multiprozessor-Systeme) realisiert werden.

2.3.1.2 Arbeitsspeicher

Arbeitsspeicher

Der *Arbeitsspeicher*, auch Hauptspeicher genannt, ist ein Teil der Zentraleinheit. Der Arbeitsspeicher speichert die in Aktion befindlichen Programme bzw. Befehle für den Mikroprozessor sowie die zu verarbeitenden Daten. Er besteht aus einer Sammlung von Zellen, von denen jede Informationen speichern kann (vgl. Abb. 2-4). Jede Zelle hat eine Adresse, die die Position der Zelle im Speicher beschreibt. So ist die Adresse der ersten Zelle 1, die der dritten Zelle 3 usw. Über diese Adresse kann jede Zelle direkt angesprochen werden, so dass als wichtiges Merkmal des Arbeitsspeichers die direkte Adressierbarkeit festzuhalten ist. In diesem Zusammenhang wird häufig auch der Begriff RAM-Speicher (Random Access Memory) verwendet.

Wird die in einer Zelle gespeicherte Information in einem Verarbeitungsschritt benötigt, wird sie aus der Zelle herausgeholt und in den Prozessor zur Verarbeitung übertragen. Ein zweites wichtiges Merkmal des Arbeitsspeichers ist seine elektronische Implementierung. Dadurch können die Informationen sehr schnell aus dem

Abb. 2-4

Adresse vs. Inhalt von Hauptspeichern

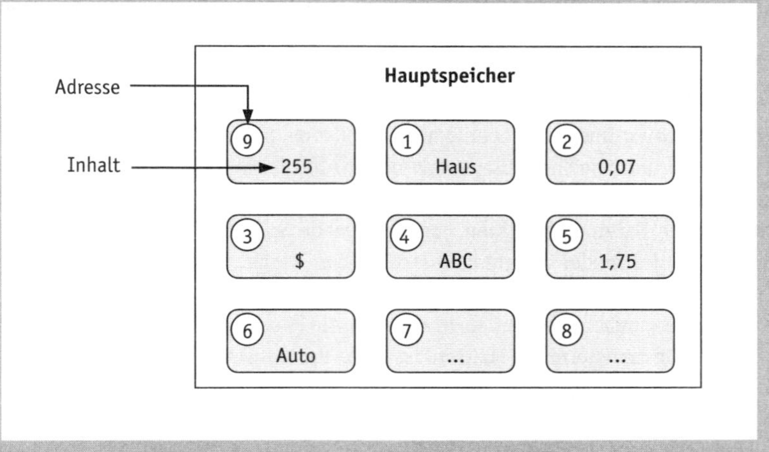

Speicher abgerufen und geschrieben werden. Nach dem Ausschalten des Stromes gehen die Daten, die sich im Arbeitsspeicher befinden, jedoch verloren, es sei denn, der Arbeitsspeicher ist batteriegepuffert.

Pufferspeicher und virtuelle Speicher

Neben dem Arbeitsspeicher sind noch *Pufferspeicher (Cache Memory)* und virtuelle Speicher zu erwähnen. Pufferspeicher zum Abgleich zwischen dem langsamen Hauptspeicher und dem schnellen Zentralprozessor sowie Registerspeicher, die ebenfalls zu den internen Speichern gehören.

Virtuelle Speicher ermöglichen eine scheinbare Erweiterung der begrenzten Hauptspeicherkapazität. Aktuell benötigte Daten oder Programme werden aus einem externen Speicher block- oder seitenweise gegen einen Block oder eine Seite im Hauptspeicher ausgetauscht (Paging). Dieses ist schneller als die Übertragung einzelner Daten und verkürzt die Zugriffszeit.

2.3.1.3 Zentralprozessor

CPU

Der *Zentralprozessor*, auch CPU (Central Processing Unit) genannt, ist der Teil der Zentraleinheit, in dem die eigentliche Verarbeitung stattfindet. Er besteht aus den beiden Komponenten Rechenwerk und Leitwerk.

Rechenwerk

Das *Rechenwerk* (ALU = arithmetic and logic unit), das aus Verknüpfungsschaltungen (Arithmetikwerken) und Registern besteht, führt die arithmetischen oder logischen Operationen aus. Alle Operationen wie z. B. Multiplikation und Division werden durch Mikroprogramme ausgeführt, die im Festwertspeicher gehalten werden. Die Programme können nur gelesen, aber nicht geändert werden. Der Festwertspeicher wird daher auch als ROM-Speicher (Read Only Memory) bezeichnet. Die verfügbaren Befehle im Maschinencode heißen Befehlsvorrat. Bei mittleren bis großen DV-Anlagen umfasst der Befehlsvorrat 150-300 Instruktionen.

Leitwerk

Das *Leitwerk* (Control Unit) steuert die Reihenfolge, in der das Rechenwerk Befehle eines Programms ausführt. Die Befehle eines Programms (Instruktionen) enthalten im Maschinencode (vgl. Kapitel 2.3.3.2) einen

- Operationsteil, der beschreibt, welche Operation auszuführen ist und einen
- Operandenteil, der die Speicheradressen der Daten oder Konstanten angibt, mit denen die Operation durchzuführen ist.

von Neumann-Zyklus

Die Verarbeitung findet im sogenannten *von Neumann-Zyklus* statt, wobei Leitwerk, Rechenwerk und Speicher zusammenarbeiten. Das Leitwerk veranlasst das Rechenwerk, die im Operationsteil angegebenen Operationen mit den im Operandenteil angegebenen Daten auszuführen, indem folgende Schritte durchlaufen werden:

1. die auszuführenden Programminstruktionen werden aus dem Hauptspeicher in das Leitwerk geholt,
2. die Programmbefehle werden in eine für die Maschine verständliche Darstellungsform transformiert (Entschlüsselung der Befehle),
3. die Operanden werden im Speicher angesteuert,
4. die entsprechenden Daten (Operanden) werden aus dem Speicher in das Rechenwerk transportiert,
5. die Befehle werden ausgeführt, d. h. die Operanden werden verarbeitet und die Ergebnisse gegebenenfalls gespeichert,
6. der Befehlszähler wird um 1 erhöht.

Die Schritte 1–4 und 6 werden vom Leitwerk durchgeführt, die eigentliche Ausführung der Befehle (Schritt 5) übernimmt das Rechenwerk. Da die Befehle nacheinander zunächst vom Leit- und dann vom Rechenwerk abgearbeitet werden, wird auch der Begriff »Pipeline-Prinzip« zur Charakterisierung verwendet. Während das Rechenwerk einen Befehl ausführt, bereitet das Steuerwerk bereits den nächsten Befehl vor.

Takt

Die Arbeit im Zentralprozessor wird durch einen zentralen Taktgeber gesteuert. Die Taktzeit, auch als Grundzyklus oder Prozessorzykluszeit bezeichnet, liegt im Bereich von Nanosekunden. Der Kehrwert der Taktzeit, die Taktfrequenz oder Taktrate (meist in MHz oder GHz angegeben), bestimmt die Arbeitsgeschwindigkeit. Die Verarbeitungskapazität bzw. Leistungsfähigkeit von Rechnern wird im Allgemeinen in MIPS (Million Instructions Per Second) oder FLOPS (Floating Point Operation Per Second) ausgewiesen. Diese errechnet sich aus der Taktfrequenz in MHz dividiert durch die Anzahl der Takte pro Befehl. Betrachtet man das Leistungsvermögen von Prozessoren und Rechnern in ihren verschiedenen Größenklassen, so lässt sich ein klarer Trend hin zu einer erhöhten Bereitstellung von MIPS-Leistung und höherer Energieeffizienz erkennen, der sich auch in Zukunft fortsetzen wird.

2.3.1.4 Datenwege

Damit die Daten auch an den Orten zur Verfügung stehen, an denen sie benötigt werden, müssen sie jeweils dorthin transportiert werden. Diese Aufgabe übernehmen die Datenwege, die unterschieden werden in

- externe Datenwege, die den Datentransfer zwischen der Zentraleinheit und den peripheren Geräten übernehmen und

- interne Datenwege, die den Datentransfer zwischen den Komponenten der Zentraleinheit abwickeln.

Für die Datenwege stehen zwei Konzepte zur Verfügung:
- das Kanalkonzept und
- das Buskonzept.

Kanalkonzept

Das *Kanalkonzept* wird häufig in Großrechnern für die interne und externe Kommunikation genutzt. Die Eingabe und Ausgabe von Daten an periphere Geräte, z. B. Drucker, wird durch eigene Kanalwerke, sogenannte Ein-/Ausgabeprozessoren (Kanalprozessoren), gesteuert, die ihre Arbeit parallel zur CPU ausführen. Die externen Geräte sind direkt oder über Steuereinheiten an die Kanäle angeschlossen, die dann Steuerungsaufgaben für die jeweils in Ketten angeschlossenen Geräte (Gerätestränge) übernehmen. Dazu gehören beispielsweise gerätespezifische Übersetzungen der Kanalbefehle, Fehlererkennung oder Datenpufferung.

Buskonzept

Das *Buskonzept* dominiert bei PCs und kommt als externer Datenübertragungsweg überwiegend dann zur Anwendung, wenn die Anzahl der peripheren Geräte gering ist. Ein Bus, auch Datensammelweg genannt, besteht aus einem (oder mehreren) Leitungsweg(en), an den die Zentraleinheit bzw. die Komponenten oder peripheren Geräte angeschlossen werden. Die peripheren Geräte werden über, für einzelne Gerätegruppen zuständige, Peripherieprozessoren gleichrangig an einen gemeinsamen Datensammelweg, den Ein/Ausgabe-Bus (E/A-Bus), angeschlossen (vgl. Abb. 2-5). Jeder Bus hat die folgenden logischen, wenn auch nicht notwendigerweise physisch getrennten Bestandteile
- Steuerbus: für die Steuerung bzw. Kontrolle,
- Adressbus: für die Übertragung der Speicheradressen,
- Datenbus: für den eigentlichen Datentransfer.

Abb. 2-5

Buskonzept

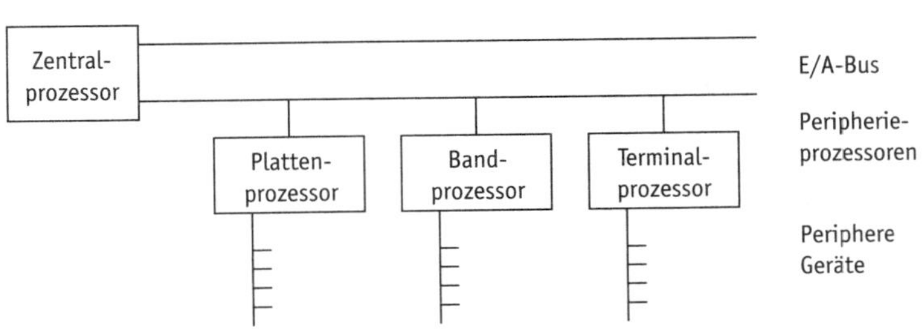

(Quelle: In Anlehnung an *Stahlknecht/ Hasenkamp*, 2002, S. 29)

2.3.2 Systembetrieb

2.3.2.1 Betriebsarten und Nutzungsformen

Auch wenn die meisten Rechner nach dem gleichen Grundprinzip funktionieren, bedeutet das nicht, dass in allen Rechnern die gleichen Bedingungen und Formen der Bearbeitung eines Anwenderprogramms zu finden sind. Vielmehr werden durch unterschiedliche Betriebssysteme (vgl. Kap. 2.3.2.2) unterschiedliche Betriebsarten und Nutzungsformen ermöglicht.

Betriebsarten

Die Anwendungsprogramme eines Nutzers können in einem Computer auf unterschiedliche Art bearbeitet werden. Die verschiedenen Bedingungen und Formen der Bearbeitung bezeichnet man als Betriebsarten. Für den Verarbeitungsbetrieb im Rechner ergeben sich unterschiedliche Alternativen in Abhängigkeit:

- von der Art der internen Verarbeitung: der Single- und Multi-Tasking-Betrieb,
- von der Anzahl der innerhalb eines Programms bearbeiteten Anfragen: der Single- oder Multi-Threading-Betrieb,
- von der Anzahl der für die Verarbeitung eingesetzten Prozessoren: Einprozessor- oder Mehrprozessor-Systeme,
- von der Art der Geräteverbindung zur Zentraleinheit: Online- oder Offline-Betrieb,
- von der räumlichen Aufstellung der Geräte: lokale Verarbeitung und entfernte Verarbeitung.

Single-/Multi-Tasking

Beim *Single-Tasking (Ein- bzw. Monoprogrammbetrieb)* befindet sich nur ein Task (Programmbefehl) im Mikroprozessor, der vollständig abgearbeitet werden muss, bevor der nächste Task dran ist. Als interne Verarbeitungsform hat vor allem das *Multi-Tasking (Mehr- bzw. Multiprogrammbetrieb)* praktische Bedeutung erlangt, bei dem eng verzahnt verschiedene Programmfunktionen gleichzeitig ablaufen. Den einzelnen Programmen werden die jeweils für die Ausführung benötigten Betriebsmittel abwechselnd durch das Betriebssystem im Zeitscheibenverfahren zugeteilt. Die zeitintervallweise Zuordnung des Prozessors zu verschiedenen Programmen bezeichnet man auch als Time-Sharing.

Aufgrund der hohen Geschwindigkeit entsteht beim Anwender der subjektive Eindruck gleichzeitiger Programmausführung. Bei diesem sogenannten echten oder auch *preemptiven Multi-Tasking* hat die CPU die ständige Kontrolle über alle ablaufenden Tasks und bestimmt von sich aus die Zeitscheiben, die den Anwendungen bereitgestellt werden sollen.

Demgegenüber bleibt es bei einem *kooperativen Multi-Tasking* den Anwendungen selber überlassen, wie viel Zeit sie anderen Anwendungen zur Verfügung stellen. Ein unkooperatives Programm kann so die Arbeit der anderen Programme vollständig blockieren.

Eine Sonderform des Mehrprogrammbetriebs ist der *Spoolbetrieb (Simultaneous Peripherals Operations On Line)*, der für die Dateneingabe und -ausgabe verwendet wird. Er erlaubt die Aus-/Eingabe von Daten eines Programms, während in der CPU bereits ein anderes Programm abgearbeitet wird.

Während unter Multi-Tasking das Nebeneinanderlaufen mehrerer Programme verstanden wird, geht es beim Threading um die Optimierung des internen Ablaufs einzelner Programme. Threads (Fäden) sind die kleinsten Teileinheiten eines Programms, die nebeneinander laufen können. Kann nur eine Teileinheit zu einem Zeitpunkt bearbeitet werden, spricht man von *Single-Threading*; können gleichzeitig mehrere Threads bearbeitet werden, ist die Rede von *Multi-Threading*. Beispielsweise könnten innerhalb einer Tabellenkalkulation gleichzeitig eine Tabelle neu berechnet und eine davon unabhängige Grafik erstellt werden. Durch diese ausgefeilte Technik kann eine deutlich höhere Leistung erzielt werden.

Single-/Multi-Threading

Bei *Einprozessorsystemen* enthält die Zentraleinheit nur einen Prozessor. Bei *Mehrprozessorsystemen* sind an der Verarbeitung mehrere Prozessoren in der Zentraleinheit beteiligt, die ganz oder teilweise einen gemeinsamen Arbeitsspeicher und dieselben peripheren Geräte benutzen (Multi-Processing-Betrieb). Es arbeitet aber nur ein Prozessor unabhängig (Master), während die anderen Prozessoren in ihrer Verarbeitung von ihm abhängig sind (Slaves). Die einzelnen Prozessoren können unabhängig voneinander verschiedene Programme oder Programmschritte abwickeln.

Ein-/Mehrprozessor

Besteht eine unmittelbare Geräteverbindung zur Zentraleinheit wird im *Online-Betrieb* gearbeitet. Dieses ist beispielsweise bei allen Geräten der Fall, die per Datenübertragung an die DV-Anlage angeschlossen sind. Beim *Offline-Betrieb* sind die Geräte nicht direkt an die Zentraleinheit angeschlossen.

On-/Offline

Schließlich kann die Verarbeitung lokal oder entfernt (remote) durchgeführt werden. Bei der *lokalen Verarbeitung* befindet sich die Peripherie an einem Ort, während bei der *entfernten Verarbeitung* räumliche Distanzen zwischen den Geräten mit einer Datenübertragung über öffentliche Netze überwunden werden.

lokal/remote

Während sich die bisher beschriebenen Betriebsarten auf die interne Verarbeitung im Rechner beziehen, umfasst der Begriff der Nutzungsformen den Umgang des Anwenders mit dem System. Hinsichtlich der Nutzungsformen können folgende Alternativen unterschieden werden (vgl. Abb. 2-6):

Nutzungsformen

- Anforderungen der zeitlichen Abwicklung der Verarbeitung: Dialog- oder Batchverfahren,
- Anforderungen aus der Anzahl der gleichzeitig am System arbeitenden Benutzer: Einbenutzer- und Mehrbenutzersysteme,
- Anforderungen aus der Art der Programmnutzung im Falle von Mehrbenutzersystemen: Teilhaber- und Teilnehmerbetrieb.

Bei der interaktiven Verarbeitung, auch *Dialogverarbeitung* genannt, erfolgt der Zugriff auf die gespeicherten Daten und die Steuerung der Programmabwicklung noch während der Verarbeitungsausführung. Dieses ist dann sinnvoll, wenn

Dialog/Verarbeitung

- hohe Anforderungen an die Aktualität der Daten bestehen,
- die tatsächliche Durchführung der Verarbeitung an Bedingungen geknüpft ist, die vom Nutzer oder von der Systemumgebung definiert werden,
- Plausibilitätskontrollen der Eingaben und Zwischenergebnisse erforderlich sind oder
- interaktiv Abwandlungen der Verarbeitungsergebnisse erzeugt werden sollen.

Abb. 2-6

Nutzungsformen

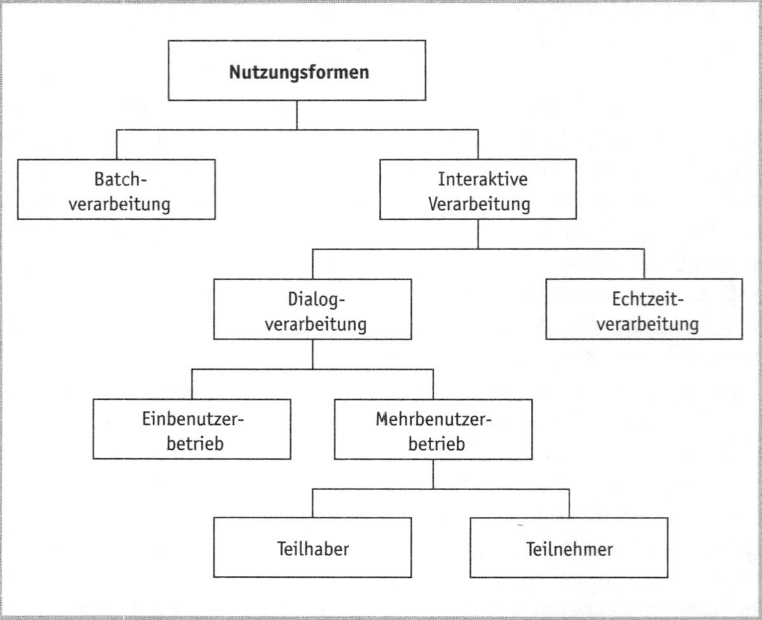

Die zeitliche Verteilung der Verarbeitung ist dann an die zeitliche Abfolge des Dialogs gekoppelt und kann bis hin zur schritthaltenden Verarbeitung (Realzeitverarbeitung – Real Time Processing) geführt werden, bei der innerhalb vorgegebener Zeitspannen Ergebnisse vorliegen müssen. Dies ist z. B. typisch für die Prozessdatenverarbeitung in technischen Anlagen.

Batch-Betrieb

Demgegenüber werden beim *Stapelbetrieb (Batch-Betrieb)* die Daten gesammelt und zu einem Zeitpunkt als »Stapel« abgearbeitet. Dadurch können oftmals wirtschaftliche Vorteile (Economies of Scale) erzielt werden. Es können auch Mischformen von Stapel- und Dialogverarbeitung angewandt werden.

Single-/Multi-User

Systeme, die von mehreren Nutzern gleichzeitig benutzt werden, arbeiten im *Multi-User Betrieb (Mehrbenutzerbetrieb)*. Dieses kommt insbesondere bei mittleren und großen DV-Anlagen vor. Bei Mikrocomputern kommt es dagegen häufig vor, dass die Betriebssysteme nur die Benutzung als Einplatzsystem zulassen. In diesem Fall spricht man vom *Single-User-Betrieb (Einbenutzerbetrieb)*.

Teilhaber/Teilnehmer

Im Mehrbenutzerbetrieb ist wiederum zwischen Teilhaberbetrieb und Teilnehmerbetrieb zu unterscheiden. Der *Teilhaberbetrieb (transaction mode)* ist eine Form des Dialogbetriebs, bei der mehrere Benutzer dasselbe Programm bzw. denselben Datenbestand auf einem zentralen Rechner verarbeiten.

Können die Benutzer eines Rechners zur gleichen Zeit verschiedene Datenbestände und Programme verarbeiten, liegt ein *Teilnehmerbetrieb (time sharing mo-*

de) vor. Wenn vernetzte Rechner genutzt werden, kann eine zentrale oder eine verteilte Verarbeitung durchgeführt werden. Die Verarbeitungsbedingungen gestalten sich dann je nach der Herkunft der Daten sowie je nach dem Ort des Anstoßes und des Abschlusses der Ausführung unterschiedlich.

2.3.2.2 Betriebssysteme

Betriebssysteme

Die unterschiedlichen Betriebsarten und Nutzungsformen werden durch Betriebssysteme bestimmt, deren Aufgabe die Ablaufsteuerung (Job Control) der Anwenderprogramme innerhalb einer DV-Anlage ist. Die Betriebssysteme sind Bestandteil der Systemsoftware, zu der außerdem noch Dienst- und Übersetzungsprogramme sowie systemnahe Software gerechnet werden (vgl. Abb. 2-7).

> Als Betriebssystem (engl. Operating System) werden die Programme bezeichnet, die (zusammen mit den Eigenschaften der Rechnerhardware) die grundlegende Infrastruktur für die Ausführung der Anwendungssoftware bilden. Das Betriebssystem ist für die Steuerung und Überwachung von Anwendungsprogrammen zuständig (in Anlehnung an Hansen/Neumann, 2009, S. 34).

Abb. 2-7

Bestandteile der Systemsoftware

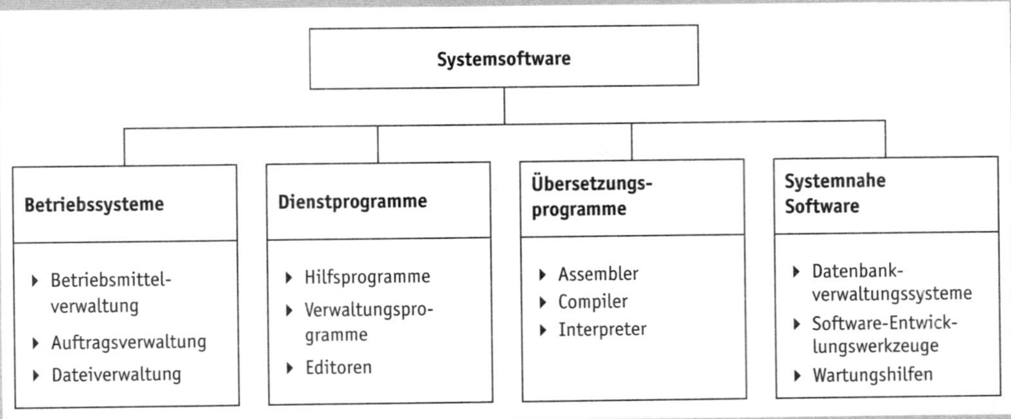

Das Betriebssystem hat die Aufgabe, die Verwaltung der

- Betriebsmittel des Computers (Hardware-Komponenten),
- in Bearbeitung oder im Zugriff befindlichen Dateien sowie
- Prozesse (Programmabläufe)

zu übernehmen. Darüber hinaus werden zunehmend auch Aufgaben vom Betriebssystem übernommen, die früher speziellen Anwendungsprogrammen überlassen wurden, wie etwa die Organisation der Bildschirmdarstellung. Betriebssysteme können in herstellerspezifische wie z. B. OS X von Apple und herstellerunabhängige Betriebssysteme wie z. B. Microsoft Windows unterteilt werden. Des Weiteren können sie danach eingeordnet werden, ob sie für große oder mittlere DV-Anlagen oder für Mikrocomputer konzipiert sind.

Systemsoftware

Bei den *Dienstprogrammen* sind zu unterscheiden:

- Hilfsprogramme (Utilities), zu denen u. a. Programme zum Transport der Daten von einem peripheren Gerät zu einem anderen gehören;
- Verwaltungsprogramme, zu denen u. a. Programme zur Verwaltung der Programmbibliotheken (Libraries) für Testprogramme gehören;
- Editoren, zu denen Programme zum Aufbereiten von Programmtexten gezählt werden.

Übersetzungsprogramme, wie z. B. Compiler oder Interpreter wandeln Programme, die in einer höheren Programmiersprache geschrieben sind, in Maschinensprache um, die der Computer versteht (vgl. Kap. 2.3.3.1).

Zur *systemnahen Software* werden u. a. gerechnet:

- Datenbankverwaltungssysteme, welche die Datenbestände in Datenbanken verwalten (vgl. Kap. 2.3);
- Software-Entwicklungswerkzeuge, die den Entwickler unterstützen (vgl. Kap. 9);
- Wartungshilfen, die den Zustand der Hardware und der Systemsoftware prüfen.

2.3.3 Programmierung

Programmiersprachen

Die Hardwarekomponenten und das Betriebssystem alleine können den Anwender noch nicht bei seiner Problemlösung unterstützen. Sie bilden nur die Plattform, auf der das Anwendungssystem zur Lösung des Problems läuft. Anwendungssysteme sind in Programmiersprachen geschrieben.

> Programmiersprachen sind formale Sprachen, mit denen eine auf einer Hardware ablauffähige Software, d. h. eine Befehlsfolge zur Lösung einer Aufgabe, entwickelt wird.

Im Laufe der Jahre sind viele Programmiersprachen entwickelt worden. Die meisten dieser Sprachen »versteht« der Computer jedoch nicht, da er nur die Befehle einer sogenannten Maschinensprache (vgl. Kap. 2.3.3.2) ausführen kann. Daher müssen in einer höheren Programmiersprache geschriebene Programme vor der Ausführung in Maschinensprache übersetzt werden. Für diese Übersetzungsaufgabe stehen Compiler und Interpreter zur Verfügung. Zunächst werden diese beiden »Übersetzer« vorgestellt, bevor auf die verschiedenen Programmiersprachen eingegangen wird.

2.3.3.1 Übersetzungsprogramme

Compiler

Compiler übersetzen das Quellprogramm (Source Code) in einem Stück und erzeugen dabei den Objektcode. Vor der Übersetzung erfolgt eine Überprüfung des vorliegenden Programms auf syntaktische Richtigkeit. Ist das Programm syntaktisch fehlerfrei, wird es in einem ersten Schritt kompiliert, d. h. in den Objektcode übertragen. Im nächsten Schritt, dem sogenannten Link-Lauf, werden Hilfsprogramme, z. B. für die Ein- und Ausgabesteuerung, die in Bibliotheken abgelegt sind, eingebunden. Erst dann ist das Programm lauffähig.

Das lauffähige Programm kann gespeichert und bei Bedarf in den Hauptspeicher geladen und ausgeführt werden. Des Weiteren kann eine getrennte Kompilierung einzelner Module durchgeführt werden, wodurch das Testen der Programmteile erleichtert wird. Ein Nachteil der Verwendung von Compilern ist, dass bei Programmänderungen oder Fehlerkorrekturen das Teilprogramm neu kompiliert werden muss.

Interpreter

Interpreter übersetzen das Programm zeilenweise in Maschinensprache. Nach der Übersetzung einer Zeile werden die Befehle ausgeführt. Danach wird die nächste Programmzeile übersetzt und ausgeführt usw. Bei diesem Vorgehen wird kein speicherbarer Objektcode erzeugt, sondern die Programme werden als Source Code abgespeichert und bei Bedarf jeweils neu übersetzt.

Interpreter bieten Vorteile bei der interaktiven Programmentwicklung, da einzelne Anweisungen unmittelbar nach der Eingabe ausgeführt werden können. Zudem entfallen die langwierige Neu-Übersetzung und das Neu-Linken bei Änderungen. Allerdings sind interpretierende Programme i. d. R. langsamer als kompilierter Code.

Zur Auslieferung von interpreterbasierter Software wird beim Anwender die Interpretersoftware benötigt. Diese Software wird in der Regel in Form von Run-Time-Modulen zur Verfügung gestellt. Run-Time-Module enthalten nur die Übersetzungskomponente der Entwicklungsumgebung und werden meist kostenlos zur Verfügung gestellt. Dadurch wird die Auslieferung interpreterbasierter Software wirtschaftlich möglich.

2.3.3.2 Maschinensprachen und Assembler

Maschinensprache

Die erste Generation der Programmiersprachen bilden die Maschinensprachen. Sie bestehen aus binär codierten Programmen, die durch Hardware interpretiert werden. Binär codiert bedeutet, dass die Befehle aus Ziffernfolgen aus 0 und 1 bestehen. Die Maschinensprachen hängen von der CPU ab und arbeiten mit einer individuellen, hardwarespezifischen Befehlsstruktur. Neben dem Nachteil der Hardwareabhängigkeit lassen der hohe zeitliche Aufwand für die Programmierung, die schlechte Lesbarkeit der Programme, die hohe Fehleranfälligkeit und die schlechte Wartbarkeit Maschinensprachen nicht für die Entwicklung von Anwendungssystemen geeignet erscheinen.

Assembler

Auch die Sprachen der zweiten Generation, sogenannte Assembler-Sprachen, sind maschinenorientiert. Allerdings verwenden sie den Zeichenvorrat des lateinischen Alphabets, die Ziffern des Dezimalsystems und einige Sonderzeichen. Zur besseren Verständlichkeit werden Befehle durch mnemotechnische Abkürzungen beschrieben, beispielsweise steht ADD für Addition oder MULT für Multiplikation. Während die Programmierung erleichtert wird, wird ein zusätzlicher Umwandlungsschritt erforderlich, da die Hardware die Befehle in dieser Form nicht verstehen kann. Programme, die Assembler-Sprachen übersetzen können, werden selber Assembler genannt. Vorteilhaft an der Verwendung von Assembler-Sprachen ist, dass die Programme optimal hinsichtlich Geschwindigkeit und Speicherplatzausnutzung programmiert werden können. Problematisch ist, dass sie nicht portierbar, fehleranfällig und schwer lesbar sind.

2.3.3.3 Prozedurale problemorientierte Sprachen

Prozedurale Sprachen

Die Sprachen der dritten Generation, die prozeduralen, problemorientierten Sprachen, erlauben die Codierung von Programmen in einer weitgehend maschinenunabhängigen Form. Dadurch sind die Programme weniger fehleranfällig, einfacher zu verändern und zu warten. Bei den prozeduralen Sprachen löst jeder sprachliche Ausdruck eine Aktion aus. Die Programme bestehen daher aus Folgen von Programmbefehlen, die der Reihe nach die auszuführenden Operationen beschreiben. Mit diesen Instruktionen spezifiziert der Programmierer, wie das Problem zu lösen ist.

Wichtige höhere Programmiersprachen sind:

FORTRAN

- *FORTRAN* (FORmular TRANslation): Wurde 1956 von IBM entwickelt und ist seitdem ständig weiterentwickelt worden. Sie wird vor allem für technisch-wissenschaftliche Anwendungen eingesetzt. FORTRAN ist relativ einfach zu lernen und die heutigen Versionen bieten ausgefeilte Strukturen, um die Programmlogik zu kontrollieren. Die Syntax ist strikt. Eingabefehler sind häufig, was das Debugging (»entwanzen«), d. h. die Fehlersuche in den Programmen, erschwert.

COBOL

- *COBOL* (COmmon Business Oriented Language): Wurde Anfang der 1960er-Jahre in den USA entwickelt, um große alphanumerische Datenmengen zu verarbeiten und wiederkehrende Aktivitäten wie z. B. die Gehaltsabrechnung abzuwickeln. Die gängigen Datenstrukturen sind daher auch Sätze, Tabellen und Listen. COBOL ist vergleichsweise einfach zu lernen und ist heute noch immer weit verbreitet. Problematisch ist der Einsatz von COBOL, wenn komplexe mathematische Berechnungen durchgeführt werden sollen.

BASIC

- *BASIC* (Beginners All-purpose Symbolic Instruction Code): Wurde 1964 von J. Kemeny and T. Kurtz entwickelt, um Studenten den Umgang mit Computern beizubringen. Noch heute wird die Sprache für Ausbildungszwecke eingesetzt, da sie sehr leicht zu erlernen ist und nahezu alle Aufgaben abdecken kann. Für umfangreiche Programmentwicklungen eignet sich die Urfassung der Sprache jedoch kaum, da nur wenige Befehle zur Verfügung stehen und weder ausgefeilte Kontrollen für die Programmlogik noch Datenstrukturen vorhanden sind. Das auf BASIC basierende Microsoft Visual Basic, das in die Entwicklungsplattform Visual Studio.NET integriert ist, bietet hingegen aufgrund seiner Objektorientierung umfangreichere Möglichkeiten.

C

- *C* wurde Anfang der 1970er-Jahre in den Bell Laboratories von Ritchie und Thompson für das Betriebssystem UNIX entwickelt. Inzwischen ist C auch für die meisten anderen Betriebssysteme verfügbar. C ist universell einsetzbar, aber schwer lesbar.

Weitere bekannte Programmiersprachen der dritten Generation sind:
- ALGOL (ALGOrithmic Language),
- APL (A Programming Language),
- PASCAL,
- PL/1 (Programming Language Number 1),
- RPG (Report Program Generator).

2.3.3.4 Deskriptive Sprachen

4-GL-Sprachen

Die Sprachen der 4. Generation (4-GL-Sprachen) sind benutzerfreundlich und leicht erlernbar. Im Gegensatz zu den prozeduralen Sprachen muss der Benutzer nicht angeben »wie« etwas erledigt werden soll, sondern »was« erledigt werden soll. Daher ist auch von deskriptiven Sprachen die Rede.

Die Einteilung und Abgrenzung der Sprachen ist problematisch, da keine eindeutigen Definitionen bestehen. Generell werden zu den 4 GL-Sprachen diejenigen Software-Tools gerechnet, die es dem Endbenutzer ermöglichen, Anwendungen mit möglichst geringer technischer Unterstützung zu erstellen, oder die die Produktivität der professionellen Programmierer erhöhen.

Grob können drei Kategorien von 4-GL-Sprachen unterschieden werden:
- *Abfragesprachen*: So genannte High-Level-Sprachen, die verwendet werden, um Daten aus Datenbanksystemen zu extrahieren. Zum Teil können sie über die reine Abfrage hinaus auch für die Programmierung von Verarbeitungsfunktionen eingesetzt werden.
- *Report-Generatoren*: Software, die die Erstellung benutzerdefinierter Reports unterstützt, die nicht routinemäßig vom Anwendungssystem ausgegeben werden.
- *Programmgeneratoren*: Programmgeneratoren unterstützen professionelle Programmierer bei der zügigen Entwicklung komplexer Programme, indem der Programmierer Charakteristika der angestrebten Verarbeitung spezifiziert und der Programmgenerator entsprechenden Programmcode entwickelt.

Die bekanntesten 4-GL-Sprachen sind SQL (Structured Query Language) von IBM und die für die Systeme R/2 und R/3 entwickelte Sprache ABAP/4 (Advanced Business Application Programming) von SAP. Die Ziffer 4 soll andeuten, dass es sich dabei um eine Sprache der vierten Generation handelt.

SQL

SQL unterscheidet, obwohl ursprünglich als Abfragesprache entwickelt, neben den Abfrage-Operationen drei weitere Typen von Operationen, sodass auch die Bezeichnung Full-Level-SQL verwendet wird:
- *Abfrage-Operationen*: Zur Durchführung von Abfragen nach dem Schema SELECT (was? Attribute) FROM (woher? Relationen) WHERE (unter welcher Bedingung? Attributwerte).
- *Datendefinitions-Operationen*: Zur Definition von Tabellen (CREATE TABLE) oder zum Löschen von Tabellendefinitionen (DROP TABLE).

- *Datenmanipulations-Operationen*: Zum Einfügen (INSERT), Verändern (UPDATE) oder Löschen (DELETE) bestehender Daten.
- *Kontroll-Operationen*: Zur Festlegung verschiedener Benutzersichten und Zugriffsrechte.

ABAP/4

ABAP/4 ermöglicht eine Programmentwicklung ohne spezifische Kenntnisse des technischen Umfelds (z. B. Datenbank, Betriebssystem) und ermöglicht eine strukturierte Programmierung. ABAP/4 beinhaltet eine durch Prototyping (vgl. Kap. 5.3.2) unterstützte Programmentwicklung, in welcher der Entwickler zunächst eine vorläufige Version des Programms und der Bedieneroberfläche erstellt und dann nach und nach fehlende Funktionalitäten hinzufügt. Die ABAP/4-Sprachelemente können in vier Kategorien unterteilt werden:

- *Deklarative Sprachelemente*: Beschreiben den Aufbau der Daten, die in einem Programm verwendet werden (z. B. TABLES, DATA).
- *Operationale Sprachelemente*: Ermöglichen elementare Datenmanipulationen (z. B. ADD, MOVE).
- *Steuerungs-Sprachelemente*: Realisieren Kontrollstrukturen wie Schleifen, Verzweigungen (z. B. DO, IF, CASE).
- *Zeitpunkt-Sprachelemente*: Verknüpfen Programmteile mit bestimmten Ereignissen, die bei der Abarbeitung eines Programms eintreten können (z. B. TOP-OF-PAGE, AT USER-COMMAND).

2.3.3.5 Wissensbasierte Sprachen

Künstliche Intelligenz

Die *wissensbasierten Sprachen*, zum Teil auch als Sprachen der 5. Generation bezeichnet, werden häufig im Zusammenhang mit dem Gebiet der künstlichen Intelligenz (KI; engl. AI = Artificial Intelligence) genannt. KI beschäftigt sich damit, Verhaltensweisen, die auf natürlicher Intelligenz beruhen wie z. B. Lern- und Denkvermögen, durch Computer nachzuvollziehen.

Neuronale Netze

Beispielsweise wird in künstlichen *neuronalen Netzen* versucht, Lernvorgänge im menschlichen Gehirn nachzuvollziehen. Das Wissen zur Lösung einer Aufgabe wird in Knoten des Netzwerkes hinterlegt, zwischen denen dann Verbindungen aufgebaut werden, indem die Knoten sich gegenseitig aktivieren. Die Lernfähigkeit der Systeme wird aufgrund der erzielten Ergebnisse schrittweise verbessert.

Expertensysteme

Expertensysteme (ES; engl. XPS = Expert Systems) befassen sich mit der Erfassung und Speicherung von Expertenwissen und darauf aufbauenden automatischen Problemlösungsansätzen. Die Entwicklung von ES erfolgt im Wesentlichen mit Hilfe der KI-Sprachen LISP und PROLOG. Diese Sprachen zeichnen sich dadurch aus, dass sie Anwendungen in Form von Regeln beschreiben, die eine Kausalbeziehung zwischen einer Bedingung und einer Konklusion darstellen.

Gegenüber konventionellen Programmen unterscheiden sich ES in der

- Schlussfolgerungsfähigkeit: Sie können, im Gegensatz zu konventionellen Programmen, den Lösungsweg auch dann finden, wenn er nicht durch Algorithmen beschrieben ist,
- Erklärungsfähigkeit: Sie können anschließend den Schlussfolgerungsprozess erklären.

LISP (List Processing Language) ist eine nicht-prozedurale Programmiersprache, die 1958 am Massachusetts Institute of Technology (MIT) entwickelt wurde. LISP ist besonders zur Lösung von Problemen geeignet, bei denen nicht die numerische Verarbeitung, sondern die Beziehungen und die Verarbeitung von Symbolen und Strukturen im Vordergrund stehen. Zentrales Strukturelement der Sprache sind lineare Listen, die Anweisungen und Daten enthalten. Da die Programme dieselbe Struktur wie die Daten haben, können sie genauso wie die Daten manipuliert werden.

LISP

PROLOG (Programming in Logic) ist eine nicht-prozedurale Sprache, die erstmals 1972 in Marseille vorgestellt wurde. PROLOG ist ausschließlich deskriptiv und enthält keine prozeduralen Aspekte. Ein PROLOG-Programm beschreibt das zu lösende Problem in Form einer Datenbasis mit Fakten und Regeln sowie einer Anfrage. Fakten werden als logisch wahre Aussagen verstanden. Mit Hilfe von Regeln werden aus Fakten neue Fakten erzeugt. Die Anfrage ist eine zu beweisende Aussage.

PROLOG

2.3.3.6 Objektorientierte Sprachen

Objektorientierung

In den 1980er-Jahren hat das Programmierparadigma der Objektorientierung an Bedeutung gewonnen. Die Entwicklung aktueller Softwareprodukte macht deutlich, dass die Komplexität der eingesetzten Programme stetig zunimmt. Das liegt einerseits an den zunehmenden Anforderungen der Anwender bezüglich der Integration verschiedener Funktionen, andererseits an neuen technologischen Möglichkeiten wie z. B. grafischen Benutzeroberflächen. Mit der Komplexität der Software steigen aber auch die Entwicklungszeiten, die Fehleranfälligkeit sowie die Wartungskosten – ein Effekt, der häufig als »Softwarekrise« bezeichnet wird. Die Objektorientierung verspricht durch die Verbindung von datenorientierter und funktionsorientierter Sicht die Entwicklung von Software effizienter zu gestalten, indem die Wiederverwendbarkeit des erstellten Codes und die Transparenz der Software erhöht werden.

Smalltalk

Die wichtigsten objektorientierten Sprachen sind *Smalltalk,* Java, und C++, eine Weiterentwicklung von C. Die Wurzeln von Smalltalk liegen in der Programmiersprache Simula, die zur Simulation von Systemen entwickelt wurde, deren Verhalten durch Kommunikationsbeziehungen zwischen Systemelementen beschrieben wurde. Am Palo Alto Research Center wurde dieser Gedanke aufgegriffen und zur Programmiersprache Smalltalk weiterentwickelt. In dieser Sprache sind die Ideen der Objektorientierung am umfangreichsten umgesetzt: Einerseits wurde die Sprache selbst durch die Verwendung von Objekten implementiert, andererseits stellt Smalltalk dem Anwender eine Vielzahl von Objekten bereit, die für eigene Programme wiederverwendet werden können. Um den Zugriff und die Navigation in der Objektbibliothek zu vereinfachen, enthält Smalltalk spezielle Werkzeuge, sogenannte Browser, um Objekte und Objektbäume zu editieren und zu durchsuchen.

Java

Von großer Bedeutung ist *Java*, die von Sun Microsystems entwickelte Programmiersprache für das Internet. Java ist eine vollständige Programmiersprache, die strikt objektorientiert arbeitet, wobei im Wesentlichen die Eigenschaften von C++ übernommen wurden. Java wird in einen maschinenunabhängigen Code, den sogenannten Bytecode, übersetzt, d. h. der Programmierer muss den Rechner, auf dem das Programm laufen soll (Zielplattform), vorher nicht kennen. Dieser Zwischencode kann über das Internet zur Zielplattform transportiert und dort mit einem Interpreter in ein lauffähiges Programm umgewandelt werden. Durch das Interpreterprinzip wird die Portabilität, d. h. die Übertragbarkeit auf andere Hardware-Plattformen, ermöglicht. Damit eröffnet Java neue Möglichkeiten der Software-Distribution, denn der Programmcode kann vom Anbieter über das Internet an beliebige Abnehmer transportiert werden. Da Java-Code typisiert ist, lässt sich leicht prüfen, ob der Code den Sprachregeln folgt und ob nicht die eingebauten Funktionen (z. B. von Viren) durch andere ersetzt wurden.

C #

C# (ausgesprochen <<C sharp>>) ist eine von Microsoft entwickelte objektorientierte Programmiersprache für die komponentenbasierte Umgebung .Net Common Language Runtime, die überwiegend auf C++ basiert. C# unterstützt komponentenbasierte Programmierung, d. h. alle Objekte werden als Komponente geschrieben. C#-Objekte erfordern weder Header- und IDL-Dateien oder Typbibliotheken, die erzeugten Komponenten sind selbstgeschrieben und können ohne Registrierung eingesetzt werden. Durch Verwendung von XML oder SOAP wird die C# Programmierung vereinfacht.

Ruby

Ruby ist eine objektorientierte Programmiersprache, die sich an den Eigenschaften von Perl, Smalltalk, Eiffel, Ada und LISP orientiert. Sie unterstützt diverse Programmierparadigmen, wie z. B. funktionale und prozedurale Programmierung und Nebenläufigkeit. Sie bietet dynamische Typisierung und automatische Speicherbereinigung.

Ruby on Rails

Für die Entwicklung von Webanwendungen verwendet Ruby das Open-Source-Framework *Ruby on Rails*. Rails basieren auf dem DRY-Prinzip (Don't Repeat Yourself), also der Vermeidung von Wiederholung von Informationen, und dem Prinzip »Konvention über Konfiguration« (Convention over Configuration), bei dem das Framework sinnvolle Vorgaben macht, die nur bei besonderen Anforderungen geändert werden müssen. Dieser Aufbau ermöglicht eine schnelle Umsetzung von datenbankbasierten Webapplikationen.

Groovy

Groovy ist eine dynamische Programmiersprache für die virtuelle Maschine von Java (Java Virtual Machine, JVM). Groovy erweitert Java um Funktionen, die von Python, Ruby und Smalltalk bekannt sind und erzeugt Bytecode, der mit der JVM ausgeführt werden kann. Groovy bietet gegenüber Java neue Features und Sprachvereinfachungen, z. B. Unterstützung für Closures, native Unterstützung für Listen, Maps und JavaBeans, Erweiterung der Java Standard Library durch das Groovy Development Kit (GDK) und eine nahtlose Integration mit Java-Code, was die Verwendung beliebiger Bibliotheken und Frameworks aus dem Java-Umfeld erlaubt. GDK umfasst die Menge aller vordefinierten Methoden, mit Hilfe dessen, die Groovy-Laufzeitumgebung Klassen und Schnittstellen des Java Development Kit (JDK) erweitert.

Grails

Grails ist, ebenso wie Ruby on Rails, ein Open-Source-Framework für die schnelle und agile Entwicklung von Webanwendungen. Es basiert auf Groovy und orientiert sich an denselben Prinzipien wie Ruby on Rails, also DRY und »Convention over Configuration«. Grails verzichtet auf XML-Dateien für die

Konfiguration und baut auf verschiedene Java-Frameworks wie zum Beispiel Spring und Hibernate auf. Spring übernimmt anhand einer Konfiguration die Verwaltung von Objekten, d. h. deren Erstellung und Konfiguration. Die Objekterstellung wird von einem Container verwaltet. Hibernate ist ein Open-Source-Persistenz- und Object-Relational Mapping (ORM)-Framework, mit dessen Hilfe Javaobjekte (oder auch »Plain Old Java Objects«, kurz POJO's genannt) in Datenbanktabellen abgespeichert und aus den entsprechenden Datensätzen wieder ausgelesen werden können.

Swift

Bei Swift handelt es sich um eine relativ junge Programmiersprache, die 2014 von Apple vorgestellt wurde. Sie dient zur Programmierung von mobilen Anwendungen für Apple Geräte wie dem iPhone aber auch zur Entwicklung von herkömmlichen Anwendungen für das Apple Betriebssystem OS X. Sie ergänzt Objective-C, die bisherige Programmiersprache zur Implementierung von Apple Anwendungen. Swift greift Ideen aus etablierten Programmiersprachen auf, wie z.B. Klassen, Vererbung oder Closures und integriert sie in die eigene Syntax.

2.3.3.7 Entwicklungsplattformen

Java EE

Aufbauend auf der Java Plattform, Standard Edition (Java SE) besteht die *Java Plattform, Enterprise Edition (Java EE)* aus einer zusätzlichen Menge von Spezifikationen und Benutzerschnittstellen. Im Gegensatz zu der Java SE, die für die Entwicklung allein stehender Einzelanwendungen konzipiert wurde, stellt die Java EE insbesondere Dienste und Schnittstellen für die Entwicklung serverbasierter Softwareanwendungen bereit. Damit ist Java EE besonders für die Umsetzung verteilter, mehrschichtiger und komponentenbasierter Anwendungsarchitekturen geeignet. Im Java EE ist das Komponentenmodell der Enterprise JavaBeans (EJB) enthalten. Das EJB-Modell ist insbesondere für Systeme gedacht, denen die folgenden Eigenschaften von besonderer Bedeutung sind: Skalierbarkeit, Verfügbarkeit, Sicherheit, Transaktionen und Ortstransparenz.

.Net Framework

Von Microsoft wurde das *.NET Framework* als eine Implementierung der Common Language Infrastructure (CLI) entwickelte. Die CLI ist ein ISO/IEC/ECMA Standard, der eine programmiersprachen- und betriebssystemneutrale Softwarearchitektur spezifiziert. CLI definiert außerdem eine Common Intermediate Language (CIL) und ein Dateiformat für das Deployment von Komponenten. Ähnlich, wie das Konzept des Java-Bytecodes, fungiert CIL als maschinennahe Zwischensprache, welche wiederum in lauffähigen Maschinencode umgewandelt wird. Durch die direkte Integration des .NET Frameworks in die Windowsplattform erreichen die übersetzten Zugriffe nahezu die gleiche Geschwindigkeit wie präcompilierter Code. Microsoft unterstützt eine Vielzahl von Programmiersprachen die im .NET Framework in CIL übersetzt werden und damit eine programmiersprachenunabhängige Programmierung ermöglichen. Darunter befinden sich u. a. C#, J#, JScript, Managed C++ und Visual Basic.NET.

2.3.4 Benutzungsschnittstelle

Benutzungsschnittstelle

Bei den Benutzungsschnittstellen hat sich in den letzten Jahren ein grundlegender Wandel vollzogen, der es auch dem ungeübten Nutzer leicht macht, mit dem Rechner umzugehen.

Unter einer Benutzungsschnittstelle (Mensch-Maschine-Schnittstelle) versteht man die Führung, die dem Benutzer am Bildschirm für den Umgang mit dem Computer zur Verfügung gestellt wird (z. B. Programmfunktionen starten, Dateiverzeichnisse einsehen, Transaktionen auslösen).

Kommandozeilen

In der Vergangenheit lief die Bedienung der Rechner weitestgehend über Kommandos und Parameter (*kommandozeilenorientierte Benutzungsschnittstelle*), was eine genaue Kenntnis der zur Auswahl stehenden Kommandos und Parameter voraussetzte. So erwartet z. B. das Betriebssystem DOS nach dem sogenannten DOS-Prompt, der Eingabeaufforderung, einen Befehl, der dem System sagt, was es tun soll. Während die Kommandozeile bei neueren Betriebssystemen hauptsächlich von Experten verwendet wurde, hat sie durch die zunehmende Verbreitung von UNIX-Betriebssystemen auch für herkömmliche Benutzer wieder stark an Bedeutung gewonnen. Bei der aktuell bekanntesten Form der Benutzungsschnittstelle werden Objekte, mit denen sich der Benutzer zu befassen hat, als Symbole oder Fenster dargestellt und die verfügbaren Befehle werden in Listen (Menüs) zur Verfügung gestellt. Diesen *grafischen Oberflächen* (GUI = Graphical User Interface) liegt das Prinzip der Visualisierung, d. h. der bildlichen Darstellung der für den Nutzer relevanten Informationen zugrunde. Während für Kommandos und Menüs die Tastatur ausreicht, ist für einen sinnvollen Umgang mit grafischen Oberflächen eine Maus erforderlich.

Grafische Oberfläche

Desktop

Der Hintergrund einer grafischen Oberfläche wird *Desktop* genannt. Ähnlich wie auf einem Schreibtisch können sich auch auf diesem Desktop unterschiedliche Utensilien befinden, die durch Piktogramme oder Icons dargestellt werden. Icons sind anschauliche Symbole oder Metaphern (z. B. ein Ordner für ein Dateiverzeichnis, ein Blatt Papier für eine Datei), mit denen sich Funktionen auslösen lassen. Wird beispielsweise eine Datei mit »Drag and Drop« (»ziehen und fallen lassen«) über einem Papierkorb »losgelassen«, so wird dadurch die Datei gelöscht, zum Drucken lässt man sie auf das Druckersymbol »fallen«.

Fenster

Fenster sind das wichtigste Strukturelement moderner Anwendungen. Sie nehmen einen rechteckigen Bildschirmausschnitt oder den gesamten Bildschirm ein und können Texte, Grafiken, Meldungen usw. enthalten. Der Nutzer kann die Größe und Position der Fenster auf seinem Bildschirm beliebig variieren und mehrere Fenster überlappen und/oder sich gegenseitig verdecken lassen. Jedes Fenster hat eine Titelzeile, die den Namen der gerade geöffneten Datei zeigt. Direkt darunter befindet sich zumeist eine Menüzeile, die Begriffe zu den wichtigsten Funktionsgruppen zur Bearbeitung des Fensterinhalts enthält. Häufig findet sich direkt darunter eine Werkzeugleiste (engl. tool bar), auf der die häufigsten Befehle durch quadratische Symbole, z. B. einen Drucker für

Drucken, eine Schere für Ausschneiden, repräsentiert werden. Am unteren Rand des Fensters befindet sich häufig eine Statuszeile, die wichtige Informationen über das im Fenster laufende Programm enthält. Darüber hinaus gehören Rollbalken (Scroll Bar bzw. Bildlaufleisten) zu den gängigen Bestandteilen von Fenstern. Mit diesen kann man die Inhalte des Fensters so verschieben, dass die gewünschte Stelle sichtbar wird.

Dialogfenster

Dialogfenster dienen einerseits zum kurzzeitigen Einblenden von Systemnachrichten, z. B. einer Rückfrage, ob die Datei wirklich gelöscht werden soll, andererseits zur Dialogeingabe durch den Benutzer. In diesem Falle zeigt der Computer bestimmte Daten oder Einstellungen an, die der Benutzer verändern kann. Ein Dialogfenster enthält verschiedene Elemente (vgl. Abb. 2-8):

- *Schalter*: Dienen dazu, eine Aktion auszuführen. Sie sind beschriftet und enthalten häufig ein Symbol, aus dem ersichtlich ist, welche Aktion sie auslösen können.
- *Eingabefelder*: Dienen der Dateneingabe. In einem Dialog werden Eingabefelder häufig mit Auswahllisten kombiniert, in denen zuletzt gemachte Einträge nachgeschlagen und übernommen werden können (History List).

Abb. 2-8

Dialogfenster

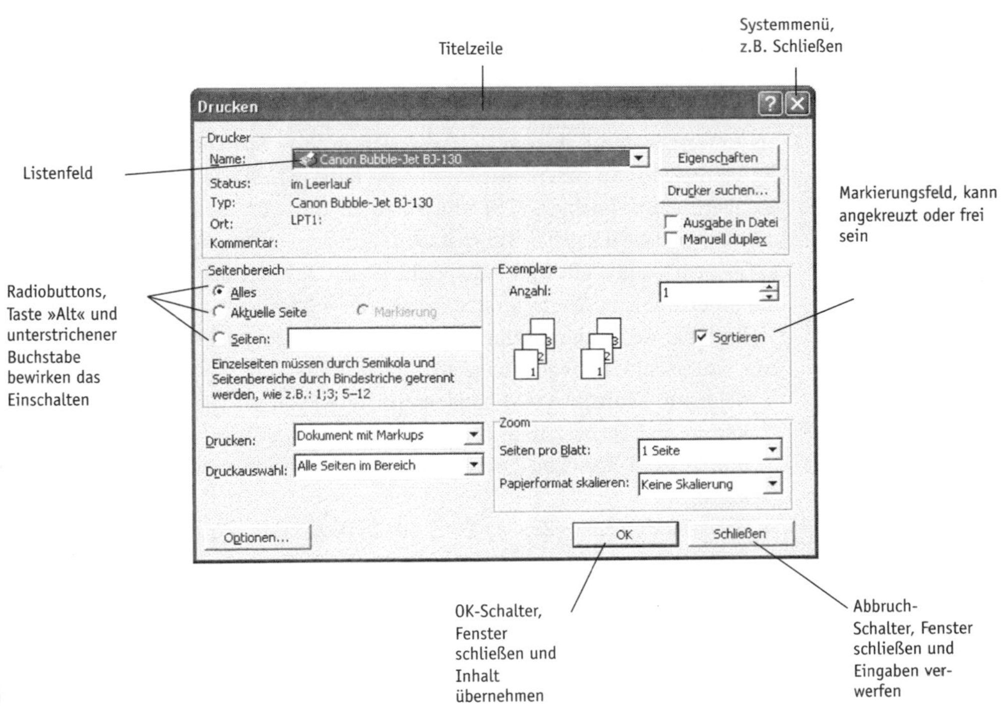

- *Auswahlliste*: Bietet dem Anwender die Möglichkeit, einen oder mehrere Einträge in einer Liste auszuwählen und durch Anklicken zu übernehmen.

Browser

Für das Arbeiten in großen Datenbeständen eignen sich *Browser* als Oberfläche. Mit ihnen kann der Anwender seine Position in den Datenbeständen schnell ändern (man spricht dabei auch vom Navigieren) und zu den gewünschten Datenobjekten springen. Zur Adressierung der gewünschten Objekte verwenden die heute gängigen Browser häufig übergeordnete Strukturen (z. B. Verzeichnisstrukturen von Datenträgern, Gliederungen von Online-Dokumenten) oder Hyperlinks, über die einzelne Dokumente miteinander verbunden sind (z. B. Querverweise in Dokumenten). Eine besondere Bedeutung spielen Browser für den Zugriff auf die Informationen im Internet.

2.4 Speicherung

Die Speicherung dient der Aufbewahrung von Daten, damit diese für spätere Verarbeitungsschritte weiter zur Verfügung stehen. Gespeichert werden Eingabedaten, Zwischenergebnisse und Endresultate sowie die darauf anzuwendenden Programme. Die Speicherung der Daten in Schriftform, Sprache oder Bildern erfolgt auf Datenträgern.

Speicherkapazität

Als Verwendungsform von Speichern ist zunächst der Einsatz als Hauptspeicher (vgl. Kap. 2.3.1.2) von dem Einsatz als externer Speicher zu unterscheiden. Externe Speicher dienen der dauerhaften Aufbewahrung von Programmen und Daten. Sie unterscheiden sich zum Teil erheblich in ihrer Speicherkapazität. Allgemeine Maßeinheit für Speicherkapazitäten sind Byte (B), Kilobyte (KB), Megabyte (MB) Gigabyte (GB), Terabyte (TB) und Petabyte (PB). Die Speicherkapazität in Byte gibt an, wie viele Zeichen (Buchstaben, Ziffern, Sonderzeichen usw.) ein Speicher aufnehmen kann. Ein Byte entspricht einem Zeichen und besteht aus acht Bits, die jeweils nur die Werte 0 oder 1 bzw. »aus« oder »an« annehmen können.

Speicherarten

Nach der Aufzeichnungsform der Daten werden folgende Gruppen externer Speicher unterschieden (vgl. Abb. 2-9):

- Gelochte, bedruckte und handbeschriftete Speicher (Barcode, QR-Code, Lochkarten und Lochstreifen, Strichmarkierte Datenträger, Klarschriftbelege),
- Magnetische Speicher (Festplatte, Diskette, Magnetband und Magnetstreifenkarte),
- Optische Speicher (Blu-ray Disc, CD, DVD, Mikrofilm und optische Speicherkarte) sowie
- Elektronische Speicher (Chipkarte mit Mikroprozessor, Halbleiterplatte, Solid State Drive (SSC), USB-Stick).

Abb. 2-9

Speicherarten

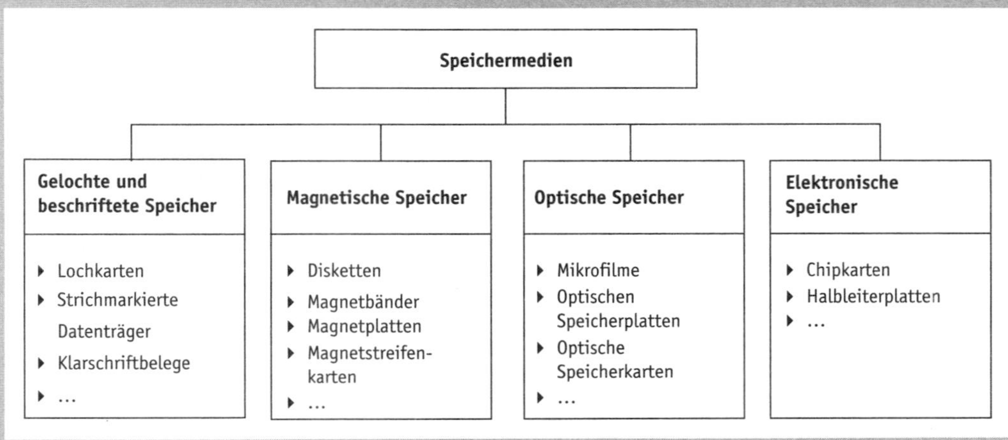

2.4.1 Datenbanken

2.4.1.1 Datenorganisation

Probleme der Datenhaltung

Bei der Entwicklung von Anwendungssystemen standen oft die Programme und nicht die Daten im Vordergrund. Die Daten, deren Beschreibung sich in den Programmen fand, lagen i. d. R. extern in Dateien vor und ihre Veränderung war nur über den im Programm formulierten Prozess möglich. Da der Dateiaufbau an das jeweilige Programm angepasst und die dazu gehörige Datei genau in dieser Form physisch gespeichert war, erforderte jede Änderung der Dateiorganisation oder des Dateiaufbaus auch eine Veränderung der zugehörigen Programme (»Physische Datenabhängigkeit«). Ebenso machte jede Änderung des Anwendungsprogramms eine Änderung der Dateiorganisation oder des Dateiaufbaus notwendig (»Logische Datenabhängigkeit«).

Außerdem benötigten viele Anwendungen die gleichen Daten, wodurch eine Vielzahl von sich inhaltlich überschneidenden Dateien entstand. Damit verbunden waren

- Probleme der Datenredundanz: Daten, die in einem Datenbestand mehrfach vorliegen und ohne Datenverlust gelöscht werden können, bezeichnet man als redundant. Redundante Daten erfordern nicht nur einen erhöhten Speicherplatz, sondern bereiten vor allem Probleme bei der Aktualisierung, da die Änderungen an mehreren Stellen vorgenommen werden müssen.
- Probleme der Dateninkonsistenz: Werden dieselben Daten mehrfach gespeichert, so besteht die Gefahr der Inkonsistenz, d. h. die Daten sind unter Umständen nicht immer widerspruchsfrei, da z. B. bei der Änderung Fehler unterlaufen sein können oder einzelne Stellen nicht aktualisiert wurden.

- Höhere Speicherkosten, da mehr Speicherplatz benötigt wird.
- Ein höherer Aufwand bei der Dokumentation der Datenstrukturen, der Aktualisierung der Daten und ihrer Sicherung.

Datenmanagement

Durch die zunehmende Bedeutung der Ressource Information für die Unternehmen wurde das Management der Daten immer mehr zu einer zentralen Funktion. Für ein zielgerichtetes Datenmanagement wurden Datenbanksysteme entworfen, deren Entwicklung sich in den letzten Jahren rapide vollzogen hat.

An die Datenorganisation werden eine Reihe von Anforderungen gestellt, die bei dem Entwurf der Datenbanken zu berücksichtigen sind:

- Kurze Zugriffs- und Übertragungszeiten, um schnelle Verarbeitungsmöglichkeiten zu gewährleisten,
- minimale Redundanz,
- (logische) Integration, d. h. auch physisch verteilte Datenbestände müssen logisch zusammenhängend verwaltet werden können,
- Trennung zwischen Datenorganisation und Anwendung, um physische und logische Datenunabhängigkeit sicherzustellen,
- Datenintegrität, die durch Datenkonsistenz, Datensicherheit und Datenschutz gewährleistet wird,
- Wirtschaftlichkeit.

2.4.1.2 Datenbankarchitektur

3-Ebenen-Modell

Um diese Anforderungen, insbesondere hinsichtlich minimaler Redundanz und Konsistenz, erfüllen zu können, muss die den Datenbanksystemen zugrunde liegende Konzeption zwischen verschiedenen Datensichten unterscheiden.

Datenbank-Konzeptionen basieren i. d. R. auf dem sogenannten 3-Ebenen-Modell, das bis 1975 von der amerikanischen Organisation ANSI/X3/SPARC Study Group on Data Base Management Systems unter maßgeblicher Beteiligung der IBM entwickelt wurde. Das Architekturmodell unterscheidet drei Ebenen (vgl. Abb. 2.10), innerhalb derer ein sogenanntes Schema zur Beschreibung der Daten verwendet wird:

- Externe Ebene,
- Logische Ebene,
- Rechnerinterne Ebene.

Externes Schema

Das *externe Schema* präsentiert die Daten in einer benutzergerechten Form. Es bezieht sich auf eine bestimmte Anwendung, wobei der Benutzer nur den Teil der Daten sieht, der für ihn von Bedeutung ist bzw. den er sehen »darf«. Das externe Schema wird vom Anwendungsadministrator (Application Administrator) entwickelt. Der Umgang mit den Daten erfolgt mittels einer Datenmanipulationssprache (Data Manipulation Language, DML), die den Benutzer dazu befähigt, die Objekte der Datenbank mit Daten zu füllen, Daten zu ändern, Daten zu löschen und neue Daten zu erzeugen. Zu den Datenmanipulationssprachen gehören SQL (Structured Query Language) und QBE (Query by Example).

Abb. 2-10

Schema-Konzept der Datenbanksysteme

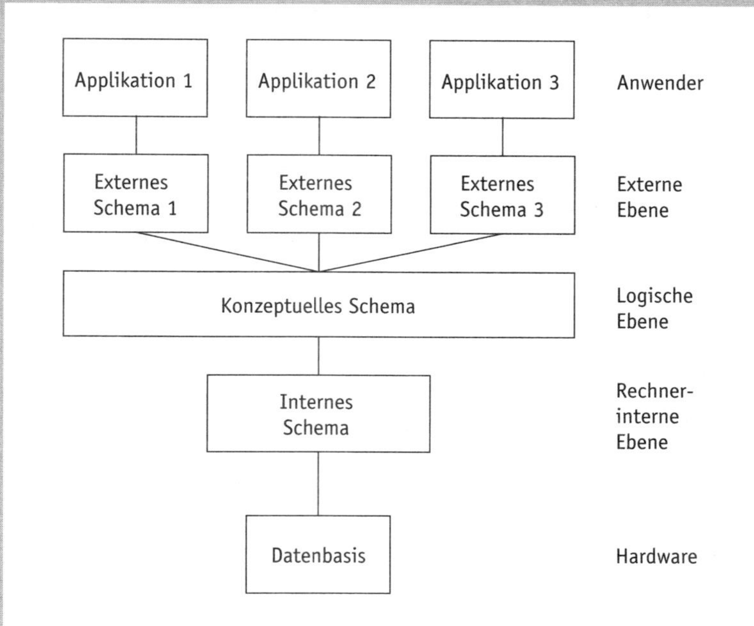

Das *konzeptuelle Schema* ist so allgemein, dass es allen Anwendern gerecht wird. Es beschreibt die Gesamtsicht der logischen Dateneinheiten unabhängig von Gesichtspunkten der Datenverarbeitung sowie die Beziehungen der Dateneinheiten für den in der Datenbank abgebildeten Realitätsausschnitt. Das konzeptuelle Schema wird vom Unternehmensdatenadministrator mit Hilfe einer geeigneten Datenbeschreibungssprache (Data Description Language, DDL) spezifiziert.

Konzeptuelles Schema

Im *internen Schema* wird festgelegt, in welcher Form die logisch beschriebenen Daten im Speicher abgelegt werden und welche Zugriffsmöglichkeiten auf diese Daten bestehen sollen. Das interne Schema wird vom Datenbankadministrator (Database Administrator) mit einer Speicherbeschreibungssprache (Storage Description Language, SDL) entwickelt. Diese SDL umfasst Komponenten zur Auswahl von Speichermedien und Geräten, Beschreibungen der physischen Datendarstellung, Festlegung von Zugriffspfaden (Indizes, Zeiger), Angabe von Typ-Konversionen, Datenverdichtung und Angabe von Aufbau und Lage von Puffern für die Datensuche.

Internes Schema

2.4.1.3 Logische Datenorganisation

Beim Entwurf von Datenbanken ist zwischen physischer und logischer Organisation zu unterscheiden. Die physische Datenorganisation beschäftigt sich mit dem internen Schema (vgl. Kap. 2.4.1.4).

Logische Datenorganisation

Die *logische Datenorganisation* beschäftigt sich mit dem konzeptuellen und dem externen Schema. Ziel ist die formale Beschreibung der Datenobjekte, ihrer Eigenschaften und ihrer gegenseitigen Beziehungen. Der formalen Beschreibung liegt ein formaler Rahmen, das Datenbankmodell, zugrunde. Ein Datenbankmodell beschreibt alle Objekte des abzubildenden Realitätsausschnitts durch Datenstrukturen, die auf ein bestimmtes Datenbanksystem zugeschnitten werden. Das in der Praxis heute am weitesten verbreitete Modell ist das relationale Datenbankmodell. Lediglich von historischem Interesse sind hingegen das hierarchische Datenmodell und das Netzwerkmodell, die daher an dieser Stelle der Vollständigkeit halber erwähnt, jedoch nicht detailliert beschrieben werden. Diese Datenbankmodelle unterscheiden sich vor allem in der Anordnung und Verknüpfung der Daten, was einen entscheidenden Einfluss auf die Arbeitsgeschwindigkeit und die Erweiterbarkeit der Datenbanken hat.

Abb. 2-11

Relationenmodell

Relation »Kunden«

KdNr	**Name**	**Ort**	**...**
8003	Vogel	Berlin	...
8007	Daniel	Singen	...
8010	Krämer	Fürth	...
8011	Dallner	Hanau	...
8039	Bruder	Dachau	...
8044	Seidl	Köln	...
...	...	...	...

Relation »Artikel«

ArtikelNr	**Bezeichn.**	**Preis**	**...**
244	Tesa	3,86	...
300	Tippex	4,20	...
302	Ordner	8,00	...
306	Locher	9,50	...
630	Bleistift	1,40	...
710	Spitzer	2,12	...
...	...	...	...

KdNr	**ArtikelNr**	**Anzahl**	**...**
8003	244	8	...
8003	300	1	...
8003	302	50	...
8039	306	3	...
8039	630	25	...
8044	710	10	...
...	...	...	...

Relation »Bestellungen«

Das 1970 von dem Amerikaner Codd entwickelte relationale Datenbankmodell, auch Relationenmodell genannt, verwendet eine tabellarische Darstellungsform (vgl. Abb. 2-11). Das Grundelement im Relationenmodell ist eine Tabelle (Relation) mit einer festen Anzahl Spalten und einer beliebigen Anzahl von Zeilen, in der alle Daten dargestellt werden.

Relationenmodell

Eine Tabelle mit vielen Feldern kann in verschiedene kleinere Tabellen aufgeteilt werden, sodass in einer Tabelle keine Wiederholungsgruppen mehr auftreten. In diesem Fall spricht man von der 1. Normalform. Diese Umstrukturierung wird als Normalisierung bezeichnet. Im Rahmen der Normalisierung werden zusammenhängende Daten (z. B. Adressen) in elementare Beziehungen (z. B. Name, Straße, Nummer) aufgelöst.

Normalisierung

Wenn zum Beispiel von einem Kunden 50 Bestellungen bearbeitet werden müssen, so könnte neben den Daten der Bestellungen 50-mal die Adresse des Kunden gespeichert werden. Durch diese Wiederholungsgruppe der Adressen entsteht hohe Redundanz. Redundanzen belasten einerseits Speichermedien unnötig, andererseits sind sie eine häufige Fehlerquelle, da redundante Daten nur mit erhöhtem Aufwand konsistent gehalten werden können. Aus diesem Grund legt man eine eigene Tabelle mit den Kundennummern und den dazugehörigen Kundenadressen an. Die Datei mit den Bestellungen muss dann neben den Artikelinformationen lediglich die Kundennummer enthalten. Die Verknüpfung zwischen bestelltem Artikel und der Kundennummer wird bei Bedarf über die Kundennummer von der Datenbank hergestellt. Die Kundennummer ist ein Schlüssel, d. h. ein Attribut, das einen Eintrag eindeutig identifiziert.

Die den Datenmodellen zugrunde liegenden Datenstrukturen werden vor ihrer Transformation in die formale Beschreibungssprache eines Datenmodells i. d. R. durch eine generelle Entwurfssprache beschrieben. Das gegenwärtig am besten geeignete Beschreibungsverfahren ist das sogenannte Entity-Relationship-Modell (ERM), das sich durch seine grafische Darstellungsweise und seine klare Definition auszeichnet (vgl. Kap. 4.2.3).

ERM

2.4.1.4 Physische Datenorganisation

Die *physische Datenorganisation* beschäftigt sich mit dem internen Schema. Dazu klärt der Datenbankadministrator, wie die Entitäten des konzeptionellen Schemas auf interne Sätze abgebildet werden müssen, welche Zugriffspfade auf die internen Sätze einzurichten sind und welche Verbindungen zwischen internen Sätzen eingeführt werden sollen.

Zur Bearbeitung dieser Aufgaben liegen verschiedene Speicherungsformen vor, die sich grundsätzlich in Verfahren der Primärorganisation (sequenzielle Speicherung, verkettete Speicherung, Index-Verfahren, Hash-Verfahren) und Verfahren der Sekundärorganisation (Listen-Organisation, Index-Organisation) einteilen lassen.

Speicherungsformen

Die Primärorganisation einer Datei legt fest, wie die internen Sätze gespeichert und wieder aufgefunden werden. Den internen Sätzen wird dazu ein Primärschlüssel zugeordnet, der aus einem einzelnen Attribut oder aus einer Attributkombination besteht.

Neben dem eindeutigen Primärschlüssel gibt es i. d. R. noch andere Schlüssel, die sogenannten Sekundärschlüssel, mit denen man auf die internen Sätze zugreifen kann. Für die Sekundärschlüssel werden zusätzliche Zugriffspfade eingeführt, die den Speicherungsort eines Satzes nicht beeinflussen. Man spricht in diesem Zusammenhang von der Sekundärorganisation, die nicht zwingend eindeutig sein muss.

2.4.2 Trends bei Datenbanken

Die Datenbanksysteme haben sich in den letzten Jahren ständig weiterentwickelt. Die Trends in den Datenbanken resultieren aus dem Bedürfnis, an vielen Stellen die gleichen Daten zur Verfügung zu stellen, die Mobilität der Anwender zu unterstützen, komplexe Datenstrukturen angemessen abzuspeichern und Nachteile der Trennung zwischen Programmen und Daten aufzuheben. Zurzeit sind folgende Entwicklungstrends zu verzeichnen:

- *Verteilte Datenbanksysteme*: Eine verteilte Datenbank ist eine Menge kooperierender Datenbanksysteme, die der Benutzer als eine logische Datenbank sieht. Die Verteilung kann lokal an einem Standort über mehrere Rechner erfolgen und verwendet dann lokale Netzwerke zwischen Nutzer und Datenbestand bzw. Datenbeständen untereinander. Alternativ kann die Verteilung regional zwischen verschiedenen Standorten erfolgen und Datenfernübertragungsnetze nutzen. Für verteilte Datenbanken sprechen folgende Gründe: Bessere und schnellere Verfügbarkeit, denn die Daten können dort gespeichert werden, wo sie gebraucht werden; höhere Effizienz, denn in den Teilbeständen kann parallel gearbeitet werden; größere Zuverlässigkeit, da der Ausfall eines Rechners nur begrenzte Auswirkungen hat; leichtere Kapazitätsanpassungen, da in einem Netz die Kapazitäten einfacher erweitert werden können als bei einem einzelnen Rechner. Der Nachteil liegt in dem höheren Aufwand zur Gewährleistung des Datenschutzes und der Datenintegrität.
- *Replizierung*: Die bewusst herbeigeführte Redundanz gespeicherter Daten wird als Replizierung (Vervielfältigung) bezeichnet. Vorteile sind der schnellere Zugriff auf die Daten und die größere Sicherheit gegenüber Ausfällen. Der Nachteil besteht in dem höheren Pflegeaufwand bei der Aktualisierung des Datenbestandes. Die Vervielfältigung der Daten macht insbesondere dann Sinn, wenn mobile Anwender, die nicht stets einen Netzzugang haben, mit Daten versorgt werden sollen, wenn die Änderungsrate der Daten nicht hoch ist und wenn es eher unwahrscheinlich ist, dass die gleichen Daten zur gleichen Zeit an verschiedenen Orten verändert werden sollen. Verteilung und Replizierung sind daher weniger als Widerspruch, sondern ergänzend zu betrachten.
- *Objektorientierte Datenbanksysteme*: Objektorientierte Datenbanksysteme wurden entwickelt, um komplex geformte Objekte ohne Verluste von Informationen in speziellen internen Formaten zu speichern. Die kommerziellen Systeme sind meist als Client-Server-Systeme oder Workstation-Server-Systeme konzipiert.
- *NF2-Datenbanken* (NF2 = Non First Normal Form): Bei NF2-Datenbanken wird die Forderung der 1. Normalform, Wiederholungsgruppen nicht zuzulassen,

aufgehoben. Stattdessen sind geschachtelte Relationen (Nested Relations) zulässig, bei denen einzelne Attribute selber wieder Relationen sein können. Solche Attribute werden auch als zusammengesetzt bezeichnet.

- *Integration*: Es wird zunehmend die Integration der Datenbanken mit anderen Entwicklungen wie z. B. Methodenbanken und Expertensystemen angestrebt. Durch die Integration von Methodenbanken, d. h. Programmbibliotheken, werden dem Benutzer Werkzeuge an die Hand gegeben, mit denen er den vorhandenen Datenbestand einfach bearbeiten kann.
- *XML-Datenbanken*: XML-Datenbanken unterscheiden sich von den herkömmlichen Datenbanksystemen in der Art der Datenspeicherung. Während das Speicherformat bei den relationalen Datenbanken ein Tabellenformat ist, der nur ein Mapping auf oder ins XML-Format erlaubt, erfolgt die Speicherung der Information bei den XML-Datenbanken direkt aus dem XML-hierarchischen Format. Somit ist keine Formatumwandlung von XML- in Tabellenformat beim Einfügen bzw. vom Tabellen- in XML-Format beim Auslesen der XML-Daten notwendig. Infolgedessen ergeben sich folgende Vorteile beim Einsatz von XML-Datenbanken: Performance, weniger Ressourcenaufwand (Zeit und Speicher) beim Einfügen und Auslesen der XML-Daten oder Einsatz von XML-basierten Abfragesprachen, wie XQuery, die direkt auf der hierarchischen Speicherstruktur arbeiten.
- *NoSQL-Datenbanken*: NoSQL-Datenbanken basieren nicht auf einem relationalen Datenbankmodell und können daher meistens nicht mit SQL abgefragt werden. Dennoch liegen die Daten in strukturierter Form vor. Das Ziel von NoSQL-Datenbanken ist es, eine effizientere Lastverteilung zwischen mehreren Servern zu erreichen, als sie mit relationalen Datenbanken möglich wäre. Bekannte NoSQL-Datenbanken sind Amazon Dynamo und Google BigTable.

2.5 Kommunikation und Netzwerke

Datenfernübertragung

Kommunikation zwischen Menschen kann ohne Hilfsmittel stattfinden, wenn die Beteiligten sich zur gleichen Zeit am gleichen Ort befinden. Technische Hilfsmittel werden jedoch notwendig, wenn die Beteiligten an unterschiedlichen Orten oder zu unterschiedlichen Zeitpunkten miteinander kommunizieren wollen. Hier kommen die Kommunikationstechnologien ins Spiel, die eine Übertragung von Informationen ermöglichen. In diesem Zusammenhang wird von Datenfernverarbeitung gesprochen, worunter die Verbindung von Datenverarbeitung und Datenfernübertragung (DFÜ) verstanden wird.

Wichtig für das Verständnis der Kommunikation ist zunächst ein Überblick über die benötigte Verbindungstechnik und die durch sie ermöglichten Übertragungsformen (vgl. Kap. 2.5.1). Damit Sender und Empfänger sich auch gegenseitig verstehen können, werden der Kommunikation Protokolle zugrunde gelegt (vgl. Kap. 2.5.2). Häufig werden Rechner in Rechnernetzen zusammengeschlossen, die nach ihrer Gestaltung und Reichweite in lokale Rechnernetze und Fernnetze unterteilt werden können. Ein häufig in Rechnernetzen angewendetes Gestaltungsprinzip sind Client-Server-Architekturen, in denen die Rechner teils als Leistungslieferant (Server) teils als Leistungsabnehmer (Client) fungieren (vgl. Kap. 2.5.3.2). Dieses Gestaltungsprinzip liegt auch dem Internet zugrunde (vgl. Kap. 2.6).

2.5.1 Verbindungstechnik und Übertragungsformen

Datenstationen

Der Aufbau von Netzwerken basiert auf dem Prinzip der Koppelung von zwei oder mehreren Datenstationen über Datenübertragungswege (vgl. Abb. 2-12). Datenstationen bestehen aus Datenendeinrichtungen und Datenübertragungseinrichtungen, die über eine Schnittstelle miteinander verbunden sind:

- Bei den *Datenendeinrichtungen (DEE)* wird zwischen Datenquelle für die sendende Einheit und Datensenke für die empfangende Einheit unterschieden. Die Datenendeinrichtung besteht zum einen aus Datenendgeräten wie Rechnern, Bildschirmen oder Druckern. Zum anderen gehört eine Fernbetriebseinheit zur Datenendeinrichtung. Die Fernbetriebseinheit übernimmt die Ablaufsteuerung für die Datenübertragung, d. h. die Eröffnung und Beendigung von Übertragungen sowie die Behandlung von Übertragungsfehlern.
- Die *Datenübertragungseinrichtung (DÜE)* besteht aus einem Signalumsetzer und einer Anschalteinheit. Sie bereitet die Daten für den Transport auf dem Übertragungsweg vor. Der Signalumsetzer übersetzt die von der Datenendeinrichtung angelieferten Zeichen in Signale, d. h. in physikalische Größen, die dann über die Übertragungswege übermittelt werden. Die Anschalteinheit übernimmt die elektronische Anbindung an das Netz.

Übertragungsweg

Unter einem Übertragungsweg versteht man die Verbindungswege, die zwei oder mehrere Datenstationen miteinander verbinden. Auf diesen Wegen werden die codierten Informationen durch elektrische oder optische Signale oder durch elektromagnetische Wellen übermittelt. Die Übertragungsmedien können unterteilt werden in Kabelverbindungen und Funkverbindungen.

Abb. 2-12

Datenfernübertragung

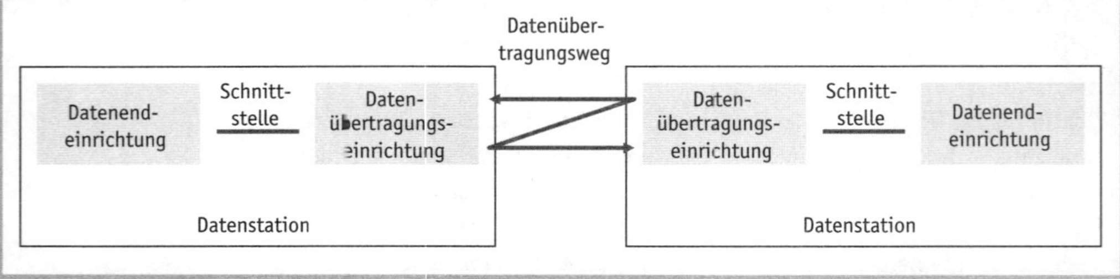

Zur Übertragung werden Übertragungsverfahren benötigt. Übertragungsverfahren sind technische Methoden, nach denen die Datenübertragung erfolgt. Hier sind unterschiedliche Verfahren zu unterscheiden.

2.5.2 Protokolle als Voraussetzung für die Netzwerkkommunikation

Die beschriebenen technischen Voraussetzungen stellen jedoch noch keine funktionierende Kommunikation sicher. Dafür sind Regeln über den Kommunikationsaustausch, die Kommunikationsinfrastruktur, Überprüfungsmöglichkeiten etc. notwendig.

Protokolle

> Protokolle sind sämtliche Vereinbarungen und Regeln, die zur Abwicklung der Kommunikation zwischen Partnern, d. h. zum Aufbau, der Überwachung und dem Abbau der Verbindungen auf der jeweils betrachteten Ebene der Netzhierarchie berücksichtigt werden müssen.

Diese Protokolle werden von verschiedenen Instituten normiert. DIN bezeichnet das Deutsche Institut für Normung in Berlin und ist ein Beispiel für eine regelsetzende Institution. Neben dem DIN für Deutschland gibt es in den USA ANSI (American National Standard Institute, New York), auf europäischer Ebene ETSI (European Telecommunication Standard Institute) und auf internationaler Ebene ISO (International Standards Organisation) sowie ITU-TSS (International Telecommunication Union – Telecommunication Standardization Sector) als regelsetzende Institutionen.

2.5.2.1 ISO-OSI-Referenzmodell

ISO-OSI

Ein wichtiger Output der Standardisierungsbemühungen der ISO auf dem Gebiet der Kommunikation war das 1983 vorgestellte OSI-Referenzmodell, das die Kommunikation in offenen Systemen (OSI = Open Systems Interconnection) ermöglichen soll; d. h. sowohl den Datenaustausch zwischen Rechnern verschiedener Hersteller als auch zwischen Systemen unterschiedlicher Unternehmen. Es gliedert sich im Wesentlichen in zwei Teile:

- die Beschreibung eines Modells für geschichtete Protokolle und die dazugehörigen Begriffsdefinitionen,
- eine allgemeine Aufgabenbeschreibung der einzelnen Protokollschichten.

Das OSI-Referenzmodell besteht aus sieben Funktionsschichten (vgl. Abb. 2-13), die ihre Dienste aber auch der übergeordneten Schicht zur Verfügung stellen.

Abb. 2-13

Das ISO-OSI-Referenzmodell

Schichtnummer und Schichtname	Erläuterung	Beispiele
7 Anwendungsschicht	Schnittstelle zu Endsystemen: Definition erlaubter Anwendungen (Datenbankabfrage, Buchung, Rechnernutzungen, Sprache usw.)	X.400 MHS,FTAM
6 Datendarstellungsschicht	Definition der Datenstrukturen (Codes, Verschlüsslungen, Sprache)	ASN.1
5 Kommunikationssteuerungsschicht	Kommunikationssteuerung, d. h. Steuerung des Dialogs von Beginn bis Beendigung der Übertragung	ISO 8326/27
4 Transportschicht	Gesamtkontrolle (Steuerung/Überwachung) des Datenverkehrs, Vollständigkeitskontrolle	ISO 8072/73 TCP
3 Vermittlungsschicht	Aufbau und Abbau des physischen Übertragungsweges zwischen den Datenendgeräten (Anwählen, Bestätigung der Empfangsbereitschaft)	IP, X.25WAN Datex-P
2 Sicherungsschicht	Sicherungsebene von Schicht 1 durch Fehlererkennung und Fehlerbehebung	X.25 WAN ISO 8802LAN
1 Physikalische Schicht	Ungesicherte Übertragung von Bitfolgen über eine Übertragungsstrecke (»Bit-Übertragungsschicht«) Vereinbarungen über Schnittstelle, Übertragungsgeschwindigkeit, Zeichenübertragungsverfahren, Gleichlaufverfahren	X.25 WAN ISO 8802LAN

2.5.2.2 TCP/IP-Protokoll

TCP/IP

Die Transmission Control Protocol (TCP)/Internet Protocol (IP)-Sammlung bildet die Grundlage der Internet-Kommunikation (vgl. Kap. 2.5). Analog zum OSI-Modell lässt sich TCP/IP in mehrere Schichten einteilen (vgl. Abb. 2-14):

- Das *Internet Protocol (IP)* ist ein Schichtprotokoll der Schicht 3 des OSI-Modells. Es ermöglicht die Endsystemverbindung (Adressierung) der Partnerrechner.
- *TCP* ist ein Schichtprotokoll der Schicht 4 des OSI-Modells. Es gewährleistet eine zuverlässige Datenübertragung mittels gängiger Sicherungsverfahren und bildet somit die Basis für Anwendungen im Internet. TCP zerlegt bei Bedarf den Datenstrom in Pakete und versieht diese mit einer Sequenznummer, welche die Zusammensetzung der Pakete auf der Empfängerseite ermöglicht und übergibt die Pakete an das IP.
- Die Schichten 1 und 2 sind kompatibel mit OSI.

Die Optionen, die OSI in den Schichten 3 und 4 enthält, sind zwar vergleichbar, aber nicht kompatibel mit TCP/IP. Völlig unterschiedlich ist die Schicht 5. Eine vollständige Integration der beiden Protokolle ist somit ausgeschlossen. Auf niedrigeren Ebenen, wie z. B. der Transportschicht, ist eine Integration von OSI-Anwendungen in eine vorhandene TCP/IP-Architektur aber grundsätzlich möglich.

Das *NFS (Network File System)*, ein aus drei Schichten bestehendes Dateiverwaltungssystem, ergänzt TCP/IP mit wichtigen Funktionen und wurde inzwischen zum integralen Bestandteil. Aufgrund seiner langjährigen Erprobung und Funktionsvielfalt hat TCP/IP Einzug in die LANs und WANs von Unternehmen erhalten, die darin einerseits eine kostengünstige Lösung für Inkompatibilitätsprobleme in heterogenen Netzen sehen, andererseits sich dadurch aber auch eine einfache Zugangsmöglichkeit zum Internet eröffnen.

Network File System

Abb. 2-14

Gegenüberstellung OSI und TCP/IP

	OSI	TCP/IP
7	Anwendungsschicht	NFS: Netzdateisystem
6	Datendarstellungsschicht	NFS: Externe Datenrepäsentation
5	Kommunikationssteuerungsschicht	NFS: Remote-Prozeduraufruf
4	Transportschicht	TCP: Transmission Control Protocol
3	Vermittlungsschicht	IP: Internet Protocol
2	Sicherungsschicht	Datensicherung
1	Physikalische Schicht	Physikalisch

IP-Adressen sind die »Telefonnummern« im Netzwerk: Durch sie wird sichergestellt, dass die Nachricht eines Senders beim richtigen Empfänger ankommt. Daher müssen sie netzweit eindeutig sein, d. h. sie dürfen nur einmal vorkommen. Bei der Version 4 des Internet Protocols (IPv4) umfassen sie 32 Bit und werden gewöhnlich dezimal dargestellt (z. B. 255 255 255 255). Die Version 6 des Internet Protocols (IPv6) besteht hingegen aus 128 Bit langen Adressen, die hexadezimal dargestellt werden (z. B. FFFF:FFFF:FFFF:FFFF:FFFF:FFFF:FFFF:FFFF). Diese Erweiterung wurde aufgrund des gestiegenen Bedarfs an Adressen notwendig.

IP-Adresse

2.5.3 Netzwerke

Unter dem Begriff »Rechnernetz« (auch Rechnerverbundsystem oder kurz Netzwerk) versteht man den Verbund von zwei oder mehreren getrennten Rechnern durch Datenübertragungswege.

Die Rechner können unterschiedliche Größenklassen haben, d. h. vom Großrechner bis zum Mikrocomputer reichen. Für den Zusammenschluss von Rechnern in Rechnernetzen gibt es verschiedene Gründe:

- Kapazitätsspitzen können im Netzwerk besser ausgeglichen werden (Lastverbund),
- Seltene, knappe Peripherie kann von mehreren Nutzern verwendet werden (Betriebsmittelverbund),
- Datenbestände, die physisch an anderen Orten sind, können genutzt werden (Datenverbund),
- Programmfunktionen anderer Nutzer können verwendet werden (Funktionsverbund),
- Nachrichten können zwischen den Nutzern ausgetauscht werden (Kommunikationsverbund),
- Parallele Verarbeitung auf mehreren Rechnern ist möglich (Leistungsverbund).

LAN/WAN/MAN/GAN

Nach ihrer Reichweite kann zwischen Local Area Networks (LAN) und Wide Area Networks (WAN) unterschieden werden. Weiterhin werden unterschieden Metropolitan Area Networks (MAN), die Ballungsgebiete mit schnelleren Übertragungsmöglichkeiten (Glasfaser) versorgen sollen, und Global Area Networks (GAN), die im Allgemeinen über Satellit realisiert werden.

Unterschieden wird weiterhin zwischen offenen Netzen, die heterogene Geräte miteinander verbinden und daher geeignete Normen benötigen, und geschlossenen Netzen, die nur eine einheitliche »Welt« eines Herstellers verbinden und gleiche Betriebssysteme und Protokolle verwenden.

2.5.3.1 Internetworking

Unter Internetworking versteht man die Erweiterung lokaler Netze (LAN) durch die Koppelung mit Backbone-Netzen (MAN/WAN). Die Koppelung erfolgt über logische/physische Koppelungselemente.

Repeater

Repeater verbinden zwei Kabelsegmente, verstärken das von einem Kabelsegment erhaltene Datensignal und geben es an andere Kabelsegmente weiter. Bei Repeatern handelt es sich um reine Hardwareschaltungen ohne Softwarekomponenten, die auf der physischen Ebene 1 des OSI-Modells arbeiten. Die zu verbindenden Netze müssen einen identischen Schichtaufbau haben, d. h. über dieselben Protokolle auf allen Schichten verfügen. Ein Repeater mit mehreren Ports wird als Hub (Multiport-Repeater) bezeichnet.

Switches

Ein *Switch* arbeitet auf der Sicherungsschicht (Schicht 2) des OSI-Modells. Im Prinzip ist er nichts anderes als ein intelligenter Hub, der sich merkt, über welchen Port welche Station erreichbar ist. Auf diese Weise erzeugt jeder Switch-Port eine eigene Collision Domain (Kollisionsdomäne).

Teure Switches können zusätzlich auf der Schicht 3, der Vermittlungsschicht des OSI-Schichtenmodells arbeiten (Layer-3-Switch oder Schicht-3-Switch). Sie sind in der Lage, die Datenpakete anhand der IP-Adresse an die Ziel-Ports weiterzuleiten. Im Gegensatz zu normalen Switches lassen sich auch ohne Router logische Abgrenzungen erreichen.

Bridges

Bridges verbinden zwei oder mehr LANs und transportieren Datenpakete zwischen ihnen. Sie verbinden LANs auf der Steuerungsschicht, d. h. Ebene 2 des OSI-Modells. Die Netze können unterschiedliche Übertragungsmedien und Zugriffsverfahren haben. Oberhalb der Ebene 2 müssen die Protokolle beider Netze übereinstimmen.

Router

Router verbinden Netze auf der Vermittlungsschicht (Ebene 3) des OSI-Modells. Die Router interpretieren die Protokollinformationen und nehmen eine optimierte Wegewahl für Datenpakete über Routing-Tabellen vor, wodurch der Datendurchsatz in Netzen erhöht wird. Oberhalb der Ebene 3 müssen die Protokolle beider Netze übereinstimmen.

Gateway

Die allgemeinste Koppelungseinheit sind *Gateways*. Ein Gateway ist ein aktiver Netzknoten, der zwei Netze miteinander verbinden kann, die physikalisch zueinander inkompatibel sind und/oder eine unterschiedliche Adressierung verwenden. Klassisches Beispiel ist der ISDN-Router, der zwischen dem LAN und dem öffentlichen Telefonnetz (ISDN) verbinden kann. Dazu gehören auch Fax-Server und Voice-over-IP-Gateways.

Gateways koppeln unterschiedliche Netze im Hinblick auf Hardware (Kabeltyp) und Software (Protokoll). Der Gateway-Server übernimmt die Konvertierung von Daten (Code-Umsetzung) und die Protokollumwandlung bis einschließlich Ebene 7 des OSI-Modells. In jedem Netz ist dafür ein Rechner vorzusehen, der als Kommunikationsserver bezeichnet wird.

Grundsätzlich geht man von zwei verschiedenen Ansätzen aus. Einmal von medienkonvertierenden Gateways, die bei gleichen Übertragungsverfahren zwischen zwei verschiedenen Protokollen der OSI-Schichten 1 und 2 verbinden. Zum anderen gibt es noch die protokollkonvertierenden Gateways, die unterschiedliche Protokolle auf den OSI-Schichten 3 und 4 miteinander verbinden.

2.5.3.2 Client-Server-Architekturen

C/S-Architektur

Ein Anwendungsfeld für Rechnernetze in Unternehmen sind Client-Server-Architekturen. Client-Server-Architekturen (C/S-Architekturen) basieren auf dem Gedanken der verteilten Verarbeitung und sind dadurch gekennzeichnet, dass im Rechnernetz einige Rechner als Server dienen, d. h. als Lieferanten von Dienstleistungen, und andere Rechner als Clients, d. h. als Kunden, die diese Dienstleistungen in Anspruch nehmen (vgl. Abb. 2-15). Die Kommunikation zwischen Server und Client erfolgt über Schnittstellen, die durch Standards normiert und über sogenannte Connective Technologies verbunden sind.

Ziele der C/S-Architekturen sind die optimale Nutzung der Stärken unterschiedlicher Rechnertypen und die gemeinsame Nutzung aller im Unternehmen existierenden Anwendungen, Datenbestände und Geräte durch berechtigte Stellen.

Verteilung

Bei C/S-Architekturen werden üblicherweise die drei Ebenen der Darstellung (Präsentation), der Anwendung (Prozess) und der Datenhaltung (daher auch PPD-Modell genannt) unterschieden. Diese Aufgaben können unterschiedlich zwischen Server und Client verteilt werden (vgl. Abb. 2-16). Die beiden Pole der Verteilung bilden Lösungen, bei denen alle Funktionen auf dem Server bzw. dem Client laufen:

- Beim *Remote Windowing* laufen sowohl das Datenbankmanagement als auch die Anwendungen auf dem Server. Der Client übernimmt lediglich die Benutzerschnittstelle.

Abb. 2-15

Grundstruktur von Client-Server-Architekturen

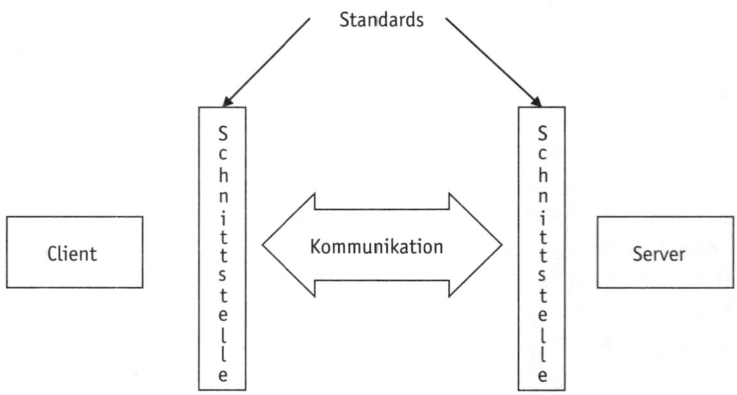

(Quelle: In Anlehnung an *Krcmar/Strasburger*, 1993, S. 25)

- Bei der *kooperativen Verarbeitung* befinden sich zusätzlich zur Datenpräsentation auch Teile der Anwendung auf dem Client. Der restliche Teil der Anwendung wird zusammen mit den Daten auf dem Server bereitgestellt.
- Enthält der Client sowohl die Darstellungs- als auch die gesamte Anwendungsebene und nur die Daten werden auf dem Server gelagert, so wird dieses als *Remote Data Base* bezeichnet.
- Bei *verteilten Datenbanken* übernimmt der Client neben Präsentation und Anwendung auch Teile des Datenbestandes.

Die Gestaltung der Client-Server-Architekturen kann sich darüber hinaus in der Zuordnung zwischen Servern und Clients unterscheiden. So kann ein Server einen oder mehrere Clients bedienen, ein Client mehrere Server nutzen oder mehrere Server mehrere Clients bedienen.

Vor-/Nachteile von C/S-Architekturen

Vorteile von C/S-Architekturen liegen in

- der größeren Flexibilität, z. B. im Hinblick auf die Erweiterbarkeit,
- der höheren Verfügbarkeit im Netz bei insgesamt stärkerer Auslastung,
- der Konzentration von Verwaltungsaufgaben auf ausgewählte Server und
- den unternehmensweit besseren Nutzungsmöglichkeiten von vorhandenen Ressourcen.

Abb. 2-16

Alternativen der Verteilung

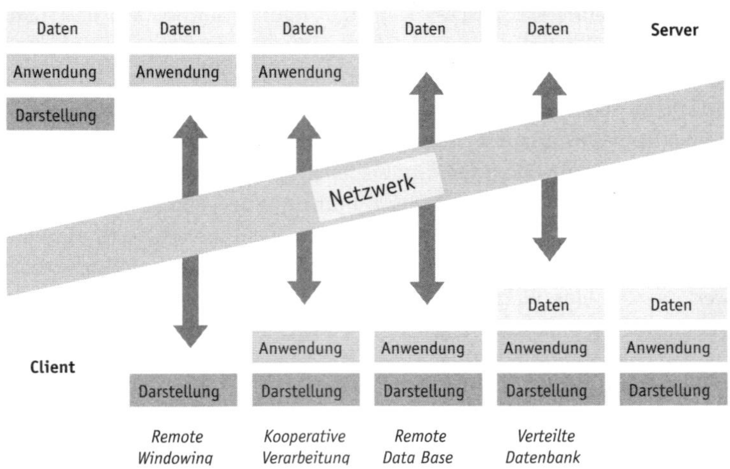

(Quelle: In Anlehnung an *Krcmar/Strasburger*, 1993, S. 26)

Nachteile liegen in dem höheren Verwaltungsaufwand, insbesondere für das Netzmanagement, und einer stärkeren Gefährdung des Datenschutzes.

Zusatzinformation

Peer-to-Peer Netzwerk

Der Gegensatz zum Client-Server-Modell ist das Peer-to-Peer Netzwerk. In einem Peer-to-Peer-Netzwerk stehen gleichberechtigte Systeme (peer) miteinander in Verbindung und nutzen/teilen gemeinsam Ressourcen (Dienste/Informationen). Jedes System (peer) kann die Rolle sowohl eines Client als auch eines Server übernehmen. Die Kommunikation verläuft hier direkt von Nutzer zu Nutzer. Durch das Fehlen von verwaltenden Servern muss sich das Netz selbst organisieren.

Je nach Organisationsform unterscheidet man zwei Klassen: reine und hybride P2P-Systeme. In reinen P2P-Systemen sind alle Knoten symmetrisch, wodurch keine zentrale Steuerung oder Hierarchie existiert – die Systeme sind vollständig dezentral vernetzt. In hybriden Netzen werden für die Organisation zusätzlich Verzeichnisserver eingesetzt. Diese halten nur Informationen zur Koordination des Netzes bereit. Prominente Vertreter reiner P2P-Systeme sind beispielsweise Gnutella und Freenet, hybride P2P-System sind z. B. Gnutella 2 oder JXTA.

2.6 Internet

2.6.1 Dienste im Internet

Internet

Das Internet ist ein elektronisches Mail- und Informationssystem, das staatliche Institutionen, militärische Bereiche, Universitäten, kommerzielle Unternehmen und private Haushalte miteinander verbindet. Das Internet, dessen Ursprung im ARPANET liegt, das 1969 im Auftrag des US-Verteidigungsministeriums entwickelt wurde, hat eine dezentrale, offene Organisationsstruktur. Diese beruht auf dem Zusammenschluss einer Vielzahl verschiedener, über den Globus verteilter Netzwerke, die nach dem Client-Server-Prinzip arbeiten und jeweils separat verwaltet und koordiniert werden. In dem Netz existiert keine zentrale Instanz, die das Netz als Ganzes koordiniert und kontrolliert oder der das ganze Netz gehört. Im Netzwerk werden eine Vielzahl von Diensten, Daten und Multimedia-Applikationen aller Bereiche, zum Großteil kostenlos, angeboten.

2.6.1.1 Basisdienste

Telnet

Die Dienste im Internet können in vier große Gruppen eingeteilt werden (vgl. Abb. 2-17). Der Basisdienst *Telnet,* auch Standard-Remote-Login genannt, ist der älteste Dienst im Internet. Er ermöglicht einem Anwender, die Rechnerleistung auf einem entfernten Rechner zu nutzen, wobei das Client-Server-Prinzip Anwendung findet. Über Software wird der eigene Rechner (Client) so konfiguriert, dass er sich wie ein Terminal am fernen Rechner (Server) verhält.

FTP

Das *File Transfer Protocol (FTP)* ist als Übertragungsdienst für Dateien zwischen Rechnern konzipiert und zählt zu den am meisten genutzten Diensten im Internet. Es ermöglicht den Zugang zu Dateien, die auf den weltweit verteilten FTP Servern gespeichert sind.

E-Mail

E-Mail (Electronic Mail) ermöglicht den Austausch von Nachrichten über elektronische Netze. Als einziger hier beschriebener Dienst setzt E-Mail nicht notwendigerweise einen Internet-Anschluss voraus. Von vielen Unternehmen werden Gateways zum E-Mail-Austausch zwischen LANs bzw. zwischen LAN und kommerziellen Netzen genutzt.

Abb. 2-17

Übersicht über die wichtigsten Dienste im Internet

Basisdienste	Bulletin Board-Systeme	Informations-recherche-Systeme	Direkte Kommunikation
Telnet	Listserve	World Wide Web	IRC
FTP	Mailinglisten	WAIS	
E-Mail	News		

Die beiden *Bulletin-Board-Systeme* Listserve und Mailinglisten sind verwandte Dienste, die auf E-Mail aufbauen und eine Kommunikation zwischen mehreren Teilnehmern ermöglichen. Spezielle Mailprogramme, die eingehende Nachrichten automatisch an Interessierte weiterleiten, ermöglichen die Bildung von Diskussionsforen, die es mittlerweile zu fast jedem Thema gibt. NetNews (Synonym Usenet News) ist ein weltweites, nichtinteraktives Konferenzsystem, das in seinem Aufbau einem hierarchisch nach Themengebieten geordneten schwarzen Brett entspricht.

Bulletin-Board-Systeme

2.6.1.2 World Wide Web

Einer der wichtigsten Dienste im Internet ist das *World Wide Web (WWW)*. Das Konzept basiert auf Hypertext-Links bzw. Hyperlinks, die es ermöglichen, mittels Maus-Klick auf interessante Begriffe im Text direkt zu weiteren Informationsquellen verbunden zu werden. Um Hypertext-Dokumente, die sogenannte Anchors (Anker) enthalten, kreieren zu können, wurde eine leistungsfähige Programmiersprache, die Hypertext Markup Language (HTML) entwickelt. Da auf diese Weise auch Dokumente anderer Dienste wie FTP, News oder Gopher mit den Hypertextseiten verbunden und aufgerufen werden können, hat sich das WWW mittlerweile zum meistgenutzten Dienst im Internet entwickelt. Der Nachteil am WWW ist das Fehlen eines übergreifenden Ordnungskonzepts. Zu einer weltweit angelegten Informationsrecherche kommen deshalb häufig Hilfsprogramme, die Suchmaschinen oder Search Engines bzw. Robots, zum Einsatz.

WWW

Ende 2005 versuchte Tim O'Reilly als Vorreiter in einem Artikel zu klären, was ein Software-Projekt ausmacht, das der zweiten Generation des Webs angehört. Obwohl O'Reilly entscheidend für die Einführung des Begriffs Web 2.0 war, hatte er selbst noch Schwierigkeiten, eine passende Einstufungsregelung zu finden.

Web2.0

Das lag vor allem daran, dass Web 2.0 nicht nur ein Fortschritt in Technologie und Anwendungsdesign bedeutet, sondern sich insbesondere durch eine Verschiebung in der Wahrnehmung der Nutzer des Webs auszeichnet. Seit etwa zehn Jahren ist die Nutzung des Internets in weiten Teilen der Bevölkerung enorm gewachsen.

Während der Anfangszeit des Internets wurden durch die meisten Webseitenbetreiber einfache, statische Inhalte veröffentlicht, mit dem Zweck, ihren Besuchern Informationen zur Verfügung zu stellen. Heutzutage genügen statische Inhalte nicht mehr den Anforderungen von Internetbenutzern, da die Benutzer an eine interaktive Nutzung des Internets gewöhnt sind: Artikel werden kommentiert, private Fotos mit anderen geteilt und Banktransaktionen über das Internet ausgeführt.

Ein wichtiger Bestandteil des Begriffs Web 2.0 sind daher die »community« (Gemeinschaft) und der »user generated content« (von Benutzern generierte Inhalt). Gemeinschaftliche Zusammenarbeit sorgt im Web 2.0 für eine permanente Vernetzung der Information, die von den Benutzern selbst erstellt und verbreitet werden. Somit zeichnet sich Web 2.0 wesentlich dadurch aus, das Inhalte von einer Gemeinschaft von Personen erstellt und bewertet werden. Neue Technologien haben lediglich dazu beigetragen, dieses zu ermöglichen. Bekannte Web 2.0-Plattformen sind z. B. der Mikroblogging-Dienst Twitter, Webblogs oder das Videoportal Youtube Auch soziale Netzwerke wie Facebook und Google Plus werden dem Web 2.0 zugeordnet, jedoch üblicherweise als soziale Medien bezeichnet.

Web 2.0-Anwendungen sind jedoch nicht ohne Nachteile. So kann es durch die Fülle von Inhalten, die von Jedermann erstellt werden kann, ggf. schwierig werden, qualitativ hochwertige Inhalte von weniger qualitativ hochwertigen Inhalten zu unterscheiden.

Semantic Web

Eine Möglichkeit der Qualitätsverbesserung von Inhalt im Web 2.0 bieten *Semantic Web*-Technologien. Bei semantischen Technologien ist das Ziel, die Daten sowohl in syntaktischer als auch in semantischer Form, d. h. in Bezug auf ihre Bedeutung, richtig zusammenstellen. Dadurch wird eine maschinenlesbare Repräsentation der Semantik ermöglicht. Vorteilhaft dabei ist, dass Inhalte im Web besser gefunden, ausgetauscht und leichter integriert werden können. Für die Realisation wird insbesondere eine Reihe von Metadaten benötigt. Dafür werden von der W3C das Resource Description Framework (RDF) zur Repräsentation von Ressourcen und die Web Ontology Language (OWL) zur formalen Beschreibung der Ontologien empfohlen. Sowohl RDF als auch OWL sind XML-basiert und können damit sowohl von Menschen als auch von Maschinen interpretiert werden.

2.6.1.3 Web Services

SOA

Die *Service-orientierte Architektur (SOA)* ist ein Architekturkonzept mit dem diverse Internetdienste, durch sogenannte Web Services, angeboten werden können. Web Services sind Softwareanwendungen zur Unterstützung maschinenübergrei-

Abb. 2-18

Service-orientierte Architektur

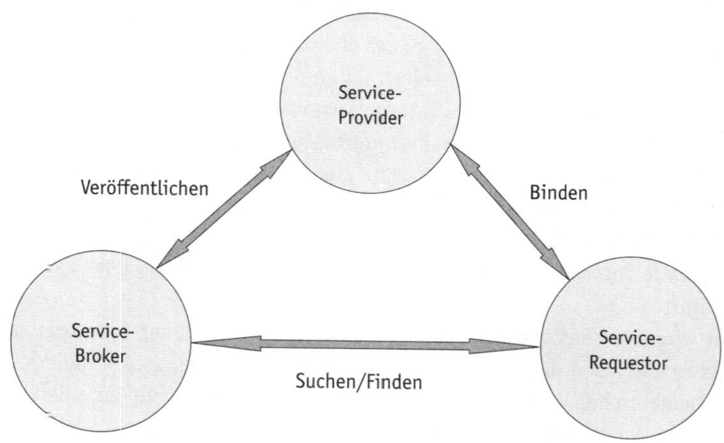

(Quelle: *Dustdar/Gall* (2003, S.114))

fender Interaktion. So lautet die Definition der zuständigen Working Group des World Wide Web Consortium. Damit stellen Web Services die Technologie zum Aufbau von verteilten, lose gekoppelten und Service-orientierten Anwendungen dar, die miteinander über ein Netzwerk kommunizieren und zum Anbieten von Diensten verwendet werden.

SOA ist wie ein Dreieck aufgebaut und unterscheidet die Rollen Service-Provider, Service-Requestor und Service-Broker. Abb. 2-18 gibt einen Überblick über die Rollen innerhalb SOA.

Durch den Service-Provider wird ein Dienst zur Verwendung bereitgestellt. Dieser Dienst wird wiederum bei dem Service-Broker gelistet. Über den Service-Broker kann der Service-Requestor einen bestimmten Dienst finden und einbinden. Ausgeführt wird der Dienst durch den Service-Provider. Somit fällt dem Service-Broker die Rolle des Intermediärs zwischen Service-Requestor und Service-Provider zu. Die Umsetzung der Funktionsweise einer Service-orientierte Architektur findet sich in Web Services wieder. Dabei kommen unterschiedliche Techniken zum Datenaustausch und der Kommunikation zum Einsatz.

Bekannte Protokolle wie das Transportprotokoll HTTP, das File Transfer Protocol (FTP) oder das Simple Mail Transfer Protocol (SMTP) können zur Verwendung von Web Services eingesetzt werden. Um Aufrufe entfernter Methoden zu ermöglichen, werden Remote Procedure Calls (RPC)-Protokolle, wie das XML-basierende SOAP-Protokoll verwendet. SOAP ist an kein bestimmtes Transferprotokoll gebunden. Die Abkürzung SOAP stand ursprünglich für Simple Object Access Protocol. Da der Name jedoch nicht passend war (mit SOAP lassen sich keine Objekte, sondern nur Basistypen übertragen), hat die Abkürzung heute keine Bedeutung mehr. Die Nutzung der aufgerufenen Dienste eines Service-Providers durch den Service-Requestor wird mittels SOAP ermöglicht. Zur Speicherung der Dienstbeschreibung setzten Web Services auf XML-Dokumente. Die eingesetzte Beschreibungssprache ist die Web Service Description Language (WSDL), die dem entfernten Client die Nutzungsdetails für den angeforderten Web Service bereitstellt. Somit kann der Service-Provider seine Dienste veröffentlichen. Um einen bestimmten Web Service im Internet ausfindig zu machen, kann Universal Description, Discovery and Integration (UDDI) verwendet werden. UDDI ist einerseits eine durchsuchbare Datenbank, die Verweise auf die entsprechenden WSDL-Dokumente enthält, andererseits gibt sie Auskunft wie diese Datenbanken zu durchsuchen sind. Abb. 2-19 stellt das Architekturmodell von Web Services dar. Ein Beispiel für Web Services stellen z. B. Amazon.com oder Google Inc. dar.

XaaS

Everything as a Service (XaaS) ist ein Oberbegriff für die Betrachtung sämtlicher Leistungen des Informationsmanagements aus einer dienstleistungsorientierten Perspektive. Die einzelnen Basisfunktionalitäten, Basistechniken und Technikbündel werden als grundlegende Dienstleistung eines Service-Ecosystems aufgefasst. So erlaubt das XaaS-Konzept ein feingranulares Outsourcing in diesen Bereichen. Ein Unternehmen kann z. B. die Bereitstellung der IT-Infrastruktur oder die Datenspeicherung von einem externen Dienstleister übernehmen lassen. Der Service-Anbieter kann, durch die Spezialisierung auf eine Aufgabe, Economies-of-Scale

Abb. 2-19

Protokollstapel und Zwiebelschalenmodell der Web Service Architektur

Dienstverzeichnis: UDDI
Dienstbeschreibung: WSDL
Dienstkommunikation: XML-RPC, SOAP
Inhaltsbeschreibung: WSDL
Transport: HTTP, FTP, SMTP

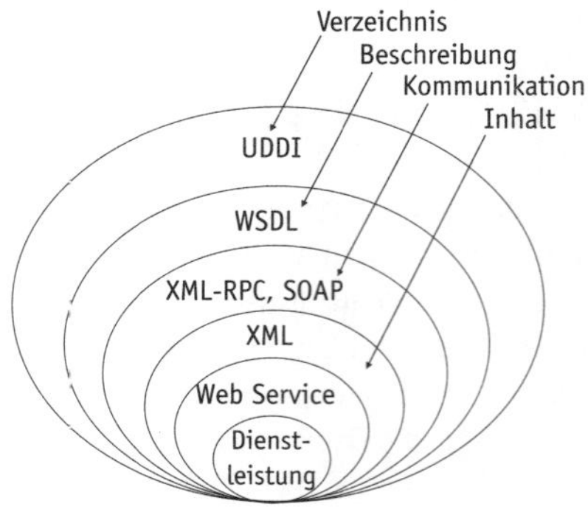

(Quelle: *Burghardt/Hagenhoff* (2003))

realisieren und somit diese Aufgabe kosteneffizienter ausführen. Einige ausgewählte Konzepte des XaaS werden im Folgenden vorgestellt.

IaaS

Infrastructure as a Service (IaaS) bezeichnet die Anwendung des XaaS-Konzepts auf die IT-Infrastruktur. So wird die Bereitstellung der Infrastruktur als Dienstleistung angeboten (Hosting). Neben der Auslagerung der operativen Tätigkeit besteht die Möglichkeit, die benötigte Leistung, durch die Nutzung zusätzlicher Ressourcen kurzfristig anzupassen. Prominente Beispiele sind z. B. Amazon Webservices (http://aws.amazon.com) oder Rackspace Hosting (http://www.rackspace-hosting.de).

StaaS

Das Konzept des *Storage as a Service (StaaS)* wendet das Paradigma der Dienstleistungsorientierung auf die Datenspeicherung an. Durch eine Übernahme der Datenspeicherung durch einen Service-Anbieter können einerseits erneut Flexibilisierungspotenziale ausgeschöpft werden, andererseits kann die Aufgabe der Konzeption und Umsetzung notwendiger Speicherressourcen ausgelagert werden.

SaaS

Durch das *Software as a Service (SaaS)*-Konzept wird eine bestimmte Applikation für eine Vielzahl von Servicekonsumenten zur Verfügung gestellt. Der Kunde kann die Software nach Vertragsabschluss einfach nutzen ohne diese selbst installieren oder warten zu müssen. Diese Aufgaben werden von dem Service-Anbieter übernommen. Für SaaS gibt es viele verschiedene Anbieter, wie z. B. Google, die mit der Software Google Docs einen SaaS anbieten, mit dem Tabellen und Textdokumente bearbeitet und verwaltet werden können (http://docs.google.com).

PaaS

Platform as a Service (PaaS) stellt eine Erweiterung des SaaS-Konzepts dar. Statt fertigen Anwendungen werden integrierte Entwicklungs- und Betriebsumgebungen für Software im Internet bereitgestellt. Microsoft stellt etwa mit der Plattform Azure einen solchen Service bereit (http://www.microsoft.com/windowsazure).

Cloud Computing

Unter *Cloud Computing* wird ein IT-basiertes Bereitstellungsmodell verstanden, bei dem Ressourcen sowohl in Form von Infrastruktur als auch Anwendungen und Daten, als verteilter Dienst über das Internet, durch einen oder mehrere Leistungserbringer bereitgestellt wird (Böhm et al 2009, S. 8). So wird das Prinzip von Web Services, mit denen komplette Anwendungen aus gekapselten Funktionen über das Internet ausgeführt werden können, erweitert. Diese »Clouds« sind nach Bedarf flexibel skalierbar und können verbrauchsabhängig abgerechnet werden, d. h. es wird immer die aktuell benötigte Menge an Ressourcen zur Verfügung gestellt.

Aus Sicht des Nutzers werden die Ressourcen zentral in der »Cloud« bereitgestellt. Im Hintergrund können diese aber auch über diverse Cloud-Dienste verstreut sein. Für die Realisation von Cloud Computing kann auf verschiedene XaaS-Verfahren zurückgegriffen werden. Abb. 2-20 zeigt beispielhafte Technologien.

Abb. 2-20

Cloud Computing und ausgewählte Technologien

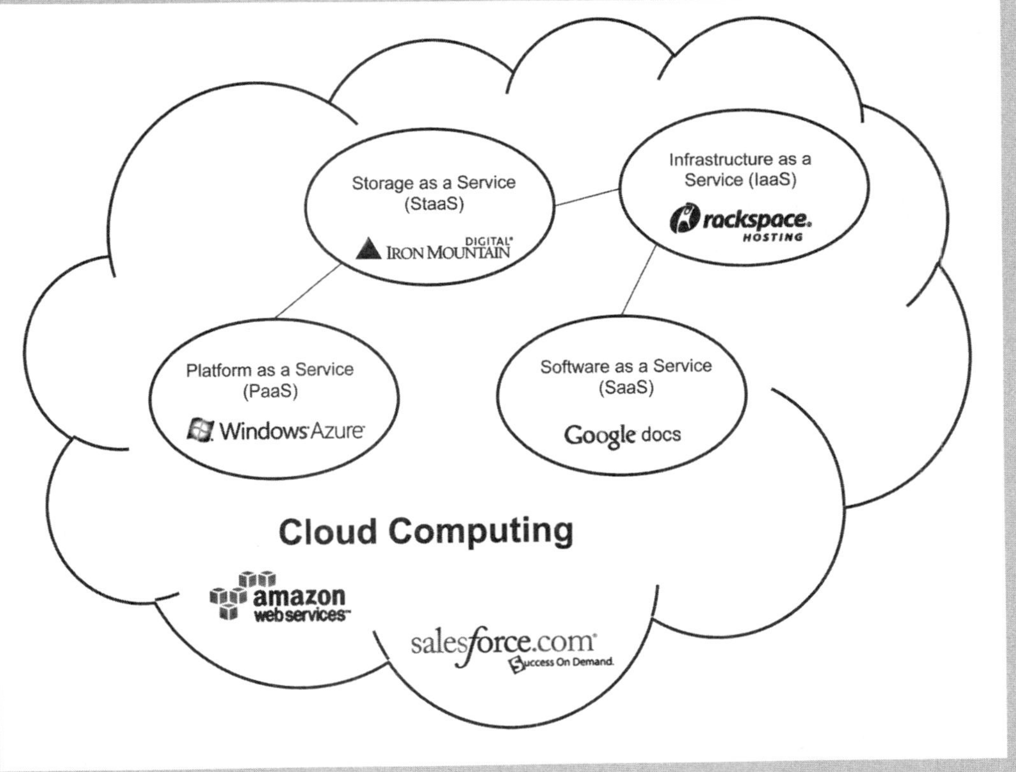

Durch XaaS und Cloud Computing lassen sich Vorteile durch eine feingranulare Gestaltung der Auslagerung realisieren. Auf der anderen Seite kann die hohe

Beziehungskomplexität mit den verschiedenen Service-Anbietern und die Abhängigkeit zu selbigen ein Unternehmen vor weitere Herausforderungen stellen.

Suchmaschinen

Bei der Benutzung einer Suchmaschine, gibt man ein Wort (oder mehrere) ein, nach denen gesucht werden soll. Die Suchmaschine zeigt dann eine Auflistung von Dokumenten an, die die gewünschten Informationen enthalten.

Suchmaschinen können unterteilt werden in Meta-Suchmaschinen wie Metacrawler oder WebFerretPRO und Suchmaschinen wie Bing, Google oder Yahoo! Die Meta-Suchmaschinen durchsuchen die in Suchmaschinen registrierten Seiten und geben zu einem Suchbegriff die Adresse der gefundenen Seiten an sowie als Quelle die Suchmaschine, die diese Seite findet (vgl. Abb. 2-21).

Abb. 2-21

Meta-Suchmaschine

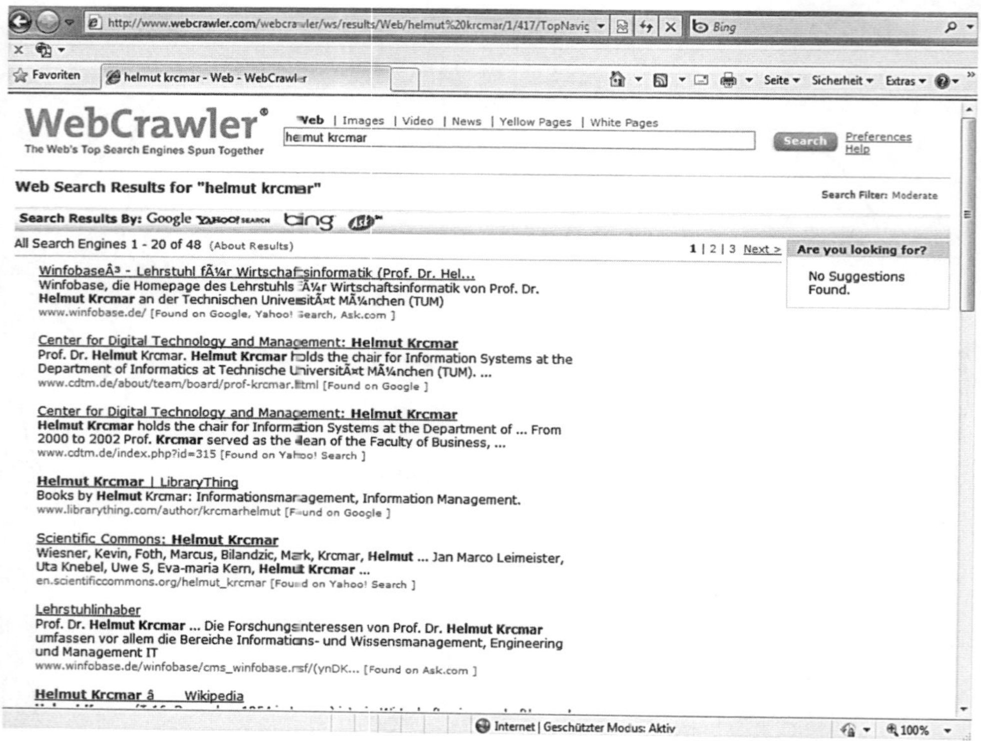

2.6.1.4 Kommunikation und Kollaboration

Internet Relay Chat

Internet Relay Chat (IRC) ist ein elektronisches Konferenzsystem, das über Texteingabe eine Kommunikation in Echtzeit mit mehreren Personen ermöglicht. Die

Rechner des IRC-Verbundes stellen hunderte von Kanälen zur Verfügung, die jeweils einen Namen besitzen und meist auch ein bestimmtes Thema zum Inhalt haben. IRC ist der einzige Dienst im Internet, der einen interaktiven Informationsaustausch erlaubt, ohne dass ein Zwischenspeichern der Daten in Mailbox-Systemen notwendig ist.

Eine besondere Ausprägung der direkten Kommunikation stellt das Filesharing dar, das eine dezentrale Verteilung von Dateien unter registrierten Benutzern erlaubt. Bekannte IRC-Programme sind I seek you (ICQ), AOL Instant Messenger (AIM), my Internet Relay Chat (mIRC) und Skype. Einige IRC-Programme haben ihre Funktionalität dahingehend erweitert, dass sie Videochats bzw. Videokonferenzen erlauben (z. B. Skype). Das Internet wird aufgrund günstigerer Kommunikationskosten zunehmend auch für Internet-Telefonie genutzt. Zusammenfassend wird die Eignung der beschriebenen Internet-Dienste für unterschiedliche Formen der Informationsbeschaffung in Abb. 2-22 dargestellt.

Abb. 2-22

Eignung der Internet-Dienste für Informationsbeschaffungstätigkeiten

	Telnet	FTP	E-Mail	Listen	News	WEIS	WWW	IRC
Austausch	--	-	++	++	++	-	0	++
Abruf	+	+	--	--	0	++	++	--
Erkundung	--	0	++	++	++	++	++	++
Transfer	--	++	--	--	--	++	++	--
Bestellung	+	--	+	0	--	0	++	0

(++/+/0/-/– bedeutet sehr hohe bis sehr geringe Eignung)

(Quelle In Anlehnung an *Jaros-Sturhahn/Löffler*, 1995, S. 8)

Der Austausch von Informationen erfolgt aufgrund der gegebenen Interaktionsmöglichkeit am besten über E-Mail, Diskussionslisten, Newsgruppen, aber auch IRC. Zum Abruf bereits vorhandener Informationen eignen sich die älteren Dienste wie Telnet und FTP, besonders aber das WWW. Zur Informationserkundung können abgesehen von Telnet sämtliche Dienste herangezogen werden. Die Übertragung von Informationsprodukten wie z. B. Software, Text-, Bild- und Tondateien ist die Stärke von FTP, von der auch die neueren Dienste wie das WWW häufig Gebrauch machen.

Google Wave

Im Mai 2009 wurde von der Google Inc. das Projekt *Google Wave* erstmals vorgestellt und im Dezember 2010 von der Apache Software Foundation unter dem Namen Apache Wave fortgeführt. Apache Wave ist eine webbasierte Kommunikations- und Kollaborationsanwendung. Das Projekt hat das Ziel, durch aktuelle

Technologien, die bereits bestehenden Kommunikations- und Kollaborationstechniken zu vereinen. Google Wave soll somit als eine Mischung aus E-Mail, Chatprogramm, Wiki, Blog und Fotoportal verstanden werden.

Alle Elemente einer Konversation wie z. B. E-Mail-Nachrichten, Chats, Videos oder andere Dokumente werden dafür in einer sogenannten »Wave« zusammengefasst. Diese Wave wird anfangs von einem Benutzer erstellt, der weitere Benutzer dazu einladen kann. Alle Benutzer können die Wave dann gleichzeitig und in Echtzeit einsehen, modifizieren und ergänzen.

Apache Wave verfügt über folgende Features:

- Alle Inhalte einer Wave werden in Echtzeit für alle Teilnehmer aktualisiert.
- Der Verlauf einer Wave wird vollständig protokolliert. Somit können Benutzer, die nachträglich der Wave hinzugefügt wurden alle Änderungen nachverfolgen.
- Innerhalb einer Wave sind jederzeit private Konversationen möglich, die lediglich für die entsprechenden teilnehmenden Personen lesbar sind.
- Anhänge wie Bilder und andere Dokumente können per Drag-and-Drop der Wave hinzugefügt werden.
- Eine Echtzeitübersetzung zwischen 40 Sprachen wird durch Erweiterungen ermöglicht.
- Eine schnelle Echtzeitrechtschreibprüfung und -korrektur kann vorgenommen werden.
- Apache Wave bietet eine schnelle Suchfunktion.

Apache Wave wurde mit dem Open-Source-Framework Google Web Toolkit (GWT) entwickelt und steht als Open-Source-Anwendung unter der Apache Lizenz zur Verfügung. Außerdem enthält Apache Wave eine Programmierschnittstelle, mit deren Hilfe eigene Erweiterungen entwickelt werden können.

2.6.1.5 Mobiles Internet

Mobile Dienste

Mobile Dienste sind ein Sammelbegriff für sämtliche Dienste, die mit einem mobilen Endgerät unterwegs genutzt werden können. Die bisherigen Mobilfunknetze der sogenannten zweiten Generation waren in erster Linie auf die Übertragung von Sprache konzipiert. In jüngster Zeit steigt jedoch die Nachfrage nach mobilen Datenanwendungen und Mehrwertdiensten. Dieser Trend wurde insbesondere durch neue Technologien und größeren Bandbreiten bei gleichzeitigem Preisverfall ermöglicht.

UMTS/LTE

Schlüsseltechnologien für die Übertragung großer Datenmengen ist der Mobilfunkstandard der dritten Generation *UMTS* (Universal Mobile Telecommunications Systems, 3G). Mit Hilfe von UMTS, das eine Weiterentwicklung des bisherigen GSM Mobilfunkstandards ist, kann eine Übertragungsrate von bis zu 42 Mbit/s (durch Verwendung des Datenübertragungsverfahren HSDPA) erreicht werden. Aktuell wird UMTS allmählich durch den neuen Mobilfunkstandard *LTE* (Long Term Evolution, 3,9G) ersetzt, der mit Datenraten von bis zu 300 Mbit/s etwa das Siebenfache der UMTS-Datenrate erreichen kann.

Mobile Endgeräte

Nicht nur größere Bandbreiten bei der Datenübertragung, sondern auch die Verfügbarkeit entsprechender multimedialer, mobiler Endgeräte, haben die Entwicklung mobiler Dienste vorangetrieben. Mobile Dienste können sowohl in Handys zum Einsatz kommen als auch in PDAs, Notebooks oder etwa PKW-Multimediasystemen. Ein wichtiger Erfolgsfaktor für den Erfolg ist dabei, dass diese Endgeräte und damit die mobilen Dienste dem Benutzer eine einfache und intuitive Bedienung ermöglichen. So erfreut sich insbesondere das Smartphone iPhone, des Soft- und Hardwareherstellers Apple besonderer Beliebtheit. Apple hat sein Angebot in Folge des iPhone-Erfolges dahingehend erweitert, dass es weitere Anwendungen und mobile Dienste für das iPhone zum kostenpflichtigen Download anbietet. Damit bietet Apple nicht nur das Produkt an sich an, sondern auch gleichzeitig eine Palette von weiteren Dienstleistungen.

2.6.2 Internetsprachen

HTML

Derzeit bekannteste Internetsprache ist die *Hypertext Markup Language (HTML)*. Mit HTML legt der Web-Designer mit einer Reihe von Tags fest, wie ein Textdokument im Browser erscheinen soll, welche Links zu anderen Seiten gesetzt werden sollen und ob eventuell Applets einzubinden sind.

HTML ist eine Seitenbeschreibungssprache, vergleichbar mit der Druckersprache Postscript.

HTML ist nicht erweiterbar und es ist nicht möglich, eigene Tags für spezifische Anforderungen zu definieren. Außerdem ist die Wiedergabe der Spezifikationen der Datenstrukturen nicht möglich. Mit HTML werden lediglich formale Aspekte geregelt, weitergehende Anforderungen lassen sich nur durch aufwändigere Programmierung erfüllen, sei es durch Applets oder Applikationen.

SGML

Den meisten Anwendern ist nicht bekannt, dass HTML auf der *Standard Generalized Markup Language (SGML)* basiert, einer Metasprache zur Definition von Regeln für den Umgang mit Dokumenten. SGML ist ein Standard, der von vielen Herstellern unterstützt wird. Die SGML-Dokumente beschreiben die Daten selbst und nicht nur ihre Darstellung. Problematisch ist, dass SGML sehr komplex ist – die Spezifikation umfasst rund 500 Seiten, wobei das meiste nicht für den praktischen Einsatz im Web notwendig ist. Da so viele Optionen zur Verfügung stehen, ist auch die Interoperabilität zwischen Unternehmen gering. Folglich wird SGML für große technische Dokumentationen z. B. im Militärwesen, im Flugzeugbau und im Verlagswesen eingesetzt.

XML

Gerade in Bezug auf den elektronischen Geschäftsverkehr stößt jedoch HTML an seine Grenzen, denn es dient lediglich dazu, Text und Grafik anzuzeigen. Die *Extensible Markup-Language (XML)*, ein weiterer Abkömmling von SGML, ist wie SGML eine Metasprache. Sie ist also keine eigenständige Markup-Sprache, sondern ein Regelwerk, das seinerseits die Definition von speziellen Grammatiken erlaubt, die jedoch nur innerhalb eines bestimmten Einsatzgebietes wirksam sind. So können z. B. mit XML Preise, Verfassernamen oder Aktienkurse definiert werden. Für solche Inhalte muss jeweils eine Syntax in Form einer Document Type Definition (DTD) festgelegt werden. Auf dieser Basis ist es dann möglich, gezielte Abfragen nach den definierten inhaltlichen Kriterien durchzuführen. Beispielsweise wurde von Chemikern in Großbritannien die CML (Chemical Markup Language) zum Austausch von Beschreibungen von Molekülen, Formeln und anderen chemischen Daten entwickelt.

Ajax

Ajax steht für Asynchronous JavaScript and XML und bezeichnet ein Konzept der asynchronen Datenübertragung zwischen einem Server und einem Browser. Dieses ermöglicht es, HTTP-Anfragen durchzuführen während eine HTML-Seite angezeigt wird und die Seite zu verändern, ohne sie komplett neu zu laden. Kerngedanke von Ajax ist, dass sich das Verhalten browserbasierter Anwendungen von lokal ausgeführten Anwendungen nur noch wenig unterscheidet.

Browserbasierte Anwendungen werden immer komplexer, daher existieren derzeit verschiedene JavaScript Frameworks wie das Google Web Toolkit (GWT), AngularJS und jQuery, die Ajax nutzen und die Entwicklung solcher Anwendungen vereinfachen. Es existieren auch alternative Web-Programmiersprachen wie Google Dart oder CoffeeScript, die den Quellcode von browserbasierten Anwendungen übersichtlicher und lesbarer gestalten und somit ebenfalls bei der Entwicklung umfangreicher Anwendungen helfen.

2.6.3 Sicherheit im Internet

Sicherheit

Die Internet-Basistechnologie bietet für die Übertragung vertraulicher Daten grundsätzlich keine Sicherheit, da die einzelnen Datenpakete standardmäßig über Netze und Computer weitergeleitet werden. Diese können in der Regel weder Sender noch Empfänger kontrollieren und daher können die Daten Attacken wie Lauschangriffen oder Manipulationsversuchen ausgesetzt sein. Sicherheit im Internet bedeutet die Erfüllung der Forderungen nach:

- *Vertraulichkeit*: Unter Vertraulichkeit versteht man den Schutz von übertragenen Daten vor aktiven Angriffen wie Abhören oder Veränderung.
- *Unveränderbarkeit*: Unveränderbarkeit verlangt, dass eine empfangene Nachricht mit der gesendeten Nachricht identisch ist.
- *Authentizität*: Authentizität erfordert die Bestätigung, dass eine Nachricht wirklich von der Person kommt, die sich als Autor der Nachricht ausgibt.
- *Verbindlichkeit*: Verbindlichkeit wird als die Gewährleistung verstanden, dass kein Kommunikationspartner die Teilnahme an einer bestimmten, stattgefundenen Kommunikation bestreiten kann.

Symmetrische Verschlüsselung

Vertraulichkeit kann durch Verschlüsselungsmethoden gewährleistet werden. Dazu werden Nachrichten bzw. Daten vor dem Versand verschlüsselt und können beim Empfänger wieder entschlüsselt werden. Es werden symmetrische und asymmetrische Verschlüsselungsverfahren unterschieden. Bei einer symmetrischen Verschlüsselung sind die Schlüssel zum Ver- und Entschlüsseln eines Dokumentes identisch. Sender und Empfänger besitzen also den gleichen Schlüssel (vgl. Abb. 2-23).

Eine triviale symmetrische Verschlüsselungsmethode wäre eine einfache Buchstabenpermutation. So wird jedes Zeichen einer Nachricht durch das Zeichen ersetzt, das im Alphabet n Stellen weiter hinten steht. Bei n=2 wird so aus »A« → »C«, aus »B« → »D«... »Z« → »B«. Da sich Sender und Empfänger auf das gleiche

Verschlüsselungsverfahren geeinigt haben, muss der Sender dem Empfänger nur noch den Schlüssel (in diesem Fall den Wert von n) mitteilen. Dann verschlüsselt er seine Daten mit dem Verfahren und sendet die Nachricht dem Empfänger, der sie mit Hilfe des Schlüssels wieder entschlüsseln kann.

Abb. 2-23

Symmetrisches Verschlüsselungsverfahren

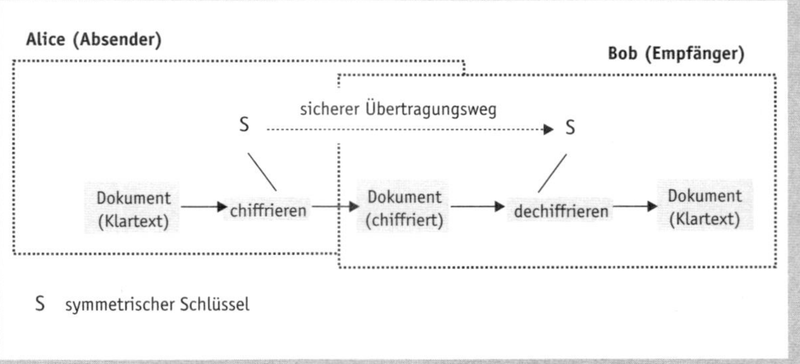

Falls man im Beispiel n so definiert, dass n nur die ganzzahligen Werte von 1 bis 8 betragen kann, hätte n eine Schlüsselgröße von 3 Bit. In der Praxis werden komplexe mathematische Verfahren verwendet, die mit Schlüsselgrößen von bis zu 1024 Bit arbeiten. Der Vorteil der symmetrischen Verschlüsselung ist die hohe Stärke mit einer geringen Schlüssellänge. Ein Nachteil des Verfahrens liegt in der Tatsache, dass Schlüssel nur unter Hochsicherheitsbedingungen ausgetauscht werden können und so eine Verteilung der Schlüssel über das Internet von Vornherein entfallen müsste.

Asymmetrische Verschlüsselung

Daher bedient man sich der Vorteile einer asymmetrischen Verschlüsselung, von denen das bekannteste das RSA-Verfahren ist (benannt nach den Entwicklern Rivest, Shamir und Adleman). Bei der asymmetrischen Verschlüsselung generiert sich der Benutzer zwei unterschiedliche Schlüssel, einen privaten und einen öffentlichen Schlüssel (public-private-key-Verfahren).

Jede Nachricht, die mit Hilfe des öffentlichen Schlüssels verschlüsselt wird, kann anschließend nur noch mit Hilfe des privaten Schlüssels entschlüsselt werden. Ein Benutzer A kann seinen öffentlichen Schlüssel jedem zur Verfügung stellen, der ihn haben möchte. Wenn ein Benutzer B nun A eine Nachricht schicken möchte, besorgt er sich den öffentlichen Schlüssel von A, verschlüsselt die Nachricht mit diesem Schlüssel und sendet sie A zu. Benutzer A ist der Einzige, der den zugeordneten privaten Schlüssel besitzt und die Nachricht wieder entschlüsseln kann (vgl. Abb. 2-24). Nachteil des Verfahrens ist, im Gegensatz zu symmetrischen Verfahren, die geringe Stärke bei vergleichbaren Schlüssellängen. In vielen Verschlüsselungsprotokollen werden daher beide Verfahren miteinander kombiniert.

Abb. 2-24

Asymmetrisches Verschlüsselungsverfahren (public-private-key)

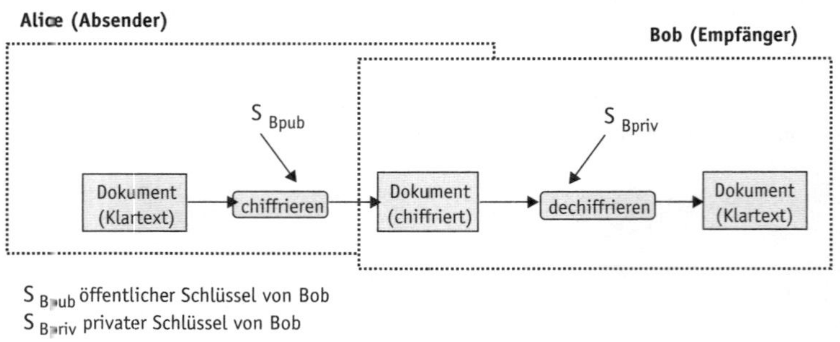

Digitale Signatur

Um die Unveränderbarkeit zu sichern, wird vor dem Abschicken einer Nachricht mit Hilfe komplexer Algorithmen (Hash-Funktionen) eine Signatur (»digitaler Fingerabdruck«) des Dokuments erzeugt. Aus diesem lässt sich die Nachricht nicht mehr rekonstruieren und auch keine andere Nachricht, die die gleiche Signatur ergäbe. Die Signatur wird mit dem privaten Schlüssel des Absenders verschlüsselt und dann zusammen mit der Nachricht zum Empfänger gesendet. Der Empfänger erzeugt nun mit dem gleichen Verfahren (gleiche Hash-Funktion) eine Signatur auf der Basis der Nachricht und entschlüsselt mit Hilfe des öffentlichen Schlüssels

Abb. 2-25

Digitale Signatur

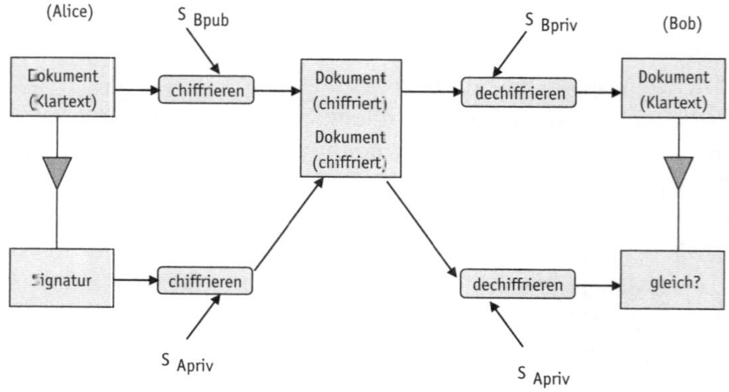

des Absenders die erhaltene Signatur. Sind die selbst erzeugte Signatur und die empfangene und entschlüsselte Signatur identisch, so kann der Empfänger davon ausgehen, dass die Nachricht identisch mit der vom Empfänger gesendeten ist (vgl. Abb. 2-25). Verfahren, die mit sogenannten MACs (»Message Authorization Codes«) arbeiten, erzeugen die Signatur (hier: die MAC) selbst mit Hilfe eines Schlüssels. Dieser Schlüssel kann nur dem Sender und dem Empfänger bekannt sein.

PIN/TAN

Für die Forderung nach Authentizität stehen die üblichen Mittel der Prüfung, wie Unterschrift, bekannte Stimme oder bekanntes Gesicht im Internet nicht zur Verfügung. Im Bereich des Electronic Banking hat sich hierzu das PIN/TAN-Verfahren bewährt. Dieses benutzt eine persönliche Identifikations-Nummer (PIN) und einmal verwendbare Transaktionsnummern (TANs). Auch hier wird künftig mit dem Einsatz von digitalen Signaturen auf der Basis asymmetrischer RSA-Schlüssel gerechnet. So ist im HomeBanking Computer Interface (HBCI) der Standard des Zentralen Kreditausschusses (ZKA) deutscher Banken für elektronische Banktransaktionen über das Internet definiert. Dieser Standard stützt sich entweder auf ein (softwaregestütztes) RSA-Verfahren oder auf ein kryptographisches Sicherungsverfahren unter Verwendung einer Chipkarte. Der private Signier-Schlüssel wird dann auf einer Chipkarte des Kunden gespeichert und verlässt diese niemals. Signiert bzw. wird dann der MAC einer Nachricht verschlüsselt, der anschließend mit der Nachricht und dem öffentlichen Schlüssel des Kunden der Bank zugeschickt wird. Die Bank entschlüsselt den signierten MAC und kann feststellen, ob die Nachricht wirklich von dem vermuteten Kunden kam.

eTan

Beim *eTan- Verfahren* bekommt der Kunde seine persönliche Identifikationsnummer (PIN) per Post zugesandt. Anstelle einer Tan-Liste bekommt er aber einen Tan-Generator, bei welchem es sich um ein Gerät vom Aussehen und der Größe eines HBCI-Kartenlesers handelt. Der Vorteil des eTan-Verfahrens ist, dass Phishing-Versuche nicht mehr funktionieren, da der Kunde ohne gültige Kontrollnummer der Bank keine funktionierende Transaktionsnummer erzeugen kann.

mTan

Unter dem *mTan-Verfahren*, auch als mobiles Tan-Verfahren bezeichnet, versteht man die Übersendung der beim Onlinebanking erforderlichen Transaktionsnummern auf das Handy des Kunden. Dieses Verfahren wird meist zusätzlich zu anderen Verfahren wie dem Pin/Tan-Verfahren oder dem eTan-Verfahren angeboten. Bei der Anmeldung für das mTan-Verfahren gibt der Kunde bei seiner Bank seine aktuelle Handynummer an, auf welche er nach Abschluss der Bestätigung eine Kontroll-SMS bekommt. Die Vorteile des mTan-Verfahrens bestehen in der Sicherheit vor Trojanern, Phishing- oder Pharming-Attacken.

Digitaler Zeitstempel

Bezogen auf die Forderung nach Verbindlichkeit kann im Internet jeder vorgeben, eine Nachricht nicht erhalten zu haben bzw. jeder behaupten, eine Nachricht gar nicht geschickt zu haben. Um die Sicherheit unter den genannten Aspekten bei der Nachrichtenübermittlung im Internet zu gewährleisten, wurden verschiedene Verfahren entwickelt, von denen das bekannteste mit einem digitalen Zeitstempel arbeitet, der nachweisbar nicht nur die Authentizität des Absenders, sondern auch den Absendezeitpunkt dokumentiert.

Signaturgesetz

Ein wesentliches Hindernis bei der Abwicklung von elektronischen Geschäftsvorgängen ist die Frage der rechtlichen Bedeutung des Vorgangs, insbesondere dann, wenn sich der beteiligte Partner im Ausland befindet. Deutschland hat dafür auf diesem Gebiet mit der Einführung des Signaturgesetzes (SigG, Art. 3 IuKDG) den rechtlichen Rahmen geschaffen:

»Zweck des Gesetzes ist es, Rahmenbedingungen für digitale Signaturen zu schaffen, unter denen diese als sicher gelten und Fälschungen digitaler Signaturen oder Verfälschungen von signierten Daten zuverlässig festgestellt werden können.« (§ 1 Abs. 1 Artikel 3 (Gesetz zur digitalen Signatur (Signaturgesetz – SigG)) IuKDG)

Teledienstgesetz

Das Teledienstgesetz ist die Grundlage für die rechtliche Anerkennung elektronischer Dokumente und Unterschriften. Für die Umsetzung des Signaturgesetzes werden öffentliche Zertifizierungsstellen benötigt, die einen Antragsteller eindeutig identifizieren, für ihn einen öffentlichen und einen privaten Schlüssel erzeugen und den öffentlichen Schlüssel auf Anfrage bereitstellen. Will man nun einer entsprechenden Person eine Nachricht zusenden, wendet man sich an die Zertifizierungsstelle, lässt sich von dieser den öffentlichen Schlüssel der Person aushändigen und verschlüsselt die Nachricht mit dem Schlüssel. Durch die öffentliche Zertifizierungsstelle soll garantiert werden, dass man wirklich den öffentlichen Schlüssel der Person bekommt, die man erreichen möchte und nicht Nachrichten mit dem öffentlichen Schlüssel eines Dritten verschlüsselt.

Seit dem 1. November 2010 ist der neue elektronische Personalausweis verfügbar, der die Möglichkeit zur Erstellung von qualifizierten elektronischen Signaturen ermöglicht. Eine weitere Möglichkeit zum sicheren und rechtsverbindlichen elektronischen Geschäftsverkehr bietet De-Mail.

Schlüsselbegriffe Kapitel 2

- **Systemtechnische Trends**
- **Von Neumann-Architektur**
- **Systembetrieb**
- **Programmiersprachen**
- **Benutzungsschnittstelle**
- **Speicherung**
- **Datenbanken**
- **Kommunikation und Netzwerke**
- **Internet**

Wiederholungsfragen Kapitel 2

1. *Erklären Sie das Modell der Technologieauswirkungen nach Bakopoulos.*
2. *Erklären Sie die Komponenten und die Funktionsweise der von Neumann-Architektur.*
3. *Erläutern Sie folgende Begriffe: Single-/Multi-Tasking, Single-/Multi-Threading, Ein-/Mehrprozessor, On-/Offline-Betrieb.*
4. *Nennen Sie unterschiedliche Nutzungsformen und erläutern Sie deren Charakteristika.*
5. *Erläutern Sie die Unterschiede zwischen Compiler und Interpreter.*
6. *Nennen Sie Merkmale unterschiedlicher Generationen von Programmiersprachen und nennen Sie jeweils zwei Beispiele für Sprachen.*
7. *Was versteht man unter grafischen Oberflächen und was sind deren wichtigste Elemente?*
8. *Welchen Anforderungen sollten Datenbanken genügen?*
9. *Erläutern Sie das Schema-Konzept der Datenbanksysteme.*
10. *Welche Datenbankmodelle werden unterschieden und worin liegen die Unterschiede?*

11. *Nennen Sie drei verschiedene Protokolle und erläutern Sie kurz deren Anwendungsmöglichkeiten.*
12. *Erläutern Sie unterschiedliche Möglichkeiten der Aufgabenverteilung in Client-Server-Architekturen.*
13. *Unterscheiden Sie wichtige Dienste im Internet und nennen Sie Beispiele.*
14. *Erläutern Sie den Unterschied zwischen HTML und XML.*
15. *Erläutern Sie unterschiedliche Aspekte der Internet-Sicherheit.*
16. *Erklären Sie die Regelungen des Multimedia-Gesetzes und ihre Bedeutung für den Geschäftsverkehr.*

Literaturhinweise Kapitel 2

Bakopoulos, J.Y.: Toward a more precise concept of information technology, in: Proceedings of the 6th International Conference on Information Systems, Indianapolis, 1985, S. 17–23.

Hansen, H.R.; Neumann, G.: Wirtschaftsinformatik I – Grundlagen betrieblicher Informationsverarbeitung, 8. Aufl., Stuttgart 2001.

Jaros-Sturhahn, A.; Löffler, P.: Das Internet als Werkzeug zur Deckung des betrieblichen Informationsbedarfs, in: Information Management, 1/1995, S. 6–13.

Krcmar, H.: Thesen zur Entwicklung der Informatik in der Unternehmung, in: Thexis, 3/1987, S. 103–104.

Krcmar, H.; Strasburger, H.: Informationsmanagement und Informationssystem-Architekturen: Vorteile und Risiken von Client-Server-Architekturen aus der Sicht des Informationsmanagements, in: Krcmar, H. (Hrsg.): Client-Server-Architekturen: Herausforderung an das Informationsmanagement. Hallbergmoos, 1993, S. 9–30.

Stahlknecht, P.; Hasenkamp, U.: Einführung in die Wirtschaftsinformatik, 11. Aufl., Berlin u. a. 2005.

Rivest, R. L.; Shamir, A.; Adleman, L.M.: A method for obtaining digital signatures and public-key cryptosystems. Communications of the ACM, 21(2): 120–26, February 1978.

Informations- und Kommunikationsdienste-Gesetz – IuKDG in der Fassung des Beschlusses des Deutschen Bundestages vom 13. Juni 1997 (BT-Drs. 13/7934 vom 11.06.1997).

FAQ-Katalog der Firm RSA Data Security (http://www.rsa.com/rsalabs/faq/html/questions.html).

Weiterführende Literatur

Friedmann, V.: Praxisbuch Web 2.0, 2. Aufl., November 2008.

Heinrich, L.J.; Lehner, F.; Roithmayr, F.: Informations- und Kommunikationstechnik, 4. Aufl., München, 1994.

Wilde, E.: Wildes WWW. Berlin u. a. 1999.

Die aktuellen systemtechnischen Trends sind aus Fachzeitschriften und Unterlagen der Hersteller zu entnehmen.

3 Organisatorische Trends

Lernziele

- Sie können die Zusammenhänge zwischen IT und Organisation erklären.
- Sie kennen verschiedene Geschäftsprozesse im Unternehmen und können die Relevanz einer prozessorientierten Sichtweise erklären.
- Sie wissen welche Vor- und Nachteile eine Funktionalorganisation und eine prozessorientierte Organisation haben.

War in den 1980er-Jahren die Auffassung »Computer gehen nur die DV-Abteilung was an« in den Unternehmen noch weit verbreitet war, so ist diese Aussage heute nicht mehr haltbar, denn es gibt heute kaum noch Jobs, in denen nicht zu irgendeinem Zeitpunkt auf ein Anwendungssystem zurückgegriffen wird.

Mit der zunehmenden Durchdringung der Unternehmen durch IT haben sich auch die Abläufe grundlegend geändert. Wurde beispielsweise im Restaurant die Bestellung früher mit Papier und Bleistift aufgenommen und genauso später abgerechnet, so kann die Bestellung heute über ein mobiles Gerät erfasst und direkt in die Küche übermittelt werden und dort die entsprechenden Arbeitsschritte auslösen. Auch die Abrechnung erfolgt auf »Knopfdruck« und stellt so nicht nur eine korrekte Rechnungsstellung sicher, sondern liefert darüber hinaus auch noch Daten für weitere Auswertungen.

Sicher kennen Sie dieses Phänomen auch aus dem Privatbereich: Sind Sie früher noch in eine Buchhandlung gegangen, um ein Buch zu kaufen, so beschaffen Sie sich heute ihre Bücher vielleicht bequem über das Internet und lassen sie nach Hause liefern. Andere Mitmenschen wollen auf den Gang in die Buchhandlung jedoch nicht verzichten, obwohl auch sie die technischen Möglichkeiten hätten, die Bücher auch über das Internet zu bestellen.

Die beiden Beispiele sollen zwei wichtige Aspekte verdeutlichen: 1) Der Einsatz von IT hat Auswirkungen auf die Abwicklung von Prozessen, sei es im Unternehmen oder im privaten Bereich. IT und Prozess sind untrennbar miteinander verbunden. 2) Die Verfügbarkeit von IT führt nicht notwendigerweise dazu, dass sie auch eingesetzt wird. Es hängt vom Menschen und seiner Nutzung der IT ab, ob ein Prozess verändert wird oder nicht.

In diesem Kapitel wird der Zusammenhang zwischen Organisation und IT beleuchtet und es wird der Frage nachgegangen, welche Bedeutung Prozesse und IT für die Unternehmen haben.

3.1 Unternehmen im Spannungsfeld zwischen IT und Wettbewerb

IT als Enabler

Die Informations- und Kommunikationstechnologien (IT) entwickeln sich ständig weiter. Durch diese Fortschritte können neue organisatorische Gestaltungsspielräume z B. für die Abwicklung von Aufgaben geschaffen werden. Dabei wirkt IT als »Enabler« (to enable = befähigen, in die Lage versetzen), da sie nicht eine bestimmte Lösung vorschreibt, sondern ein breites Spektrum an Nutzungsmöglichkeiten eröffnet.

Diese Gestaltungsspielräume müssen jedoch vom Unternehmen aktiv genutzt werden: Die Bereitstellung von IT bedeutet nicht zwangsläufig Verbesserungen für jedes Unternehmen. Am Beispiel des Internets lässt sich dieses leicht verdeutlichen: Das Internet ist seit Jahren allen Unternehmen zugänglich. Manche Unternehmen haben sehr früh die Möglichkeiten erkannt, die diese neue technologische Plattform bietet und haben entsprechend reagiert. Beispielsweise nutzen einige Buchhändler das Internet als zusätzlichen oder gar einzigen Absatzkanal sehr intensiv, wohingegen andere Buchhändler bei ihrem traditionellen Geschäftsmodell des stationären Handels geblieben sind und höchstens eine Website zur Information, aber nicht zum Kauf von Büchern anbieten.

Damit die Potenziale einer neuen Technologie voll ausgeschöpft werden können, müssen sowohl der Technologieeinsatz als auch das organisatorische Umfeld, in dem der Einsatz stattfinden soll, gezielt gestaltet werden. Hierbei ist der Wirtschaftsinformatiker als bewusster Gestalter sehr gefragt, denn er sollte sowohl die organisatorisch-betriebswirtschaftliche als auch die technische Seite verstehen und beurteilen können. Erst durch seine Entscheidung über den Einsatz und durch seine Nutzung der Technologie werden neue technisch-organisatorische Lösungen ins Leben gerufen.

Einflussfaktoren

Wurden die Computer in ihrer Anfangszeit noch als Mittel zur Automatisierung vorhandener Arbeitsabläufe aufgefasst, so werden sie heute als Chance zur Reorganisation angesehen, da sie neue Arbeitsabläufe ermöglichen. So erstaunt es nicht, dass seit Mitte der 1980er-Jahre die traditionellen Organisationsprinzipien in Theorie und Praxis immer häufiger in Frage gestellt und zunehmend durch neue (häufig IT-basierte) Organisationsformen abgelöst wurden und werden. Haupteinflussfaktoren für diese Veränderungen waren und sind

- die schnellen Weiterentwicklungen im Bereich der Technologie,
- der Wandel des Wettbewerbs vom Preis- zum Zeitwettbewerb,
- die wachsende Bedeutung von Information und Wissen als Produktionsfaktoren und
- die zunehmende Globalisierung der Märkte.

Technologische Entwicklung

Die Entwicklungen der IT sind seit Jahren durch vier Trends gekennzeichnet (vgl. Kap. 2):

- die kontinuierliche Verbesserung des Preis-Leistungsverhältnisses im Hardwarebereich, die es den Unternehmen erlaubt, mehr und leistungsfähigere IT zu beschaffen,

- die zunehmende Verbreitung, Nutzung und Akzeptanz des Internets im privaten und geschäftlichen Umfeld,
- die verbesserten Kommunikationsmöglichkeiten, die Zusammenarbeit auch über große Entfernungen erlauben sowie
- das Zusammenwachsen verschiedener Technologien, die neue Formen der Aufgabenerfüllung ermöglichen.

Für die Unternehmen bedeuten diese Entwicklungen einerseits, dass sie für weniger Geld mehr IT-Leistung in die Unternehmen holen können, andererseits stehen sie unter dem ständigen Druck, neue Technologien zu beobachten und zu implementieren, um im Vergleich zu ihren Konkurrenten nicht ins Hintertreffen zu geraten.

Entwicklung des Wettbewerbs

Die Märkte sind heute von hoher Dynamik sowie einem immer kurzfristigeren Wandel der ökonomischen Rahmenbedingungen gekennzeichnet. Studien aus verschiedenen Branchen belegen Verkürzungen von Produktlebenszyklen, Restlaufzeiten von Patenten und Marktausschöpfungsdauern. Unter diesen Bedingungen gewinnt der Faktor Zeit an Bedeutung und tritt neben oder sogar vor die Wettbewerbsfaktoren Preis und Produktqualität. Von den Unternehmen werden in hohem Maße Reaktionsgeschwindigkeit und Flexibilität gefordert. Für sie wird die Verkürzung der Durchlaufzeit, die *Time-to-Market*, zu einer zentralen Zielgröße. Die Innovationsfähigkeit wird somit zum kritischen Erfolgsfaktor für die Anbieter.

Information und Wissen werden immer mehr zu wichtigen Produktionsfaktoren. Zum einen nimmt die Informations- und Wissensintensität von Verfahren und Produkten stetig zu, was unschwer an sogenannten Smart Products wie »intelligenten« Geschirrspülern oder Autos zu erkennen ist. Zum anderen wird die Arbeit selber immer mehr zur Anwendung von Information und Wissen, was im Begriff *»Knowledge Work«* deutlich zum Ausdruck kommt. Da das Wissen in den Köpfen der Mitarbeiter angesiedelt ist, wird Humankapital zur wichtigsten Ressource der Unternehmen. Da aber nicht jeder alles weiß, können die Mitarbeiter nicht beliebig ausgetauscht werden. Um sie auf einem aktuellen Stand zu halten, ist lebenslange Weiterbildung unerlässlich.

Als weiterer Einflussfaktor im Wettbewerb spielt die *globale Präsenz* in den Märkten eine immer größere Rolle – der Wettbewerb spielt sich nicht länger ausschließlich in den lokalen Märkten, sondern auf internationaler Ebene ab. Da Information und Wissen keine politischen Grenzen kennen, verlieren nationalstaatliche Grenzen zunehmend an Bedeutung.

Spannungsfeld

Die Unternehmen stehen im Spannungsfeld (vgl. Abb. 3-1) zwischen den beiden parallelen, aber nicht direkt verbundenen Entwicklungsströmen der Technologie und des Wettbewerbs und sehen sich um ihrer Existenz willen gezwungen, auf Veränderungen in einem oder beiden Entwicklungsströmen durch Innovationen zu reagieren, da sonst die Konkurrenz die Überhand gewinnt. Dabei wird der Druck auf sie umso größer, je schneller sich einer oder beide Bereiche weiterentwickeln.

Neuerungen sind aus Wettbewerbssicht nicht nur im Bereich der Inputs, d. h. der in die Unternehmen eingehenden Produktionsfaktoren, und Outputs, d. h. der

Produkte und Dienstleistungen, erforderlich, sondern auch in der organisatorischen Gestaltung der Unternehmen selbst.

Neue Konzepte

Um in dem Spannungsfeld zwischen Technologie- und Wettbewerbsentwicklung überleben zu können, wird es für die Unternehmen immer wichtiger, neue technisch-organisatorische Konzepte zu implementieren, um den neuen Wettbewerbsanforderungen begegnen zu können. Denn auch ein gutes Produkt, das aufgrund langer Durchlaufzeiten einige Zeit nach vergleichbaren Konkurrenzprodukten auf den Markt kommt, hat kaum Absatzchancen.

Abb. 3-1

Innovationen als Reaktion auf Veränderungen von Technologie und Wettbewerb

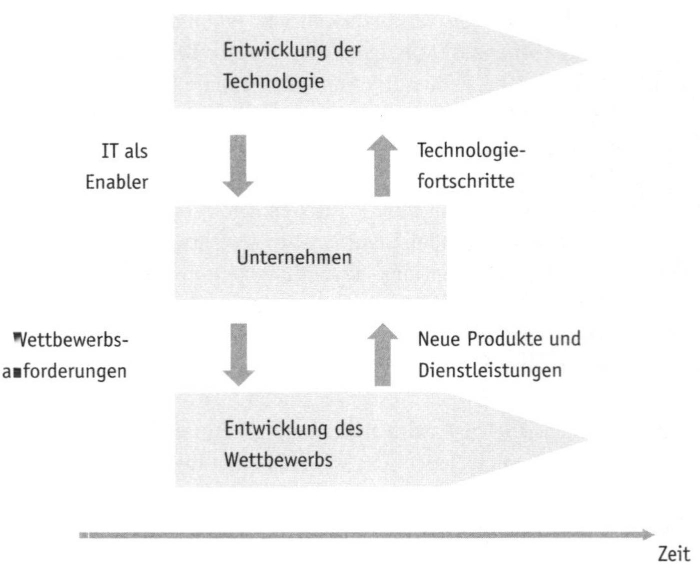

(Quelle: In Anlehnung an *Allen/Scott Morton*, 1994, S. V)

Das folgende Kapitel beleuchtet den Zusammenhang zwischen Organisation und IT zunächst allgemein. Daran anschließend wird auf das organisatorische Paradigma der Prozessorientierung eingegangen, das sich seit einigen Jahren großer Beliebtheit erfreut.

3.2 Der Zusammenhang zwischen Organisation und IT

Bei der Betrachtung des Zusammenhangs zwischen Organisation und IT sind drei unterschiedliche Einwirkungsrichtungen zu unterscheiden, die in den folgenden Unterkapiteln skizziert werden:

- der Einfluss der Organisation auf die IT,
- der Einfluss der IT auf die Organisation und
- die gegenseitige Beeinflussung von Organisation und IT.

3.2.1 Der Einfluss der Organisation auf die IT

Rolle der IT

Die Organisation als solche kann weder die Technologieentwicklung noch die Rolle der IT im Unternehmen beeinflussen. Jedoch bestimmen die in der Organisation tätigen Mitarbeiter die Rolle der IT maßgeblich; zum einen durch die Entscheidungen des Managements und der Mitarbeiter über den IT-Einsatz, zum anderen durch ihre Verwendung der IT.

Bedingt durch die technologischen Fortschritte und die ständige Verbesserung des Preis-Leistungsverhältnisses bei den Hardware-Komponenten, haben sich Bedeutung und Rolle der Informationsverarbeitung in den letzten 50 Jahren stark verändert.

Massendatenverarbeitung

In den 1960er- und 1970er-Jahren wurden Computer in den Unternehmen als reines Unterstützungsmittel betrachtet. Im Vordergrund stand die Automatisierung vorhandener Abläufe; organisatorische Gestaltungspotenziale wurden der Informationsverarbeitung nicht zugesprochen. Großrechner wurden dazu verwendet, Prozesse der Massendatenverarbeitung wie z. B. die Gehaltsabrechnung zu automatisieren.

Produktivitätssteigerung

In der zweiten Phase des IT-Einsatzes während der 1970er- und 1980er-Jahre, die vom Aufkommen von Mini- und Mikrocomputern geprägt war, verschob sich der Schwerpunkt der Unterstützung von der Massendatenverarbeitung hin zur Erhöhung der Produktivität und Effektivität der einzelnen Mitarbeiter. Dabei stand die Verbesserung der Informationsverarbeitungskapazität, der Entscheidungsunterstützung und der Kommunikation im Vordergrund. Grundlegende organisatorische Veränderungen wurden durch den IT-Einsatz noch nicht eingeleitet.

Strategischer Einsatz

Durch die rasanten technologischen Fortschritte der 1980er-Jahre und die zunehmende Digitalisierung haben sich den Unternehmen völlig neuartige Möglichkeiten für die organisatorische Gestaltung aufgetan. In dieser Phase stand der strategische Einsatz der Informationsverarbeitung im Vordergrund und die Unternehmen versuchten, durch gezielten Einsatz von IT Wettbewerbsvorteile zu erzielen.

Informationsbereitstellung

Ende der 1990er-Jahre wurde die Informations- und Wissensbereitstellung in den Unternehmen immer wichtiger. Nachdem in der Vergangenheit abteilungsorientiert optimiert worden war, wurden nun Systeme für vernetze Organisationen entwickelt, in denen zentrale Großrechner als Informationsspeicher dienen und die Informationsflüsse zwischen Arbeitsplatzrechnern und/oder vielen kleinen Netzwerken steuern. Der Fokus lag auf der Integration und Optimierung der internen Geschäftsprozesse durch den Einsatz von Enterprise Resource Planning-Systemen (ERP) wie z. B. SAP.

Unternehmensübergreifende Zusammenarbeit

Die ersten Jahre des neuen Jahrtausends waren in den Unternehmen durch »E«-Themen geprägt. Viele Unternehmen entdeckten das Internet nicht nur als Medium zur Bereitstellung von Informationen, sondern als zusätzlichen Absatzkanal oder als Plattform zur Kooperation mit Partnern. Auch wenn im März 2000 plötzlich der große Einbruch der New Economy einsetzte, so stieg die Nutzung des Internets in den letzten Jahren dennoch kontinuierlich an. In den Vordergrund rückte nun zunehmend die Verknüpfung von Geschäftsprozessen über Unternehmensgrenzen hinweg (vgl. Kap. 8).

3.2.2 Der Einfluss der IT auf die Organisation

Digitalisierte Information

Durch den Einsatz von IT wird Information digitalisiert, was weit reichende Konsequenzen für die meisten privaten und kommerziellen Lebensbereiche hat. Denn digitalisierte Information kann

- mit Lichtgeschwindigkeit transportiert,
- beliebig kopiert,
- komprimiert,
- fast beliebig verändert,
- beliebig kombiniert und
- global in großen Mengen mit kleinen, mobilen Endgeräten abgerufen werden.

Enabler

Durch die Weiterentwicklungen im Bereich der IT und die zunehmende Digitalisierung haben sich völlig neuartige Chancen für die organisatorische Gestaltung aufgetan. Durch die gezielte *Ausschöpfung* dieser Möglichkeiten können Unternehmen ihre Arbeitsweise grundlegend verändern:

- IT kann unstrukturierte Abläufe in routinemäßige Abläufe überführen: Z. B. kann der Einsatz eines Abrechnungsprogramms sicherstellen, dass die einzelnen Abrechnungsschritte in einer festgelegten Reihenfolge durchlaufen werden.
- IT kann wertschöpfungsrelevante Aktivitäten beschleunigen: Beispielsweise können Auskünfte schneller erteilt werden, wenn die Informationen am Bildschirm abrufbar sind und die Mitarbeiter nicht erst in Akten suchen müssen.
- IT kann menschliche Arbeit in Abläufen ersetzen oder reduzieren: So kann z. B. eine mehrmalige Dateneingabe wegfallen, wenn es möglich ist, an verschiedenen Stellen des Unternehmens auf eine gemeinsame Datenbank zuzugreifen.
- IT kann Informationen mit großer Geschwindigkeit über große Entfernungen transportieren, wodurch Prozesse ortsungebunden werden: Z. B. können Mitarbeiter an verschiedenen Forschungsstandorten gemeinsam an einem Projekt arbeiten, indem sie einen gemeinsamen Datenbestand nutzen.

- IT kann große Mengen detaillierter Informationen in Abläufen zugänglich machen: So können Sachbearbeiter etwa Vorgänge vollständig bearbeiten, indem sie auf sämtliche gespeicherten Kundendaten zurückgreifen können.
- IT kann eine detaillierte Verfolgung von Input, Output und Status erlauben: So arbeiten etwa Kurierdienste mit Systemen, die eine nahtlose Verfolgung der Sendungen, die sich in ihrem Transportsystem befinden, erlauben.

3.2.3 Die gegenseitige Beeinflussung von Organisation und IT

Wechselwirkung

Die Beziehungen zwischen Organisation und IT sind komplex und beide beeinflussen sich gegenseitig (vgl. Abb. 3-2). Auf der einen Seite muss die IT an das Unternehmen angepasst werden, denn nur dann kann sie die Informationsbedarfe der Mitarbeiter decken. Auf der anderen Seite muss die Organisation unter Umständen grundlegend verändert werden, um die Potenziale, die die IT bietet, auszuschöpfen.

Besondere Bedeutung kommt in diesem Wechselspiel zwischen IT und Organisation den Menschen zu. Bei genauer Betrachtung wird schnell deutlich, dass der Zusammenhang zwischen Organisation und IT nicht direkter Natur ist, sondern nur durch den handelnden, d. h. IT-gestaltenden und IT-nutzenden, Menschen hergestellt wird. Von seiner Interpretation und seinem Umgang mit Organisation und IT hängt das Ergebnis der Kombination ab. So kann die Einführung des gleichen Systems in einem Unternehmen zu grundlegenden Verbesserungen der Abläufe führen, während in einem anderen Unternehmen die Abläufe dadurch verschlechtert werden.

Eine eindeutige und allgemein gültige Aussage darüber, wie Technologie wirkt und welche organisatorischen Lösungen bei gegebener Technologie vorteilhaft sind, kann nicht getroffen werden.

Abb. 3-2

Zusammenhang zwischen Organisation und IT

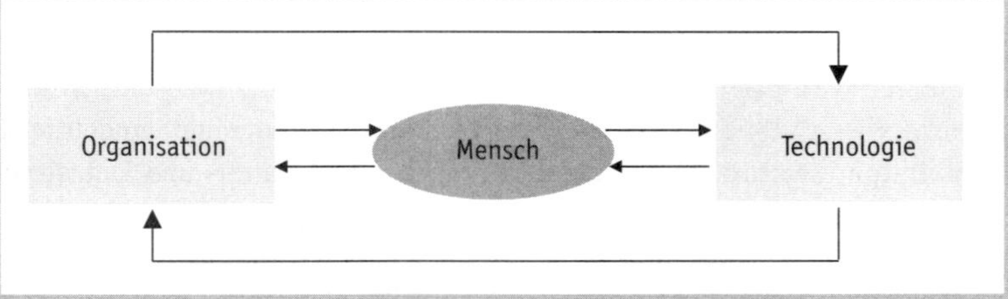

Im Folgenden wird auf das organisatorische Paradigma der Prozessorientierung eingegangen. Während es sich dabei auf den ersten Blick um eine rein organisatorische Fragestellung, nämlich die Ablösung der traditionellen Funktional- durch die »neue« Prozessorganisation handelt, wird bei genauerem Hinsehen die enge Verknüpfung zu Fragen des IT-Einsatzes offensichtlich.

3.3 Von der Funktional- zur Prozessorganisation

3.3.1 Grundlagen der Prozessorientierung

Funktionalorganisation

In der Vergangenheit war das organisatorische Denken stark vom funktionsorientierten Denken des Taylorismus geprägt. Danach wurde eine Aufgabe in möglichst kleine Einzelteile zerlegt und diese verschiedenen Mitarbeitern zur Erfüllung zugewiesen, um durch die Spezialisierung die Leistungsfähigkeit des Einzelnen zu erhöhen. Die Ausrichtung an den Aufgaben führte zur Funktionalorganisation, bei der die Abteilungsbildung entlang der auszuführenden Aufgaben (Funktionen) vorgenommen wurde. So wurden typischerweise Abteilungen für Einkauf, Produktion, Vertrieb, IT usw. gebildet.

Erfahrungen mit dieser Organisationsform zeigten jedoch, dass sie mit ihren starren Abteilungsgrenzen und langen hierarchischen Abstimmungswegen den Unternehmen in einer dynamischen Umwelt nicht die benötigte Flexibilität und Reaktionsgeschwindigkeit bieten kann. Abläufe, die Abteilungsgrenzen überschreiten, wie beispielsweise ein Auftragsabwicklungsprozess, werden an vielen Stellen behindert oder sogar ganz unterbrochen, was zu Verzögerungen am Markt führt.

Prozessorientierung

Bei der Suche nach organisatorischen Lösungen, die diese Mängel beheben und den Anforderungen des Wettbewerbs gewachsen sind, haben sich die Unternehmen in den letzten Jahren immer mehr der Prozessorientierung zugewendet. An die Stelle der klassischen Funktionalorganisation tritt zunehmend eine Prozessorganisation, die auf gezielt gestalteten und durch IT unterstützten Prozessen aufbaut.

Prozess

Ein Prozess wird durch ein Ereignis, einen sogenannten Trigger, angestoßen. Ein Trigger ist ein zeitpunktbezogener Indikator für das Eintreten eines definierten Zustands (z. B. der Empfang eines definierten Vorprodukts oder ein Termin).

In einem Prozess wird ein Objekt, das als Input in den Prozess eingeht, durch verschiedene maschinelle oder menschliche Aktivitäten verändert (Transformation). Dadurch wird das Objekt in einen bestimmten Zustand gebracht, in dem es den Prozess als Output wieder verlässt. Ein Prozess kann somit eindeutig über In- und Output beschrieben werden und für ihn sind Anfangs- und Endzeitpunkt bestimmbar (vgl. Abb. 3-3).

Informationsprozess

Die einzelnen Aktivitäten eines Prozesses sind durch *Informationsweitergaben* miteinander verknüpft. Dabei spielt es keine Rolle, ob es sich um einen Informationsprozess wie beispielsweise die Erstellung einer Bilanz oder um einen physischen Prozess wie beispielsweise die Produktion eines Autos handelt.

Jede Aufgabenerfüllung lebt von den als Input empfangenen Informationen und produziert neue Informationen (Output), die wiederum für die nachgelagerten Aufgabenträger als Eingangsinformationen dienen. Diese Informationen dienen

Abb. 3-3

Prozess

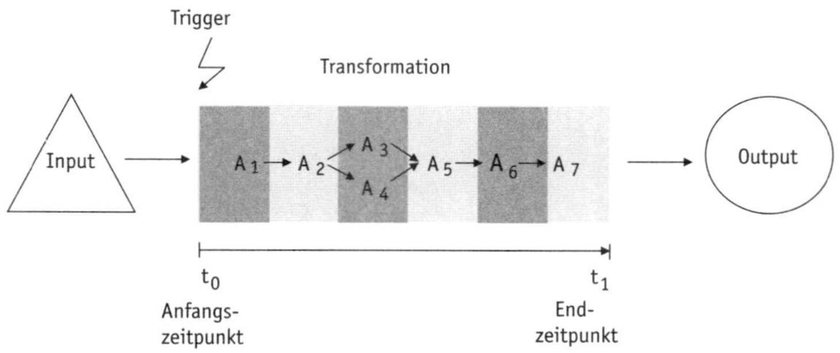

(Quelle: *Schwarzer*, 1994, S. 34)

der Steuerung und Kontrolle der Abläufe. Aus diesem Grund kann ein (physischer) Prozess nie schneller als der ihn begleitende Informationsfluss sein. Dementsprechend ist auch der Versuch, (physische) Prozesse zu verbessern, immer zum Scheitern verurteilt, wenn nicht auch eine Verbesserung der sie begleitenden Informationsflüsse vorgenommen wird.

Informationsprozesse

Informationsprozesse bestehen aus den interdependenten Aktivitäten der Informationsaufnahme, -transformation, -abgabe, -übermittlung und -speicherung. Die Transformation wird unterteilt in die formale Transformation, durch die nicht der Inhalt, sondern nur die Darstellungsform verändert wird und die inhaltliche Transformation, bei der es zu einer Veränderung des Inhalts kommt.

In der Praxis treten zahlreiche Probleme bei der Versorgung mit Informationen auf. So wird z. B. über Datenüberflutung bei gleichzeitigem Mangel an relevanten Informationen geklagt, oder auf zu langsame oder nicht aufgabenadäquate Informationsbereitstellung sowie Datenintegritätsprobleme durch mehrfaches Erfassen von Daten hingewiesen.

Informationslücke

Diese auch als »Informationslücke« bezeichnete Diskrepanz zwischen Art, Menge und Qualität von angebotener und nachgefragter Information ist auf die stark technikorientierte Ausrichtung der Informationsverarbeitung der Vergangenheit zurückzuführen. Bedingt durch die Euphorie über neue technologische Möglichkeiten wurden die Systeme oft nach den Interessen der DV-Abteilungen gestaltet und orientierten sich nur unzureichend an dem aus dem Aufgabenerfüllungsprozess resultierenden Informationsbedarf und den Anforderungen der Benutzer.

Zusatzinformation

Barriere zwischen IT und Business

In vielen Unternehmen klagen die Anwender auch heute noch, dass die vorhandenen Anwendungssysteme ihre Anforderungen nur unzureichend erfüllen. So wird angeführt, dass die Systeme zu langsam sind, Funktionalität fehlt oder die Geschäftsprozesse nicht optimal unterstützt werden. Insbesondere in Branchen mit informationsintensiven Geschäftsprozessen, wie z. B. bei den Finanzdienstleistern, ist es nicht selten, dass die Altanwendungen mehr als zehn Millionen Zeilen Code umfassen, von denen in der Realität aber nur ca. 30 % die geschäftsrelevanten Prozesse abbilden. Einer der Hauptgründe für diese Situation liegt darin, dass in der Vergangenheit IT und Business als getrennte Bereiche mit eigenen Schwerpunkten gesehen wurden (vgl. Abb. 3.4). Während sich die Fachbereiche mit Strategien und Prozessen beschäftigten, sollte sich die IT ausschließlich mit technologischen Fragestellungen auseinandersetzen. Die Mitarbeiter der IT- und Fachabteilungen lebten in ihrer jeweiligen Welt. Ein Austausch oder gar eine enge Zusammenarbeit zwischen den Bereichen war nicht vorgesehen bzw. wurde nicht »gelebt«.
Inzwischen hat sich in den meisten Unternehmen die Einsicht durchgesetzt, dass Strategie und Prozesse nicht unabhängig von der IT geplant und konzipiert werden können. Daher wird zunehmend eine gemeinsame, integrierte Planung angestrebt.

Abb. 3-4

Barriere zwischen Business und IT

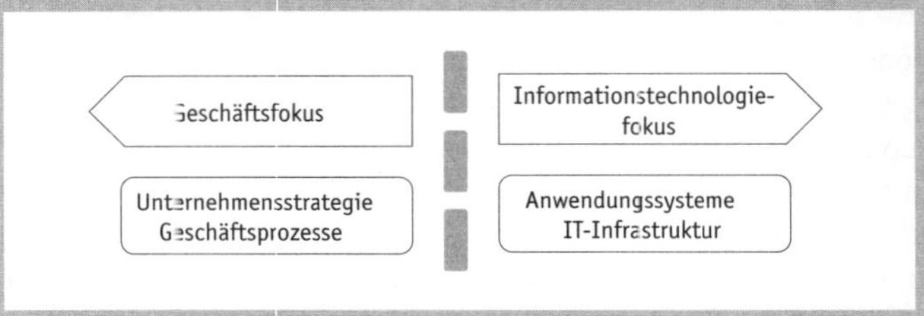

3.3.2 Prozessorientierte Organisationsgestaltung

In prozessorientierten Unternehmen wird die Aufgabenverteilung entlang der abteilungsübergreifenden Prozesse organisiert und gezielt gestaltet. Durch diese integrative Gesamtsicht, die auf eine Optimierung des Gesamtprozesses gerichtet ist und dabei unter Umständen auch Suboptima in einzelnen Prozessschritten in Kauf nimmt, können grundlegende Verbesserungen der Leistungsfähigkeit erzielt werden. Zwei Ansatzpunkte zur Gestaltung werden in diesem Zusammenhang betrachtet: Die Gestaltung der Schnittstellen und die Gestaltung der einzelnen Aktivitäten.

Schnittstellengestaltung

Lag bisher der Fokus der Optimierungsbemühungen auf den einzelnen Aufgaben, rücken bei der prozessorientierten Organisationsgestaltung die Schnittstellen zwischen den Aufgaben in den Mittelpunkt. Im Sinne einer Kunden-Lieferanten-Beziehung wird jeder Prozessbeteiligte einerseits als Kunde der vorgelagerten Stelle und andererseits als Lieferant für die nachgelagerte Stelle betrachtet (vgl.

Abb. 3-5). Der Prozess insgesamt orientiert sich am (externen) Endkunden. Von diesem ausgehend, können die vorgelagerten Schnittstellen als Kunden-Lieferanten-Beziehungen definiert werden.

Abb. 3-5

Prozess als Kunden-Lieferanten-Beziehung

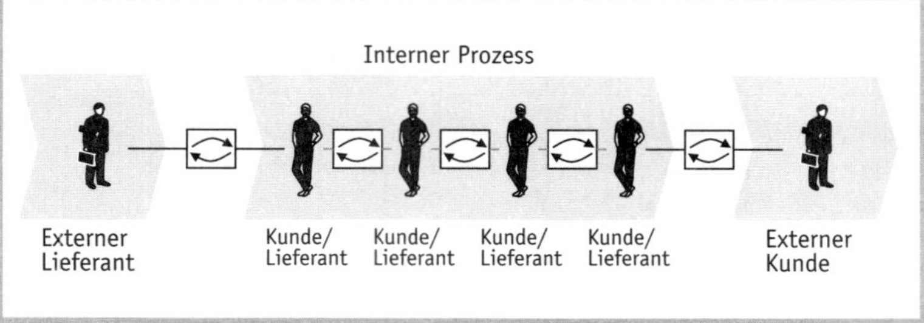

Einerseits können einzelne wertschöpfungsrelevante Aktivitäten eines Prozesses beschleunigt werden, indem z. B. die Unterstützung durch IT verbessert wird.

Aktivitätengestaltung

Andererseits richtet sich das Interesse zunehmend auf die Verkürzung und Eliminierung nicht-wertschöpfungsrelevanter Aktivitäten wie Leer- oder Wartezeiten. Diese wurden in der Vergangenheit häufig nicht berücksichtigt, da die Zielsetzung der Gestaltungsmaßnahmen die Beschleunigung der wertschöpfungsrelevanten Aktivitäten war und die nicht-wertschöpfungsrelevanten Aktivitäten nicht betrachtet wurden. Da Untersuchungen zufolge Mitarbeiter im Bürobereich nur ca. 10 % ihrer Arbeitszeit mit wertschöpfungsrelevanten Tätigkeiten verbringen, sind große Verbesserungspotenziale durch eine Reduzierung der nicht-wertschöpfungsrelevanten Aktivitäten zu erwarten.

In Abb. 3-6 wird die Neuausrichtung der Organisation dargestellt. Wurde früher vertikal innerhalb der einzelnen Funktionsbereiche optimiert, so strebt die prozessorientierte Organisation eine horizontale Optimierung über die verschiedenen Funktionsbereiche hinweg an.

Business Process Management

Unter dem Stichwort Business Process Management (BPM) beschäftigen sich Unternehmen mit der kontinuierlichen Verbesserung ihrer Geschäftsprozesse im Hinblick auf Qualität, Zeit, Kosten und Kundenzufriedenheit.

Demgegenüber stellt Business Process Reengineering (BPR) vorhandene Prozesse gänzlich in Frage und setzt auf eine radikale Umstrukturierung der Unternehmensabläufe. Quasi »auf der grünen Wiese« werden neue Abläufe konzipiert und umgesetzt, ohne dabei die bisherigen Abläufe einzubeziehen.

Beide Ansätze haben gemeinsam, dass durch strukturiert modellierte Prozesse Transparenz über die Verflechtung der einzelnen Arbeitsschritte geschaffen werden kann.

Abb. 3-6

Neuausrichtung der Organisation

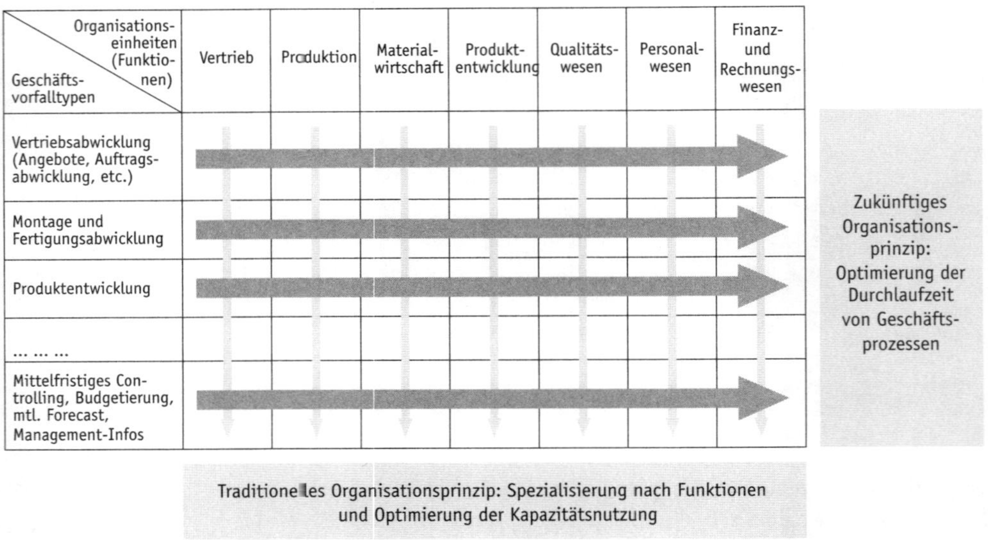

(Quelle: in Anlehnung an *Dernbach*, 1989, S. 8)

Um Geschäftsprozesse erfolgreich managen zu können, müssen auf verschiedenen Ebenen Maßnahmen ergriffen werden. Ein Abgleich mit der Gesamtstrategie der Organisation ist notwendig, um Prozesse richtig zu positionieren und relevante Maßnahmen abzuleiten. Mit dem Ziel der angemessenen Rollenverteilung und der Erhaltung der Prozessmanagement-Qualität gehen Governance-Maßnahmen einher, die einen klaren Rahmen für das BPM schaffen. Methodische Unterstützung durch Enabler- oder Innovationskonzepte können neben der nötigen Informationstechnologie die Transformation der Prozessmodelle in ausführbare Prozesse unterstützen. Die Integration der Mitarbeiter, insbesondere deren Wissen um Prozessverbesserungen und Innovationspotenziale ist fester Bestandteil des BPM. Schließlich muss erfolgreiches BPM in der Unternehmenskultur verankert werden. Eine positive Einstellung der Mitarbeiter gegenüber Veränderung und die Unterstützung solcher Maßnahmen sind ausschlaggebend für den Erfolg des BPM.

3.4 Neue Ansätze zur organisatorischen Gestaltung

In den Unternehmen zeichnen sich heute Entwicklungen in der organisatorischen Gestaltung sowohl auf innerbetrieblicher als auch auf zwischenbetrieblicher Ebene ab. Auf der innerbetrieblichen Ebene sind verstärkt die in engem Zusammenhang stehenden Entwicklungen hin zu einer Verflachung der Hierarchie und zu einer stärkeren Teamorientierung zu erkennen.

Verflachung der Hierarchie

Schon seit einigen Jahren betreiben die Unternehmen einen gezielten Abbau der Hierarchiestufen. Ausgedünnt werden dabei insbesondere die mittleren Managementebenen, denn deren Mittlerfunktion zwischen Top-Management und »einfachem« Mitarbeiter wird zunehmend überflüssig. Dieser Trend ist auf die Möglichkeiten der individuellen Datenverarbeitung zurückzuführen, die eine bessere Informationsversorgung des Einzelnen erlauben und die Informationsverarbeitungsmöglichkeiten an den Arbeitsplätzen erweitert. Sowohl Top-Manager als auch Mitarbeiter können in vernetzten Unternehmen auf zentrale Datenbestände zugreifen und sich auf diese Weise die benötigte Information beschaffen. Auch können sie sich gegenseitig bequemer Informationen zukommen lassen, z. B. indem sie E-Mail nutzen oder auf gemeinsame Datenbanken zugreifen.

Teamorientierung

Ein weiterer Trend ist die Teamorientierung. In den Unternehmen steht zunehmend nicht mehr der einzelne hochspezialisierte Mitarbeiter im Mittelpunkt, sondern ein Team aus Mitarbeitern unterschiedlicher Qualifikationen, dem die Erfüllung einer umfassenden Aufgabe übertragen wird. Unterstützt wird dieser Trend durch Technologien, die die Koordination der Teammitglieder vereinfachen bzw. verbessern (siehe Kap. 9). Da sich die Teams intern selbst steuern, werden die *Mittelmanager*, die in der Vergangenheit die Abstimmungsaufgabe zwischen den Spezialisten übernommen haben, weitgehend überflüssig. Somit wird durch die Teamorientierung auch der Trend zu einer Verflachung der Hierarchie gefördert. Besondere Bedeutung kommt im Zusammenhang mit der Teamorientierung auch der geographischen Verteilung der Aufgabenträger innerhalb eines Unternehmens zu. So wird z. B. die Projektarbeit zunehmend ortsungebunden, da die weltweit verteilten Projektteammitglieder auf elektronischem Wege zusammenarbeiten können.

Netzwerkorganisation

Im Hinblick auf die Veränderungen auf zwischenbetrieblicher Ebene lässt sich der Trend zu überbetrieblichen Netzwerken erkennen. Immer häufiger lagern Unternehmen einzelne Funktionen aus und beziehen diese Leistungen dann von Spezialisten. Es bilden sich sogenannte Netzwerkorganisationen, auch virtuelle Unternehmen genannt, in denen sich unabhängige Unternehmen zusammenfinden, um gemeinsam eine definierte Leistung zu erbringen. Unterstützt wird dieser Trend durch die Möglichkeiten des überbetrieblichen elektronischen Datenaustausches, der neue Formen der Kooperation erlaubt (siehe Kap. 8).

In vielen Unternehmen lassen sich heute Entwicklungen entlang beider Dimensionen erkennen, sodass davon auszugehen ist, dass die Unternehmensformen der Zukunft sich sowohl in inner- wie auch zwischenbetrieblichen Charakteristika von den heutigen Unternehmen unterscheiden werden.

Schlüsselbegriffe Kapitel 3

- **Funktionalorganisation**
- **IT als Enabler**
- **Geschäftsprozess**
- **Informationsprozess**
- **Business Process Management**
- **Prozessorientierte Organisation**
- **Teamorientierung**
- **Netzwerkorganisation**

Wiederholungsfragen Kapitel 3

1. *Nennen Sie Gründe, warum Unternehmen neue, durch IT ermöglichte Organisationsformen anstreben.*
2. *Welche Zusammenhänge bestehen zwischen Organisation und IT und welche Rolle spielt der Mensch in diesen Zusammenhängen?*
3. *Erläutern Sie verschiedene Entwicklungsstufen des IT-Einsatzes in Unternehmen und arbeiten Sie die zugrunde liegenden Auffassungen von Organisation und IT heraus.*
4. *Erklären Sie den Begriff der IT als Enabler und nennen Sie Beispiele für organisatorische Auswirkungen der IT.*
5. *Erläutern Sie Unterschiede zwischen der funktions- und der prozessorientierten Betrachtung von Unternehmen und arbeiten Sie Implikationen für die organisatorische Gestaltung heraus.*
6. *Definieren Sie den Begriff »Informationslücke«, erklären Sie das Zustandekommen und nennen Sie Beispiele.*
7. *Beschreiben Sie aktuelle organisatorische Trends und erläutern Sie die Bedeutung der IT in diesem Zusammenhang.*

Literaturhinweise Kapitel 3

Dernbach, W.: Wettbewerbsvorteile durch strategische Neuorientierung der Führungsorganisation, in: Kompetenz, Nr. 7, 1989, S. 4–15.

Schwarzer, B.: Prozessorientiertes Informationsmanagement in multinationalen Unternehmen, Wiesbaden 1994.

Weiterführende Literatur

Gadatsch, A.: Grundkurs Geschäftsprozess-Management: Methoden und Werkzeuge für die IT-Praxis: Eine Einführung für Studenten und Praktiker, 5. Aufl. 2007.

Picot, A.; Reichwald, R.; Wigand, R.T.: Die grenzenlose Unternehmung. 5. Aufl., Wiesbaden 2010.

Schwarzer, B.; Krcmar, H.: Neue Organisationsformen – Ein Führer durch das Begriffspotpourri. In: Information Management, 4/1994, S. 20–27.

4 Methoden der Wirtschaftsinformatik

Lernziele

Modellierungsmethoden

- Sie verstehen das Konzept und den Nutzen von Modellen.
- Sie kennen verschiedene Modelltypen und Modellierungsarten.
- Sie sind in der Lage, Zusammenhänge zwischen Datenobjekten in einem ERM grafisch zu veranschaulichen.
- Sie kennen EPKs sowie deren Strukturelemente und Modellierungsregeln.
- Sie kennen Referenzmodellierung und die praktischen Anwendungsszenarien.
- Sie verfügen über die Grundlagen der objektorientierten Modellierung.
- Ihnen ist mit ARIS ein Ansatz zur Beschreibung von Informationssystemen eines Unternehmens bekannt.

Projektmanagement

- Sie kennen die Charakteristika eines Projektes und wissen was man unter Projektmanagement versteht.
- Sie können die Aufgaben des Projektmanagements erläutern.

In nahezu jedem Bereich des täglichen Lebens werden wir mit komplexen Situationen konfrontiert. Die Struktur der Hochschule, der Prozess des Studiums oder die Taktik für das nächste Fußballspiel können zwar (umständlich) durch wörtliche Beschreibungen erläutert werden, aber trotz aller Bemühungen treten immer wieder Missverständnisse und Fehlinterpretationen auf.

Häufig werden solche komplexen Situationen daher intuitiv abstrahiert dargestellt und grafisch veranschaulicht. Reicht für die Taktik des Fußballspiels vielleicht noch eine handschriftliche Skizze auf einem Bierdeckel, so wird es spätestens im geschäftlichen Umfeld schwierig, wenn es darum geht komplexe systemtechnische oder organisatorische Zusammenhänge darzustellen. Da die präzise Abbildung von Sachverhalten eine wichtige Voraussetzung für die Wahrnehmung der Gestaltungsaufgaben des Wirtschaftsinformatikers darstellt, hat die Wirtschaftsinformatik spezielle Methoden zur Abbildung, sprich Modellierung, von Prozessen, Systemen usw. entwickelt. Sie bilden das Handwerkszeug, das der Wirtschaftsinformatiker in seinen Projekten einsetzt.

Neben den Modellierungsmethoden ist auch das Projektmanagement eine wichtige Methode, die jeder Wirtschaftsinformatiker kennen muss. Viele der typischen Aufgabenstellungen der Wirtschaftsinformatik werden in Form von

Projekten durchgeführt, sei es die Entwicklung eines Anwendungssystems, die Einführung von Standardsoftware oder die Reorganisation eines Fachbereichs.

In diesem Kapitel wird zunächst die Bedeutung der Modellierung im Allgemeinen erläutert bevor verschiedene Modellierungsmethoden vorgestellt werden. Anschließend werden Grundlagen des Projektmanagements beschrieben.

4.1 Modellierungsmethoden

4.1.1 Überblick

Bei der Betrachtung von systemtechnischen und organisatorischen Trends zeigt sich, dass nach wie vor Abstimmungsschwierigkeiten zwischen beiden Bereichen existieren. Dies äußert sich darin,

- dass es keine über den Einzelfall hinausgehenden, direkten Beziehungen zwischen »einem« systemtechnischen Trend und »einer« organisatorischen Gestaltungsart gibt und
- dass die Eigenschaften von IT und die Anforderungen der Organisationen hinsichtlich ihrer Unterstützung durch IT nicht auf der gleichen Sprach- und Detailebene liegen.

Eine Verbindung zwischen diesen Bereichen kann geschaffen werden, indem sowohl die konkreten Anforderungen von Organisationen als auch die konkreten Unterstützungsmöglichkeiten durch IT in Modellen abgebildet werden. Diese Modelle stellen die konzeptionelle Brücke zwischen Organisation und IT dar.

> Ein Modell ist die Abbildung eines Systems von Objekten für einen bestimmten Zweck. Der Modellierer konstruiert die Abbildung realer Objekte für bestimmte Adressaten.

Ist-Modelle

In der Vergangenheit dominierte in der Betriebswirtschaftslehre ein Modellbegriff, der unter einem Modell die Abbildung der Realität verstand. Der Zweck dieser sogenannten »Ist-Modelle« ist die Informationsgewinnung über den augenblicklichen Zustand (vgl. Abb. 4-1). Die Ist-Modellierung unterstützt die Kommunikation zwischen IT-Abteilung und Fachbereichen, da

- vorhandene Strukturen und Abläufe dokumentiert und dadurch »greifbar« werden,
- Transparenz durch eine systematische und einheitliche Darstellung geschaffen wird,
- momentane Schwachstellen identifiziert, gezeigt und diskutiert werden können.

Abb. 4-1

Modellierung als Abbildung realer Systeme

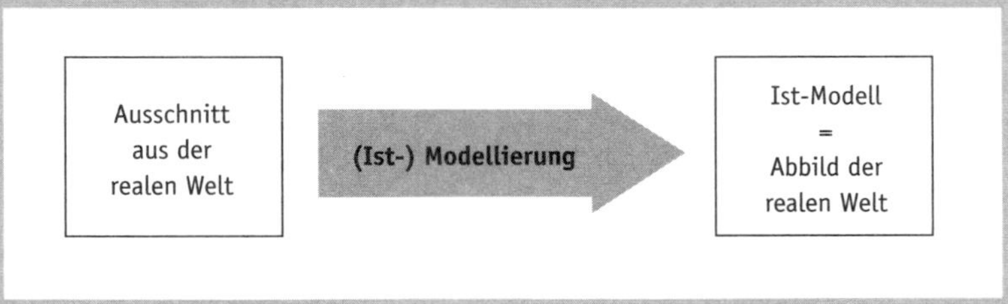

Soll-Modelle

Heute wird Modellierung eher als aktive Konstruktionsleistung angesehen. Modelle stellen somit mögliche zukünftige Lösungsansätze dar, d. h. der Gestaltungsaspekt steht im Vordergrund. Diese »Soll-Modelle« können einerseits »auf der grünen Wiese«, d. h. ohne direkten Bezug zum heutigen Zustand entwickelt werden, andererseits können sie aus der Analyse eines Ist-Modells abgeleitet werden.

Bei der Entwicklung von Soll-Modellen kann es einerseits zu einer *evolutionären* Weiterentwicklung mit nur kleinen Veränderungen, andererseits zu einer *revolutionären* Weiterentwicklung mit radikalen Veränderungen kommen (vgl. Abb. 4-2).

Abb. 4-2

Modellierung als Abbildung zukünftiger Gestaltungsalternativen

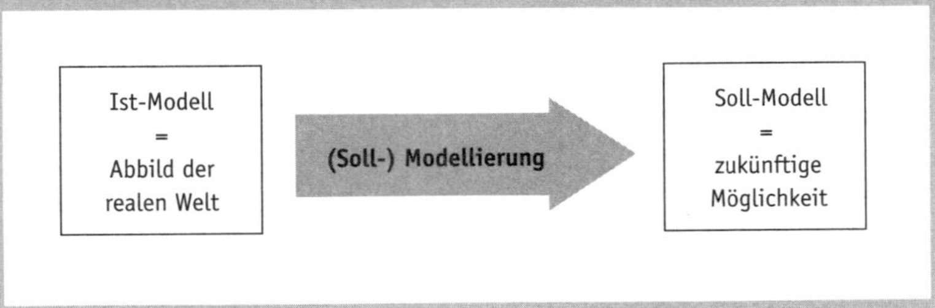

Veränderung der Realität

Durch die Umsetzung der Modelle im Unternehmen wird der Ist-Zustand verändert und eine neue Realität geschaffen. Diese kann wiederum modelliert werden, so dass sich ein Modellierungszyklus ergibt, der immer wieder durchlaufen wird. Abb. 4-3 fasst die Schritte der Modellierung zusammen.

Abb. 4-3

Schritte der Modellierung

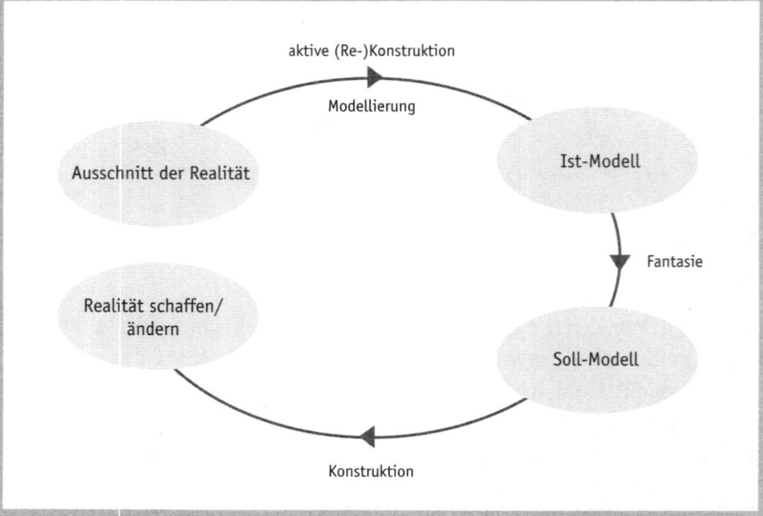

Der Gedanke der gezielten Weiterentwicklung von organisatorischen und technischen Gestaltungsalternativen ist es, der die Unternehmen trotz damit verbundener hoher Kosten und angespannter Wettbewerbssituation umfangreiche Modellierungsvorhaben durchführen lässt. Für sie liegt in der Modellierung der Ausgangspunkt für Verbesserungen der Unternehmensgestaltung, die aufgrund der sich verändernden Wettbewerbsanforderungen unabdingbar erscheinen.

Modelltypen

In der Wirtschaftsinformatik spielt die Modellierung von Informationssystemen eine große Rolle. Wie alle Modelle betrachten auch Modelle von Informationssystemen (IS-Modelle) nur einen subjektiv gewählten Ausschnitt der Realität aus einer spezifischen Perspektive (Sicht). Die nachfolgenden typischen Modelltypen der Wirtschaftsinformatik werden unterschieden:

- *Funktionsmodelle* zeigen, welche Aufgaben in welcher Struktur von einem Informationssystem durchgeführt werden.
- *Datenmodelle* zeigen, welche Datenobjekte und welche Beziehungen zwischen den Datenobjekten von einem Informationssystem bearbeitet werden.
- *Prozessmodelle* beschreiben den Ablauf der Aktivitäten (Funktionen) zur Durchführung von Handlungen. Dabei kann sowohl ein Kontrollfluss als auch der tatsächliche Lauf der realen Objekte (Dokumente, Produkte) modelliert werden.
- *Objektorientierte Modelle* verbinden die daten- und die funktionsorientierte Sicht und kommen so mit weniger unterschiedlichen Sichten auf die zu modellierende Realität aus.

- *Architekturmodelle,* bei denen es darum geht, nicht nur Funktionen, Daten, Prozesse und Objekte zu modellieren, sondern einen umfassenden Überblick über das Informationssystem eines Unternehmens zu erhalten.

Neben der Einteilung in Ist-, Soll- und Idealmodelle und die verschiedenen Modelltypen können weitere Kriterien für die Klassifikation verwendet werden.

Modelle können dem Original oder der Umsetzung zugeordnet sein. Fachkonzeptmodelle sind an der Realität orientiert, DV-Konzeptmodelle bilden die Verbindung zu Implementierungsmodellen, die umsetzungsspezifisch gebildet werden.

Neben unternehmensspezifischen Modellen, die für ein Unternehmen gültig sind, existieren Referenzmodelle, die eine höhere inhaltliche Breite aufweisen und allgemeingültige Elemente als Empfehlung zur Konstruktion eines Informationssystems beinhalten.

In der Wirtschaftsinformatik werden Modelle zur Repräsentation eines realen Objektes verwendet. Diese Modelle werden in formaler Sprache beschrieben. Zur Beschreibung der Sprache, in der Objektmodelle erstellt werden, werden Meta-Modelle herangezogen. Entsprechend wird die Sprache zur Beschreibung der Sprache des Meta-Modells in einem Meta-Meta-Modell beschrieben.

Organisationsmodelle wiederum bilden die Struktur einer Organisation nach. Anwendungssystemmodelle fokussieren den automatisierten Informationsprozess.

Abhängig vom Abstraktionsgrad können Modelle konkrete Instanzen von Objekten abbilden (Ausprägungsmodell) oder auf abstrakterer Ebene Klassen von Elementen mit gemeinsamen Eigenschaften betrachten (Typmodell).

Grundsätze ordnungsgemäßer Modellierung

In Anlehnung an die Grundsätze ordnungsgemäßer Buchführung zielen die sechs Grundsätze ordnungsgemäßer Modellierung (GOM) auf die Sicherstellung der Qualität des Modells ab:

1. Dem *Grundsatz der Richtigkeit* nach muss ein Modell den abgebildeten Sachverhalt richtig wiedergeben. Neben der syntaktischen Richtigkeit wird vor allem auf die semantische Richtigkeit des Modells Wert gelegt.
2. Aus den explizierten Zielen der Modellierung leitet sich der *Grundsatz der Relevanz* ab. Je nach Modellierungszweck können bestimmte Modellelemente wichtig für den Sachverhalt sein oder weggelassen werden.
3. Der *Grundsatz der Wirtschaftlichkeit* betrachtet den Modellierungsaufwand. Die Erstellung eines Modells ist nur dann sinnvoll, wenn der Nutzen größer als die Modellierungskosten ist. Referenzmodelle verringern die Kosten der Modellierung.
4. Da ein Modell Transparenz über den Sachverhalt schaffen soll, fordert der *Grundsatz der Klarheit*, dass das Modell verständlich und nachvollziehbar dargestellt ist. In diesem Zusammenhang ist die Wahl der Modellierungsmethode und die Darstellung des Modells zu beachten.
5. Der *Grundsatz der Vergleichbarkeit* fordert, dass Modelle semantisch vergleichbar bleiben. Auch wenn z. B. durch verschiedene Modellierungsmethoden syntaktische Unterschiede vorhanden sind, muss die Abbildung des Sachver-

Abb. 4-4

Informationsmodellklassen als ERM

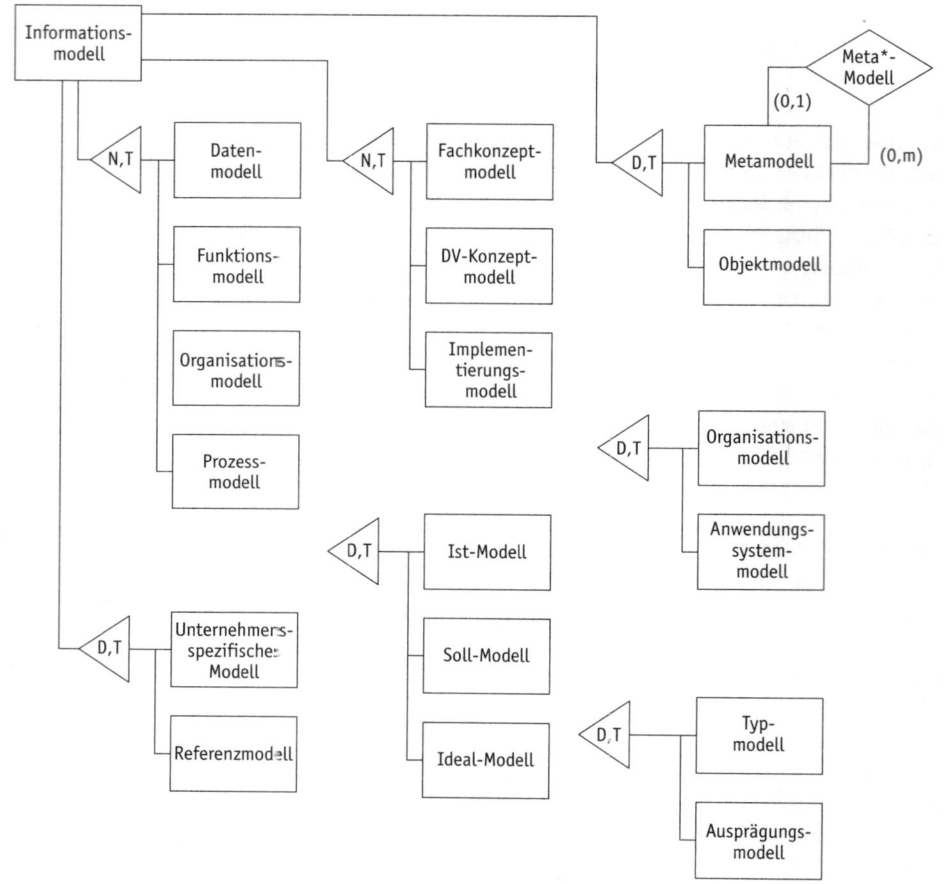

(Quelle: *Schütte*, 1998, S. 64)

halts deckungsgleich sein. Dies ist insbesondere bei Ist-Soll-Vergleichen wichtig, da in diesem Fall Gestaltungsempfehlungen abgeleitet werden.

6. Aufgrund der hohen Komplexität der Modelle fordert der *Grundsatz des systematischen Aufbaus*, dass in verschiedene Sichten aufgeteilte Sachverhalte vollständig und zusammenhängend modelliert werden müssen.

Nach diesem Überblick über Grundlagen der Modellierung werden im Folgenden verschiedene Modellierungsansätze vorgestellt.

4.1.2 Geschäfts- und Wertschöpfungsmodellierung

Unter dem Begriff *Geschäftsmodell (engl. Business Model)* wird die Abbildung des betrieblichen Produktions- und Leistungssystems eines Unternehmens verstanden. Durch ein *Geschäftsmodell* wird in vereinfachter und aggregierter Form abgebildet, welche Ressourcen in ein Unternehmen fließen und wie diese durch den betrieblichen Leistungserstellungsprozess in vermarktungsfähige Informationen, Produkte und/oder Dienstleistungen transformiert werden. Ein *Geschäftsmodell* enthält Aussagen darüber, durch welche Kombination von Produktionsfaktoren die Geschäftsstrategie eines Unternehmens umgesetzt werden soll und welche Funktionen den involvierten Akteuren dabei zukommen. Timmers (1998, S. 4) definiert den Begriff *Geschäftsmodell* wie folgt:

Ein **Geschäftsmodell** ist eine Architektur für Produkt-, Service- und Informationsflüsse, einschließlich der Beschreibung der verschiedenen Akteure und ihrer Rollen sowie eine Beschreibung der potenziellen Gewinne/Leistungen für die verschiedenen Akteure und eine Beschreibung der Einnahmequellen.

Im Schrifttum wird das Konzept Geschäftsmodell auf verschiedenen Abstraktionsebenen adressiert. Dies reicht von der Definition des Begriffs über die Beschreibung generischer Geschäftsmodelltypen bis hin zur Darstellung konkreter Geschäftsmodelle. Um diese verschiedenen Abstraktionsebenen zu differenzieren, haben Osterwalder et al. (2005) eine Konzepthierarchie für Geschäftsmodelle vorgeschlagen (vgl. Abbildung 4-5).

Abb. 4-5

Konzepthierarchie für Geschäftsmodelle

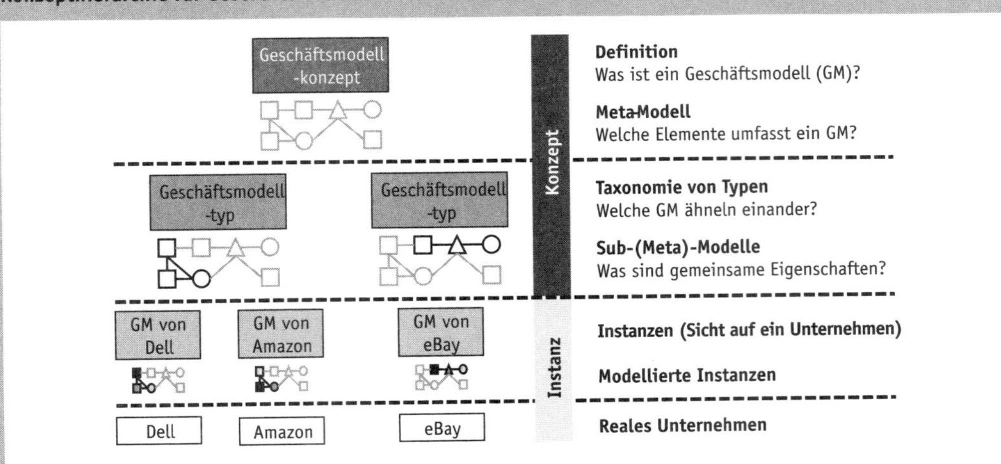

Quelle: Osterwalder et al. (2005, S. 9)

In der Konzeptebene werden allgemeine Definitionen von Geschäftsmodellen und deren Komponenten beschrieben. Hierunter fallen insbesondere Meta-Modelle, die beschreiben, was Geschäftsmodelle sind und wie sich diese zusammensetzen. Weiterhin fallen auch Taxonomien von Geschäftsmodellen und sogenannte Sub-(Meta)-Modelle in den Bereich der Konzeptebene. Hierin werden allgemeine Geschäftsmodelltypen (z.B.: Versandhandel, Auktionsplattform) definiert und ihre Gemeinsamkeiten und Unterschiede beschrieben. Auf der Instanzebene werden die Geschäftsmodelle von realen Unternehmen modelliert. Hieraus ergibt sich eine Sicht auf ein konkretes Unternehmen.

Für die Beschreibung von Geschäftsmodellen wurden verschiedene Ansätze entwickelt. Einen Überblick darüber gibt beispielsweise Osterwalder (2004, vgl. Tabelle 17-18). Im Folgenden werden mit dem *Business Model Canvas* und den *Partialmodellen eines Geschäftsmodells* zwei verbreitete Ansätze vorgestellt.

Business Model Canvas

Der *Business Model Canvas* (vgl. Abbildung 4-6) ist ein von Osterwalder und Pigneur (2011) entwickeltes Instrument zur Beschreibung, Visualisierung, Bewertung und Veränderung von unternehmenssprzifischen Geschäftsmodellen. Dieser basiert auf der von Osterwalder (2004) entwickelten *Business Model Ontology*, einer Konzeptualisierung von Geschäftsmodellkomponenten und deren Beziehungen zur akkuraten Beschreibung von Geschäftsmodellen. Der Business Model Canvas ähnelt dabei der Leinwand eines Künstlers mit vorgedruckten Bereichen zur Darstellung eines Geschäftsmodells. Die Autoren beschreiben hierzu neun, aus der Business Model Ontology abgeleitete Bausteine eines Geschäftsmodells.

Abb. 4-6

Der Business Model Canvas

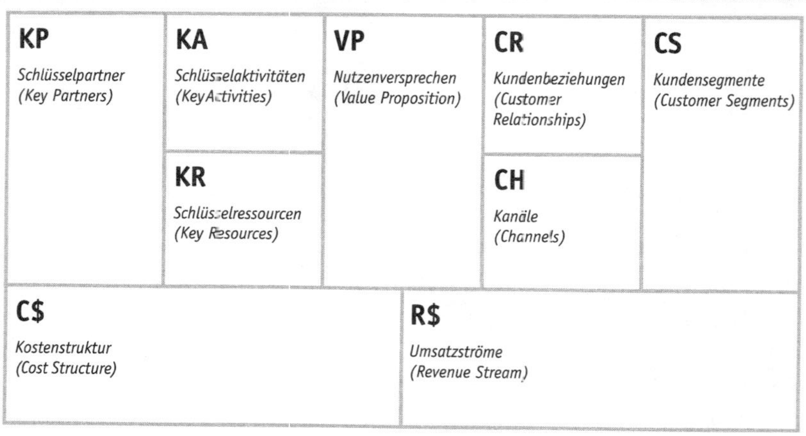

Quelle: Osterwalder/Pigneur (2011, S. 44)

Das Element *Kundensegmente (engl. customer segments)* beschreibt verschiedene Personen- oder Organisationsgruppen, die das Unternehmen ansprechen und mit ihren Produkten oder Dienstleistungen bedienen möchte. Hierzu werden die Kunden mit gemeinsamen Bedürfnissen, ähnlichem Verhalten oder anderen gemeinsamen Eigenschaften in Gruppen zusammengefasst. Ein Unternehmen muss sich darauf festlegen, welche Kundensegmente im Fokus stehen und welche ignoriert werden sollen, um das Geschäftsmodell auf Basis eines guten Verständnisses der Kundenbedürfnisse auszugestalten.

Der Baustein *Nutzenversprechen (engl. value proposition)* beschreibt ein Bündel aus Produkten und Dienstleistungen, welches für ein spezifisches Kundensegment Wert schafft. Dieses Nutzenversprechen stellt eine Lösung für ein Problem des Kunden dar und ist somit der Grund, weshalb sich ein Kunde dafür entscheidet. Wert für den Kunden kann beispielsweise durch den Neuigkeitsgrad, die Leistungs- oder Individualisierungsfähigkeit eines Produktes, aber auch dessen Design, Preis oder Verfügbarkeit geschaffen werden.

Kommunikations-, Vertriebs- und Lieferkanäle stellen die Schnittstelle zum Kunden dar. Das Element *Kanäle (engl. channels)* beschreibt demnach, wie ein Unternehmen seine verschiedenen Kundensegmente erreicht. Kanäle erfüllen dabei verschiedene Funktionen, wie beispielsweise Aufmerksamkeit für die Produkte und Dienstleistungen eines Unternehmens zu schaffen, die Kunden bei der Bewertung des Nutzenversprechens zu unterstützen, ihnen den Kauf von Produkten zu ermöglichen, das Nutzenversprechen zu liefern sowie Unterstützungsleistungen anzubieten.

Der Baustein *Kundenbeziehungen (engl. customer relationships)* beschreibt, welche Art von Beziehung ein Unternehmen mit einem bestimmten Kundensegment aufbaut. Die Art der Beziehung kann von Zielen wie der Kundengewinnung oder -bindung und von persönlichen Ansprechpartnern abhängen und über Nutzergemeinschaften bis hin zu automatisierten Diensten reichen.

Das Element *Umsatzströme (engl. revenue streams)* beschreibt, wie ein Unternehmen Geld von seinen Kundensegmenten erwirtschaftet. Hierbei muss identifiziert werden, wofür der Kunde tatsächlich bereit ist, etwas zu bezahlen. Umsatzströme können dabei aus dem Kaufpreis, Nutzungsgebühren oder Abonnements, aber auch aus Werbeeinnahmen oder Provisionen entstehen.

Die wichtigsten, für die Realisierung des Geschäftsmodells notwendigen Ressourcen werden unter dem Element *Schlüsselressourcen (engl. key resources)* zusammengefasst. Hierzu zählen physische Ressourcen wie beispielsweise Produktionsanlagen, intellektuelle Ressourcen wie etwa Marken oder proprietäres Wissen, aber auch menschliche und finanzielle Ressourcen.

Für die Realisierung des Nutzenversprechens sind neben den Ressourcen auch bestimmte Aktivitäten von besonderer Bedeutung. Diese werden unter dem Baustein *Schlüsselaktivitäten (engl. key activities)* zusammengefasst. Je nach Art des Geschäftsmodells sind unterschiedliche Aktivitäten wie etwa die Produktion, das Management der Lieferkette oder aber Problemlösungsaktivitäten wichtig.

Das Element *Schlüsselpartner (engl. key partnerships)* beschreibt das Netzwerk aus Zulieferern und Partnern, die für die erfolgreiche Umsetzung des Geschäftsmodells notwendig sind. Diese umfassen Lieferanten, Kooperationen, strategische Allianzen oder Joint Ventures und dienen insbesondere der Realisierung von Skaleneffekten, der Verringerung des Geschäftsrisikos oder dem Zugang zu Ressourcen und Aktivitäten.

Unter dem Baustein *Kostenstruktur (engl. cost structure)* werden alle wichtigen Kostenpositionen zusammengefasst, die aus dem Betrieb des Geschäftsmodells entstehen. Diese lassen sich größtenteils aus den Hauptaktivitäten, -ressourcen und -partnern ableiten. Die Kostenstruktur lässt sich dabei in fixe und variable Kosten zerlegen.

4.1.3 Funktionsmodellierung

Funktionsmodelle können für Informationssysteme, aber auch unabhängig von ihnen erstellt werden. Dieses ist z. B. dann sinnvoll, wenn es darum geht, die in einer Abteilung anfallenden Aufgaben unabhängig von ihrem IT-Bezug zu strukturieren.

Funktionsmodell

> Die Funktionsmodellierung dient der Beschreibung und Abbildung der Funktionen und ihrer hierarchischen Beziehungen.

In der Regel wird eine Top-down-Vorgehensweise gewählt. Ausgehend von der übergeordneten Funktion wird diese schrittweise zerlegt. Die Funktionen werden in Rechtecken dargestellt, die hierarchische Beziehung wird durch eine Baumstruktur zum Ausdruck gebracht (vgl. Abb. 4-7).

Abb. 4-7

Funktionsmodell

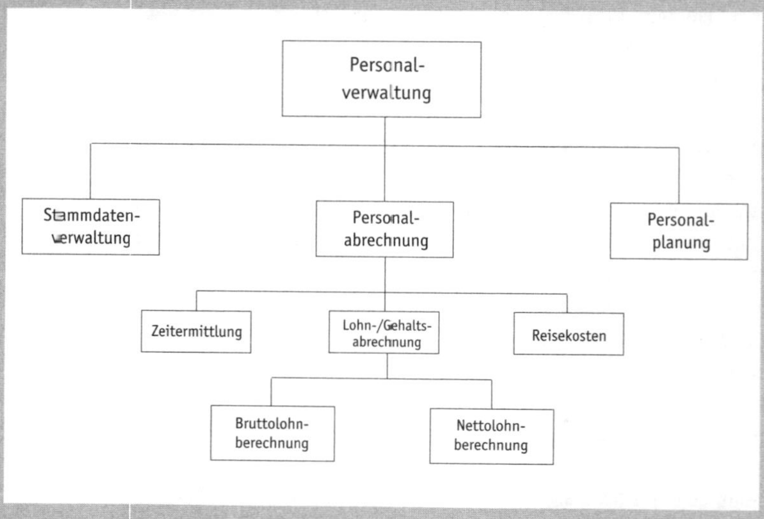

4.1.4 Datenmodellierung

Aus funktionsorientierter Perspektive werden Daten als Anhängsel an Funktionen betrachtet. Hierdurch entstehen redundante Datenbestände, die erhöhten Speicherplatz, erheblichen Mehraufwand, zeitliche Verluste bei Modifikationen und die Erschwerung einer funktionsübergreifenden Betrachtung verursachen. Datenorientierte Modelle betrachten zuerst die relevanten Daten, vermeiden Redundanzen und schaffen eine globale Datenbasis.

Die Datenmodellierung dient der Beschreibung und Abbildung von Datenobjekten und den zwischen ihnen bestehenden Beziehungen. Ausgangspunkt der Datenmodellierung ist die Abstraktion der Datenobjekte und Beziehungen aus der Realität.

ERM

Im Bereich der Datenmodellierung hat sich das Entity-Relationship-Modell (ERM) mit den von Chen 1976 eingeführten Begriffen als Quasi-Standard durchgesetzt. ERM-Modellierung ist durch klare Definitionen und eine übersichtliche grafische Darstellung gekennzeichnet. Drei Grundelemente werden unterschieden:

- *Entities* sind reale oder abstrakte »Dinge« (Objekte), die für eine Unternehmung von Interesse sind, z. B. Kunden, Artikel, Aufträge. Werden gleichartige Entities zu einer Menge zusammengefasst, wird diese als Entitytyp bezeichnet. Die einzelnen Ausprägungen des Entitytyps sind die Entities.
- *Attribute:* Attribute sind Eigenschaften von Entities oder Beziehungen, z. B. Kundennummer, Name und Anschrift. Alle Entities eines Entitytyps werden durch dieselben Attributstypen beschrieben. Eine Abgrenzung zwischen den Entities eines Entitytyps ergibt sich durch die unterschiedlichen Ausprägungen der Attribute (Werte). Diese Werte müssen in einem definierten Wertebereich, der sogenannten Domäne, liegen.
- *Beziehungen:* Beziehungen sind logische Verknüpfungen zwischen zwei oder mehreren Entitytypen. Nach der Komplexität (Kardinalität) können 1:1, 1:n (bzw. n:1) und n:m Beziehungen unterschieden werden (vgl. Abb. 4-8).

Beziehungstypen

Eine *1:1-Beziehung* bringt zum Ausdruck, dass jedem Entity der ersten Menge genau ein Entity der zweiten Menge zugeordnet werden kann und umgekehrt: Jeder Abteilungsleiter eines Unternehmens führt genau eine Abteilung dieses Unternehmens und jede Abteilung wird von genau einem Abteilungsleiter geführt.

Eine *1:n-Beziehung* bedeutet, dass ein Entity der ersten Menge mit keinem, einem oder mehreren Entities der zweiten Menge in Beziehung steht. Jedem Entity der zweiten Menge kann aber nur genau ein Entity der ersten Menge zugeordnet werden: In einer Abteilung arbeiten eine oder mehrere Personen. Jede Person kann dabei auch nur in einer Abteilung arbeiten.

Bei einer *n:m-Beziehung* steht jedes Entity der ersten Menge mit keinem, einem oder mehreren Entities der zweiten Menge in Verbindung und umgekehrt: Ein

Abb. 4-8

Beziehungstypen

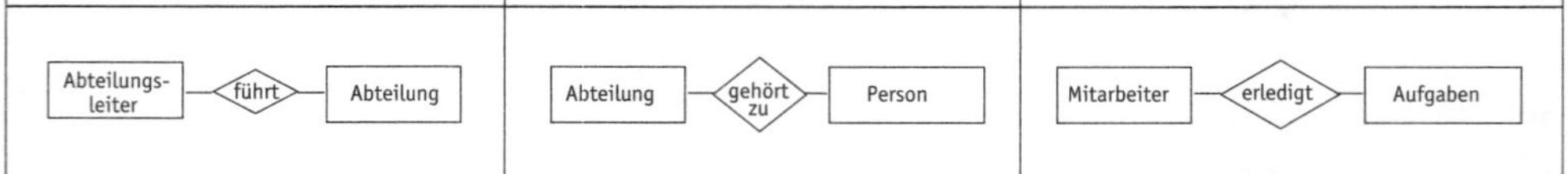

1:1	1:n	n:m
Jeder Abteilungsleiter eines Unternehmens führt genau eine Abteilung dieses Unternehmens.	In einer Abteilung arbeiten eine oder mehrere Personen.	Ein Mitarbeiter erledigt eine oder mehrere Aufgaben. Eine Aufgabe wird von einem oder mehreren Mitarbeitern erledigt.

Mitarbeiter hat keine, eine oder mehrere Aufgaben, die er erfüllen muss. Eine Aufgabe wird von keinem, einem oder mehreren Mitarbeitern erledigt.

ER-Diagramm

Die Objekte und Beziehungen werden grafisch im Entity-Relationship-Diagramm (ER-Diagramm) abgebildet. Entities werden als Rechtecke, Attribute als Rechtecke mit abgerundeten Ecken und Beziehungen als Rauten dargestellt. Die Kardinalität wird (häufig, aber nicht immer) an den Entitäten, zwischen denen die Beziehung besteht vermerkt (vgl. Abb. 4-9). In der Literatur werden verschiedene Ansätze zur Darstellung der Kardinalität unterschieden. Nach Schlageter und Stucky beschreibt die Kardinalität wie oft eine Entität an einer Relation beteiligt sein kann. Dieser Ansatz wird hauptsächlich bei ARIS und von betriebswirtschaftlich orientierten Modellierern verwendet. Informatik-orientierte Forscher nutzen die Notation nach Chen, die mit der Kardinalität die Anzahl der Objekte bezeichnet. In Abb. 4-7 wurde die Kardinalität nach Schlageter und Stucky verwendet.

Ein Vorteil der grafischen Darstellung ist die bessere Übersichtlichkeit und Verständlichkeit der Zusammenhänge. Nachteilig ist der große Platzbedarf.

Abstraktion

Beim Zeichnen von ER-Diagrammen wird häufig der Weg der schrittweisen Verfeinerung gegangen, d. h. es wird zunächst ein grobes Modell entwickelt, das dann schrittweise verfeinert wird. Zwei Abstraktionsmechanismen sind in diesem Zusammenhang wichtig:

- *Generalisierung* (bottom up): Zusammenfassung von Objekttypen mit gemeinsamen Merkmalen zu übergeordneten Objekttypen. Beispielsweise können die Objekttypen Mitarbeiter und Abteilungsleiter zu dem übergeordneten Objekttyp Person zusammengefasst werden.
- *Spezialisierung* (top down): Zerlegung von Objekttypen in nachgeordnete Objekttypen mit speziellen Merkmalen. Beispielsweise kann der Objekttyp Person in die nachgeordneten Objekttypen Abteilungsleiter und Mitarbeiter zerlegt werden.

Abb. 4-9

ERM

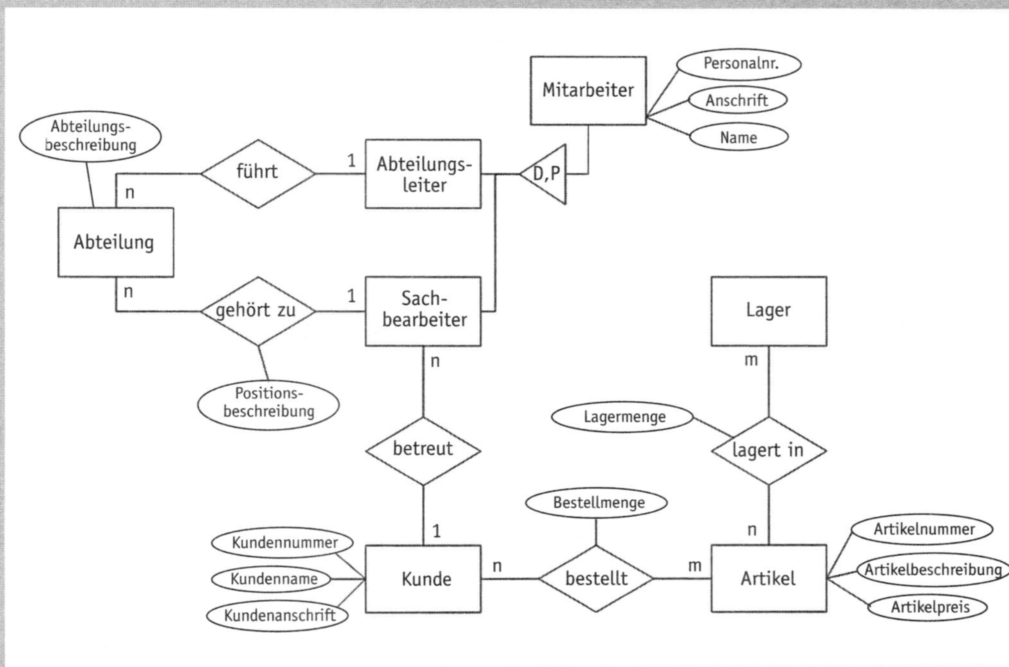

Weiterhin können Spezialisierungen und Generalisierungen folgende Eigenschaften aufweisen:

- Disjunkt (D): Ein Entity gehört genau einem oder keinem Spezialfall an.
- Nicht disjunkt (N): Ein Entity kann beliebig vielen Spezialfällen angehören.
- Total (T): Jedes Entity muss mindestens einem Spezialfall angehören.
- Partiell (P): Ein Entity darf einem Spezialfall angehören, muss aber nicht.

4.1.5 Prozessorientierte Organisationsmodellierung

Ablaufmodelle

In jedem Unternehmen existieren viele Abläufe, die auch als Geschäftsprozess oder einfach Prozess bezeichnet werden (vgl. Kap. 3). Zur Abbildung von Prozessen oder Abläufen stehen einige Methoden bereit. Viele von ihnen haben ihren Ursprung in der Informatik (Petri-Netze, Datenflussdiagramme, Ablaufdiagramme u.a.), weshalb sie nur bedingt zur umfassenden Abbildung betrieblicher Prozesse geeignet sind. Speziell zur Modellierung betrieblicher Abläufe haben sich Vorgangskettendiagramme, UML bzw. SysML Aktivitätsdiagramme, die Business Process Modeling Notation und ereignisgesteuerte Prozessketten durchgesetzt.

Prozessmodelle dienen der Prozessdokumentation und können als Grundlage für die Prozessoptimierung verwendet werden. Darüber hinaus spielen sie eine wichtige Rolle bei der Einführung von Standardsoftware und als Anschauungsmaterial in Schulungen.

Im Folgenden wird zunächst die Prozessmodellierung mit ereignisorientierten Prozessketten vorgestellt. Daran anschließend wird die Verwendung von Referenzmodellen und BPMN beschrieben.

4.1.5.1 Prozessmodellierung mit ereignisorientierten Prozessketten

Ereignisorientierte Prozesskette (EPK)

Ereignisorientierte Prozessketten (EPK) stellen den zeitlich-logischen Ablauf eines Prozesses dar. Eine EPK besteht aus Funktionen, Ereignissen und Kontrollflüssen:

- *Funktionen* beschreiben Tätigkeiten, die als aktive Komponenten fungieren, d. h. beim Ausführen der Funktion können Entscheidungen getroffen werden. Die Benennung einer Funktion erfolgt durch eine Kombination aus Informationsobjekt und Verrichtung, z. B. Auftrag prüfen. Grafisch werden Funktionen als Rechtecke mit abgerundeten Ecken dargestellt.
- *Ereignisse* beschreiben einen aktuellen Zustand eines Informationssystems. Sie sind passive, nicht entscheidungsfähige Komponenten, die aber als Auslöser und Ergebnis von Funktionen fungieren. Ereignisse werden als Zustand des Informationsobjekts benannt: Beispielsweise löst das Ereignis »Auftrag ist eingetroffen« die Funktion »Auftrag prüfen« aus, die im Ereignis »Auftrag wurde geprüft« endet. Grafisch wird ein Ereignis als Sechseck dargestellt.
- Der *Kontrollfluss* einer EPK kann durch logische Operatoren geteilt und zusammengeführt werden. Auf eine Funktion können »und«, »oder« und »exklusives oder« folgen, nach einem Ereignis kann nur ein »und« folgen. Ein »oder« oder »exklusives oder« sind an dieser Stelle nicht zulässig, da in einem Zustand (Ereignis) sonst eine Entscheidung getroffen werden müsste.

Erweiterte ereignisorientierte Prozesskette (eEPK)

Eine EPK beginnt immer mit einem Ereignis und endet immer mit einem Ereignis. Innerhalb der EPK wechseln sich Ereignisse und Funktionen ab. Dabei wird wie folgt vorgegangen: Betriebliche Funktionen werden in der Reihenfolge ihrer Ausführung modelliert. Der Mechanismus, der eine Funktion auslöst, wird als Ereignis bezeichnet. Ein Ereignis wird als das Eingetretensein eines Zustandes definiert, der eine bestimmte Folge bewirkt. Die Folge ist die Ausführung einer Funktion, die wiederum einen neuen Zustand erzeugt. Dies bedeutet, dass ein Startereignis eine Funktion auslöst, die den Ausgangszustand in einen Zielzustand transformiert. Nachdem der Zielzustand eingetreten ist, liegt wieder ein Ereignis vor, welches erneut eine Funktion auslösen kann.

Erweiterte ereignisorientierte Prozessketten (eEPK) stellen zusätzliche Prozesselemente bereit, die für die Modellierung betrieblicher Abläufe wesentlich sind. Dazu gehören z. B. die Organisationseinheiten, die eine Funktion ausführen, die Input- und Outputdaten, die für die Ausführung einer Funktion benötigt werden, und Prozesswegweiser, die auf einen vor- und/oder nachgelagerten Prozess verweisen (vgl. Abb. 4-8).

Grafische Repräsentation

Die ausführenden Organisationseinheiten werden als Ovale dargestellt und über eine Kante mit der Funktion verbunden. Die In-/Outputdaten werden als Rechtecke abgebildet. Prozessschnittstellen (auch Prozesswegweiser genannt) werden durch eine Funktion, die auf einem Ereignis liegt, dargestellt. Sie verknüpfen Prozessmodelle auf der gleichen inhaltlichen Ebene. Aus einer hierarchischen Perspektive können EPKs auch verfeinert werden. Durch eine stilisierte EPK an einer Funktion wird gekennzeichnet, dass auf einer tieferen inhaltlichen Ebene der Prozess in eine weitere EPK aufgeschlüsselt ist.

In Verbindung mit Software-Werkzeugen kann die Prozessbewertung unterstützt werden, indem Funktionen mit Bearbeitungszeiten und Kostensätzen versehen und Kontrollflüsse mit Übertragungszeiten belegt werden. Dadurch ist eine rechnergestützte Analyse und Simulation des modellierten Prozesses möglich.

Abb. 4-10

Beispiele erweiterter ereignisorientierter Prozessketten (eEPK)

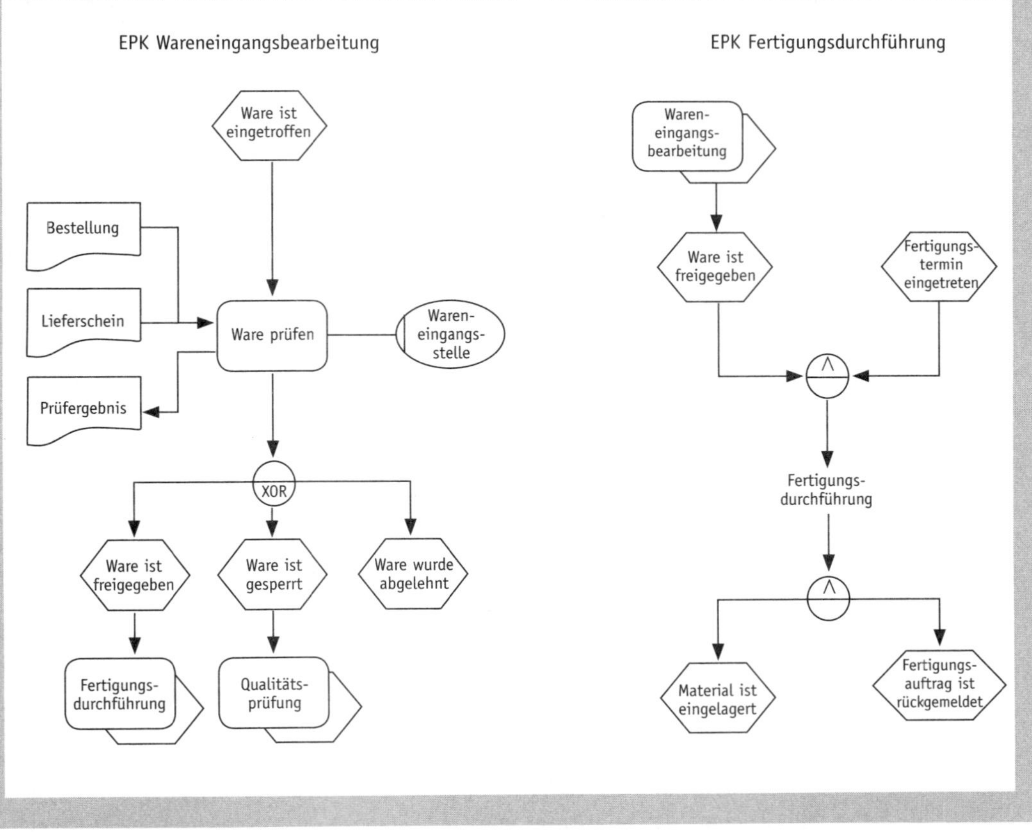

Abb. 4-10 zeigt zwei erweiterte ereignisorientierte Prozessketten für die Wareneingangsbearbeitung und die Fertigungsdurchführung. Die Wareneingangsbearbeitung enthält die Funktion »Ware prüfen«, in die Bestelldaten und Lieferscheindaten eingehen. Während der Ausführung der Funktion entsteht ein Prüfergebnis, das als Datum festgehalten wird. Die Funktion »Ware prüfen« wird von der Wareneingangsstelle ausgeführt. Dieses wird durch die Kante zwischen den Symbolen für die Funktion »Ware prüfen« und die organisatorische Einheit »Wareneingangsstelle« gezeigt, die folgende Bedeutungen haben kann: führt aus, ist zuständig, überwacht, u. ä. Mit der sogenannten Prozessschnittstelle wird auf einen vor- oder nachgelagerten Prozess verwiesen. Im Beispiel schließt sich an das Ereignis »Ware ist freigegeben« der Prozess »Fertigungsdurchführung« an, welcher in Abb. 4-8 rechts gezeigt ist.

4.1.5.2 Verwendung von Referenzmodellen zur Prozessmodellierung

Aufwand für Modellierung

Die Erstellung von Prozessmodellen für ein Unternehmen oder Teilbereiche eines Unternehmens erfordert viel Zeit und Know-how. Eine kostenmäßige Bewertung des dazu notwendigen Ressourceneinsatzes macht schnell deutlich, dass die Eigenerstellung von Prozessmodellen gegenüber dem Zukauf existierender Referenzmodelle unattraktiv erscheint.

Referenzmodelle

> Referenzmodelle sind das immaterielle Abbild der in einem betrieblichen Objektsystem verarbeiteten Informationen, die für Zwecke des Informationssystem- und Organisationsgestalters Empfehlungscharakter besitzen und als Bezugspunkt für unternehmensspezifische Informationsmodelle dienen können.

Sie dienen somit als Gestaltungsempfehlungen und sind für eine Klasse von Unternehmen gültig. Referenzmodelle müssen inhaltlich konsistent, flexibel und allgemeingültig sein. Einerseits müssen Änderungen ohne großen Aufwand realisierbar sein, andererseits muss das Modell robust gegenüber Änderungen der Realität sein. Durch die Wahl eines passenden Abstraktionsgrads, muss die Allgemeingültigkeit des Referenzmodells garantiert sein. Die Modellierung erfolgt unter der Beachtung der Konsistenz des Modells.

Es existieren verschiedene Arten von Referenzmodellen. Neben branchenspezifischen Modellen auf fachkonzeptioneller Ebene existieren Referenzmodelle auch für die DV-Konzept- und die Implementierungsebene.

Software-Referenzmodelle

Besondere Beachtung findet die Bereitstellung von Referenzmodellen durch Softwarehersteller. Diese Referenzmodelle sind an eine bestimmte (Standard-)Software gebunden. Sie erfüllen zunächst eine Dokumentationsfunktion für den Interessenten oder Kunden. Vor dem Kauf kann er anhand des Referenzmodells prüfen, ob die betrachtete Software seine Anforderungen hinsichtlich der Funktionalität und der Abläufe erfüllt; nach dem Kauf dient das Referenzmodell zur Schulung der Mitarbeiter und der Dokumentation der betrieblichen Abläufe, die durch die Software unterstützt werden.

Verwendung von Referenzmodellen

Bei der Einführung von Standardsoftware können softwarespezifische Referenzmodelle auf zwei Arten verwendet werden:

- Einerseits kann das Referenzmodell vollständig und ohne Änderungen übernommen werden. Dies setzt voraus, dass das Referenzmodell so umfangreich ist, dass es auch spezialisierte Funktionalitäten des Unternehmens abdeckt. Ist dies nicht der Fall, verzichtet das Unternehmen auf die Unterstützung individueller Abläufe und ersetzt sie durch meist einfachere Standardabläufe.
- Andererseits kann das Unternehmen eigene Prozessmodelle entwickeln und diese mit dem Referenzmodell der Software vergleichen. Aus dem Modellvergleich ergibt sich der Anpassungsbedarf der Software, wenn das eigene Modell realisiert werden soll. Aufgrund hoher Kosten der Softwareänderung und einer i. d. R. geringen Bereitschaft von Softwareherstellern zur Änderung ihrer Standardabläufe, wird das Unternehmen auf die Änderung von nicht wettbewerbsrelevanten Prozessen verzichten und für wichtig erachtete Prozesse individuelle Anpassungen der Standardsoftware durchführen lassen.

Bewertung von Referenzmodellen

Der Hauptvorteil für Referenzmodellnutzer ist die Möglichkeit der Kostenreduktion. Weiterhin treten durch verkürzte Organisations- und Implementierungszeiten Zeitersparnisse auf. Auch kann durch Referenzmodelle Datenintegrität sichergestellt werden und es wird Unterstützung bei der Schnittstellendefinition geboten. Referenzmodelle optimieren die unternehmensinternen Abläufe, Schwachstellen werden aufgedeckt und vorhandene Prozesse werden dokumentiert.

Als Nachteil wird aufgeführt, dass – genau wie bei der Verwendung von Standardsoftware – eine Nachbildung der Organisation nach Referenzmodellen den komparativen Konkurrenzvorteil des Unternehmens reduziert und dass nicht auf Kernkompetenzen eingegangen wird.

Da Referenzmodelle als Gestaltungsempfehlungen genutzt werden sollen, kann aber auf spezifische Unternehmensvorteile eingegangen werden und bestimmte Prozessschritte, anders als im Referenzmodell vorgeschlagen, durchgeführt werden.

4.1.6 Business Process Modeling Notation

Abschließend soll die Prozessmodellierung mit Hilfe der *Business Process Modeling Notation (BPMN)* dargestellt werden (vgl. Allweyer, 2010). BPMN wurde 2002 bei IBM entwickelt, um Geschäftsprozesse übersichtlich darzustellen. Es handelt sich dabei um einen umfassenden Ansatz zur Beschreibung, Analyse, Durchführung, Verwaltung und Verbesserung von Geschäftsprozessen in Großunternehmen. Diese können als eine Sammlung von Aufgaben zur Erreichung klar definierter Ziele angesehen werden. Das Hauptziel hierbei ist die Definition einer Notation, welche für alle an der Automatisierung von Geschäftsprozessen beteiligten Personen einfach lesbar sein muss. Dazu gehören etwa Analysten sowie Designer, welche die Geschäftsprozesse verfeinern, sowie die technischen Entwickler, welche wiederum die spezifischen Geschäftsprozesse implementieren. Unternehmen, welche sich dieser Art der Modellierung bedienen, sind allerdings für gewöhnlich nicht nur an der einfachen Beschreibung eines Geschäftsprozesses interessiert, sondern außerdem an deren Analyse, der Vorhersage des zu erwartenden Verhaltens, sowie einer Verbesserung des Geschäftsprozesses selbst. Diese Unternehmen versprechen sich davon einen signifikanten Wettbewerbsvorteil im globalen Markt (Bocciarelli/D'Ambrogio 2011).

Die grafischen Elemente der BPMN werden eingeteilt in *Flow Objects* (Aktivitäten, Gateways und Events), *Connecting Objects* (Kanten), *Swimlanes* (Zuständigkeitsbereiche) und *Artifacts* wie z.B. Datenobjekte (Allweyer 2010). Die Syntax der BPMN-Diagramme entspricht weitgehend der EPK-Notation, sie verzichtet jedoch auf die Pflichtevents nach den Aktivitäten und kennt im Gegensatz zu EPK und UML verschiedene Arten von Start, Intermediate- und End-Events. Abbildung 4-11 stellt das bereits bekannte Beispiel mittels BPMN dar.

Eine mit BPMN verwandte Thematik ist die Business Process Execution Language (BPEL) für Webservices. Diese ist eine domänenspezifische, imperative Programmiersprache zur Definition von ausführbaren Geschäftsprozessen. Während es bei BPMN darum geht diese Vorgänge graphisch darzustellen, versucht BPEL stattdessen diese Vorgänge in ausführbaren XML-Code umzuwandeln. Wichtig hierbei ist,

Abb. 4-11

Beispiel einer Prozessmodellierung mit BPMN

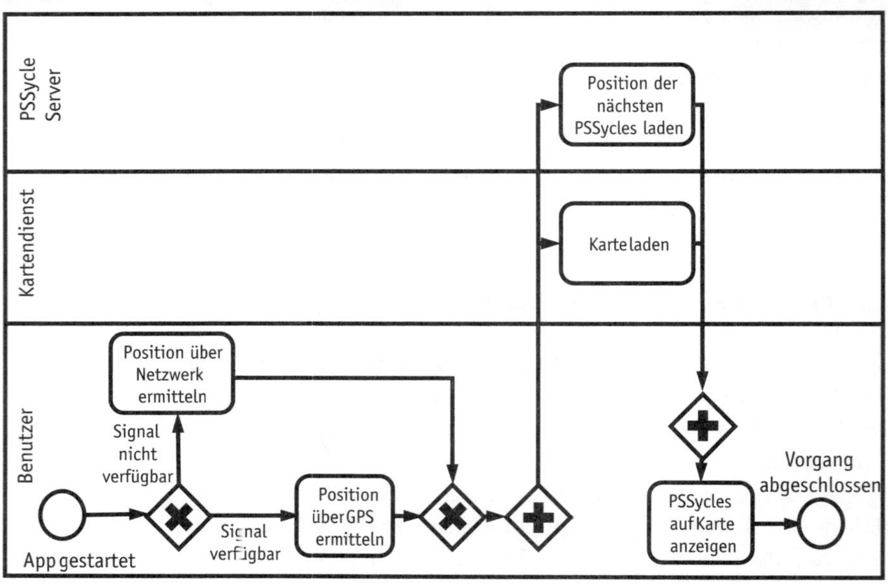

Quelle: Eigene Darstellung

dass BPEL allerdings nicht in Interaktion mit dem Anwender/Entwickler steht, sondern ausschließlich mit Webservices kommuniziert (van Lessen et al. 2012).

Gestaltungsalternativen bei der Prozessmodellierung
Gestaltungsalternativen in der Modellierung von Prozessen beziehen sich in erster Linie auf die Gestaltung des Ablaufs einer Funktionsfolge (Gaitanides 2007). Grundsätzlich können vier Gestaltungsvarianten unterschieden werden:

- **Sequentielle Reihung:** Bei der Reihung von Funktionen wird zu einer Zeit stets nur eine Funktion ausgeführt. Eine Folgefunktion darf erst dann begonnen werden, wenn die Vorgängerfunktion beendet ist. Sequentielle Reihungen finden dann Anwendung, wenn in eine Funktion F_2 als Input eine Vorleistung eingeht, die erst durch eine zeitlich vorgelagerte Funktion F_1 entsteht. Der Start von F_2 ist somit abhängig von der erfolgreichen, d.h. korrekten, Ausführung von F_1.
- **Parallelisierung:** Die Parallelisierung von Funktionen ist dann *möglich*, wenn Funktionen unabhängig voneinander ausgeführt werden können. Eine gleichzeitige Ausführung, d.h. Parallelisierung, ist dann *notwendig*, wenn zwei oder mehr Zustände, die von verschiedenen Funktionen erzeugt werden, gleichzeitig eintreten sollen. Im Rahmen der Prozessoptimierung wird die Parallelisierung eingesetzt, um die Durchlaufzeit eines Prozesses zu reduzieren.
- **Verzweigung:** Die Verzweigung eines Prozesses ist dann notwendig, wenn alternativ unterschiedliche Prozessabläufe beschritten werden sollen. Welcher Prozessablauf ausgeführt wird, ist abhängig vom Eintreten einer bestimmten Bedingung.
- **Wiederholungen:** Wiederholungen werden eingesetzt, wenn eine Funktion oder eine Funktionsfolge mehrfach auszuführen ist. Dazu muss der Start- und Endpunkt einer Wiederholstrecke markiert werden. Zusätzlich ist festzulegen, unter welcher Bedingung die Wiederholung erfolgen soll bzw. wann auf eine weitere Wiederholung der Funktionsfolge verzichtet werden kann.

Ein wesentliches Ziel bei der Neugestaltung von Prozessen ist die Verkürzung der Durchlaufzeit. In Abbildung 4-12 werden dazu sechs Lösungsansätze dargestellt und anhand von Beispielen erläutert. Von den bereits vorgestellten Gestaltungselementen finden sich die *Sequenz*, *Parallelisierung* und *Verzweigung* in den Lösungsansätzen wieder. Die Wiederholung wird in der Darstellung nicht erwähnt, da in den Lösungsansätzen keine Zyklen enthalten sind.

Neben der Gestaltung des Prozessablaufs kann das Prozessmodell je nach Modellierungszweck um unterschiedliche Informationen ergänzt werden. Häufig werden Prozessmodellen Informationen über die Verantwortlichkeit der Prozessausführung (Process Owner), die verwendeten IS, die benötigten Ressourcen und zusätzliche Indikatoren zur quantitativen Beurteilung eines Prozesses (Durchlaufzeiten, Kostensätze etc.) hinzugefügt.

Abb. 4-12

Prozessbezogene Lösungsansätze zur Durchlaufzeit-Verkürzung

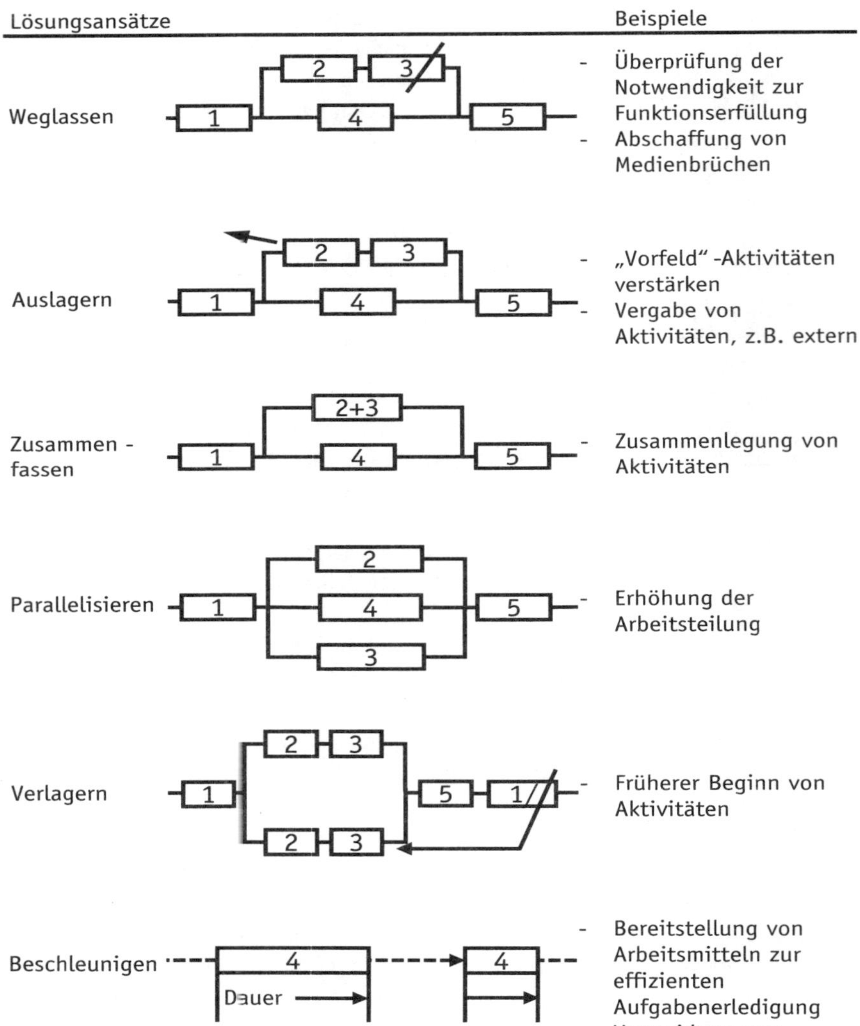

Quelle: Bleicher (1991, S. 196)

4.1.7 Objektorientierte Modellierung

Objektorientierung

Seit Mitte der 1980er-Jahre hat die Objektorientierung und damit auch die objektorientierte Modellierung immer mehr an Bedeutung gewonnen. Ein Objekt bezeichnet die Abbildung eines Gegenstandes der realen Welt, der innerhalb der Software verwendet wird. Dabei kann es sich sowohl um programmtechnische Gegenstände, z. B. ein Fenster einer grafischen Benutzeroberfläche, als auch um Gegenstände des zu unterstützenden Problembereichs, z. B. ein Konto des Rechnungswesens, handeln.

Während die funktionsorientierte Softwareentwicklung primär auf die Algorithmen ausgerichtet ist und sich die datenorientierte Entwicklung auf die Datenelemente und ihre Beziehungen untereinander konzentriert, umfasst die Objektorientierung beide Aspekte: In einem Objekt werden die charakterisierenden Daten (Attribute) sowie die möglichen Funktionen (Methoden) eines Gegenstandes zusammengefasst. Die Inhalte der Attribute beschreiben den aktuellen Zustand des Objekts, die Methoden hingegen sein dynamisches Verhalten. Wird z. B. ein Konto als Objekt abgebildet, dann sind sowohl seine Attribute *(Kontonummer, Saldo...)* als auch die möglichen Funktionen *(Buchen, Saldo ermitteln...)* zu definieren, mit denen die Werte der Attribute manipuliert werden. Durch die gleichzeitige Betrachtung von Daten und Funktionen entfallen Zuordnungs- und Koordinationsaufgaben des Entwicklers bezüglich der Daten und den von ihnen getrennten und sie manipulierenden Funktionen.

Klassifikation

Gleichartige Objekte, die durch die gleichen Attribute und Methoden gekennzeichnet sind, werden einer gemeinsamen Klasse zugeordnet (Klassifikation). Die Konten des betrieblichen Kontenrahmens gehören alle zur Klasse Konto, denn sie werden durch die gleiche Datenstruktur und die gleichen Methoden definiert. Die einzelnen Konten, die sich nur hinsichtlich des Inhaltes ihrer Datenfelder unterscheiden, werden als Instanzen der Klasse Konto bezeichnet.

Spezialisierung/
Generalisierung

Über die Klassifikation hinaus kann die abzubildende Realität durch Spezialisierung und Generalisierung strukturiert werden:

- Die *Spezialisierung* bedeutet eine inhaltliche Verfeinerung einer Klasse zu mehreren davon abgeleiteten Unterklassen. Aus der Klasse Konto gehen durch Spezialisierung die Klassen Sachkonto und Finanzkonto hervor.
- Bei der *Generalisierung* wird in umgekehrter Richtung durch Abstraktion für mehrere Klassen eine übergeordnete Klasse gesucht.

In beiden Fällen entsteht eine Klassenhierarchie, in der übergeordnete Klassen ihre Eigenschaften, nämlich die Attribute und Methoden, an ihre untergeordneten Klassen weitergeben. Diese Weitergabe der Eigenschaften heißt Vererbung. Soll eine Software Sach- und Finanzkonten verwenden, werden diejenigen Attribute und Methoden, die für beide Klassen – Sachkonto und Finanzkonto – benötigt werden, in der übergeordneten Klasse Konto definiert. Objektinstanzen beider Klassen können bei der Ausführung der Software auf diese Definitionen zurückgreifen. Nur die Funktionen und Datenfelder der spezialisierten Klasse definiert der Entwickler in den untergeordneten Klassen. Bei der Softwareentwicklung werden allgemein gültige Attribute und Methoden, die von Objektinstanzen aller Klassen verwendet werden, zu in der Hierarchie möglichst hoch angesiedelten Klassen zugeordnet. Dadurch greifen die Objektinstanzen beliebig vieler untergeordneten Klassen auf die Klassendefinition einer übergeordneten Klasse zurück, was den Implementierungsaufwand im Vergleich zur herkömmlichen Programmierung deutlich reduzieren kann.

Kapselung

Unter dem Begriff der Kapselung wird die Abschottung der Attribute eines Objektes vor externen Manipulationen verstanden. Eine Veränderung eines Attributes ist nur durch eine Methode möglich, die im Objekt selbst definiert ist. Am Beispiel eines Kontos bedeutet dies, dass nur die Anweisungen der Methode »Saldo ermitteln« den Wert des Attributes Saldo des betrachteten Kontos ändern können. Im Vergleich zur herkömmlichen Softwareentwicklung gestaltet sich die Fehlersuche einfacher: Ein Fehler bei der Berechnung des Saldos kann nur an dieser einen Methode liegen, weil die Methoden anderer Objekte nicht auf das Attribut Saldo zugreifen können. Durch die Kapselung kann die Fehlersuche auf die Definition des Objektes Konto beschränkt und der Zugriff durch fremde Methoden verhindert werden.

Nachrichten

Software verwendet i. d. R. nicht nur ein Objekt, sondern eine Reihe unterschiedlicher Objekte, um z. B. eine betriebswirtschaftliche Aufgabe zu unterstützen. Durch das Prinzip der Kapselung kann kein Objekt direkt auf die Daten eines anderen Objektes zugreifen, weshalb zusätzliche Mechanismen notwendig sind, um Daten eines Objektes zu »erfragen« oder zu setzen. In objektorientierter Software stehen die einzelnen Objekte miteinander durch Kommunikationsbeziehungen in Verbindung. Dazu kann ein Objekt einem anderen eine Nachricht schicken, die das empfangende Objekt veranlasst, eine bestimmte Methode auszuführen. Diese Methode kann einerseits den Zustand des angesprochenen Objektes ändern, indem die Attributwerte verändert werden oder andererseits eine »Antwort« erzeugen, die den Wert eines gewünschten Attributes an den Sender der Nachricht zurückgibt.

Polymorphismus

Unter Polymorphismus wird die Eigenschaft von Objekten unterschiedlicher Klassen verstanden, auf eine gleich lautende Nachricht unterschiedlich, gemäß ihrer jeweiligen Klassendefinitionen zu reagieren. In der objektorientierten Software zur Finanzbuchführung wird für die Klassen Bilanz und Konto jeweils die Methode *drucken* definiert, wobei entweder die tabellarische Bilanz oder aber ein Kontenblatt mit den einzelnen Buchungspositionen gedruckt werden soll. Beide Methoden erfüllen die gleiche Funktion, weil sie den Ausdruck der Attributwerte des Objekts veranlassen; jedoch wird die Funktion in unterschiedlicher Weise ausgeführt, um den Besonderheiten des Objektes gerecht zu werden. Aktiviert der Anwender einer grafischen Benutzeroberfläche die Funktion *Drucken* über ein Menü, dann schickt der Softwareentwickler an das gerade angezeigte Objekt die Nachricht *drucken,* ohne wissen zu müssen, welcher Klasse das Objekt angehört. Da alle relevanten Objekte diese Nachricht »verstehen«, vereinfacht sich die Softwareentwicklung, weil explizite Fallunterscheidungen und Prüfungen überflüssig werden. Zusätzlich kann die Software einfach um neue Klassen erweitert werden, sofern ihre Objekte einen vorher vereinbarten Sprachvorrat verstehen.

Objektorientierte Entwicklung

Zur Entwicklung objektorientierter Software wurden in der Literatur verschiedene Vorgehensweisen entwickelt, die die Besonderheiten der Objektorientierung berücksichtigen. Coad/Yourdon (1994a, b) schlagen vor, zunächst das Fachkonzept (Problem Domain) zu modellieren, dieses Modell anschließend um DV-spezifische Komponenten zu ergänzen und schließlich die Implementierung in einer objektorientierten Programmiersprache durchzuführen. Zur Entwicklung des Fachkonzeptes wird zunächst der Problembereich genau untersucht und von Randaufgaben, die nicht von der Software unterstützt werden sollen, abgegrenzt. Erst jetzt ist es möglich, die relevanten Objekte bzw. Klassen zu identifizieren, die dann mit Hilfe von Klassenhierarchien strukturiert werden können. Der Entwickler entscheidet anhand der Hierarchie, welche Attribute und Methoden für Objekte verschiedener Hierarchiestufen definiert werden müssen, wobei allgemeine Objektmerkmale auf den oberen Hierarchieebenen, spezialisierte Attribute und Methoden auf den unteren Ebenen zuzuordnen sind, um die effiziente Nutzung der Vererbung zu gewährleisten. Schließlich erfolgt die Festlegung der Kommunikationsbeziehungen, mit der die Ablauflogik der Software festgelegt wird.

Abb. 4-13 zeigt ein stark vereinfachtes, objektorientiertes Modell einer Finanzbuchführung, das die bisherigen Klassen, Attribute und Methoden enthält. Die abstrakte Klasse Konto vererbt ihre Eigenschaften an die Unterklassen Sach- und Finanzkonto. Zur Erstellung einer Bilanz schickt das Objekt Bilanz an die betroffenen Konten die Nachricht Saldo ermitteln. Obwohl für Objekte der Klasse Sachkonto diese Methode nicht definiert wurde, kann das Objekt die Nachricht verarbeiten: Es erbt die Methode aus der übergeordneten Klasse Konto und wendet diese geerbte Methode auf seine eigenen Attribute an. Zur Strukturierung der einzelnen Konten wird zusätzlich die Klasse Kontenplan eingeführt: Sie enthält die einzelnen Instanzen der Konten und ist mit diversen Attributen und Methoden zu deren Verwaltung ausgestattet. Durch die Beziehung »enthält« können verschachtelte Objektstrukturen modelliert werden, mit denen Binnenstrukturen von Objekten abgebildet werden können. Bevor die Implementierung beginnt, wird das Modell auf Vollständigkeit und auf die logische Richtigkeit der Kommunikationsbeziehungen geprüft.

Vorteile

Als Ergebnis der objektorientierten Modellierung entsteht ein Modell, das aus fachlicher Sicht einen Problembereich mit Hilfe von Objekten beschreibt. Der Vorteil objektorientierter Modelle liegt in der großen Ähnlichkeit zu den Phänomenen der Realität: Weil Objekte die Daten- und Funktionssicht miteinander verbinden, kann auf die unnatürliche Zerlegung der zu modellierenden Umwelt in eine statische Daten- und eine separate Funktions- bzw. Ablaufsicht verzichtet werden, wodurch Modellkonstrukte ihren ganzheitlichen und deshalb realitätsnahen Charakter bewahren.

UML

Die Unified Modeling Language (UML) wurde von der Object Management Group als Modellierungssprache für Software entwickelt. UML, standardisiert durch den ISO Standard ISO/IEC 19501, unterscheidet 13 Diagrammarten, die nach Verhaltens- und Strukturdiagrammen unterschieden werden. Zu den Verhaltensdiagrammen gehören das Aktivitätsdiagramm, das Anwendungsfalldiagramm, das Interaktionsdiagramm, das Kommunikationsdiagramm, das Sequenzdiagramm, das Zeitverlaufsdiagramm und das Zustandsdiagramm.

Abb. 4-13

Objektorientiertes Teilmodell der Finanzbuchführung

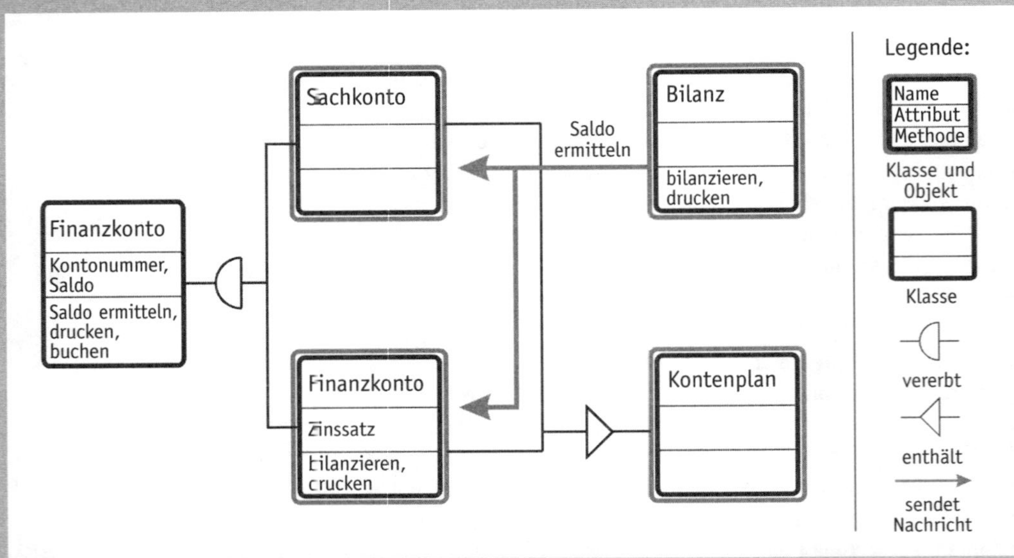

Im Gegensatz zu Verhaltensdiagrammen, die das (dynamische) Verhalten von Systemen abbilden, werden Strukturdiagramme genutzt, um den Aufbau eines Systems zu modellieren. Strukturdiagramme umfassen das Klassendiagramm, das Kompositionsstrukturdiagramm, das Komponentendiagramm, das Verteilungsdiagramm, das Objektdiagramm und das Paketdiagramm.

In Abb. 4-14 ist beispielhaft ein Klassendiagramm zu sehen. Das Klassendiagramm gibt einen Überblick über objektorientierte Klassen und ihre Beziehungen. Klassen werden durch Rechtecke dargestellt, die um Attribute, Operationen und Klassencharakteristika ergänzt werden. Schnittstellen werden durch mit <<interface>> gekennzeichnete Rechtecke dargestellt. Als Beziehungen zwischen Klassen können Generalisierung, Assoziation, Komposition und Aggregation genutzt werden.

- Generalisierung beschreibt ein hierarchisches Konstrukt. Die speziellere Klasse weißt alle Charakteristika der generelleren Klasse und zusätzlich eigene, speziellere Merkmale auf. Die Darstellung erfolgt durch eine nicht ausgefüllte Pfeilspitze am Ende der Verbindungslinie auf der Seite der generelleren Klasse.
- Die Assoziation beschreibt die Beziehung zwischen Klassen. Eine reflexive Assoziation bildete eine Selbstreferenz einer Klasse ab.
- Die Aggregation beschreibt den Zusammenhang von verschiedenen Teilen zu einem Ganzen. Sie wird durch eine nicht gefüllte Raute am Ende der Verbindungslinie auf Seiten des ganzen Objektes dargestellt.

- Die Komposition beschreibt einen Spezialfall der Aggregation, bei dem das Ganze nicht ohne seine Teile existieren kann.

Abb. 4-14

Klassendiagramm

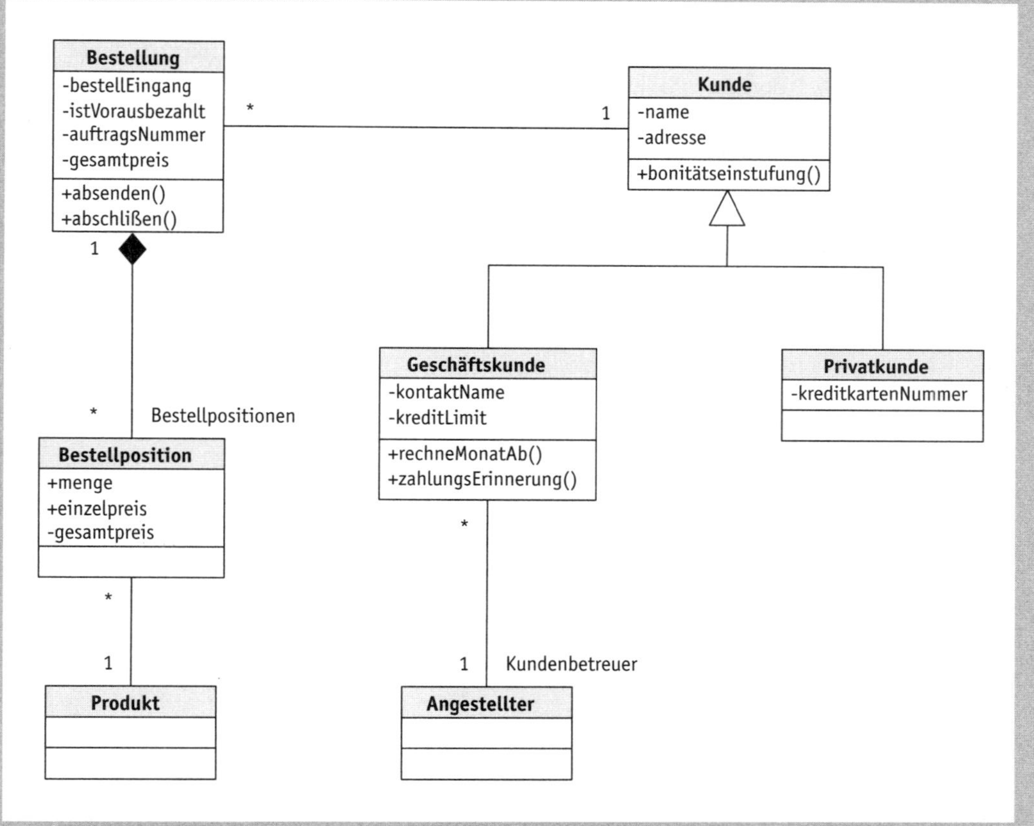

4.1.8 Architektur integrierter Informationssysteme (ARIS)

Informationssystem-architektur

In den vorangegangenen Ausführungen wurden unterschiedliche Modellierungsansätze vorgestellt, die den Gestalter bei seiner Arbeit unterstützen. Große Bedeutung hat seit Mitte der 1980er-Jahre der Gedanke der Informationssystem-Architektur erlangt, in der die Gesamtzusammenhänge eines IT-Systems erfasst werden. Allgemein wird mit dem Architekturbegriff der Gedanke eines Plans bzw. eines Generalbebauungsplans verbunden, in dem für das Informationssystem relevante Elemente und ihre Beziehungen abgebildet werden. In der einfachsten

Form umfassen die Architekturmodelle nur Daten, Applikationen, Kommunikation und IT-Infrastruktur; in erweiterten Architekturansätzen werden auch Elemente der Geschäftsstrategie sowie aufbau- und ablauforganisatorische Elemente einbezogen.

Die Architektur integrierter Informationssysteme (ARIS) von Scheer ist ein umfassender Ansatz zur Beschreibung von einzelnen Informationssystemen eines Unternehmens. Neben dem ARIS-Konzept, der Haus-Darstellung einer IT-Architektur, existiert das ARIS-Toolset, ein Programm zur Unterstützung der Modellierung.

ARIS

Zur Reduzierung der Komplexität wird in ARIS die Architektur eines Informationssystems in die vier Sichten Daten, Funktionen, Steuerung und Organisation und nach der Nähe zur IT in die drei Beschreibungsebenen Fachkonzept, DV-Konzept und Implementierung zerlegt (vgl. Abb. 4-15).

Abb. 4-15

Architektur integrierter Informationssysteme

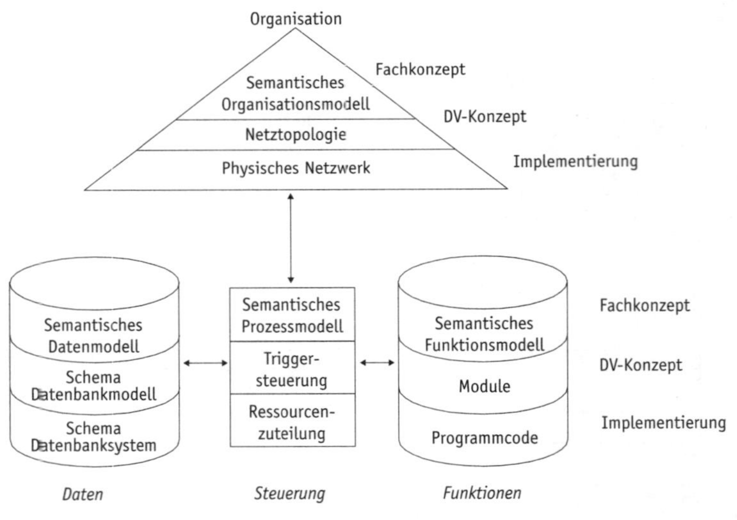

(Quelle: *Scheer,* 1993, S. 401f)

Durch die Zerlegung in verschiedene Sichten sollen Beschreibungsobjekte mit hohen Interdependenzen in jeweils einer Sicht zusammengefasst werden (vgl. Abb. 4-16):

- Die *Organisationssicht* betrachtet relevante Organisationseinheiten.
- Die *Funktionssicht* umfasst relevante Prozesse und Funktionen.

- Die *Datensicht* fokussiert relevante Informationen.
- Die *Steuerungssicht* bildet die zwischen den Objekten der anderen Sichten bestehenden Beziehungen ab, die durch die Zerlegung verloren gehen.

Ebenen

Die Unterteilung in die drei Ebenen Fachkonzept, DV-Konzept und Implementierung kann als Vorgehensmodell für die Entwicklung von IS interpretiert werden:

- Im *Fachkonzept* wird das betriebswirtschaftliche Anwendungskonzept so weit in formalisierten Beschreibungssprachen strukturiert, dass es als Ausgangspunkt für die Entwicklung des DV-Konzeptes herangezogen werden kann. Dies ist notwendig, um ein Verständnis der betriebswirtschaftlichen Realität zu erhalten und eine strukturierte Lösung zu erarbeiten.
- Im *DV-Konzept* wird das Fachkonzept in die Sprache der Datenverarbeitung umgesetzt, ohne jedoch auf spezifische Implementierungsaspekte Bezug zu nehmen. Das DV-Konzept dient als Brücke zwischen Modell und konkretem Programmcode und als Puffer um Änderungen im Implementierungskonzept aufzufangen, die sich sonst direkt auf das Fachkonzept auswirken würden.
- Im Rahmen der *technischen Implementierung* wird das DV-Konzept auf spezifische hard- und software-technische Komponenten übertragen.

Abb. 4-16

ARIS-Sichten

Sicht	Inhalt	Beispiel
Datensicht	beschreibt Informationsobjekte zur Repräsentation von Ereignissen und Zuständen	Auftrag ist abgewickelt Kundenstatus
Funktionssicht	beschreibt Funktionen und ihre Zusammenhänge in Form von Funktionsbäumen	(Teil)funktionen der Auftragsabwicklung
Organisationssicht	beschreibt Struktur und Beziehungen von Aufgabenträgern und Organisationseinheiten	Herr Maier Abt. Auftragsannahme
Steuerungssicht	beschreibt die Verbindung zwischen den Sichten	Prozesskette: Auftragsabwicklung

Beschreibungsmethoden

Für jede der ARIS-Komponenten gibt es eine Auswahl möglicher Beschreibungsmethoden, die zur Dokumentation verwendet werden können. So können z. B. auf der Fachkonzeptebene für die Organisationssicht Organigramme, für die Datensicht ERMs, für die Steuerungssicht EPKs oder VKDs und für die Funktionssicht Funktionsmodelle verwendet werden. Der Modellierungsvorgang kann durch das ARIS-Toolset unterstützt werden, das dem Anwender sämtliche Beschreibungsmethoden computergestützt zur Verfügung stellt und die Modelle in einer Datenbank sammelt.

Vor-/Nachteile

Vorteilhaft an ARIS sind die Verbindung der einzelnen Sichten über die Steuerungssicht sowie der direkte Zusammenhang zwischen den Ebenen einer Sicht. Dadurch werden die Komponenten der Architektur in einen nachvollziehbaren Zusammenhang gesetzt. ARIS ist im Unternehmen direkt für die Modellierung der Informationssysteme einsetzbar und erfreut sich in der Unternehmenswelt zurzeit großer Beliebtheit.

Die Frage nach der Einbettung von ARIS in den Gesamtzusammenhang des Unternehmens ist jedoch nach wie vor unzureichend beantwortet. So wird beispielsweise die Geschäftsstrategie überhaupt nicht berücksichtigt.

4.2 Projektmanagement

Die Entwicklung und Einführung von Software, aber auch die Einführung neuer Hardware, wird in der Regel immer in Form eines Projektes durchgeführt.

Projekte sind betriebswirtschaftliche und/oder technische Fragestellungen, die komplex, einmalig und zeitlich begrenzt sind. Sie laufen abseits des Tagesgeschäfts, damit sich die Mitarbeiter des Projektteams für eine begrenzte Zeit ungestört auf die Aufgabenstellung des Projektes konzentrieren können.

Projektziele

Projekte können sehr unterschiedliche Inhalte und Zielsetzungen haben. So kann man z.B. Bauprojekte, Reorganisationsprojekte, Software-Einführungsprojekte und Implementierungsprojekte unterscheiden.

Ein Projekt läuft immer in mehreren Phasen ab, die durch den Projektleiter gesteuert werden (Abb. 4-17). Die Aufgaben des Projektleiters ändern sich in den verschiedenen Phasen. Während der Projektinitialisierung und Planung ist er Planer und während der Durchführung »Steuermann«. Das Projekt-Controlling und die Dokumentation sollten alle Phasen des Projektes begleiten.

Projektmanagement ist die Gesamtheit von Führungsaufgaben, Führungsorganisation, Führungstechniken und Führungsmitteln zur Abwicklung eines Projektes (DIN 69901).

Abb. 4-17

Phasen eines Projektes

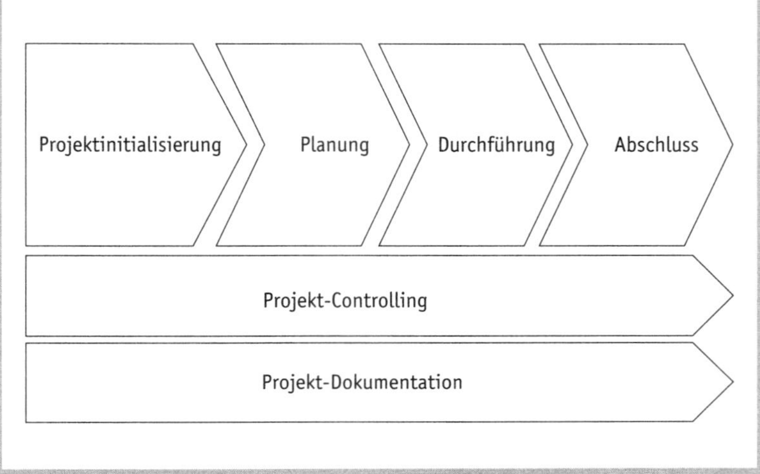

4.2.1 Projektinitialisierung

Bevor ein Projekt begonnen werden kann, ist in vielen Unternehmen ein Projektantrag zu erarbeiten, in dem die Ziele sowie Kosten und Nutzen des geplanten Projektes dargestellt werden müssen. Wird das Projekt genehmigt, sollte der Projektantrag zum Projektauftrag weiterentwickelt werden.

In der Phase der Projektinitialisierung sollten folgende Tätigkeiten ausgeführt werden:

- Erstellung des Projektauftrags
- Definition der Projektorganisation
- Durchführung der Grobplanung
- Ausarbeitung des Projekthandbuchs
- Durchführung des Kick-Off Meetings.

Projektauftrag

Der Projektauftrag ist eine Vereinbarung zwischen dem Auftraggeber und dem Projektleiter. Er definiert die Rahmenbedingungen, unter denen das Projekt ablaufen soll, und dient für beide Seiten als Messlatte für den Projekterfolg. Wichtigster Bestandteil des Projektauftrags ist die Zielsetzung, die vom Auftraggeber definiert werden muss. Die Projektziele müssen ergebnisorientiert, messbar und schriftlich fixiert sein. Aus der Zielsetzung leitet sich die konkrete Aufgabenstellung des Projektes ab, die von Auftraggeber und Projektleiter gemeinsam definiert werden sollte, um ein gemeinsames Verständnis zu schaffen. Darüber hinaus sollte der Projektleiter im Projektauftrag kritische Erfolgsfaktoren sowie eine grobe

Planung festhalten und mit dem Auftraggeber abstimmen. Durch die Unterschrift von Auftraggeber und Projektleiter unter dem Projektauftrag wird dieser zu einem verbindlichen Dokument für beide Seiten.

Projekthandbuch

In der Initialisierungsphase sollte auch ein Projekthandbuch erstellt werden. Dieses umfasst eine Sammlung von Informationen und Regelungen, die für die Planung und Durchführung eines bestimmten Projektes gelten sollen. Dazu gehören z. B. die Ziele und Ausgangssituation des Projektes, die Projektorganisation inkl. der Projektstruktur (Gremien und Beteiligte) und der Projektverantwortung z. B. für Projektleitung und Qualitätssicherung, Angaben zum Risikomanagement, Vorgaben für die Dokumentation sowie die Arbeitspakete und der Zeitplan.

Kick-off-Veranstaltung

Die Kick-off-Veranstaltung ist das erste Treffen des Projektleiters mit dem gesamten Projektteam und wird als offizieller Projektstart angesehen. Sie dient dem Ziel, Klarheit zu schaffen. Alle Projektmitarbeiter sollen nach diesem Treffen die Projektziele und die Kriterien, anhand derer der Projekterfolg gemessen wird, kennen. Der Projektleiter stellt das Projekt im Überblick vor und erläutert die einzelnen Rollen im Projekt. Die Teammitglieder stellen sich vor und lernen sich gegenseitig kennen.

4.2.2 Projektplanung

Die Projektplanung beinhaltet zu Beginn des Projektes eine Aufwandsschätzung und eine Terminierung des Projektes. In den folgenden Phasen sind die Planungen jeweils zu aktualisieren. Ausgangspunkt sämtlicher Planungsaktivitäten ist der Projektauftrag (vgl. Abb. 4-18).

Im ersten Schritt wird ein Projektstrukturplan (PSP) entwickelt. Ein Projektstrukturplan ist eine vollständige, hierarchische Darstellung aller Aufgaben des Projektes als Diagramm oder Liste (Abb. 4-19). Jedes darin enthaltene übergeordnete Element muss durch die ihm untergeordneten Elemente vollständig beschrieben werden. Ein PSP kann entweder top-down durch stufenweise Zerlegung der Gesamtaufgabe in Teilaufgaben oder bottom-up durch Sammlung der Einzelaufgaben und Zusammenfassung zu Aufgabenblöcken entwickelt werden.

Aufwandsschätzung

Der fertige PSP dient als Basis für die Aufwandsschätzung. Diese ist für alle benötigten Ressourcen, z. B. Personal, finanzielle Mittel und Rechnerausstattung, separat durchzuführen. Einfluss auf den Aufwand haben beispielsweise die Größe und Dauer des Projektes, die Qualitätsanforderungen an den Entwicklungsprozess und das fertige Produkt, die Entwicklungsmethoden und der Einsatz von Entwicklungswerkzeugen sowie die Qualifikation und Produktivität der Mitarbeiter. Für die Aufwandsschätzung findet häufig die Analogie-Methode-Anwendung. Weitere Methoden sind die Function-Point-Methode oder COCOMO.

Analogiemethode

Bei der Analogiemethode wird ein grober Schätzwert für den Aufwand durch einen Abgleich mit vergleichbaren, bereits abgeschlossenen Projekten, die unter ähnlichen Bedingungen durchgeführt wurden, ermittelt. Im ersten Schritt wird ein ähnliches Projekt identifiziert; im zweiten Schritt werden die Unterschiede zwischen dem ausgewählten und dem abzuschätzenden Projekt analysiert und im

Abb. 4-18

Planungsschritte

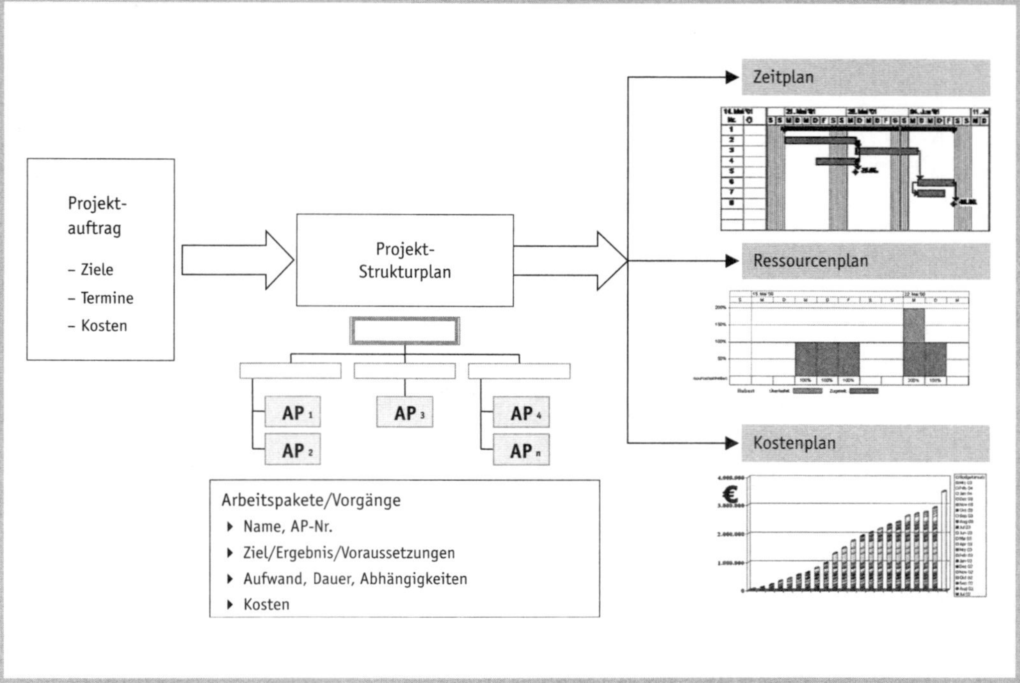

dritten Schritt wird, unter Berücksichtigung der Unterschiede, die Aufwandsschätzung durchgeführt.

Problematisch an diesem Verfahren ist die nur begrenzte Vergleichbarkeit der Projekte. Des Weiteren ist das Ergebnis sehr stark von den Erfahrungen des schätzenden Experten abhängig. Voraussetzung für die Anwendung der Analogiemethode ist, dass der Entwicklungspfad und die Merkmale und Rahmenbedingungen abgeschlossener Projekte gesammelt und gespeichert werden.

Projektterminierung

Die Projektterminierung ist bei der Softwareentwicklung schwierig, weil es aufgrund der Unterschiedlichkeit der Projekte häufig an vergleichbaren Erfahrungen mangelt. Deshalb ist die Projekterminierung ein iterativer Prozess. Zu Beginn basiert er auf der Erfahrung und Intuition des Projektmanagers, spätere Anpassungen basieren auf den gewonnenen Erfahrungen und der Überwachung des laufenden Projektes.

Als Technik zur Projektterminierung wird teilweise die Netzplantechnik eingesetzt. Sie erlaubt es, Abhängigkeiten zwischen Aktivitäten zu erfassen und auszuwerten. Auf dem sogenannten »kritischen Pfad« befinden sich diejenigen Aktivitäten, bei denen Zeitverzögerungen zu einer Verzögerung des Gesamtpro-

Abb. 4-19

Projektstrukturplan als Diagramm

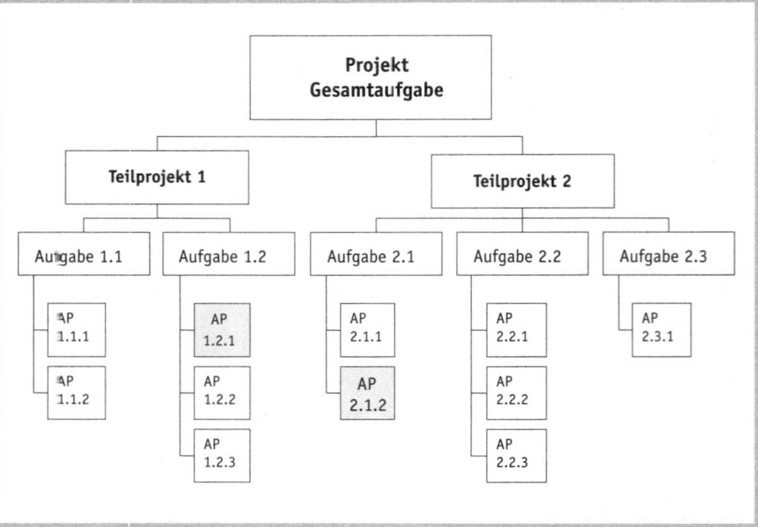

jektes führen, und die deshalb mit besonderer Aufmerksamkeit zu überwachen sind.

Es ist typisch für die Anwendungsentwicklung, dass die Zeitschätzungen zu Beginn oft zu optimistisch sind. Deshalb sollten zumindest absehbare Schwierigkeiten berücksichtigt und ein zusätzlicher Puffer eingebaut werden. In einer groben Abschätzung lässt sich für die klassische Anwendungsentwicklung sagen, dass die Phasen von der IST-Analyse bis zum Design ungefähr doppelt so lange brauchen wie die Programmierung. Testen und Validieren dauern noch einmal etwa doppelt so lange.

4.2.3 Durchführung

Projektsteuerung

Während der Projektlaufzeit muss der Projektleiter das Projekt steuern. Die Projektsteuerung gewährleistet, dass die Ziele des Projektes und die inhaltlichen Vorgaben (Spezifikationen) eingehalten werden, dass das Projekt im Terminplan bleibt und dass die Vorgaben für Personal- und Sachmitteleinsatz sowie Kosten nicht überschritten werden.

Um dieses gewährleisten zu können, muss der Projektleiter kontinuierlich die aktuellen Ist-Werte mit den Planwerten abgleichen. Die Projektüberwachung erfolgt durch regelmäßige Projektbesprechungen, mündliche oder schriftliche Berichterstattung in Ausnahmesituationen und regelmäßige schriftliche Projektberichte. Werden Abweichungen zwischen Ist- und Sollwerten festgestellt, müssen die Ursachen analysiert und Maßnahmen ergriffen werden.

Zwei Aspekte haben im Zusammenhang mit der Qualität von Softwareprodukten immer wieder für Diskussionen gesorgt: Auf der Anwenderseite die Unzufriedenheit mit der Software, weil sie nicht die Erwartungen erfüllt, auf der IT-Seite die Probleme mit der Wartung von Software. Die Lösung beider Probleme erfordert eine umfassende Qualitätssicherung während der Systementwicklung, d. h. nicht nur die Qualität des Endproduktes, sondern auch des Entwicklungsprozesses sind von zentraler Bedeutung. Die Qualitätssicherung gehört daher zu den wesentlichen Aufgaben des Projektmanagements.

4.2.4 Qualitätssicherung

Die Qualitätssicherung umfasst alle Maßnahmen im Rahmen der Systementwicklung, die sicherstellen sollen, dass definierte Systemeigenschaften erreicht werden. Qualitätssicherung wird heutzutage nicht mehr nur als ein Prüfvorgang am Ende der Softwareentwicklung verstanden, sondern als dauerhafte, projektbegleitende Aufgabe.

Zur Qualitätssicherung gehören z. B. die frühzeitige Fehlererkennung und Fehlerbeseitigung sowie die laufende Überprüfung der Einhaltung der vorgegebenen Qualitätsnormen, die ihren Ursprung haben können in

- den aus dem Projektziel abgeleiteten Kriterien,
- allgemeinen Entwicklungsrichtlinien einer Organisation,
- internationalen Normen wie z. B. den allgemeinen Qualitätsnormen DIN-EN-ISO 9000 ff.

Ansatzpunkte für die Qualitätssicherung im Entwicklungsprozess sind:

- die Anwendung von Prinzipien des strukturierten Systementwurfs und der strukturierten Programmentwicklung,
- die verbindliche Festlegung einer einzigen erprobten Methode bzw. eines einzigen Verfahrens der Programmentwicklung,
- die adäquate Ressourcen-Allokation während der Systementwicklung,
- die Verwendung von Qualitätsmaßen,
- die Durchführung von Systemtests.

Produktqualität

Im Hinblick auf die Produktqualität ist festzulegen, was in dem Unternehmen unter Qualität verstanden wird. Beispielsweise betrachten einige Programmierer Qualität als das Nichtvorhandensein von Programmfehlern. Verständlicherweise beeinflussen Programmfehler die Qualität – sie sind jedoch keineswegs das einzige Qualitätskriterium. Auch ein System ohne Fehler, das zu langsam läuft, das schwierig zu bedienen ist, das inflexibel ist oder dem wichtige Funktionalitäten fehlen, wird aus Sicht des Anwenders nur eine geringe Qualität haben. Die Definition der Qualität sollte daher nicht nur aus Sicht der Entwickler, sondern insbesondere auch aus Nutzersicht vorgenommen werden.

Qualitätsmerkmale

Zur Beurteilung der Softwarequalität sind im Laufe der Jahre eine Reihe von Kriterien entwickelt worden. Inzwischen sind sie Gegenstand internationaler Normierungsbestrebungen geworden und haben ihren Niederschlag in der deutschen Norm ISO/IEC 9003: 2004 sowie ISO/IEC 25000: 2014 gefunden. Diese ISO Normen beschreiben Qualitätsmerkmale für Software (vgl. Abb. 4-20), die in benutzer- und entwicklungsorientierte Kriterien eingeteilt werden können. Benutzerorientierte Merkmale beziehen sich auf Merkmale, die den Einsatz der Software betreffen und dadurch die Tätigkeit des Benutzers beeinflussen. Entwicklungsorientierte Merkmale beziehen sich auf die programmtechnischen Aspekte und den Aufwand für Programmänderungen.

Benutzerorientierte Kriterien

Wichtige benutzerorientierte Kriterien sind:
- *Benutzbarkeit*: Wie einfach ist das Programm durch den Benutzer zu bedienen (Bedienbarkeit)? Wie schnell lässt sich der Umgang mit der Software lernen (Erlernbarkeit)?
- *Funktionalität*: Werden die im Pflichtenheft geforderten Funktionalitäten abgedeckt?
- *Zuverlässigkeit*: Mit welchem prozentualen Anteil erfüllt das System im Routinebetrieb seine Funktionen? Werden alle Funktionen korrekt ausgeführt?

Entwicklungsorientierte Kriterien

Wichtige entwicklungsorientierte Kriterien sind:
- *Änderbarkeit:* Mit welchem Aufwand können Änderungen im System vorgenommen werden?
- *Übertragbarkeit:* Kann das Programm ohne übermäßigen Aufwand auf andere Plattformen übertragen werden (Portabilität)? Mit welchem Aufwand kann die Software an individuelle Gegebenheiten angepasst werden (Anpassbarkeit)?

Probleme der Qualitätssicherung

Die Qualitätssicherung für das Endprodukt ist mit verschiedenen Problemen verbunden, die einerseits auf die Subjektivität des Qualitätsbegriffs, andererseits auf die Komplexität der Systeme zurückzuführen sind. Da viele Qualitätsmerkmale nicht eindeutig quantifizierbar sind, kann eine Bewertung der Qualität immer nur subjektiv sein. So kann beispielsweise eine Bildschirmoberfläche von einem Nutzer als sehr gut, von einem anderen als sehr schlecht empfunden werden, was zu gegensätzlichen Qualitätsaussagen führt.

Softwaresysteme sind in der Regel komplexe Systeme, sodass es kaum möglich ist, von einzelnen Kriterien auf die Qualität des gesamten Softwaresystems zu schließen. Zudem kann es aufgrund der Beziehungen zwischen verschiedenen Merkmalen vorkommen, dass die Qualitätsverbesserung in einem Merkmal zu einer Verschlechterung anderer Merkmale führt. Werden beispielsweise einzelne Felder einer Bildschirmanzeige in einen zusätzlichen Bildschirm verlagert, um die Übersichtlichkeit zu erhöhen, so wird dadurch der Zeitbedarf für die Eingabe erhöht.

Abb. 4-20

Beispiele für Qualitätsmerkmale von Anwendungssoftware

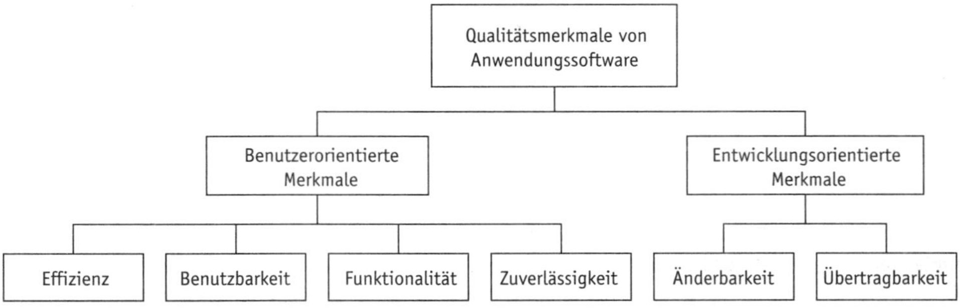

4.2.5 Dokumentation

Eine wichtige Aufgabe des Projektleiters ist es, dafür zu sorgen, dass eine Dokumentation zum System erstellt wird und dass sie immer aktuell ist. Die Erstellung und Verwaltung einer guten Dokumentation kostet zwischen 20 und 30 Prozent des gesamten Projektbudgets. Dieser Aufwand wird häufig unterschätzt und führt deshalb zu mangelhaften Dokumentationen.

Typischerweise wird für eine Anwendung eine Benutzerdokumentation und eine Systemdokumentation erstellt. Richtlinien für Dokumentationen finden sich in den Ausführungen der ISO/IEC 26514: 2008.

Die *Benutzerdokumentation (Programmhandbuch)* erläutert einem Benutzer die Funktion einer Anwendung, ohne auf ihre technische Realisierung einzugehen. Diese Dokumentation enthält alle Angaben, die für die Installation, den Betrieb und die Pflege des Programms erforderlich sind. Da es hier auf eine möglichst gute didaktische Aufbereitung ankommt, wird diese Aufgabe häufig an spezialisierte technische Autoren ausgelagert.

Die *Systemdokumentation* enthält Dokumente der einzelnen Phasen (Spezifikation, Design, usw.) und eine genaue Beschreibung der vorliegenden Implementierung. Dazu gehören beispielsweise die Programmkenndaten, die eigentliche Programmdokumentation mit Ablaufplan, Datenflussplan und Modulen sowie Protokolle über Tests und Abnahmen. Diese Beschreibung wird zunehmend in den Softwarecode integriert, weil es nur so ohne großen Aufwand möglich ist, Programm und Dokumentation auf dem gleichen Stand zu halten.

4.2.6 Projektabschluss

Lessons Learned

Die letzte Phase eines Projektes bildet der Projektabschluss, der je nach Projektart sehr unterschiedlich ausfallen kann. Üblich sind z. B. die folgenden Formen des Projektabschlusses, die auch miteinander kombiniert auftreten können:

- Projektabschlusspräsentation vor dem Lenkungsausschuss bzw. Auftraggeber
- Projektpräsentation vor den betroffenen Fachbereichen
- Übergabe des Projektabschlussberichts und der Projektdokumentation an den Auftraggeber
- Übergabe der Projektergebnisse in das Tagesgeschäft, z. B. Produktivsetzung eines neuen Anwendungssystems.

Eine wichtige Aufgabe zum Projektabschluss, die in der Praxis jedoch häufig aus Kapazitätsgründen nicht ausgefüllt wird, ist die Dokumentation der Lessons Learned. Im Sinne eines Projekt-Reviews sollten der Projektleiter und seine Teilprojektleiter die gemachten Erfahrungen und Ergebnisse noch einmal kritisch beleuchten, um daraus Schlussfolgerungen für zukünftige, ähnliche Projekt zu ziehen. Diese sollten dann dokumentiert werden, damit sie auch zu einem späteren Zeitpunkt noch zur Verfügung stehen.

Schlüsselbegriffe Kapitel 4

- **Modell**
- **Datenmodellierung**
- **Funktionsmodellierung**
- **Objektorientierung**
- **Prozessmodellierung**
- **Ereignisorientierte Prozessketten (EPK)**
- **Entity-Relationship-Modell (ERM)**
- **Architektur integrierter Informationssysteme (ARIS)**
- **Projektmanagement**
- **Projekt-Struktur-Plan (PSP)**
- **Qualitätssicherung**
- **Dokumentation**

Wiederholungsfragen Kapitel 4

1. *Erläutern Sie den Unterschied zwischen Ist- und Soll-Modellen und deren Verwendungsmöglichkeiten sowie Vor- und Nachteile des Einsatzes.*
2. *Nennen Sie unterschiedliche Modellierungsmethoden und stellen Sie Vor- und Nachteile gegenüber.*
3. *Erläutern Sie die drei Grundelemente von ER-Modellen und erläutern Sie anhand eines Beispiels unterschiedliche Beziehungstypen in ER-Modellen.*
4. *Erklären Sie den Begriff »Ereignisorientierte Prozesskette« und die Elemente einer EPK.*
5. *Was versteht man unter einer »Kunden-Lieferanten-Beziehung«?*
6. *Was sind Referenzmodelle?*
7. *Stellen Sie den Unterschied zwischen Referenz- und Meta-Modell dar.*
8. *Nennen und erläutern Sie die Grundbegriffe der objektorientierten Modellierung.*
9. *Erklären Sie das Architekturmodell ARIS.*
10. *Welche Phasen eines Projektes kann man unterscheiden?*

Literaturhinweise Kapitel 4

Becker, J.; Schütte, R.: Handelsinformationssysteme, 2. Aufl., Frankfurt am Main 2004.

Coad, P.; Yourdan, E.: Objektorientierte Analyse, Englewood Cliffs, 1994a.

Coad, P.; Yourdan, E.: Objektorientiertes Design, Englewood Cliffs, 1994b.

Scheer, A.-W.: Betriebs- und Wirtschaftsinformatik, in: Wittmann et al. (Hrsg.): Handwörterbuch der Betriebswirtschaft, Bd. 1., 5. Aufl., Stuttgart 1993, Sp. 390–408.

Weiterführende Literatur

Becker, J.; Rosemann, M.; Schütte, R.: Grundsätze ordnungsmäßiger Modellierung, in: Wirtschaftsinformatik, 37 (1995), Nr. 5, S. 435–445.

Krcmar, H.: Bedeutung und Ziele von Informationssystem-Architekturen, in: Wirtschaftsinformatik, 32. Jg. (1990), Nr. 5, S. 395–402.

Picot, A.; Maier, A.: Ansätze der Informationsmodellierung: Ihre betriebswirtschaftliche Bedeutung, in: Zeitschrift für betriebswirtschaftliche Forschung, 46 Jg. (1994), S. 107ff.

Scheer, A.-W.: Architektur integrierter Informationssysteme. Berlin u. a. 1998.

Schütte, R.: Grundsätze ordnungsmäßiger Referenzmodellierung. Konstruktion konfigurations- und anpassungsorientierter Modelle. Reihe neue betriebswirtschaftliche Forschung, Wiesbaden 1998.

5 Bereitstellung von Anwendungssystemen

Lernziele

Make-or-buy-Entscheidung

- Sie kennen verschiedene Alternativen zur Bereitstellung von Anwendungssystemen.
- Sie kennen ein systematisches Vorgehen, um eine Make-or-buy-Entscheidung zu treffen.

Beschaffung und Einführung von Standardsoftware

- Sie können den Begriff der Standardsoftware erklären und Vor- und Nachteile nennen.
- Sie kennen eine Vorgehensweise zur Auswahl von Standardsoftware.
- Sie können verschiedene Ansätze zur Einführung von Standardsoftware erklären.

Entwicklung von Individualsoftware

- Sie können den Begriff Individualsoftware erklären und Vor- und Nachteile nennen.
- Sie kennen verschiedene Vorgehensmodelle für die Software-Entwicklung und können die Vor- und Nachteile sowie Einsatzbereiche der Ansätze erläutern.

Stellen Sie sich vor, Sie sind als IT-Leiter in einem mittelständischen Unternehmen beschäftigt. Da in den letzten Jahren aufgrund der schlechten wirtschaftlichen Lage kaum in neue Anwendungssysteme investiert wurde, besteht nun dringender Handlungsbedarf, wenn das Unternehmen den Anschluss an die Konkurrenz nicht verpassen möchte.

Da es dem Unternehmen langsam wieder besser geht und das Management sich der brenzligen Situation bewusst ist, sind die Geschäftsführer seit Jahren erstmals bereit, Geld für neue Anwendungssysteme auszugeben.

Als IT-Leiter haben Sie nun die Aufgabe bekommen, die Anforderungen der Fachabteilungen zu sammeln und zu prüfen und dann einen Vorschlag zum weiteren Vorgehen zu machen.

Eine erste Sichtung der erarbeiteten Anforderungen zeigt, dass die Kapazitäten der eigenen IT-Abteilung nicht ausreichen werden, um alle Anforderungen abzudecken. Was können Sie nun machen und was sollen Sie der Geschäftsführung vorschlagen?

Im Folgenden werden die Alternativen Standardsoftware und Individualsoftware mit ihren Vor- und Nachteilen vorgestellt und erläutert, wie eine Make-or-buy-Entscheidung getroffen werden kann. Dann wird der Frage nachgegangen, wie man eine passende Standardsoftware auswählt und einführt. Den Abschluss bilden Ausführungen zur Eigenentwicklung von Individualsoftware.

5.1 Standardsoftware vs. Individualsoftware

Neue Anwendungssysteme können entweder durch die Beschaffung von Standardsoftware oder durch die Entwicklung von Individualsoftware bereitgestellt werden (vgl. Abb. 5-1). Während bei der Standardsoftware-Lösung eine Software gekauft wird, die für den anonymen Markt entwickelt wurde und dann bei Bedarf an unternehmensspezifische Belange angepasst wird (»Buy«-Lösung), wird bei der Entwicklung von Individualsoftware eine auf die spezifischen Belange des Unternehmens zugeschnittene Softwarelösung erstellt (»Make«-Lösung). Diese beiden Alternativen werden im Folgenden vorgestellt.

Abb. 5-1

Alternativen der Software-Bereitstellung

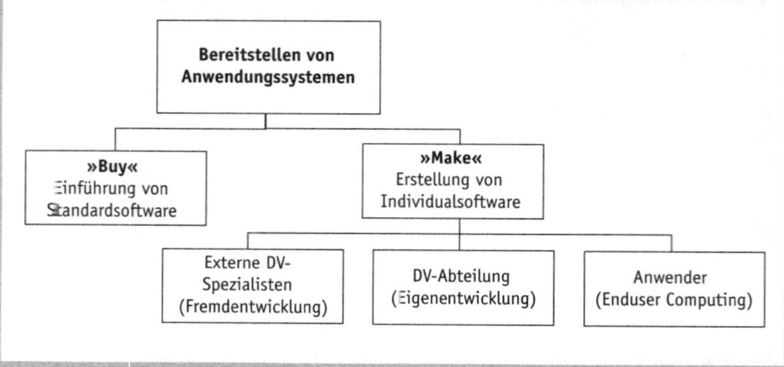

5.1.1 Standardsoftware

Standardsoftware

Unter Standardsoftware (Packaged Software) versteht man vorgefertigte Softwarepakete, die jeweils ein genau beschriebenes betriebliches Aufgabengebiet abdecken, z. B. Finanzbuchhaltung oder Lohn- und Gehaltsabrechnung.

Standardsoftware weist die folgenden Charakteristika auf:

- Sie wird für den anonymen Markt entwickelt und ist in vielen Unternehmen einsetzbar.
- Sie deckt einen genau definierten Funktionsumfang ab. Werden mehrere Anwendungsbereiche von einem Softwarepaket abgedeckt, wird von integrierter Standardsoftware gesprochen (vgl. Kap. 6)
- Die Grundversion wird zu einem im Voraus bekannten Preis (Lizenzgebühr) angeboten. Die Anpassung an die unternehmensindividuellen Anforderungen wird nach Bedarf abgerechnet.
- Standardsoftware ist (sofort) verfügbar.

Neben lizenzpflichtiger Standardsoftware, für deren Nutzung die Zahlung einer Lizenzgebühr im Sinne eines »Kaufpreises« Voraussetzung ist, haben sich in den letzten Jahren auch verschiedene Formen von kostenfreien Programmen durchgesetzt, wobei die Vergütung teilweise in anderer Form erfolgt.

Shareware

Unter *Shareware* wird eine Programmgattung verstanden, die der Anwender zunächst kostenlos testen kann, um sich von der Nützlichkeit der Software zu überzeugen. Nach Ablauf der Testphase kann man sich als regulärer Nutzer registrieren lassen und entrichtet dann eine Nutzungs- oder Registrierungsgebühr. Viele Sharewareprogramme enthalten zunächst nicht den vollen Nutzungsumfang sondern werden erst nach Entrichtung der Gebühr zur Vollversion mit komplettem Funktionsumfang. Der Vorteil von Shareware ist, dass die Lösung gründlich getestet und geprüft werden kann, was bei herkömmlicher Standardsoftware in diesem Umfang meist nicht möglich ist.

Freeware

Unter *Freeware* versteht man Programme, die für den privaten Anwender kostenlos zur Verfügung gestellt werden. Sie sind jedoch urheberrechtlich geschützt und dürfen daher nicht verändert werden. Will man die Software für kommerzielle Zwecke nutzen, fordern die Freeware-Autoren häufig eine Registrierungsgebühr von den Anwendern bzw. Firmen.

Open-Source-Software

Wie der Name bereits andeutet, ist bei *Open-Source-Software* der Quellcode (Sourcecode) für jedermann offengelegt und zugänglich. Jeder Benutzer hat das Recht, Erweiterungen oder Ergänzungen an der Software vorzunehmen. Programmverbesserungen und entdeckte Fehler sollen der Allgemeinheit zugänglich gemacht werden. Meistens wird Open-Source-Software im Internet kostenlos zum Herunterladen zur Verfügung gestellt.

Zusatzinformation

Entwicklungsstadien von Standardsoftware

Bei den meisten Standardsoftware-Produkten werden verschiedene Entwicklungsstadien unterschieden, die die Reife und die Fehlerhäufigkeit des Produktes charakterisieren.

Die erste lauffähige Version, die zum Test durch Nicht-Entwickler zur Verfügung gestellt wird, wird *Alpha-Release* genannt. Dieser Begriff ist nicht exakt definiert, jedoch enthält ein Alpha-Release in der Regel bereits wichtige Funktionalitäten der späteren Lösung. Die Alpha-Versionen beinhalten häufig noch Programmfehler und noch nicht den vollen Funktionsumfang. Sie sind daher nicht für den produktiven Einsatz beim Endanwender geeignet.

Eine *Beta-Version* ist eine unfertige Version des Programms. Zwar sind alle wesentlichen Funktionalitäten implementiert, aber das Programm ist noch nicht vollständig getestet und enthält daher zumeist noch viele, teilweise auch schwerwiegende, Fehler, so dass ein Produktiveinsatz nicht empfehlenswert ist. Beta-Versionen sind häufig die ersten Versionen, die vom Hersteller zu Testzwecken veröffentlicht werden. Der Nutzen eines Betatests besteht darin, dass Fehler, die typischerweise nur in der Praxis auftreten, wie z. B. Konflikte mit anderen Programmen oder Probleme mit Hardwarekomponenten frühzeitig erkannt und behoben werden können. Beta-Versionen sind an der 0 als Hauptversionsnummer oder dem Namenszusatz »Beta« zu erkennen.

Ein *Release Candidate* (*RC*) oder *Freigabekandidat*, gelegentlich auch als *Prerelease* bezeichnet, ist die abschließende Testversion eines Programms. In dieser Version sind alle Funktionalitäten, die die spätere Software enthalten soll, verfügbar und alle bis dahin bekannten Fehler sind behoben.

Fortsetzung auf Folgeseite

Fortsetzung von Vorseite

Mit dem RC werden abschließende Produkt- oder Systemtests durchgeführt. Dabei wird die Qualität der Software geprüft und nach Programmfehlern gesucht. Wird noch etwas geändert, so muss ein weiterer Release Candidate erstellt und die Tests wiederholt werden. Werden die Qualitätsanforderungen erfüllt und keine weiteren Änderungen mehr vorgenommen, kann die Software veröffentlicht werden.
Die fertige und veröffentlichte Version einer Software wird als *Release* bezeichnet. Damit geht ein Hochzählen der Versionsnummer einher. Zur Fehlerbehebung nach der Veröffentlichung geben die Softwarehersteller sogenannte Hotfixes, Patches oder Service Packs heraus.
Ein *Hotfix* ist eine Aktualisierung, die der Hersteller bereitstellt, um einen gravierenden Fehler schnell und gezielt zu beheben. Zumeist verweisen die Hersteller darauf, dass aufgrund der Dringlichkeit keine vollständigen Tests durchgeführt werden konnten. Daher bringt die Installation eines Hotfixes stets auch ein Risiko mit sich und sollte nur durchgeführt werden, wenn man direkt von dem Fehler betroffen ist.
Ein *Patch* (von engl. »Flicken« im Sinne einer Nachbesserung) ist eine Korrekturauslieferung für Software, um zum Beispiel Sicherheitslücken zu schließen, Fehler zu beheben oder bislang nicht vorhandene Funktionalität nachzurüsten. Patches korrigieren in der Regel nur einen einzigen Fehler.
Service Packs bieten den Vorteil, dass sie sehr viele Patches zusammenfassen, die dann mit einer einzigen Installation ausgeführt werden können. In der Regel enthält ein Service Pack alle Patches (soweit sie nicht obsolet wurden) seit der Hauptversion oder dem letzten Service Pack. Ein Service Pack kann neben Fehlerkorrekturen auch neue oder fehlende Funktionalitäten enthalten. Manche Service Packs werden von den Herstellern in einer Beta-Version vorab zum Testen bereitgestellt.

Vorteile Standardsoftware

Während früher die Entwicklung von Individualsoftware in den Unternehmen dominierte, ist der Anteil an eingesetzter Standardsoftware in den letzten Jahren ständig gestiegen, da die Make-Lösung im Vergleich zur Buy-Lösung häufig unwirtschaftlich ist. Der Einsatz von Standardsoftware bietet folgende Vorteile gegenüber Eigenentwicklungen:

- Kosteneinsparungen gegenüber Eigenentwicklung, da sich mehrere Anwenderunternehmen den Entwicklungsaufwand teilen,
- Verkürzung der Einführungszeiten, da die Software sofort verfügbar ist,
- hohe technische und fachliche Programmqualität aufgrund der größeren Erfahrung der Programmierer,
- Gewährleistung der Programmwartung und -weiterentwicklung durch den Anbieter,
- Anwendungen lassen sich auch realisieren, wenn kein oder nur unzureichend qualifiziertes IT-Personal im Unternehmen verfügbar ist. Eigene Ressourcen werden geschont, »Entwicklungsstaus« der eigenen IT-Abteilung können abgebaut werden,
- mit der Software wird betriebswirtschaftliches Know-how von vielen Anwendern, das in der Software abgebildet ist, in die Unternehmen gebracht,
- Dokumentation und Schulungsunterlagen sind in der Regel vorhanden,
- die Lösung ist bereits bei anderen Unternehmen im Echteinsatz und kann begutachtet werden (z. B. Teststellung, Referenzbesuche),
- geringeres Risiko, da die Software umfangreich getestet und erprobt ist.

Nachteile Standardsoftware

Demgegenüber stehen folgende Nachteile von Standardsoftware:

- Die technischen und organisatorischen Anforderungen des einzelnen Unternehmens werden unter Umständen nicht umfassend abgedeckt.

- Schnittstellenprobleme zu anderen Anwendungen, wenn die Standardsoftware nur für ein Anwendungsgebiet eingesetzt wird.
- Schlechteres Betriebsverhalten, da das System nicht für die spezifische Hardwareumgebung des Unternehmens entwickelt wurde.
- »Not invented here«-Syndrom, d. h. Anwender und IT-Abteilungen akzeptieren die Software nicht.
- Abhängigkeit vom Hersteller der Software.

5.1.2 Individualsoftware

Individualsoftware (Custom Software) wird für eine spezialisierte Aufgabenstellung eines einzelnen Unternehmens entwickelt. Es handelt sich um eine »maßgeschneiderte« Software für spezielle, in der Regel einmalige Anwendungen.

Individualsoftware

Individualsoftware wird dann eingesetzt, wenn keine adäquate Lösung auf dem Markt erhältlich ist oder technische Rahmenbedingungen eine Eigenentwicklung erforderlich machen. Da die Software nach den Spezifikationen des Unternehmens entwickelt wird, deckt sie optimal die Anforderungen ab. Darüber hinaus kann unternehmensspezifisches Know-how in die Entwicklung einfließen, so dass Vorteile gegenüber der Konkurrenz erzielt werden können. Nachteilig ist der in der Regel höhere finanzielle Aufwand der eigenerstellten Lösung.

Entwicklung von Individualsoftware

Die Entwicklung von Individualsoftware muss nicht unbedingt von der eigenen IT-Abteilung des Unternehmens durchgeführt werden. Nach den beteiligten Personenkreisen können drei Alternativen zur Bereitstellung unterschieden werden:

- *Fremdentwicklung*: Die Entwicklung durch unternehmensexterne IT-Spezialisten,
- *Eigenentwicklung*: Die Entwicklung durch die unternehmenseigene IT-Abteilung,
- *Enduser Computing*: Die Entwicklung durch den Anwender, die in der Regel nur für weniger komplexe Anwendungen in Frage kommt.

Enduser-Computing

Beim sogenannten Enduser-Computing, auch individuelle Datenverarbeitung genannt, entwickelt der Mitarbeiter mit Hilfe von Anwenderwerkzeugen, wie beispielsweise Tabellenkalkulationsprogrammen, selbstständig kleinere Anwendungen für sein spezifisches Aufgabengebiet.

Die individuelle Datenverarbeitung bietet den Unternehmen eine Reihe von Vorteilen im Vergleich zur Entwicklung durch die IT-Abteilung. Da die Nutzer ihre Anwendungen alleine und ohne Kontakt zur IT-Abteilung entwickeln können, kann die Lösung sehr viel schneller und informeller bereitgestellt werden. Die Akzeptanz der Systeme bei den Anwendern ist größer, da sie sie selber erstellt haben. Missverständnisse und Fehlinterpretationen der Anforderungen, die bei der Entwicklung durch die IT-Abteilung häufig sind, können ausgeschaltet werden, da der Anwender seine Anforderungen selbst umsetzt.

Auf der anderen Seite werden durch die individuelle Datenverarbeitung neue Problemfelder eröffnet: Problematisch sind der unkontrollierte Einsatz unterschiedlicher, zum Teil nicht kompatibler Hard- und Software (Wildwuchs, Insellösungen), die Gefahr von Doppelentwicklungen für grundlegende Lösungsansätze, wodurch Kapazitäten gebunden werden, sowie die Existenz mehrerer Datenbanken teilweise gleichen Inhalts, die kaum auf dem gleichen Stand gehalten werden können. Häufig werden die schnell entwickelten Problemlösungen nicht umfassend dokumentiert, so dass eine Systempflege nach Weggang des Mitarbeiters nur schwer möglich ist.

5.2 Einführung von Standardsoftware

5.2.1 Auswahl von Standardsoftware

Nach durchschnittlich 7 bis 10 Jahren endet der Lebenszyklus eines Anwendungssystems und eine neue Lösung wird gesucht. Oftmals wird in dieser Situation auch der Softwareanbieter gewechselt. Die Auswahl der neuen Lösung erfolgt üblicherweise in mehreren aufeinanderfolgenden Phasen, die in vielen Unternehmen als Projekt abgewickelt werden.

Auswahl von Software

Die Einführung von Standardsoftware bindet das Unternehmen für mehrere Jahre an eine Software und beeinflusst damit die Funktionsweise des Unternehmens ganz erheblich. Der Auswahlprozess sollte daher möglichst systematisch durchgeführt werden. Das Vorgehen kann in folgende Teilschritte gegliedert werden (vgl. Abb. 5-2).

Abb. 5-2

Vorgehen zur Software-Auswahl

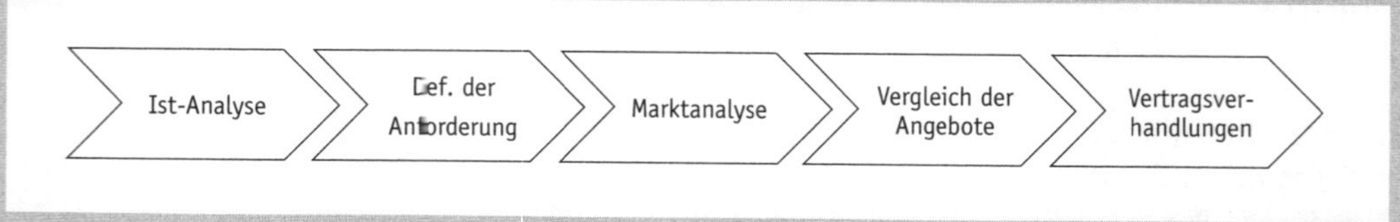

Ist-Analyse

Bei der *Ist-Analyse* steht die Untersuchung von Arbeitsabläufen, Daten, eingesetzten Anwendungssystemen und beteiligten Stellen im Vordergrund. Dabei sollen Schwachstellen im heutigen Ablauf, wie beispielsweise Medienbrüche, falsche Dateneingaben, Kommunikationsprobleme usw., aufgedeckt werden. Sollten gravierende Mängel identifiziert werden, empfiehlt es sich, diese zunächst zu beheben bzw. ein Soll-Konzept zu entwickeln, wie diese in der Zukunft vermieden werden können.

Anforderungsdefinition

Im nächsten Schritt, der *Anforderungsdefinition*, sind die betriebswirtschaftlichen und technischen Anforderungen in einem Lastenheft zu beschreiben, um eine systematische und schriftliche Dokumentation als Basis für die weiteren Phasen zu gewährleisten.

Ein Lastenheft (teils auch Anforderungsspezifikation, Kundenspezifikation oder Requirements Specification genannt) beschreibt die Gesamtheit der Anforderungen des Unternehmens an die Lieferungen und Leistungen eines Auftragnehmers.

Das Lastenheft kann das Unternehmen in einer Ausschreibung verwenden und an mehrere mögliche Softwareanbieter verschicken. Die Anforderungen in einem Lastenheft sollten so allgemein wie möglich und so einschränkend wie nötig formuliert werden. Hierdurch hat der Anbieter die Möglichkeit optimale Lösungsvorschläge zu erarbeiten, ohne durch zu konkrete Anforderungen in seiner Lösungskompetenz eingeschränkt zu sein.

Die Pflichtenhefte, die das Unternehmen als Antwort erhält, enthalten Lösungsvorschläge. Das Unternehmen wählt dann aus den Vorschlägen die für ihn geeigneten aus.

Zusatzinformation

Die Begriffe Lastenheft, Pflichtenheft und Spezifikation werden in der Praxis häufig nicht klar voneinander abgegrenzt oder sogar synonym verwendet, was teilweise zu Missverständnissen führt. Auch unterscheiden sich Lasten- und Pflichtenhefte je nach Einsatzgebiet und Branche häufig stark hinsichtlich Aufbau und Inhalten.
Es gibt aber DIN Normen, die die beiden Begriffe regeln: Gemäß DIN 69901-5 (Begriffe der Projektabwicklung) beschreibt das Lastenheft die »vom Auftraggeber festgelegte Gesamtheit der Forderungen an die Lieferungen und Leistungen eines Auftragnehmers innerhalb eines Auftrages«. Das Lastenheft beschreibt somit, was und wofür etwas gemacht werden soll ohne zu sagen, wie es gemacht werden soll.
Laut DIN 69905 umfasst das Pflichtenheft die »vom Auftragnehmer erarbeiteten Realisierungsvorgaben aufgrund der Umsetzung des vom Auftraggeber vorgegebenen Lastenhefts«. Das Pflichtenheft beschreibt somit wie und womit etwas realisiert werden soll. Dabei können häufig jeder Anforderung des Lastenhefts eine oder mehrere Leistungen des Pflichtenheftes zugeordnet werden.

Marktanalyse

Im nächsten Schritt ist eine *Marktanalyse* durchzuführen. Die fehlende Transparenz des Softwaremarktes ist ein häufiges Problem bei der Auswahl von Standardsoftware. Für mache Anwendungsgebiete gibt es mehr als 100 konkurrierende Produkte, aus denen das Unternehmen die passende Lösung auswählen muss. Der Vorgang der Marktanalyse sollte wie ein Trichter funktionieren (vgl. Abb. 5-3). Nach der Marktuntersuchung sollten drei bis fünf Produkte in der engeren Wahl stehen, die vom Projektteam näher untersucht werden müssen. Detaillierte Informationen zu den einzelnen Produkten erhält man durch Produktpräsentationen der Softwareanbieter, den Besuch von Referenzkunden oder Teststellungen.

Abb. 5-3

Trichter für Software-Auswahl

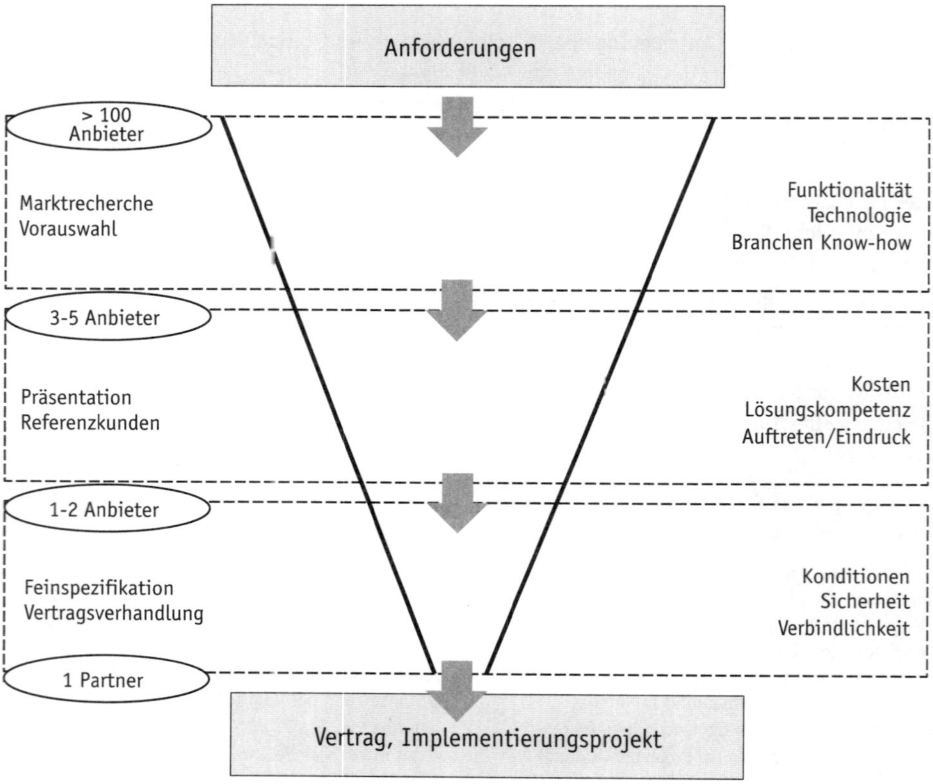

(Quelle: In Anlehnung an *Sontow*, 2006, S. 7)

Bewertung Softwareprodukte

Um einen systematischen *Vergleich der Angebote* sicherzustellen, werden produkt- und anbieterbezogene Kriterien definiert, die neben den aktuellen Anforderungen auch strategische, zukunftsorientierte Aspekte berücksichtigen (vgl. Abb. 5-4). Anhand der definierten Kriterien werden die einzelnen Produkte bewertet und miteinander verglichen.

Die Kriterien können in Muss- und Kann-Kriterien unterteilt werden. Muss-Kriterien müssen, wie der Name schon sagt, unbedingt erfüllt werden. Eine Nichterfüllung kann zur Ablehnung des gesamten Produktes führen. Typische Muss-Kriterien sind z. B. unabdingbare funktionale Anforderungen, Verfügbarkeit zu einem bestimmten Termin, erforderliche technische Voraussetzungen wie ein bestimmtes

Abb. 5-4

Kriterien für die Software-Auswahl

	Aktuelle Kriterien	Strategische Kriterien
Produktbezogene Kriterien	▸ Erfüllung funktionaler Anforderungen ▸ Erfüllung technischer Anforderungen ▸ Preis/Lizenzmodell	▸ Modernität der Technologie ▸ Flexibilität des Systems ▸ Produktstrategie
Anbieterbezogene Kriterien	▸ Branchenerfahrung ▸ Qualität/Ruf ▸ Reaktionsgeschwindigkeit ▸ Supportangebot ▸ Seriosität	▸ Zukunftssicherheit des Anbieters ▸ Marktstellung des Anbieters

(Quelle: In Anlehnung an *Brosze* et al., 2006, S. 15)

Betriebs- oder Datenbanksystem. Kann-Kriterien sind nice-to-have, d. h. es wäre schön, wenn das Kriterium erfüllt würde, aber es ginge zur Not auch ohne.
Am Beispiel des Marktführers bei integrierter betriebswirtschaftlicher Standardsoftware, der SAP AG in Walldorf mit ihren Lösungsangeboten, sollen Einblicke in die Welt der Standardsoftware vermittelt werden.

Aus der Praxis **Die SAP AG**

▸▸▸ Die SAP AG wurde 1972 gegründet und beschäftigte im März 2014 weltweit mehr als 66.750 Mitarbeiter. Die SAP bedient mehr als 258.000 Kunden in 180 Ländern. Der Gesamtumsatz im Jahr 2013 betrug 16,9 Mrd. Euro.

Die SAP ist Marktführer bei Unternehmensanwendungen und bietet standardisierte Produkte für 25 Industrien und 11 Unternehmensfunktionen. Die SAP Business Suite optimiert alle geschäftskritischen Prozesse, u.a. Beschaffung, Supply Chain Management und Vertrieb. Die SAP ist auch Marktführer bei Produkten zur Geschäftsanalyse (Business Intelligence) und bei mobilen Geschäftsanwendungen mit mehr als 130 Mio. mobilen Nutzern.

Darüber hinaus ist die SAP der nutzerstärkste Cloud Anbieter mit mehr als 36 Mio. Nutzern. (Quelle: SAP, 2014) ◂◂◂

5.2.2 Einführungskonzepte für Standardsoftware

Hat sich das Unternehmen für eine Lösung entschieden, muss es gemeinsam mit dem Softwareanbieter eine Einführungsstrategie festlegen. Grundsätzlich gibt es zwei Alternativen für die Einführung von Standardsoftware:

- die sequenzielle Einführung einzelner Module (funktionsorientierte Vorgehensweise) und
- die prozessorientierte Einführung.

5.2.2.1 Sequenzielle Einführung einzelner Module

Sequenzielle Einführung

In der Vergangenheit wurde Standardsoftware in der Regel modulweise eingeführt. Dabei wurde ein Funktionsbereich nach dem anderen mit neuer Software ausgestattet (Abb. 5-5). Da sich die Einführung in funktional gegliederten Unternehmen an den Abteilungsgrenzen orientiert, werden diese zusätzlich künstlich verstärkt. Geschäftsprozesse können bei diesem Vorgehen nicht vollständig von der neuen Software abgedeckt werden, da Funktionalitäten aus noch nicht eingeführten Modulen nicht verfügbar sind. Daher müssen oft Schnittstellen zu Altsystemen (Legacy-Systemen) anderer Abteilungen gebaut werden, was zu Medienbrüchen und erhöhtem Aufwand führt.

Abb. 5-5

Sequenzielle Einführung einzelner Module

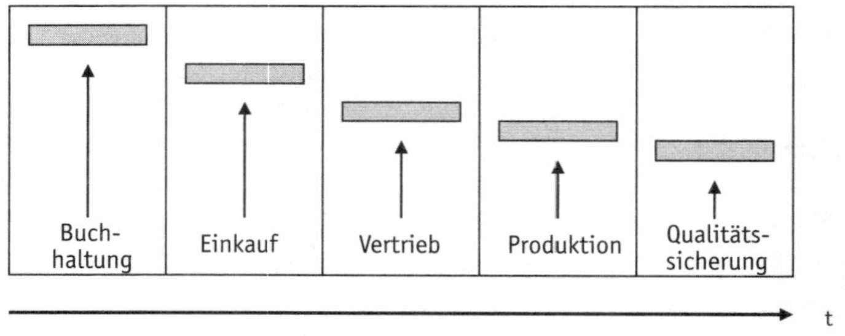

5.2.2.2 Prozessorientierte Einführung

Prozessorientierte Einführung

Bei der prozessorientierten Vorgehensweise werden alle Module, die zu einem Geschäftsprozess gehören, gleichzeitig eingeführt (vgl. Abb. 5-6) an. So ist für die Realisierung des Auftragsabwicklungsprozesses nicht nur das Modul Verkauf notwendig, sondern auch Bausteine aus anderen Modulen, wie beispielsweise Rechnungswesen oder Produktion/Beschaffung. Für die einzelnen Geschäftsprozesse ist jeweils festzulegen, welche Funktionalitäten aus welchen Modulen erforderlich sind. Das Medienbruch- und Schnittstellenproblem ist bei dieser Vorgehensweise an den Prozessgrenzen zu finden. Außerdem erhöhen sich Komplexität und Risiko bei dieser Vorgehensweise im Vergleich zur modulorientierten Vorgehensweise.

Abb. 5-6

Modulübergreifende Einführung von Standardsoftware

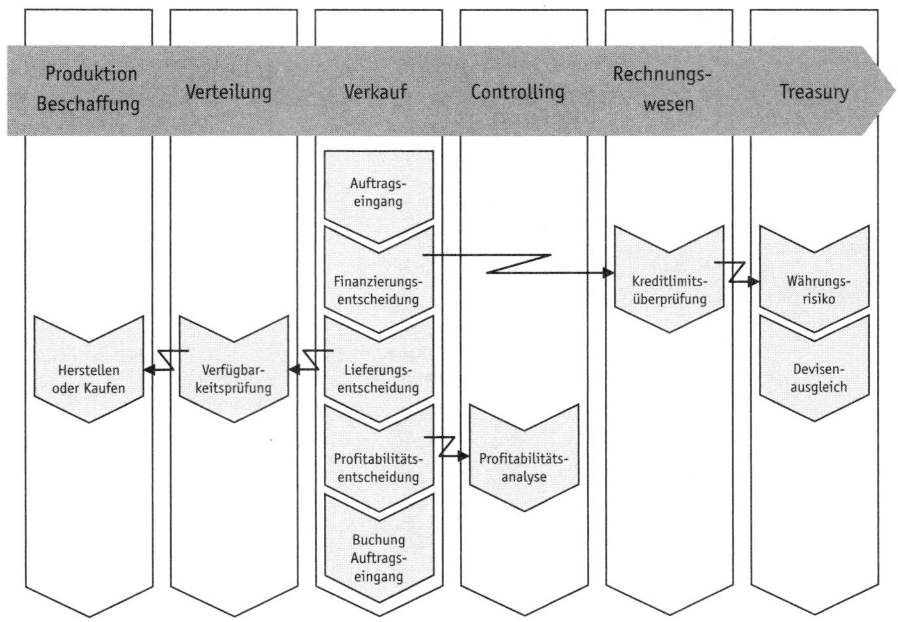

Die prozessorientierte Einführung von Standardsoftware lässt sich in die drei Phasen der Prozessausgliederung, der Prozessgestaltung und der Prozessumsetzung unterteilen (vgl. Abb. 5-7).

Prozessausgliederung

In der Phase der *Prozessausgliederung* geht es um die Identifikation, Abgrenzung und grobe Beschreibung der im Unternehmen vorhandenen Geschäftsprozesse. Hilfestellung bei der Identifikation der Prozesse kann die Verwendung von in der Literatur vorgegebenen Prozesslisten oder die Verwendung von Referenzmodellen (vgl. Kap. 4.1.4.2) geben. Ist die Prozessliste erstellt, so sind diejenigen Prozesse auszuwählen, die durch die Standardsoftware unterstützt werden sollen. Ergebnis dieser Phase ist eine Aufstellung und Beschreibung der zu unterstützenden Prozesse.

Prozessgestaltung

In der Phase der *Prozessgestaltung* sind Soll-Modelle der zu unterstützenden Prozesse zu entwickeln, die zeigen, wie die neuen Prozesse organisatorisch ablaufen sollen. Nur wenn gleichzeitig mit der Software-Einführung auch organisatorische Schwachstellen beseitigt werden, können die Verbesserungspotenziale voll ausgeschöpft werden. Die Entwicklung der Sollmodelle kann einerseits auf einer

Abb. 5-7

Phasen der prozessorientierten Einführung von Standardsoftware

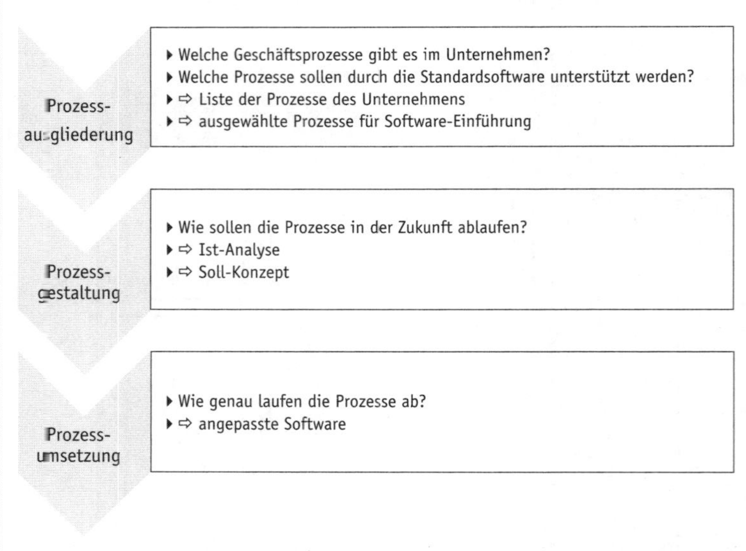

Ist-Analyse der bestehenden Abläufe basieren, andererseits kann auf Referenzmodelle zurückgegriffen werden.

Prozessumsetzung

Im Rahmen der *Prozessumsetzung* geht es um die Anpassung der Software und die Implementierung. Dabei müssen die interne Organisation des Unternehmens und die Software zur Deckung gebracht werden. Zum einen können gewünschte Programmfunktionen durch das Setzen von Parametern initialisiert werden. Erforderliche Anpassungen können aber auch durch Individualprogrammierung vorgenommen werden. Diese Möglichkeit bietet den Vorteil, den spezifischen Anforderungen am besten gerecht zu werden. Allerdings ist diese Lösung sehr teuer.

Beurteilung der Ansätze

Die Einführungskonzepte unterscheiden sich zum Teil grundlegend. Für die Beurteilung der Konzepte können verschiedene Kriterien wie beispielsweise die Möglichkeit, Prozessorientierung zu realisieren, die Kapazitätsbindung oder das Risiko herangezogen werden (vgl. Abb. 5-8).

Die zweite Alternative für die Bereitstellung von Anwendungssoftware ist die Entwicklung von Individual-Software, die entweder im Unternehmen oder durch einen externen Dienstleister durchgeführt werden kann.

Abb. 5-8

Kriterien zur Beurteilung der Einführungskonzepte

Einführungskonzept \ Parameter*	Prozess-orientierung	Kapazitäten-bindung	Zeitbedarf	Risiko	Management Know-how
Sequentielle Einführung einzelner Module	nicht möglich	gering	hoch	gering	mittel
Prozessorientierte Einführung	vollständig möglich	hoch	gering	hoch	sehr hoch

* Die Unternehmensgröße hat einen wichtigen Einfluss auf Volumen und Komplexität der Projekte. Prinzipiell gilt, dass kleinere Unternehmenseinheiten geringere Aufwendungen haben.

(Quelle: *Krcmar*, 1994)

5.3 Systementwicklung

Die Entwicklung von Software-Systemen umfasst alle Aktivitäten, die bei der Planung, Entwicklung und Realisierung von Anwendungssystemen anfallen. Für diese immer wiederkehrenden Aktivitäten wurden verschiedene Vorgehensmodelle entwickelt. Vorgehensmodelle haben die Aufgabe, den komplexen Prozess der Entwicklung in überschaubare Teilschritte zu zerlegen und die Abhängigkeiten zwischen den Teilschritten zu definieren. Im Folgenden werden Phasenkonzepte der Systementwicklung, Prototyping und das Spiralmodell vorgestellt.

5.3.1 Phasenkonzepte der Systementwicklung

5.3.1.1 Charakteristika der Phasenkonzepte

System Development Life Cycle

Die ältesten Ansätze zur Systementwicklung, die auch heute noch für die Entwicklung komplexer mittlerer und großer Systeme verwendet werden, sind die Phasenkonzepte, auch System Development Life Cycle (SDLC) genannt.

Die Phasenkonzepte beschreiben einen strukturierten, sequenziellen Ablauf, der durch eine zunehmende Detaillierung der Ergebnisse gekennzeichnet ist. Da die Ergebnisse einer Phase jeweils als Input für die nächste Phase dienen, werden diese Modelle häufig grafisch als Treppe dargestellt (vgl. Abb. 5-9) und als Wasserfallmodell bezeichnet.

Abb. 5-9

Phasen der Systementwicklung

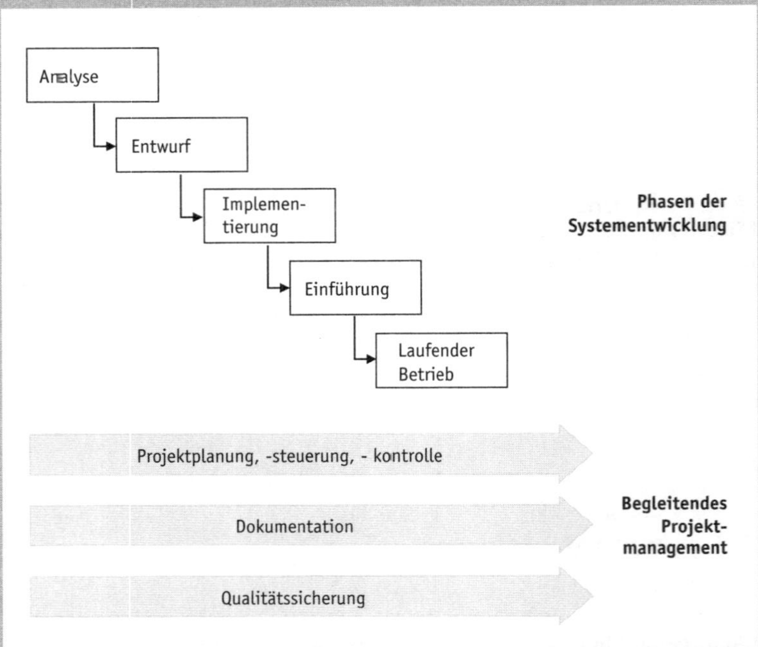

In der Literatur finden sich verschiedene Modelle, die sich in der Anzahl und Bezeichnung der Phasen unterscheiden. Unabhängig von der Anzahl der Phasen werden immer die Aufgabenbereiche Analyse, Entwurf, Implementierung, Einführung und laufender Betrieb betrachtet.

Die einzelnen Phasen sind eindeutig voneinander abgegrenzt, wodurch die Komplexität des Prozesses reduziert und die Kontrollmöglichkeiten erhöht werden. Andererseits ist die strikte Abgrenzung und sequenzielle Abarbeitung unrealistisch, da z. B. Änderungen in den Benutzeranforderungen oder unklare Definitionen Rückkoppelungen erforderlich machen.

Neben dem streng formalisierten Ablauf sind die Phasenkonzepte durch eine formale Aufgabenteilung zwischen Anwendern und IT-Spezialisten gekennzeichnet. Die Rolle der Anwender wird als die des Informationslieferanten bei der Definition der Systemanforderungen sowie als Abnehmer des fertigen Systems gesehen. Die übrigen Arbeiten werden als Aufgaben der IT-Spezialisten betrachtet.

Analyse

In der *Analysephase* wird die Ist-Situation untersucht. Dabei werden Schwachstellen identifiziert, die Benutzeranforderungen erhoben und der Leistungsumfang des zu entwickelnden Systems abgesteckt. Es wird ein Sollkonzept erstellt, das die fachlichen Inhalte des Systems in der Sprache der Fachabteilung beschreibt. Inhalte dieses Fachkonzepts sind:

- Die fachliche Problemstellung,
- das organisatorische und technische Umfeld in der Abteilung,
- der angestrebte Funktionsumfang,
- die Datenbasis sowie Ein- und Ausgabedaten,
- die Benutzeroberfläche und Bedienung,
- Anforderungen an die Qualität.

Entwurf

In der *Entwurfs-/Designphase* wird das Fachkonzept in einen DV-technischen Entwurf überführt. Zielsetzung ist die logische und physische Gestaltung des Systems sowie die Prüfung der Designvorschläge. Der Entwurf spezifiziert

- die Gesamtstruktur des Systems,
- die Programme, die die geforderten Funktionen realisieren,
- die Schnittstellen zwischen den Programmen,
- die logische Datenstruktur der Anwendung,
- die Benutzerschnittstelle.

Implementierung

Die *Implementierungs- oder Konstruktionsphase* dient der eigentlichen Erstellung des Systems. Anhand der detaillierten Spezifikationen wird der Entwurf mit Hilfe von Programmier- und Datenbeschreibungssprachen in laufende Programme bzw. Datenbanken umgesetzt.

Die Programmlogik wird anhand von Testfällen überprüft. Testfälle bestehen aus einer Beschreibung der Eingabedaten, der zu testenden Funktionen und den erwarteten Ausgabedaten. Sie sollten möglichst von bzw. mit den Endanwendern entwickelt werden, um typische Praxisfälle abzubilden.

Tests werden in der Regel bottom-up durchgeführt, d. h. zunächst werden einzelne Programmbausteine getestet (Modultest). Die funktionierenden Module werden dann miteinander verknüpft und gemeinsam getestet (Programmtest, Integrationstest). Die Testserie schließt mit dem sogenannten Systemtest ab, in dem das Gesamtsystem getestet wird. Die letzte Stufe bildet der Abnahmetest, bei der der Abnehmer der Software das System abschließend testet. Dieser Test findet häufig schon in der Produktivumgebung mit Echtdaten statt.

Einführung

Nach der Übergabe an die Fachabteilung und einem erfolgreichen Abnahmetest kann das System in den Produktivbetrieb übergehen. Für die Umstellung vom alten auf das neue System sind vier verschiedene Alternativen zu unterscheiden:

- Bei einer *Stichtagsumstellung* (direkte Umstellung) wird an einem bestimmten Tag das alte System ab- und das neue System angestellt. Ein Parallelbetrieb der Systeme findet nicht statt. Vorteil dieser Vorgehensweise sind die geringeren Kosten im Vergleich zum Parallelbetrieb. Dem steht ein hohes Risiko gegenüber.
- Bei einer *Parallelumstellung* werden altes und neues System für eine begrenzte Zeit parallel betrieben. Diese Alternative bietet den Vorteil eines geringen Risikos, da der Betrieb immer noch mit dem alten System aufrecht erhalten werden kann, falls im neuen System Probleme auftreten. Problematisch an

der Vorgehensweise sind einerseits die höheren Kosten durch den Parallelbetrieb, andererseits ist die Akzeptanz des neuen Systems unter Umständen schwieriger zu erzielen, da das gewohnte System immer noch verfügbar ist.
- Bei einer *Ortsumstellung* werden verschiedene Werke nacheinander umgestellt. Der Vorteil dieser Vorgehensweise ist die Möglichkeit, die Erfahrungen anderer Werke nutzen und somit das Risiko reduzieren zu können. Nachteilig an dem Vorgehen ist, dass teilweise höhere Kosten als bei der Parallelumstellung anfallen.
- Wird eine *stufenweise Umstellung* vorgenommen, so werden die Teilbereiche des neuen Systems, die bereits fertig entwickelt sind, sofort nach ihrer Vollendung und dem erfolgreichen Test eingeführt.

Laufender Betrieb

Im laufenden Betrieb sind *Systempflege und -wartung* zu unterscheiden.

Unter *Systempflege* wird üblicherweise die Beseitigung von Programmfehlern, die während der Nutzung erkannt werden, verstanden.
Systemwartung bezieht sich auf funktionale Anpassungen im Programm, die entweder auf nachträgliche Änderungswünsche der Nutzer oder auf Veränderungsnotwendigkeiten, die aus der Umwelt resultieren, wie z. B. neue gesetzliche Regelungen oder Änderungen von Tarifverträgen, zurückzuführen sind.

Zudem muss das System ständig an neue technische Änderungen des Umfelds (z. B. neue variierende Betriebssysteme) angepasst werden und die Integration mit benachbarten neuen oder veränderten Systemen muss sichergestellt werden.

Werden Programmierfehler in einer ausgelieferten Anwendung behoben, der interne Programmablauf verbessert oder gleiche Anwendungen auf verschiedene Hardwareplattformen portiert, spricht man von Versionen. Wird die Software funktional wesentlich erweitert, spricht man von Releases. Um Versionen und Releases bei Kunden einspielen zu können, muss verwaltet werden, welche Version und welches Release bei verschiedenen Kunden auf welcher Hardwareplattform implementiert ist.

Entwicklungskosten

Im Systemlebenszyklus von Eigenentwicklungen fallen rund 75 % der Kosten erst nach der Fertigstellung des Systems in der Wartungsphase an (vgl. Abb. 5-10). Fehler, die in der Entwicklung gemacht werden, wiegen dabei umso schwerer, je früher sie im Lebenszyklus entstanden und je später sie entdeckt werden. Aus diesem Grund wird heute besonderes Gewicht auf die Unterstützung in der Entwurfsphase gelegt.

5.3.1.2 Vor- und Nachteile der Systemlebenszykluskonzepte

Vorteile

Die Phasenkonzepte bieten den Vorteil einer strukturierten Vorgehensweise. Die einzelnen Schritte sind eindeutig definiert und ihre Reihenfolge ist bekannt. Aufgrund der umfangreichen Erfahrungen, die im Laufe der Jahre damit gewonnen wurden, ist die Vorgehensweise für die Entwicklung großer, komplexer Systeme mit eindeutig definierbaren Anforderungen besonders geeignet.

Abb. 5-10

Kosten im Systemlebenszyklus

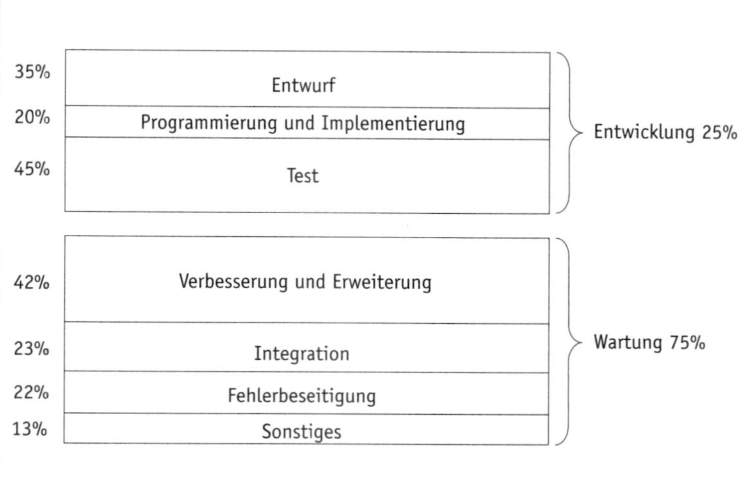

Nachteile

Aufgrund der sequenziellen, phasenweisen Vorgehensweise erfolgt eine Rückkoppelung erst bei der Auslieferung des Systems, d. h. vorher kann der Nutzer nicht prüfen, ob seine Anforderungen vom System abgedeckt werden. Das ist kritisch, weil die Nutzer nicht immer zu Beginn der Systementwicklung schon alle Anforderungen präzise beschreiben können, da die Systeme häufig zu komplex sind. Das System erfüllt dann oftmals die Anforderungen der Fachbereiche nicht.

Des Weiteren ist die Trennung von Spezifikation und Implementierung eine künstliche Trennung, da diese inhaltlich eng verknüpft sind. Da umfangreiche Vorarbeiten zu leisten sind, bis eine Detailspezifikation vorliegt, die als Grundlage für die Programmierung eingesetzt werden kann, vergeht oft viel Zeit, bevor überhaupt mit der Systemerstellung begonnen wird. Je länger sich die Entwicklung hinzieht, desto größer ist die Gefahr, dass sich die Anforderungen in der Zwischenzeit geändert haben und das System überflüssig ist.

Aufgrund der geringen Beteiligung der Nutzer am Entwicklungsprozess ist die Akzeptanz in den Fachbereichen häufig sehr gering. Diese Ablehnungshaltung, auch »not-invented-here«-Syndrom genannt, ist darauf zurückzuführen, dass sich die Anwender nicht mit dem System identifizieren können und sich gegen Einflüsse von außen, die ihre Arbeitsweise verändern, sperren.

5.3.2 Prototyping

5.3.2.1 Charakteristika des Prototyping

Prototyp

Ein Ansatz zur Überwindung der Probleme der Phasenmodelle ist das Prototyping, auch evolutionäre Software-Entwicklung genannt. Prototyping basiert auf der Idee, eine Vorabversion des Systems schnell und billig ohne große Analysephase zu bauen, um dieses den Anwendern frühzeitig zum Testen zur Verfügung zu stellen. Dadurch sollen Fehlentwicklungen so früh wie möglich erkannt bzw. ausgeschlossen und kritische Aspekte der Software frühzeitig untersucht werden. Darüber hinaus sollen die zukünftigen Anwender so intensiv wie möglich an der Software-Entwicklung beteiligt werden.

> Ein Prototyp ist eine schnell verfügbare, lauffähige Vorabversion eines Anwendungssystems, wobei bestimmte Aspekte des zukünftigen Systems hervorgehoben werden.

Ziele des Prototypings

Ziele des Prototypings sind

- die Unterstützung der Anforderungsdefinition durch den zukünftigen Nutzer,
- die Verkürzung des Entwicklungsprozesses,
- die Erhöhung der Flexibilität gegenüber Änderungen während des Planungs- und Entwicklungsprozesses
- die Erhöhung der Ergebnisqualität und
- eine Verbesserung der Akzeptanz.

In der Regel wird kein vollständiger Prototyp, der alle Funktionen des späteren Systems bereitstellt, entwickelt, sondern ein unvollständiger Prototyp, der die Brauchbarkeit und Machbarkeit einzelner Aspekte des Gesamtsystems zeigt.

Ein *horizontalter Prototyp* dient dazu, einen ausgewählten Bereich der Architektur zu zeigen. Häufig werden sogenannte GUI-Prototypen entwickelt, die nur die Benutzerschnittstelle zeigen, ohne darunterliegende Funktionalitäten umzusetzen. Ziel dieser Prototypen ist es, den Anwender mit der Schnittstelle vertraut zu machen und Feedback zu erhalten.

Vertikale Prototypen (Durchstich) dienen dazu, ausgewählte Aspekte in ihrer Gänze zu zeigen. Dazu wird ein Teil des Systems über alle Schichten der Architektur hinweg erstellt. Diese Prototypen dienen dazu, komplexe Funktionalitäten zu demonstrieren (vgl. Abb. 5-11).

Wird ein System von den zukünftigen Anwendern als zufriedenstellend betrachtet, so kann der Prototyp als Vorlage für die Entwicklung des eigentlichen Systems verwendet werden. Wird der Prototyp bei der Implementierung des Zielsystems nicht direkt verwendet, sondern dient nur als ablauffähiges Modell, so ist von einem *Wegwerf-Prototyp* die Rede. Werden wesentliche Teile des Prototyps in das Zielsystem übernommen, so handelt es sich um einen *wiederverwendbaren Prototyp*.

Um Prototyping erfolgreich durchführen zu können, werden auf Anwenderseite erfahrene Mitarbeiter benötigt, die die Abläufe sehr genau kennen, da eine

Abb. 5-11

Vertikale und Horizontale Prototypen

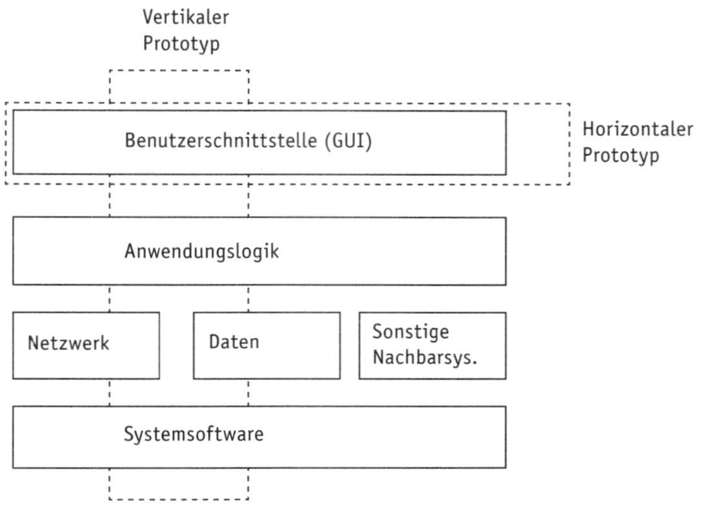

Quelle: Nach Balzert, 2000

Ist-Analyse als Grundlage für die Systementwicklung weitgehend entfällt. Sie müssen das zu lösende Problem genau spezifizieren und zwischen Alternativen auswählen können. Zudem müssen sie die Bereitschaft besitzen, sich mit Fragen der Systementwicklung und Gestaltung auseinander zu setzen und dafür Zeit bereitstellen.

Die Systementwickler müssen bereit sein, sehr viel enger mit den Fachbereichsmitarbeitern zusammenzuarbeiten, als das in der typischen Programmierumgebung der Vergangenheit der Fall war. Durch die Integration der Anwender in den Entwicklungsprozess muss ein permanenter Austausch stattfinden.

Unterschiede zu Phasenkonzepten

Der wichtigste Unterschied zwischen den Phasenkonzepten und dem Prototyping liegt in der Vorgehensweise. Bei den Phasenkonzepten werden die Anforderungen an das System zu Beginn definiert und dann umgesetzt. Im Prototyping entwickeln sich Anforderungen und Design parallel. Die Trennung zwischen Spezifikation und Implementierung wird aufgehoben. Das Gesamtsystem wird schrittweise entwickelt und immer wieder vom zukünftigen Anwender ausprobiert. Dadurch ergeben sich häufige Rückkoppelungen zwischen Anwendern und Entwicklern. Prototyping erfordert Softwareentwicklungswerkzeuge, die es den Software-Designern ermöglichen, in sehr kurzer Zeit ein System zu entwickeln und dieses ohne Schwierigkeiten zu verändern.

5.3.2.2 Vorgehensweise des Prototyping

Voraussetzungen

Damit Prototyping funktionieren kann, sollte die Größe des Entwicklungsteams nicht zu groß sein. Die ideale Teamgröße beträgt zwei: Ein Anwender und ein Entwickler. Sind mehrere Anwender im Team, dauern Beschreibung und Einigung auf Anforderungen und Änderungswünsche länger und die Systementwicklungszeit wird ausgedehnt.

Eine ideale Prototyping-Umgebung ist durch vier Charakteristika gekennzeichnet:

- einen Anwender, der ein Problem hat und ein neues System einsetzen möchte und der sein Gebiet gut kennt;
- einen Prototypenbauer, der sich gut im Umgang mit den zur Verfügung stehenden Werkzeugen und den Datenressourcen des Unternehmens auskennt;
- Entwicklungswerkzeuge, die die schnelle Entwicklung eines Prototypen erlauben;
- gut geführte Datenbestände, die einen schnellen Zugriff auf die Daten gestatten.

Beim Prototyping können vier Schritte unterschieden werden, die teilweise mehrfach durchlaufen werden (vgl. Abb. 5-12).

Abb. 5-12

Schritte des Prototyping

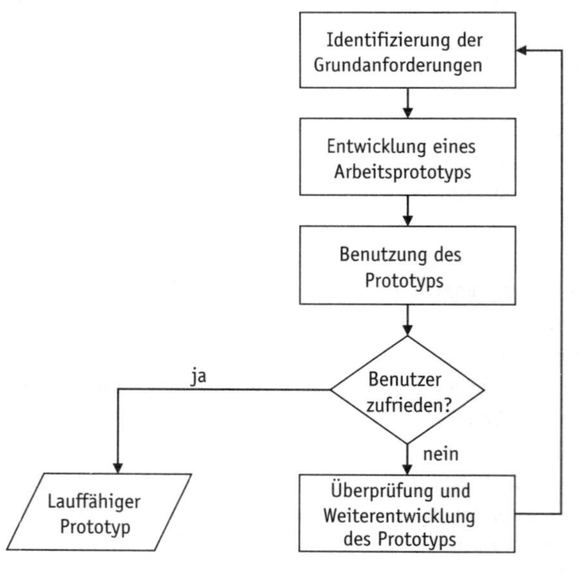

(Quelle: In Anlehnung an *Laudon/Laudon,* 1994, S. 392)

Anforderungsanalyse

Im ersten Schritt werden die Anforderungen der Nutzer erfasst. Die Größe des Projektes bestimmt dabei, wie viel Zeit in diesen ersten Schritt investiert wird. Bei kleineren Projekten werden in der Regel Interviews mit einigen wenigen Anwendern geführt, um das Problem zu spezifizieren und die Erwartungen zu erfassen. Bei größeren Systemen kann dieser Schritt einige Wochen in Anspruch nehmen, um einen besseren Überblick über die geforderte Funktionalität zu gewinnen.

Prototyp

Die Anforderungen werden zügig in einen ersten lauffähigen Prototyp umgesetzt. Der Entwickler stellt einen kleinen (echten) Datenbestand bereit, mit welchem der zukünftige Anwender den Prototyp testen kann. Bei kleinen Systemen kann dieser Schritt innerhalb von wenigen Tagen durchgeführt werden, bei größeren Projekten dauert die Entwicklung des ersten Prototyps einige Wochen.

Einsatz

Im dritten Schritt setzt der Anwender den Prototyp ein. Kleinere Änderungswünsche können bereits während der ersten Präsentation des Prototyps eingearbeitet werden, die übrigen Änderungswünsche werden gesammelt. Erfüllt der Prototyp die funktionalen Anforderungen überhaupt nicht, wird der Entwickler mit der Entwicklung neu beginnen. Werden die Anforderungen grundsätzlich erfüllt, bekommen die Anwender den Prototyp zum Experimentieren und Bewerten. Parallel notieren sie ihre Änderungswünsche. Diese Bewertungsphase dauert wenige Wochen.

Anpassungen

Im vierten Schritt diskutieren Anwender und Entwickler die Änderungswünsche und entscheiden, welche Änderungen vorgenommen werden sollen. Der Entwickler überarbeitet den Prototyp gemäß der Absprachen. Nachdem die Änderungen vorgenommen sind, wird wieder in Schritt 3 zurückgekehrt. Die Schritte 3 und 4 werden so lange durchlaufen, bis der Prototyp die Anforderungen der Nutzergruppe erfüllt. Dann kann mit der eigentlichen Systementwicklung begonnen werden.

5.3.2.3 Vorteile und Nachteile des Prototypings

Vorteile

Prototyping bringt einige Vorteile mit sich:

- Prototyping ist gut geeignet, wenn die Anforderungen vorab nicht eindeutig beschrieben werden können. Dieses ist z. B. bei entscheidungsorientierten Anwendungen der Fall, bei denen die Anforderungen an Informationsumfang und -tiefe häufig nur vage zu beschreiben sind.
- Prototyping ist gut für die Gestaltung der Benutzeroberfläche geeignet. Da Benutzeranforderungen und -verhalten kontextspezifisch sind, können sie nur in begrenztem Maße vorhergesagt werden. Im Prototyping können die zukünftigen Nutzer ihre Wünsche frühzeitig einbringen und verschiedene Alternativen ausprobieren.
- Durch die frühzeitige Einbindung und die Möglichkeit eigene Ideen einzubringen, steigt die Identifikation mit dem System und die Akzeptanz wird verbessert.
- Die durch Prototyping entwickelten Systeme erfüllen die Nutzeranforderungen häufig besser als traditionell entwickelte Systeme.
- Entwicklungskosten und -zeiten werden reduziert, da kostspielige und zeitaufwändige Anpassungs-/Änderungsmaßnahmen nach Abschluss der Entwicklung entfallen.

Nachteile

Es gibt aber auch Nachteile des Prototypings, die berücksichtigt werden sollten:

- Große, komplexe Anwendungen sind für Prototyping kaum geeignet, denn wichtige Analyse- und Dokumentationsschritte werden übersprungen, die bei großen Systemen unabdingbar sind.
- Teilweise wird der Prototyp, wenn er gut funktioniert, als endgültiges System verwendet, weil das Management keinen Sinn darin sieht, noch einmal Geld für die Neuprogrammierung auszugeben. Die schnell konstruierten Systeme sind jedoch häufig schwierig zu warten und an Veränderungen in der produktiven Umgebung anzupassen. Auch ist die technische Leistungsfähigkeit nicht immer optimal und große Datenmengen oder viele Anwender in der Produktivumgebung können von den Systemen nur mit Mühe verarbeitet werden. Auch ist häufig keine adäquate Dokumentation vorhanden.
- So vorteilhaft die frühzeitige Einbeziehung der zukünftigen Anwender auch sein mag, sie kann auch Probleme mit sich bringen. So können die Anforderungen der Anwender sich ständig verändern und die Ansprüche immer höher geschraubt werden, so dass der Prototyp nie »fertig« wird. Durch die sich ständig verändernden Anforderungen wird die Entwicklungszeit verlängert, so dass die angestrebten Zeitersparnisse nicht eintreten können. Zeitschätzungen sind unter solchen Bedingungen sehr schwierig.

5.3.3 Spiralmodell

5.3.3.1 Charakteristika des Spiralmodells

Ein anderer Ansatz, um die Probleme der Phasenkonzepte zu überwinden, ist ein Zyklenmodell (in einer 1986 von Boehm modifizierten Form als Spiralmodell bezeichnet), in dem der Entwicklungsprozess entweder innerhalb der einzelnen Phasen oder übergreifend für wenige Phasen iterativ durchgeführt wird (vgl. Abb. 5-13). Dabei werden vier Einzelschritte unterschieden:

- Festlegung von Zielen/Alternativen/Begrenzungen,
- Bewertung der Alternativen/Identifizierung/Beseitigung von Risiken,
- Entwicklung/Prüfung des Produkts der nächsten Ebene und
- Planung der nächsten Phase.

Ausgehend von der ersten Zielfestlegung (im Inneren der Spirale) werden die vier Einzelschritte nacheinander durchlaufen, d. h. es findet ein ständiger Wechsel zwischen den verschiedenen Aufgaben statt, so lange bis eine zufrieden stellende Lösung fertiggestellt ist.

Vorteile

5.3.3.2 Vorteile und Nachteile des Spiralmodells

Das Spiralmodell der Softwareentwicklung kombiniert Vorteile des Prototyping und des Phasenmodells. Es greift den Gedanken der frühzeitigen Prototypentwicklung auf und kombiniert diesen mit den Planungs- und Bewertungsschritten der Phasenmodelle. Die Vorgehensweise ist anpassungsfähig und verfolgt das Ziel, eine bestmögliche Mischung vorhandener Methoden zu erzielen.

Abb. 5-13

Spiralmodell

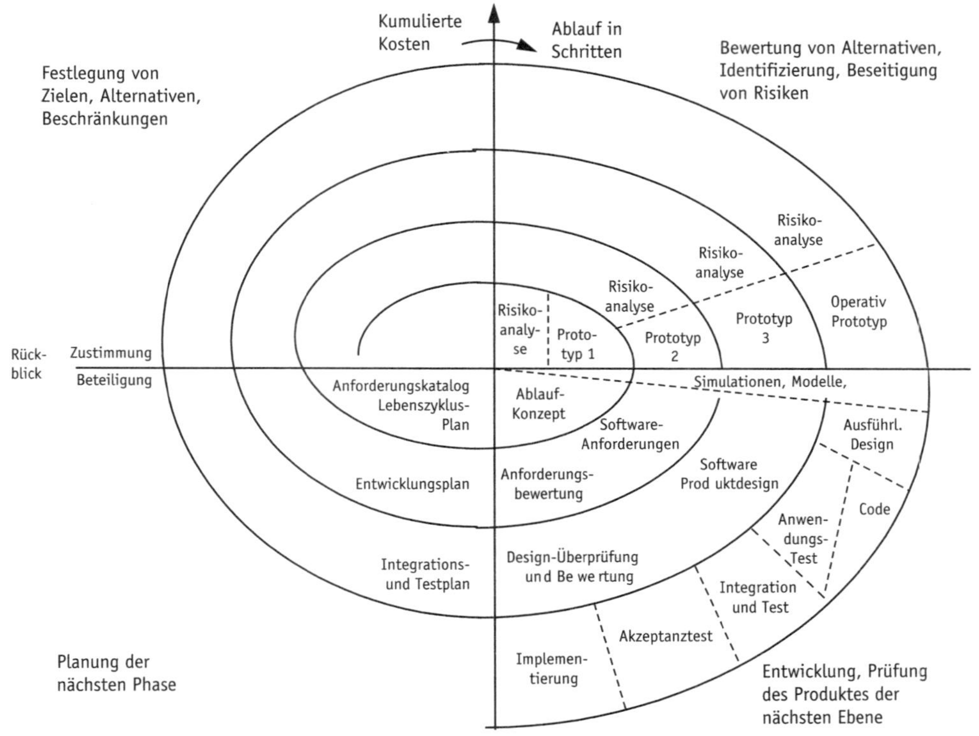

(Quelle: In Anlehnung an *Boehm*, 1988, S. 64)

Nachteile

Fehleinschätzungen bei der Risikobewertung können Fehlentwicklungen bei der Softwareentwicklung auslösen. Darüber hinaus ist dieses Vorgehensmodell insbesondere bei Auftragsarbeit aufgrund strikter Anforderungen und enger zeitliche Restriktionen oftmals nicht einsetzbar.

5.3.4 Agile Vorgehensmodelle

5.3.4.1 Charakteristika agiler Methoden

Agile Methoden sind Ansätze zur Entwicklung von Software, die den Entwicklungsprozess durch einen Abbau der Bürokratisierung und die stärkere Berücksichtigung menschlicher Aspekte flexibler, schlanker und effizienter machen, als es bei den klassischen Ansätzen zur Softwareentwicklung der Fall war.

Die Ansätze basieren auf grundlegenden Werten, die im Manifesto for Agile Software Development festgeschrieben wurden. Sie beschreiben die grundlegende Philosophie der agilen Entwicklung, und zwar:

1. Menschen und Interaktionen sind wichtiger als Prozesse und Werkzeuge.
2. Funktionierende Software ist wichtiger als umfassende Dokumentation.
3. Zusammenarbeit mit dem Kunden ist wichtiger als die ursprünglich formulierten Leistungsbeschreibungen.
4. Eingehen auf Veränderungen ist wichtiger als Festhalten an einem Plan.

Diese vier Werte werden durch 12 Prinzipien wie z.B. Einfachheit, Selbstorganisation, Selbstreflektion, Zweckmäßigkeit und Kundennähe ergänzt. Die meisten agilen Prozesse versuchen, die reine Entwurfsphase auf ein Mindestmaß zu reduzieren und im Entwicklungsprozess so früh wie möglich zu ausführbarer Software zu gelangen, die dann in regelmäßigen, kurzen Abständen dem Kunden zur Abstimmung vorgelegt werden kann. Es kommen verschiedene agile Methoden zum Einsatz wie z.B. Pair Programming, Test-driven Development, Continuous Integration oder das Unit Testing, die auch in klassischen Entwicklungsprojekten eingesetzt werden können.

Rein agile Vorgehensweisen eigen sich nur für Projekte mit überschaubarem Umfang. Des Weiteren müssen sich alle am Projekt beteiligten Parteien auf ein Vorgehen verständigen und sich daran halten. Beim Vertragsabschluss müssen die Eigenschaften der agilen Vorgehensweise ausreichend berücksichtigt werden, denn klare inhaltliche Vorgaben in Form eines Pflichtenhefts sind schwerlich möglich, da die Anforderungen per Definition erst während der Projektlaufzeit entwickelt werden.

Im Laufe der letzten Jahre wurden verschiedene agile Vorgehensweisen entwikkelt. Die wohl bekanntesten sind Extreme Programming und Scrum, die im Folgenden kurz vorgestellt werden.

5.3.4.2 Extreme Programming

Extreme Programming, auch XP genannt, ist eine Prinzipien- und Techniken-Sammlung, um zeitnah und erfolgreich Software zu entwickeln.

XP erfreut sich deshalb in der Praxis großer Beliebtheit. XP basiert auf fünf Werten: Einfachheit, Kommunikation, Feedback, Respekt und Mut. Diese stellen die Grundlage für alle darauf aufbauenden Aktionen dar. Aus diesen XP-Werten werden 14 XP-Prinzipien entwickelt, wie beispielsweise gegenseitiger Vorteil, Menschlichkeit, Wirtschaftlichkeit, Verbesserung, Reflexion und Mannigfaltigkeit. Im Folgenden werden einige XP-Techniken erläutert.

Pair Programming

Beim Pair Programming sitzen zwei Personen vor einem Bildschirm und arbeiten zusammen an demselben Quellcode. Während der Entwicklung diskutieren sie intensiv über Entwurfsalternativen. Sie wechseln sich alle paar Minuten an der Tastatur ab und rotieren stündlich ihre Programmierpartner. Durch die sofortige und unmittelbare Feedbackmöglichkeit können schnell Lösungs-, Verbesserungs-

oder Änderungsansätze identifiziert werden. Das Ergebnis ist eine höhere Codequalität, größere Produktivität und bessere Wissensverbreitung.

Quarterly Cycle

Quarterly Cycle: Bei XP wird Wert darauf gelegt, dem Kunden immer wieder ein bereits lauffähiges Teilstück abzuliefern. Ein Release dauert ein Quartal (drei Monate), dann besteht die Möglichkeit das bis dahin entwickelte Projekt im Einsatzbereich zu testen. Dadurch kann sehr schnell entdeckt werden, ob eventuelle Missverständnisse aufgetreten sind.

Shared Code

Shared Code: Der gesamte Code gehört dem Team und alle sind dafür gemeinsam verantwortlich. Jedes Entwicklerpaar soll jede Möglichkeit zur Codeverbesserung jederzeit wahrnehmen. Tritt ein Fehler auf, wird dieser sofort vom Finder behoben, was kein Recht sondern eine Pflicht ist. Dieses stellt aber gewisse Herausforderungen dar: Zum einen müssen alle Team-Mitglieder den Überblick über das Projekt haben, zum anderen werden ähnliche Qualifikationen benötigt.

Vorteile

Der größte Vorteil von XP ist seine Agilität, denn durch die kurzen Iterationen ist der Ansatz in der Lage, auf sich ändernde Anforderungen schnell reagieren zu können.

Nachteile

XP-Anwender müssen sich mit den Werten, Prinzipien und Techniken von XP identifizieren können. Sollten die Team-Mitglieder die Vorgehensweisen nicht akzeptieren oder nicht verstehen, wird der Einsatz von XP kaum erfolgreich sein.

Ein weiterer Nachteil von XP ist, dass die Techniken teils aufwändig oder gewöhnungsbedürftig sind und vom Team zunächst eingeübt werden müssen. Somit ist die Einführungsphase mit mehr Aufwand verbunden als zum Beispiel bei Scrum.

5.3.4.3 Scrum

Scrum ist heute eine der bekanntesten agilen Methoden, denn aufgrund ihrer klaren Struktur und der eindeutig definierten Rollen ist sie einfach zu erlernen und kann somit schnell in der Praxis eingesetzt werden.

Den Mittelpunkt von Scrum bildet das selbstorganisierte Entwicklerteam. Anstelle eines Projektleiters sorgt der sogenannte ScrumMaster als Methodenfachmann dafür, dass das Team während der Sprints, d.h. den zwei- bis vierwöchigen Entwicklungszyklen, störungsfrei arbeiten kann. Während des Sprints entwickelt das Team ohne Störungen die im Sprint-Backlog festgelegten Funktionalitäten. Im ca. 15-minütigen täglichen Daily-Scrum beantwortet jedes Teammitglied die drei Fragen:

- was es seit dem letzten Daily-Scrum getan hat,
- was ihn/sie dabei behindert hat und
- was er/sie bis zum nächsten Daily-Scrum machen wird.

Am Ende des Sprints werden dem Product Owner die neuen Funktionalitäten präsentiert und in der Sprint-Retrospektive wird analysiert, was noch verbessert/verändert werden kann (vgl. Abb. 5-14).

Der ScrumMaster bildet die Schnittstelle zum Produktverantwortlichen (Product Owner), der die Anforderungen definiert und priorisiert. Während der Sprints darf der Product Owner das Team nicht stören, sondern schreibt seine neuen/geänderten Anforderungen in das Product-Backlog. Von dort können sie dann für die Planung weiterer Sprints herangezogen werden.

Abb. 5-14

Ablauf Scrum

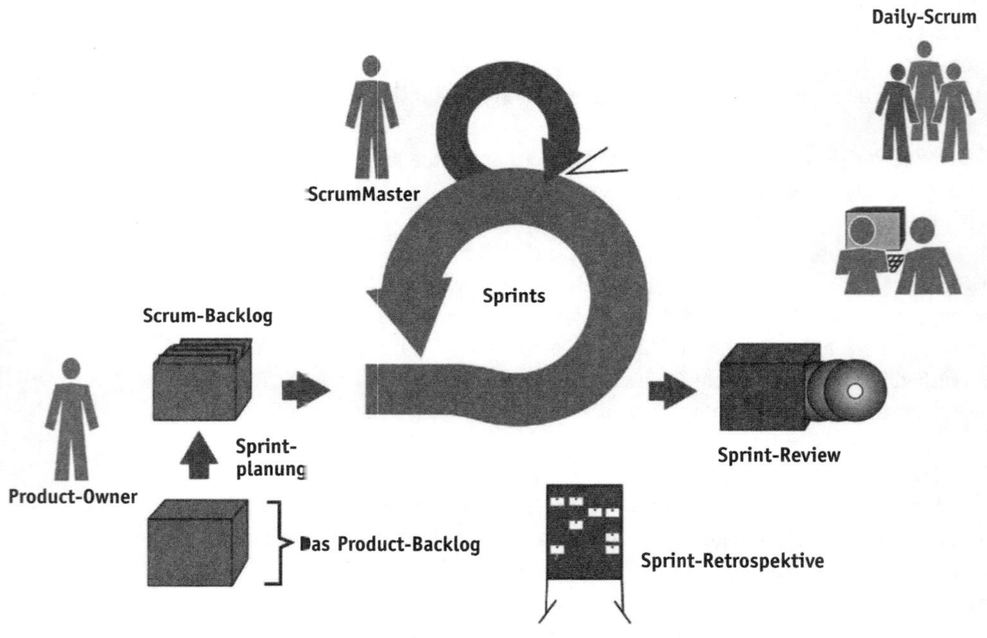

(Quelle: www.it-agile.de)

5.3.5 Software-Entwicklungswerkzeuge

Case

Unter dem Oberbegriff CASE (Computer Aided/Assisted Software Engineering) werden Werkzeuge zur Unterstützung der Systementwicklung angeboten, um die aus dem Entwicklungs- und Änderungsaufwand resultierenden Kosten zu reduzieren.

> Unter CASE versteht man eine organisatorische und rechnergestützte Umgebung, die möglichst vollständig die Tätigkeiten eines Software-Entwicklungszyklus (von den Unternehmenszielen ausgehend bis zum fertigen Code) unterstützt.

Diese sogenannten Software-Entwicklungswerkzeuge (Tools) vereinfachen und/ oder beschleunigen die Entwicklung und Wartung (incl. Rekonstruktion) von Anwendungssoftware und sollen dabei gleichzeitig die Softwarequalität erhöhen.

Upper/Lower Case

Die CASE-Tools werden in Upper- und Lower-CASE-Tools unterteilt (vgl. Abb. 5-15). Upper-CASE-Tools unterstützen die Analyse und die Entwicklung des Fachkonzeptes, d. h. helfen dabei, die Frage zu beantworten, was das Anwendungssystem

Abb. 5-15

CASE

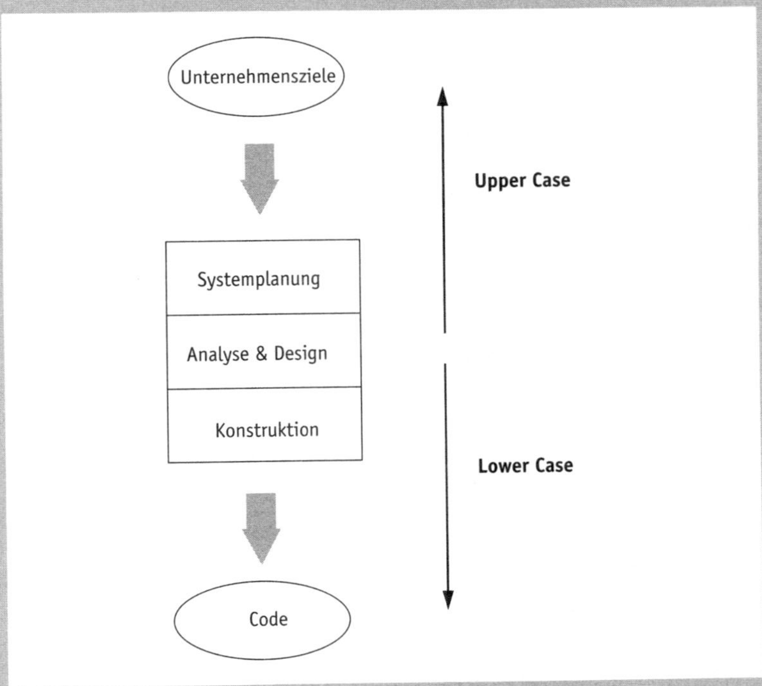

leisten soll (Detailentwurf). Lower-CASE-Tools unterstützen die Entwicklung des DV-Konzepts, d. h. wie das Anwendungssystem DV-technisch realisiert werden soll sowie die Programmentwicklung und den Test. Die am Markt verfügbaren Programme unterscheiden sich darin, ob sie:

- nur eine Phase,
- mehrere Phasen für sich genommen oder
- mehrere aufeinander aufbauende Phasen

unterstützen.

Komponenten

Es werden verschiedene Komponenten von CASE-Tools unterschieden, die unterschiedliche Aufgaben im Softwareentwicklungsprozess unterstützen:

- Zentrale Enzyklopädie/Repository,
- Diagramm-Editoren, z. B. für Dekompositionsdiagramm, Datenflussdiagramm, Strukturdiagramm,
- Designanalyse- und Prüfkomponenten, die den Nutzer über Fehler in den Diagrammen informieren,
- Abfragesprachen, um Nutzern sämtliche abgespeicherten Informationen zu den Engineering-Projekten einfach und übersichtlich zugänglich zu machen,
- Datenkataloge über die im Entwurf benutzten Objekte und ihre Namen,
- automatische Dokumentationsgeneratoren,
- Maskengeneratoren,
- Code-Generatoren, die auf der Grundlage von vorliegenden Spezifikationen automatisch Programm-Code erstellen sowie
- Test-Werkzeuge.

Aktuell können integrierte Softwareentwicklungsumgebungen (IDE, integrated development environment) wie Eclipse mit entsprechenden Erweiterungen als CASE-Werkzeuge verstanden werden. Kommerzielle Anbieter sind IBM mit IBM Rational oder Microsoft mit Microsoft Visual Studio. Für die Entwicklung mobiler Anwendungen stehen z.B. die Android Developer Tools von Google oder XCode von Apple zur Verfügung.

Nachteile

Marketing-Übertreibungen haben die Erwartungen der Nutzer extrem in die Höhe getrieben, insbesondere was die erwarteten zeitlichen Einsparungen betrifft. Der erhoffte Produktivitätszuwachs bei der Analyse wurde jedoch durch den zusätzlichen Aufwand bei der Verwendung der Methoden mehr als wettgemacht, so dass die Erwartungen enttäuscht wurden. Darüber hinaus zeigten sich bei der Verwendung Schwächen der Tools. Die Analysemethoden liefern nicht alle Informationen; verbleibende Lücken müssen vom Programmierer weiterhin kreativ gefüllt werden. Häufig besteht keine direkte Verbindung zwischen Modellen und Anwendung. D.h. wenn ein Modell geändert wird, muss die Anwendung nachträglich umgeschrieben werden. Da doppelter Aufwand gescheut wird, wird jedoch häufig nur noch Code geändert mit der Folge, dass sich die Anwendung immer weiter von den Modellen, die sie ursprünglich dokumentieren sollten, entfernt.

Bei verschiedenen Tools zeigte sich eine fehlende Anpassbarkeit der eingebauten Entwicklungsmethoden auf spezifische Aufgaben in der Entwicklung. Darüber hinaus sind die meisten Systeme durch eine fehlende Standardisierung zwecks Austausch von Daten zwischen unterschiedlichen CASE-Systemen gekennzeichnet.

Schlüsselbegriffe Kapitel 5

- **Standardsoftware,**
- **Individualsoftware**
- **Software Development Lifecycle**
- **Phasenkonzepte**
- **Wasserfallmodell**
- **Prototyping**
- **Spiralmodell**
- **Agile Methoden**
- **Extreme Programming**
- **Scrum**
- **CASE**

Wiederholungsfragen Kapitel 5

1. *Welche unterschiedlichen Alternativen für die Bereitstellung von Software gibt es und was sind die grundlegenden Charakteristika der verschiedenen Ansätze?*
2. *Was versteht man unter Standardsoftware und welche verschiedenen Typen von Standardsoftware gibt es?*
3. *Was sind die Vorteile von Standardsoftwarepaketen und warum wird Standardsoftware vom Management oft positiv beurteilt?*
4. *Nennen Sie wichtige Kriterien für die Beurteilung von Standardsoftware.*
5. *Welche unterschiedlichen Einführungsstrategien für Standardsoftware gibt es und welche Vor-/Nachteile haben sie?*
6. *Welche Charakteristika und Schritte kennzeichnen die Phasenkonzepte der Softwareentwicklung?*
7. *Welche Vor- und Nachteile sind mit dem Vorgehen nach dem Phasenkonzept verbunden?*
8. *Was versteht man unter Prototyping?*
9. *Unter welchen Bedingungen ist Prototyping als Entwicklungsansatz geeignet und welche Probleme können dadurch gelöst werden?*
10. *Nennen Sie fünf Aspekte, in denen sich Prototyping von den Phasenkonzepten unterscheidet.*
11. *Nennen und beschreiben Sie die Schritte des Prototyping.*
12. *Welche Vor- und Nachteile sind mit Prototyping verbunden?*
13. *Warum werden agile Methoden in der Softwareentwicklung eingesetzt?*
14. *Worin unterscheidet sich Scrum von den klassischen Phasenkonzepten?*
15. *Welche Methoden werden im Extreme Programming eingesetzt?*

Literaturhinweise Kapitel 5

Boehm, B.W.: A Spiral Model of Software Development and Enhancement, in: Computer, Mai 1988, S. 61–72.

Bronsze, T.; Treutlein, P.; Schmidt, C.: Vertikalisierung im ERP-Markt, in: is report, Sonderausgabe Juni 2006, S. 12–15.

Laudon, K. C.; Laudon, J. P.: Wirtschaftsinformatik: Eine Einführung, 2. Aufl. 2009.

Sontow, K.: ERP-Evaluation. Is report Sonderausgabe Juni 2006, S. 6–8.

Weiterführende Literatur

Beck, K., Andres, C.: Extreme Programming Explained: Embrace Change, 2004.

Boehm, B.: Getting ready for agile methods, with care. In: IEEE Computer, 35. Jg., Heft 1, S. 64–69, 2002.

Booch, G., Rumbaugh, J., Jacobson, I.: The Unified Modeling Language User Guide. Boston, MA etc. 1999.

Bruegge, B., Dutoit, A.H.: Object-Oriented Software Engineering: Using UML, Patterns and Java, 2. Aufl., Upper Saddle River, NJ, 2003.

Kleppe, A., Warmer, J., Bast, J.: MDA Explained: The Model Driven Architecture–Practice and Promise, Boston, MA etc. 2003.

6 Branchenneutrale Anwendungssysteme zur Unterstützung innerbetrieblicher Prozesse

Lernziele

- Sie kennen den Begriff der Integration und können verschiedene Integrationsrichtungen erläutern.
- Sie können erklären, was ein ERP-System ist und welche Vorteile damit verbunden sind.
- Sie können die Unterstützungsmöglichkeiten für verschiedene branchenneutrale, innerbetriebliche Anwendungsbereiche erklären.
- Sie wissen was ein Data-Warehouse ist und wozu es eingesetzt wird.

Ist Ihnen eigentlich schon einmal aufgefallen, an welchen Stellen die IT Ihre täglichen Abläufe unterstützt? Nutzen Sie vielleicht den PC oder das Handy für die Buchung eines Bahntickets über das Internet oder kaufen Sie Ihre Musiktitel im Online-Shop? Der Gang zum Ticketschalter oder zum örtlichen Einzelhändler wird dadurch hinfällig. Der oftmals zitierte »intelligente« Kühlschrank, der automatisch knappe Lebensmittel nachbestellt, ist ein weiteres (wenn auch noch zukünftiges) Beispiel, wie IT alltägliche Abläufe unterstützen kann.

Ähnlich verhält es sich mit den Prozessen eines Unternehmens: Die IT durchdringt mittlerweile nahezu alle Vorgänge in einem Unternehmen und ist oftmals nicht mehr wegzudenken. Viele Prozesse z. B. im Rechnungswesen oder in der Personalabteilung laufen in den Unternehmen gleich oder sehr ähnlich, weil sie (teilweise) gesetzlich geregelt sind und wenig Spielraum für Abweichungen lassen. Für diese branchenunabhängigen Prozesse gibt es ein breites Angebot an Standardsoftware auf dem Markt, so dass die meisten Unternehmen für diese Prozesse fertige Software kaufen. Oftmals bieten die angebotenen Softwarelösungen nicht nur Unterstützung für einen Prozess, sondern decken ganze Unternehmensbereiche oder gar das ganze Unternehmen ab. Diese sogenannten Enterprise Resource Planning (ERP-Systeme) werden im Folgenden vorgestellt, bevor auf die Unterstützung einzelner innerbetrieblicher, branchenneutraler Prozesse eingegangen wird.

6.1 Überblick: Von der Stand-alone-Lösung zu integrierten ERP-Systemen

Im Folgenden werden Anwendungen vorgestellt, die für die Durchführung von branchenneutralen Prozessen wie beispielsweise Buchhaltung oder Personalabrechnung entwickelt worden sind. Bei diesen Anwendungssystemen zeigt sich seit Jahren ein Trend weg von isolierten Informationssystemen hin zu integrierten Informationssystemen, die auf eine gemeinsame Datenbasis zugreifen. Dieser Trend steht in engem Zusammenhang mit der Abkehr von der Funktionalorganisation und der Hinwendung zur Prozessorientierung.

In der Vergangenheit wurde in den Unternehmen das Hauptaugenmerk auf die Optimierung der einzelnen Funktionalbereiche gelegt. So wurden die Materialwirtschaft als Teil der Produktion und das Rechnungswesen als Teil der Verwaltung als getrennte Bereiche betrachtet, deren Abläufe nicht aufeinander abgestimmt werden mussten, sondern die ausschließlich abteilungsintern optimiert wurden. Diese strenge funktionale Trennung führte zum Aufbau isolierter Informationssysteme, die zwar die einzelnen Bereiche gut unterstützen, aber unzulänglich im Hinblick auf eine Unterstützung übergreifender Abläufe sind. So haben auch Materialwirtschaft und Rechnungswesen Schnittstellen, an denen Daten ausgetauscht werden müssen.

Datenintegration

Um Brüche im Ablauf zu vermeiden, die die Durchlaufzeiten und Fehlerquoten erhöhen, wird seit den 1990er-Jahren gezielt eine Integration der Systeme angestrebt, d. h. eine Verknüpfung der einzelnen Systeme zu einem logisch zusammenhängenden System. Wichtig ist dabei insbesondere die Datenintegration, worunter die gemeinsame Nutzung einer gemeinsamen Datenbasis verstanden wird. Technisch wird diese Form der Integration durch den Einsatz von Datenbanksystemen realisiert. Nach der Ausrichtung der Integration wird zwischen horizontaler und vertikaler Integration unterschieden.

Horizontale Integration bezeichnet die Integration funktionaler Anwendungssysteme zu einem Gesamtsystem. Im Vordergrund steht die Betrachtung durchgängiger Informationsströme, die dem Leistungserstellungsprozess folgen.

Vertikale Integration bezieht sich auf die Durchgängigkeit von mengenorientierten operativen Systemen der unteren hierarchischen Ebenen, wie beispielsweise Systemen zur Unterstützung der Produktion, bis hin zu Planungs- und Entscheidungssystemen auf den oberen hierarchischen Ebenen der Unternehmen.

Die Daten der verschiedenen betriebswirtschaftlichen Bereiche werden bei ERP-Systemen zentral in einer Datenbank gespeichert. Hierdurch ist eine bereichsübergreifende Nutzung der Daten möglich, ohne dass die Daten mehrfach eingegeben und gepflegt werden müssen. So wird beispielsweise bei der Buchung eines

Wareneingangs in der Materialwirtschaft ohne Zusatzaufwand dieser Vorgang auch in den Konten der Finanzbuchhaltung wertmäßig erfasst. D.h. derartige Systeme ermöglichen den Unternehmen eine integrative Abwicklung ihrer Geschäftsprozesse und eröffnen ihnen dadurch umfassende Möglichkeiten zur Verbesserung ihrer Abläufe.

Unter dem Namen Enterprise-Resource-Planning-Systeme (ERP-Systeme) sind in den letzten fünfzehn Jahren integrierte betriebswirtschaftliche Standardsoftware-Pakete auf den Markt gekommen, die nahezu alle Aufgabenbereiche und Prozesse im Unternehmen unterstützen, wie z. B. Beschaffung, Produktion, Vertrieb, Rechnungswesen und Personalwirtschaft.

Der prinzipielle Aufbau eines ERP-Systems ist in der folgenden Abb. 6-1 dargestellt. Das sich anschließende Beispiel aus der Praxis verdeutlicht Funktionalität und Aufbau von SAP ERP der Firma SAP (für Informationen zur SAP vgl. Kap. 5.2.1).

Abb. 6-1

ERP-Systeme

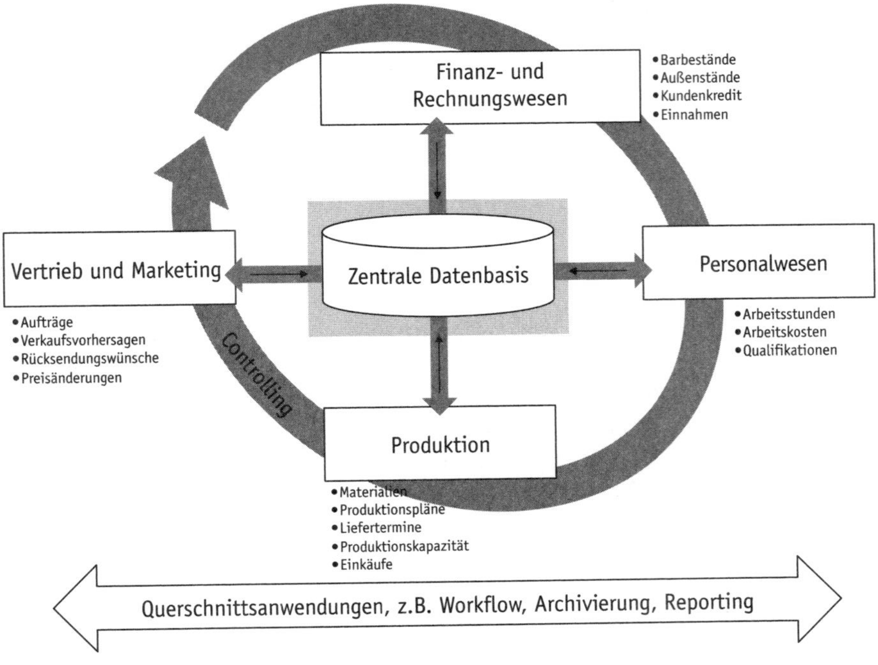

Quelle: In Anlehnung an Laudon, K.C./Laudon, J.P./Schoder, D. (2010): Wirtschaftsinformatik – eine Einführung (2. Aufl.). Pearson, München, S. 486.

Da ERP-Systeme derzeit größtenteils noch aus monolithischen Anwendungsblöcken, wie bspw. der Kostenrechnung innerhalb einer Rechnungswesen-Komponente, bestehen, ist eine Integration alternativer Komponenten von anderen Herstellern oftmals schwierig und mit hohem Aufwand verbunden. Dieses Problem wird momentan durch die Entwicklung service-orientierter Architekturen – und damit einer stärkeren Modularisierung – adressiert. Eine serviceorientierte Architektur basiert auf der Bereitstellung einzelner (Prozess-) Funktionalitäten als Services, die über standardisierte Schnittstellen ansprechbar sind. Einzelne Services können flexibel zu sog. Verbundanwendungen bzw. Prozessvarianten zusammengestellt werden, was wiederum die Integration verschiedener Bereiche erleichtert. Die Nutzung des Internet als Infrastruktur zur Bereitstellung dieser Services vereinfacht zudem die Anbindung von Partnerunternehmen oder Kunden.

Eine serviceorientierte Architektur (engl. Service oriented architecture, Abkürzung: SOA) ist eine Form einer verteilten Informationsarchitektur, deren Fokus auf der Ankündigung, dem Auffinden und dem dynamischen Aufrufen von hoch stehenden, anwendungsnahen und in sich abgeschlossenen Diensten (engl.: services) liegt. Durch eine serviceorientierte Architektur können lose gekoppelte, verteilte Anwendungssysteme realisiert werden (Quelle: Hansen/Neumann, 2009, S. 267).

Aus der Praxis **SAP ERP**

▸▸▸ Das letzte Release von SAP ERP Enterprise, richtet sich an mittelständische Unternehmen sowie internationale Konzernniederlassungen. Es besteht aus einem technischen Fundament zur Steuerung (Web-Application-Server) und aus betriebswirtschaftlichen Anwendungsprogrammen.

Es erlaubt die Verknüpfung horizontaler Abläufe über Funktionsgrenzen hinweg sowie vertikale Verknüpfungen von der operativen Ebene bis zu den Planungs- und Steuerungsaufgaben.

Die betriebswirtschaftlichen Anwendungen des SAP ERP-Systems gliedern sich in die drei Funktionsgruppen Rechnungswesen, Logistik und Personal. Der Fokus liegt somit auf der Abbildung innerbetrieblicher Prozesse. Das Rechnungswesen wird z. B. durch Aufgaben wie allgemeines Finanzwesen, Controlling und Investitionsmanagement repräsentiert. Im Bereich der Logistik steht u. a. Funktionalität für die Bereiche Vertrieb, Materialwirtschaft und Produktionsplanung und -steuerung zur Verfügung. In der Personalwirtschaft vorkommende Prozesse wie Personalzeitwirtschaft und Personalmanagement sind ebenso im betriebswirtschaftlichen Umfang des SAP ERP-Systems enthalten.

Diese betriebswirtschaftlichen Anwendungen werden ergänzt um anwendungsübergreifende Funktionen wie Dokumentenverwaltung und Datenarchivierung und um Office-Anwendungen wie Textverarbeitung, Ablagesysteme und E-Mail. Darüber hinaus verfügt es über Schnittstellen zu Standardprogrammen. Es genügt den Anforderungen, die sich aus internationaler Unternehmenstätigkeit ergeben, indem es Mehrsprachigkeit, ausländische Währungen und Gesetzgebungen unterstützt.

Technisch gesehen ist SAP ERP für Client-Server-Systeme mit einer mittleren bis großen Anzahl von Usern entwickelt worden. Man unterscheidet drei Typen von Prozessen, die auf verschiedenen Hosts untergebracht werden können: Datenbankprozesse, Anwendungsprozesse und Präsentationsprozesse (vgl. Abb. 6-2).

Abb. 6-2

Client-Server-Architektur von SAP ERP

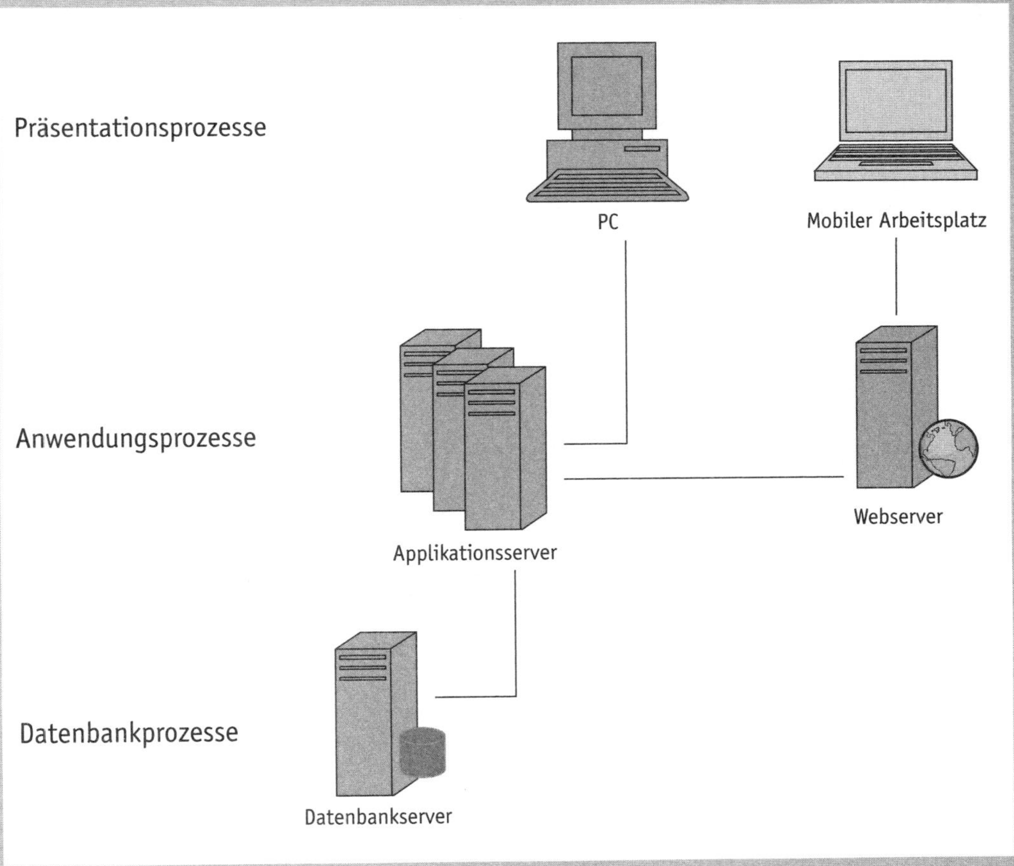

Im Jahr 2005 wurde SAP ERP als Nachfolger von SAP R/3 vorgestellt, das SAP NetWeaver als technologische Basis nutzt. Trotz der Einführung von SAP ERP wird SAP R/3 nach wie vor in zahlreichen Unternehmen verwendet.

Das technische Fundament des SAP ERP, der NetWeaver Stack, ist eine Weiterentwicklung der früheren SAP-Basis. War die SAP-Basis in älteren Release-Ständen untrennbar mit dem restlichen SAP-System verbunden, so handelt es sich bei NetWeaver hingegen um eine Komponente, die auch eigenständig betreibbar ist. NetWeaver enthält unter anderem die Laufzeitumgebung sowie eine Entwicklungsumgebung für die betriebswirtschaftlichen Anwendungsprogramme. Diese sind derzeit hauptsächlich in der SAP-eigenen Programmiersprache ABAP geschrieben, zum Teil jedoch auch in Java. NetWeaver abstrahiert von Betriebssystem und Datenbank und unterstützt die Anpassung, die Kopplung und die Administration von SAP-Systemen. NetWeaver ist gleichzeitig eine Integrationsplattform, die es erlaubt, das Konzept serviceorientierter Architekturen umzusetzen. Vor allem die starke Ausrichtung auf webbasierte Anwendungen und die Integrationsmöglichkeit mit Frameworks anderer Hersteller führte zur Entwicklung von NetWeaver. Ziel ist es, eine Integration auf verschiedenen Ebenen herzustellen: Zum einen die Integration auf der Ebene von Menschen (z. B. durch Portale), zum anderen die

Abb. 6-3

SAP NetWeaver

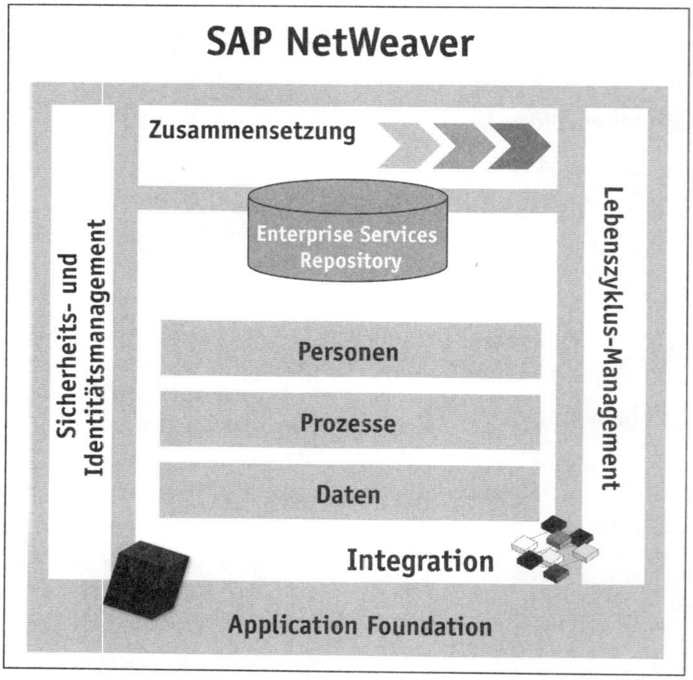

(Quelle: *SAP* 2014)

Integration auf der Ebene von Information (z. B. durch ein einheitliches Stammdatenmanagement) und schließlich die Integration auf der Ebene der Prozesse (z. B. durch Geschäftsprozessmanagement).

Weitere Lösungen der SAP
Lange Zeit war SAP ERP, das Hauptprodukt der SAP. Daneben wurden zusätzliche Anwendungen für unterschiedliche betriebswirtschaftliche Bedürfnisse entwickelt. So ist das Softwareangebot im Laufe der Jahre um zahlreiche branchenspezifische Lösungen sowie Produkte für mittelständische Unternehmen erweitert worden. Als Zielgruppe für die branchenspezifischen Lösungen (Industry Solutions) können z. B. Banken, Automobilhersteller, Pharmaunternehmen und die öffentliche Verwaltung genannt werden.

Da SAP ERP vor allem unternehmensinterne Prozesse abbilden, liefert SAP als Ergänzung weitere Lösungen, wie bspw. SAP CRM oder SAP SCM. So bietet die Lösung SAP CRM (Customer Relationship Management) Funktionen zum Management der Kundenbeziehungen, beispielsweise für Akquisition und Kontaktmanagement. Mit SAP SCM (Supply Chain Management) wird das Management von Lieferketten unterstützt. (Quelle: SAP, 2014) ◀◀◀

Da diesem Buch eine prozessorientierte Betrachtungsweise zugrunde liegt, werden im Folgenden die Prozesse, die in den »Bausteinen« eines ERP-Systems angesiedelt sind, skizziert. Diese können in drei Gruppen unterteilt werden (vgl. Abb. 6-4).

Abb. 6-4

Prozessmodell

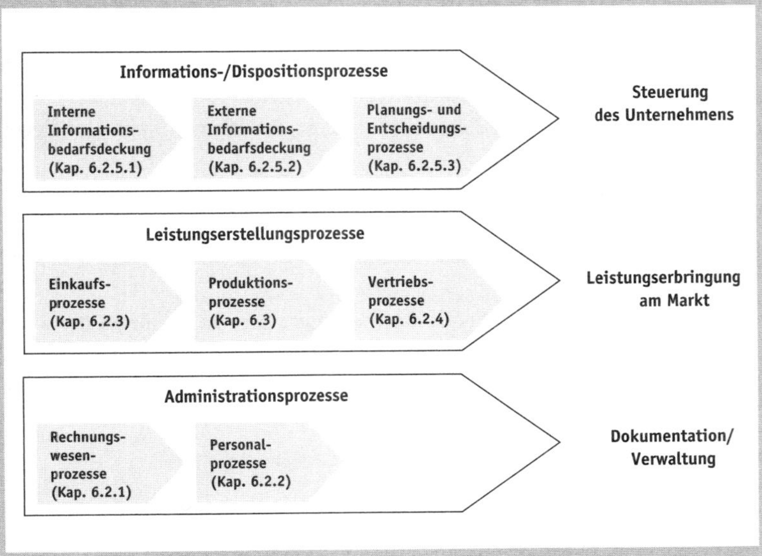

- *Informations-/Dispositionsprozesse*: Dazu gehören die internen und externen Informationsbedarfsdeckungsprozesse sowie Planungs- und Entscheidungsprozesse, die der Steuerung des Unternehmens dienen.
- *Leistungserstellungsprozesse*: Dazu gehören Einkauf, Produktion und Vertrieb, die die Erfüllung sämtlicher marktorientierter Aufgaben beinhalten.
- *Administrationsprozesse*: Dazu gehören Rechnungswesen und Personal, die die Abwicklung der Verwaltungsaufgaben übernehmen.

Diese Prozesse lassen sich weiterhin danach unterscheiden, ob sie branchenunabhängig sind, d. h. in allen Unternehmen gleich bzw. sehr ähnlich ablaufen, oder ob sie branchenspezifisch sind. Während Informations-/Dispositions- und Administrationsprozesse sowie die Vertriebsunterstützung weitgehend von Branchen unabhängig sind, sind die Leistungserstellungsprozesse branchenspezifisch. So steht beispielsweise in der Industrie die Produktionsplanung und -steuerung im Mittelpunkt der Leistungserstellung, wohingegen im Handel der Umschlag der Waren, die Warenwirtschaft, die eigentliche Leistungserstellung darstellt.

Im Folgenden werden zunächst die branchenunabhängigen Prozesse Rechnungswesen, Personal, Vertrieb und Information/Disposition und ihre Unterstützungsmöglichkeiten durch Anwendungssysteme betrachtet. Dabei wird besonderer Wert auf die Schnittstellen zu anderen Anwendungssystemen gelegt, aus denen Daten übernommen oder an die Daten übergeben werden. In Kapitel 7 werden die branchenspezifischen Leistungserstellungsprozesse für Fertigungsindustrie, Handel, Banken und Versicherungen betrachtet.

6.2 Rechnungswesenprozesse

Das Rechnungswesen beschäftigt sich mit der systematischen Erfassung, Speicherung und Weiterverarbeitung quantitativer Unternehmensdaten vergangener, gegenwärtiger oder zukünftiger Geschäftsperioden. Es können zwei grundlegende Prozesse unterschieden werden:

- Die Finanzbuchführung, die sich an externe Adressaten wie Aktionäre oder Finanzbehörden richtet. Im Rahmen der Finanzbuchhaltung findet die Kontenführung (Gewinn und Verlustrechnung) sowie die Bilanzierung statt (vgl. Kap. 6.2.1).
- Die Betriebsbuchführung, die an interne Adressaten, in der Regel die Unternehmensführung, gerichtet ist. Die Betriebsbuchhaltung bedient sich hauptsächlich dem Instrumentarium der Kosten- und Leistungsrechnung (vgl. Kap. 6.2.2).

6.2.1 Finanzbuchhaltung

Finanzbuchhaltung

Die Finanzbuchhaltung erfasst sämtliche Geschäftsvorfälle zwischen dem Unternehmen und der Außenwelt. Sie stellt ein traditionelles Einsatzgebiet für IT-Anwendungen dar, denn bereits früh wurden Rechner eingesetzt, um die Massendatenverarbeitung zu automatisieren. Aufgrund der umfangreichen gesetzlichen Vorschriften hat sich die inhaltliche Ausgestaltung der Finanzbuchhaltung über viele Jahre kaum verändert. Einzelne Ausnahmen bildeten z. B. die Einführung der Bilanzierung nach US-amerikanischen und internationalen Bilanzierungsrichtlinien US-GAAP bzw. IAS.

Nebenbuchhaltungen

Im Rahmen unterschiedlicher Kontenführungsprozesse werden die Beziehungen zur Außenwelt in Form von Geschäftsvorfällen in den sogenannten Nebenbuchhaltungen (vgl. Abb. 6-5) erfasst:

- Die *Materialbuchhaltung* dient der Ermittlung des wertmäßigen Verbrauchs von Materialien. Sie hat enge Verbindungen zu Programmen für die Materialwirtschaft und kann teilweise in derartige Programme integriert werden.
- Die *Anlagenbuchhaltung* erfasst die Anlagenwerte, die in den Jahresabschluss eingehen. Hauptaufgabe ist die Ermittlung von Abschreibungen nach den unterschiedlichen Abschreibungsarten (z. B. steuer- oder handelsrechtlich) und -methoden (z. B. linear, degressiv).

Abb. 6-5

Aufbau Finanzbuchhaltung

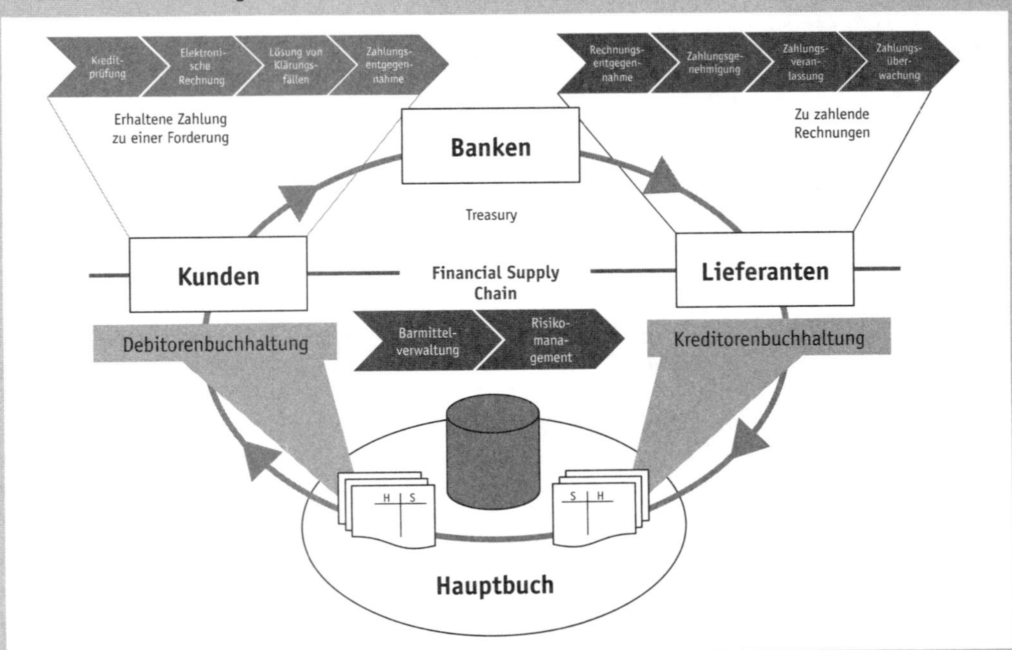

- Die *Lohn- und Gehaltsbuchhaltung* dient der Erfassung der Lohn- und Gehaltszahlungen. Sie wird häufig in die Personalsysteme integriert (vgl. Kap. 6.3).
- Die *Kreditorenbuchhaltung* führt die Betriebsvorfälle und verwaltet die Daten aller Kreditoren (Lieferanten). Jede Rechnung und Lieferung wird lieferantenbezogen geführt, d. h. jeder Geschäftsvorfall kann individuell bearbeitet werden. Kreditorenbuchungen werden gleichzeitig im Hauptbuch mitgeführt, wobei die einzelnen Konten (Verbindlichkeiten, Anzahlungen usw.) in den einzelnen Sachkonten aufgeführt werden. Die Kreditorenbuchhaltung übernimmt den Zahlungsausgleich. Wichtig ist dabei, dass die Systeme so gestaltet sind, dass sie die Zahlung zum günstigsten Zeitpunkt, z. B. unter Berücksichtigung von Skontofristen, veranlassen.
- Die *Debitorenbuchhaltung* verwaltet die buchhalterischen Daten eines Kunden. Die Buchungen der Debitorenbuchhaltung werden zugleich im Hauptbuch mitgeführt, wobei je nach Vorgang unterschiedliche Sachkonten mitgebucht werden (Forderungen, Anzahlungen usw.). Hauptaufgabe der Debitorenbuchhaltung ist die Überwachung der Zahlungseingänge. Dazu gehören der Offene-Posten (OP)-Ausgleich bzw. die OP-Überwachung, das Lastschriftverfahren und das Mahnwesen. So werden bei Überschreitung von Fälligkeitsterminen automatisch Mahnungen aus gespeicherten Textbausteinen generiert, die, je nach Mahnstufe, unterschiedliche Formulierungen beinhalten.

Sachbuchhaltung

Die Daten der Nebenbuchhaltungen werden in die Hauptbuchhaltung (Sachbuchhaltung) übernommen, in der die Abschlussbuchungen (Periodenabschlüsse, Bilanz, Gewinn- und Verlustrechnung) durchgeführt werden.

Belegprinzip

Die Finanzbuchführungssysteme arbeiten konsequent nach dem Belegprinzip. Belege stellen die zentrale Voraussetzung für die Erfassung und Speicherung von Geschäftsvorfällen dar. Der Beleg bleibt als geschlossene Einheit im System gespeichert und kann bei Bedarf jederzeit vom Anwender wieder aktiviert werden. Ein einheitlicher Belegaufbau garantiert die vollständige und korrekte Speicherung und Weiterverarbeitung im System. Jeder Beleg enthält im Belegkopf eine Belegart. Diese dient der Unterscheidung von Geschäftsvorfällen und bestimmt, welche Kontoarten (Kreditoren-, Debitoren-, Sachkonten) bebucht werden.

Stammdatensätze

Neben den Belegen sind die Stammdatensätze von zentraler Bedeutung für die Finanzbuchhaltungssysteme. Sie enthalten Daten, die die Buchungsvorgänge und die Verarbeitung der Buchungsdaten steuern. In den Finanzbuchhaltungssystemen werden vier Arten von Stammdaten unterschieden:

- Die *Sachkontenstammdaten* dienen der Erfassung von Geschäftsvorfällen auf den Sachkonten sowie deren Verarbeitung. Auf Sachkonten gebuchte Geschäftsvorfälle werden gleichzeitig im Hauptbuch fortgeschrieben.
- Die *Debitorenstammdaten* werden für die Abwicklung der Geschäftsbeziehungen mit dem Kunden benötigt (z. B. Adresse, Zahlungs-/Mahnungsbedingungen). Sie steuern darüber hinaus das Erfassen der Geschäftsvorfälle auf dem Debitorenkonto und die Verarbeitung der gebuchten Daten. Der Debitorenstamm enthält alle kundenspezifischen Informationen auf die

Abb. 6-6

Belegfluss

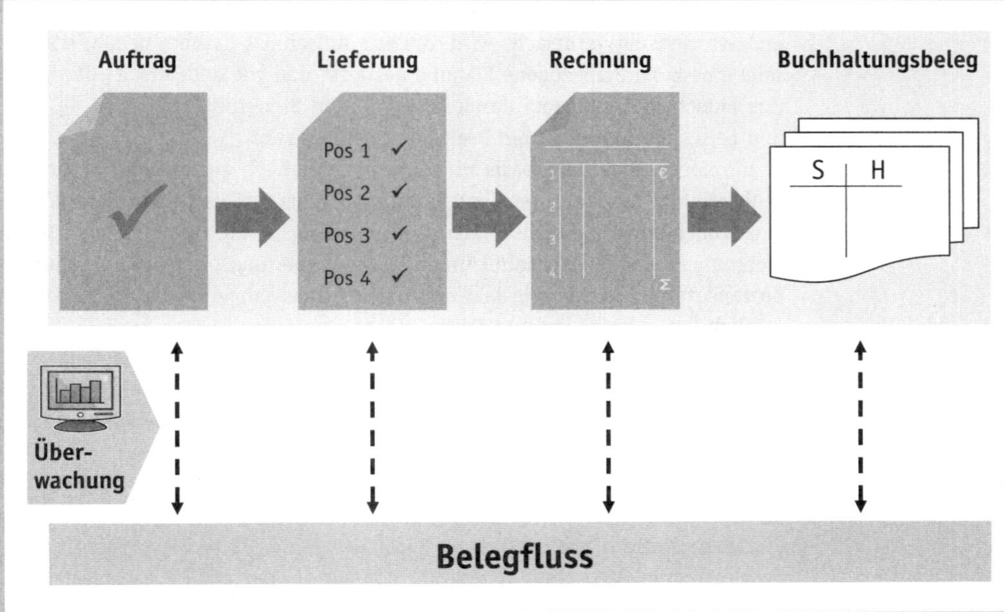

(bei integrierten Systemen) sowohl Buchhaltung als auch Vertrieb zugreifen können. Für jeden Debitor wird daher nur ein einziges Mal ein Stammdatensatz angelegt.

- Die *Kreditorenstammdaten* werden für die Abwicklung der Geschäftsbeziehungen mit den Kreditoren benötigt (z. B. Adresse). Sie steuern darüber hinaus das Erfassen der Geschäftsvorfälle auf dem Kreditorenkonto und die Verarbeitung der gebuchten Daten. Für jeden Lieferanten wird ein Kreditorenstamm angelegt. Der Kreditorenstamm enthält alle lieferantenspezifischen Informationen, auf die sowohl Buchhaltung als auch Materialwirtschaft zugreifen können. Für Lieferanten, die nur ein einziges Mal geliefert haben, können sogenannte Conto per Diverse (CpD-Konten) eingerichtet werden. In diesem Fall wird kein Kreditorenstammsatz angelegt, sondern beim Erfassen des Belegs nur Name und Adresse.
- Die *Bankstammdaten* werden für den Zahlungsverkehr benötigt. Sie werden zentral im Bankenverzeichnis abgelegt, das insbesondere für den maschinellen Zahlungsverkehr verwendet wird. Besonders wichtige Daten sind die Anschrift der Bank sowie der Swift-Code, der die Bank ohne Angabe von Anschrift oder Bankleitzahl identifiziert. Zu jeder Bank wird eine Kurzbezeichnung angegeben (Bank-ID). Angaben zu den eigenen Hausbanken werden separat gespeichert. Die Bankverbindungen der Geschäftspartner werden in den Debitoren- bzw. Kreditorenstammdaten abgelegt.

6.2.2 Betriebsbuchhaltung sowie Kosten- und Leistungsrechnung

Kosten-/
Leistungsrechnung

Die Kosten- und Leistungsrechnung erfasst den gesamten Werteverbrauch und -zuwachs des Unternehmens, der im Rahmen der betrieblichen Leistungserstellung und -verwertung verursacht wird. Sie soll Aufschluss darüber geben, wie einerseits eine zukunftsbezogene Planung gestaltet und wie andererseits der kurzfristige Entscheidungsprozess durch Kontrolle und Steuerung über aktuelle Kosten- und Leistungsentwicklungen beeinflusst werden kann.

Datenbasis

Die notwendige Datenbasis wird fast ausschließlich aus anderen betrieblichen Teilbereichen des Unternehmens gewonnen. Hierzu zählen im Wesentlichen die Finanzbuchhaltung einschließlich der Anlagenrechnung, die Lohn- und Gehaltsrechnung sowie die Materialrechnung und Fakturierung. Diese Systeme sollten die Kostendaten so kontieren, dass eine direkte Übernahme in die Kostenrechnung möglich ist und eine erneute Dateneingabe vermieden werden kann.

Im Gegensatz zur Finanzbuchhaltung ist die Kosten- und Leistungsrechnung unternehmensintern orientiert und unterliegt keinen gesetzlichen Vorschriften. Daher kommt bei deren Ausgestaltung häufiger eine individuelle Software-Lösung zum Einsatz.

Kostenartenrechnung

Sämtliche Kosten des Betriebs, die während einer Abrechnungsperiode anfallen, müssen in der *Kostenartenrechnung* anhand von Belegen vollständig, zuverlässig und überschneidungsfrei erfasst und nach geeigneten Kriterien gegliedert werden. Bei der Verwendung eines IT-Systems können die Kostendaten aus anderen Systemen übernommen und systematisiert werden.

Kostenstellenrechnung

Die *Kostenstellenrechnung* erfasst die Kosten bezogen auf den Ort ihrer Entstehung. Die Gemeinkosten werden mittels Betriebsabrechnungsbogen auf die vom Unternehmen festgelegten Kostenstellen verteilt. Leistungen, die das Unternehmen bei der Erstellung seiner Markt- und Absatzleistungen selbst verbraucht, werden in der innerbetrieblichen Leistungsverrechnung auf die Kostenstellen verteilt. Die Kostenstellenrechnung mittels eines IT-Systems hat den Vorteil, dass diese Kostenverteilungen automatisch vorgenommen werden können.

Kostenträgerrechnung

Die *Kostenträger* müssen die durch sie verursachten Kosten der betrieblichen Leistungen »tragen«. Sie können in Absatzleistungen (Produkte) und innerbetriebliche Leistungen (Anlagen) unterteilt werden. Aufgabe der Kostenträgerstückrechnung ist es, die Herstell- und Selbstkosten der betrieblichen Leistungseinheiten zu ermitteln, um eine kurzfristige Erfolgsrechnung durchführen zu können. Die Kostenträgerstückrechnung übernimmt Daten aus der Lohnbuchhaltung, der Materialwirtschaft, der Kostenstellenrechnung sowie anderen Nebenbuchhaltungen der Finanzbuchhaltung. Die Kostenträgerzeitrechnung hingegen ermittelt die gesamten angefallenen Kosten innerhalb einer Abrechnungsperiode.

Abschließend soll anhand des Beispiels eines Zulieferbetriebes noch einmal die Bedeutung der Integration der verschiedenen Systeme aufgezeigt werden. Anhand des Bestellabwicklungsprozesses und seiner Schnittstelle zum Rechnungswesen wird deutlich, welche Konsequenzen eine Integration der Systeme auf die Abläufe eines Unternehmens und seine Stellung am Markt haben kann.

Aus der Praxis **Schönau auf dem Weg zu integrierten Systemen**

▸▸▸ Die *Schönau GmbH* (Name geändert) ist ein Zulieferbetrieb für elektronische Schaltelemente für Hausgeräte. Um die Bindung an den Kunden zu verstärken und die Eintrittsbarrieren für Mitbewerber zu erhöhen, verfolgt das Unternehmen eine Differenzierungsstrategie gegenüber seinen Konkurrenten: Das Unternehmen garantiert den wichtigsten Kunden, dass das Produktionsprogramm so schnell an Auftragsänderungen hinsichtlich Mengenänderungen bis zu 20% und des Einbaus eines bestimmten Displaytyps aus 20 Varianten angepasst wird, dass Lieferfristen von 10 Tagen ab Auftragsänderung nicht überschritten werden. Dieses Ziel kann durch leistungsfähige Informationssysteme erreicht werden, die eine nahezu zeitgleiche Übertragung der Änderungswünsche des Kunden in die eigene Auftragsabwicklung sicherstellen und den administrativen Aufwand minimieren. Besondere Bedeutung kommt dabei den Systemen im Rechnungswesen und in der Auftragsabwicklung zu.

In der Vergangenheit waren derartige Systeme im Unternehmen nicht vorhanden. Die Abbildung 6-7 stellt die Ausgangssituation vereinfacht dar. Der Kunde erteilt telefonisch oder per Post Aufträge bzw. Änderungswünsche. Der Kundenauftrag wird zunächst als Primärbedarf in das System eingestellt und über eine Stücklistenauflösung in den zur Produktion benötigten Teilebedarf (Sekundärbedarf)

Abb. 6-7

Ausgangssituation bei der *Schönau GmbH*

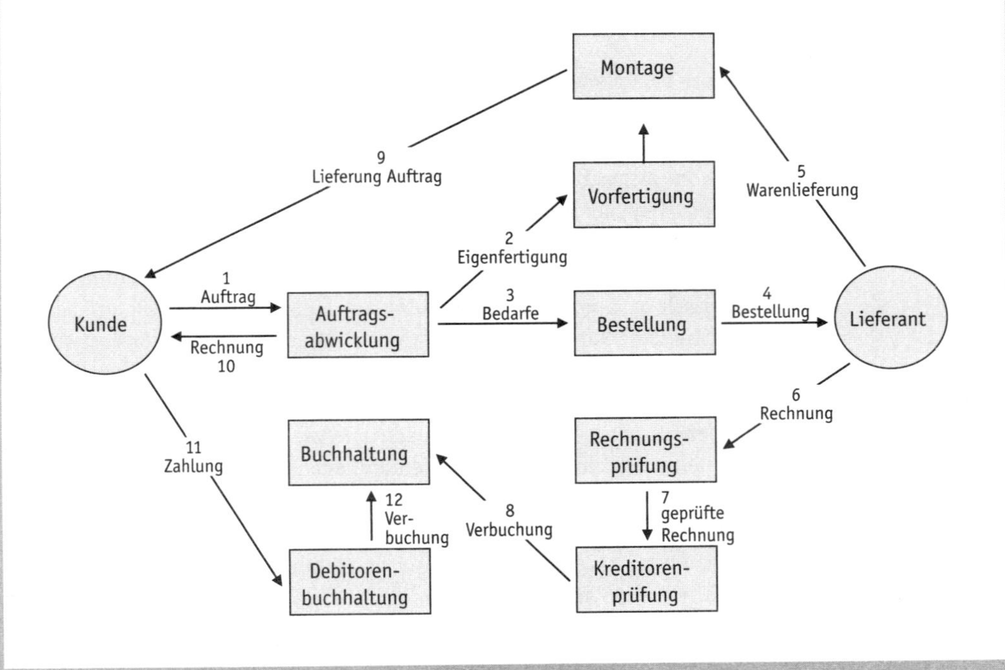

umgewandelt. Der Disponent entscheidet über Eigenfertigung und Fremdbezug und erstellt eine entsprechende Bedarfsmeldung für den Einkauf. Dieser wählt einen geeigneten Lieferanten aus und bestellt die benötigte Menge Teile. Der Lieferant liefert die Teile an das Teilelager und schickt seine Rechnung per Post. Diese Rechnung wird bei *Schönau* geprüft und nach Freigabe an die Kreditorenbuchhaltung weitergeleitet. Dort wird die Zahlung durch Scheck veranlasst und der Vorgang dann in der Hauptbuchhaltung im Hauptbuch verbucht. Sobald die Produkte gefertigt sind, werden sie an den Kunden ausgeliefert. Die dazugehörige Rechnung wird von der Auftragsabwicklung erstellt und per Post an den Kunden geschickt. Die eingehende Zahlung wird in der Debitorenbuchhaltung mit der Rechnung abgeglichen und bei Richtigkeit verbucht.

Durch den Einsatz von integrierten Informationssystemen sollen folgende nicht-wertschöpfende Aktivitäten eliminiert oder sukzessive signifikant reduziert werden: Bestellabwicklung, Rechnungsprüfung, Kreditorenbuchhaltung und Debitorenbuchhaltung. Voraussetzung, um die Durchgängigkeit bei allen tangierten Unternehmensbereichen unterbrechungsfrei gewährleisten zu können, sind folgende wesentliche Maßnahmen:

- Vereinbarungen mit Lieferanten und Kunden über die Liefermengen, -preise und -qualitäten je Periode,
- Vereinbarungen über die Eliminierung von Rechnungsprüfung und Rechnungsstellung (Gutschriftenregelung),
- Vereinbarungen bezüglich der einzusetzenden IT-Systeme und Übertragungsprotokolle,
- Festlegungen von Lieferquoten und Lieferanten für definierte Produkte.

Sind diese Vereinbarungen getroffen und die entsprechende IT-Unterstützung gewährleistet, so kann der Ablauf wie in Abbildung 6-8 gezeigt implementiert werden. Der Kunde teilt dem Unternehmen seine Aufträge bzw. Änderungswünsche mit, die im Dispositionssystem erfasst werden, sofern sie nicht schon auf elektronischem Wege eingehen. Die Bestellabwicklung bei Schönau kann durch Festlegung auf definierte Lieferanten automatisch durch das Dispositionssystem angestoßen werden. Bei Festlegung auf einen oder wenige Lieferanten kann eine automatisch generierte Bestellung bzw. ein Lieferabruf durch Datenübertragung direkt zum Lieferanten übermittelt werden. Damit ist eine verzugslose Aufnahme der Bestellung beim Lieferanten gesichert. Falscheingaben durch Doppelerfassungen und Verzögerungen durch manuellen Datentransport werden vermieden.
Da die jeweils gültigen Lieferpreise und Abnahmemengen pro Lieferant im System gespeichert sind, kann eine dem Lieferabruf entsprechende Gutschrift automatisch auf das Konto der Lieferanten erteilt werden. Die Rechnungsprüfung entfällt für diese Lieferanten. Die Führung und Verbuchung von Verbindlichkeiten kann bei der Erzeugung von Lieferabrufen und der Erteilung von Gutschriften ebenfalls deutlich reduziert werden. Damit kann sich die Abteilung Kreditorenbuchhaltung auf Sonder-/Einzelfälle konzentrieren. Analoges gilt für die Abteilung Debitorenbuchhaltung, deren Umfang nach den gleichen Prinzipien stark verkleinert werden kann. ◂◂◂

Abb. 6-8

Integrierte Abläufe bei der *Schönau GmbH*

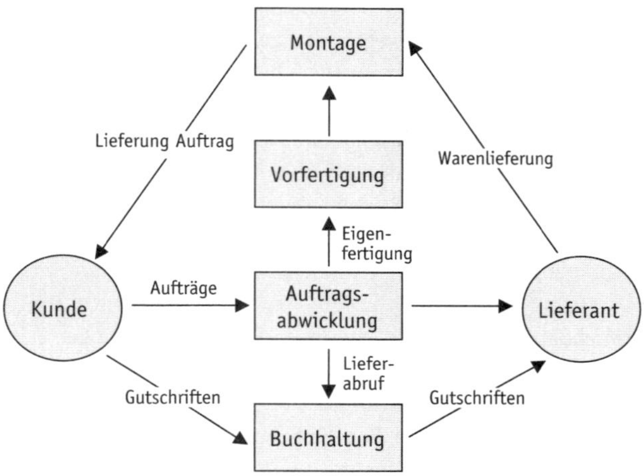

(Quelle: In Anlehnung an *Müller*, 1993)

6.3 Personalprozesse

Personalsteuerung

Die Steuerung des Personaleinsatzes ist ein zentrales Aufgabengebiet in den Unternehmen. Dazu gehören einerseits administrative Prozesse, nämlich die Stammdatenverwaltung, die Zeitwirtschaft, die Lohn- und Gehaltsabrechnung und die Stellenverwaltung. Andererseits gehören dispositive Prozesse wie die Personalauswahl, die Personaleinsatzplanung und die Personalentwicklungsplanung dazu.

Gesetzliche Regelungen

Aufgrund der häufigen Änderungen der gesetzlichen Regelungen (Steuerrecht, Vermögensbildung etc.), der Tarifverträge und der innerbetrieblichen Vorschriften (Betriebsvereinbarungen, Arbeitsverträge, Vergütungsregelungen, u. a.) sind Anwendungssysteme im Personalbereich sehr änderungsintensiv. Als Folge wird bei der Unterstützung der administrativen, finanzwirtschaftlichen oder gesetzlichen Aufgaben meist nur noch Standardsoftware eingesetzt. Insgesamt müssen gerade im Personalwesen die Datenschutzvorschriften und Datensicherheitsbestimmungen genauestens eingehalten und überwacht werden, da alle personenbezogenen Daten besonders schutzbedürftig sind. Regelungen dazu finden sich im Grundgesetz (GG) bzw. dem Bundesdatenschutzgesetz (BDSG) (vgl. Kap. 10.10.2).

6.3.1 Administrative Teilprozesse

Personaladministrationssysteme

In der Praxis werden IT-Systeme hauptsächlich zur Unterstützung administrativer Prozesse im Personalbereich eingesetzt. Die administrativen Prozesse sind dadurch gekennzeichnet, dass umfangreiche Datenmengen verwaltet und aktualisiert, d. h. durch die Erfassung von Datenbewegungen, auf dem Laufenden gehalten werden müssen. Die Personaladministrationssysteme haben Schnittstellen zu anderen Systemen, z. B. zum Rechnungswesen und zur Kosten-/Leistungsrechnung.

Personalstammdatenverwaltung

Die sehr aufwändige *Personalstammdatenverwaltung* beschäftigt sich mit der Pflege der vielfältigen Personaldaten. In der Praxis können diese Daten ca. 400 Einzelmerkmale für einen Arbeitnehmer umfassen. Die Daten lassen sich dabei den Merkmalsgruppen »Allgemeine Merkmale«, »Kenntnis- und Einsatzmerkmale«, »Physische Merkmale«, »Psychische Merkmale« und »Abrechnungsmerkmale« zuordnen.

Da die Stammdaten zumeist als Grundlage für Statistiken oder Planungsdaten verwandt werden, ist eine rasche und sorgfältige Pflege der Personaldaten unabdingbar. Die Eingabe und Veränderung der Stammdaten, z. B. bei Neueinstellungen oder Umzügen, erfolgt in der Regel im Dialogbetrieb am Bildschirm. Ebenso werden Rückfragen von Arbeitnehmern zu ihren eigenen Daten am Bildschirm bearbeitet.

Zeitermittlung

Grundlage für die Lohn- und Gehaltsabrechnung ist die *Zeitermittlung*, welche heute zunehmend automatisch erfolgt. Programme zur Zeitwirtschaft können entweder eigenständig oder in das Gehaltsabrechnungssystem integriert sein. Um eine Zeiterfassung zu ermöglichen, werden die Mitarbeiter mit maschinenlesbaren Ausweisen ausgestattet, die täglich bei Arbeitsbeginn und -ende gelesen werden. Dadurch wird eine sofortige Verbuchung auf dem Arbeitszeitkonto ermöglicht. Insbesondere bei flexiblen Arbeitszeiten ist die Zeiterfassung eine wichtige Voraussetzung für die monatliche Abrechnung.

Lohn-/Gehaltsabrechnung

Der Prozess der *Lohn- und Gehaltsabrechnung* ist durch standardisierte Abrechnungsschritte charakterisiert. Aufgaben der Lohn- und Gehaltsabrechnung sind:

- die Berechnung des Bruttolohns anhand von verschiedenen Lohnformen (Prämien-, Akkordlohn), Mehrarbeit, Zuschlägen usw. bzw. des Bruttogehalts unter Einbeziehung von Überstunden, Provisionen,
- die Berechnung des Nettolohns durch Errechnung und Abzug der Lohnsteuer, der Kirchensteuer, der Sozialversicherungsbeiträge sowie der sonstigen Abzüge,
- die Reisekostenabrechnung sowie
- der Zahlungsdienst.

Meldungen

Seit 2006 sind die vorgeschriebenen regelmäßigen *Meldungen an die Sozialversicherungsträger* (Kranken- und Rentenversicherung) nur noch in elektronischer Form möglich. Die Daten werden dabei entweder direkt durch die verwendete Lohnsoftware an die Annahmestellen der Krankenkassen oder indirekt Webbrowser-basiert übermittelt. Dabei müssen die Datenübermittlungs-Verordnung (DÜVO) oder die Datenerfassungs-Verordnung (DEVO) beachtet werden.

Im Rahmen der *Stellenverwaltung* werden die im Unternehmen vorhandenen Stellen mit der dazugehörigen Stellenbeschreibung dokumentiert und verwaltet.

Stellenverwaltung

6.3.2 Dispositive Teilprozesse

Werden neben den administrativen Prozessen auch dispositive Prozesse unterstützt, spricht man von einem Personalinformationssystem (PERSIS). Dabei lässt sich das Informationssystem in zwei Teile gliedern: zum einen in ein administratives und zum anderen in ein dispositives System. Vergangenheitsbezogene, abrechnungstechnische und verwaltungsmäßige Aufgaben mit zusätzlichen einfachen Statistik- und Berichtsfunktionen zählen zum administrativen System. Dispositive Systeme unterstützen die Personalplanung und geben Entscheidungshilfen für zukünftige Problembereiche.

Personalinformationssystem

Die Struktur und der Inhalt eines Personalinformationssystems unterscheiden sich nicht notwendigerweise vom Aufbau anderer Informationssysteme. Ein Personalinformationssystem besteht aus mehreren Komponenten (vgl. Abb. 6-9).

Abb. 6-9

Komponenten eines Personalinformationssystems

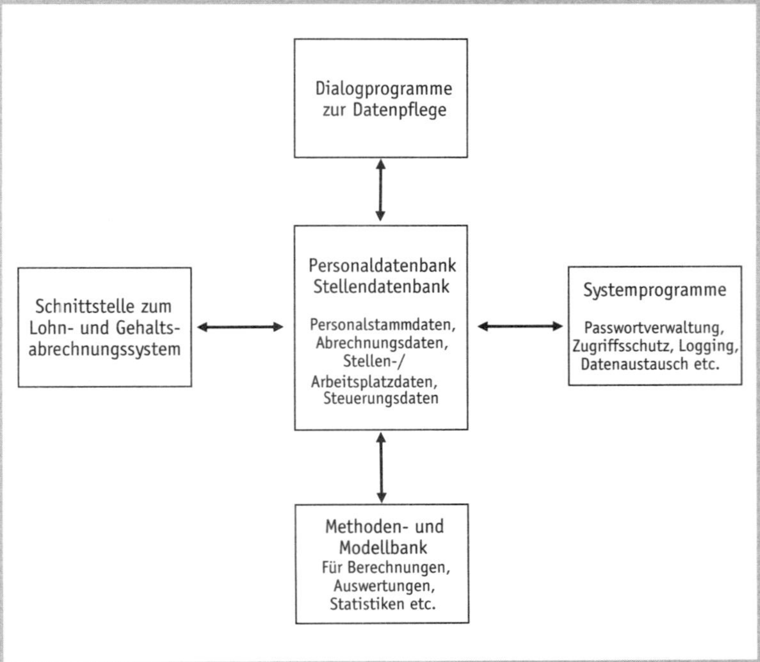

Personalplanung

Obwohl eine Unterstützung der Planungsaufgaben technisch relativ einfach realisierbar ist, schreitet die Computerunterstützung in diesem Bereich nur langsam voran. Dies lässt sich auf die arbeitsintensiven Anforderungen und Modifikationen im Administrationsbereich (Gesetzesänderungen etc.) zurückführen sowie auf die zumeist in den Unternehmen fehlenden methodischen Konzepte für Personalplanungsaufgaben, welche für die Einführung eines Informationssystems zwingend notwendig sind.

IPERSIS

Mit der zunehmenden Internationalisierung von Unternehmen ergeben sich auch neue Herausforderungen an das Personalmanagement. Entsprechend der Organisationsform des Unternehmens kann ein internationales Personalinformationssystem (IPERSIS) eine hilfreiche Unterstützung bei der Bewältigung dieser neuen Aufgaben sein. Zurzeit gestaltet sich der Aufbau eines internationalen Informationssystems noch schwierig, da die Konsolidierung der Personaldaten aufgrund unterschiedlicher nationaler Qualifikationen, Arbeitsplatzbezeichnungen etc. sowie die verschiedenen nationalen Regelungen zum Datenschutz und internationalen Datentransfer Probleme bereiten.

6.4 Vertriebsprozesse

Vertriebsprozesse

Auch im Vertrieb können administrative und dispositive Prozesse unterschieden werden, die durch IT-Systeme unterstützt werden. Die administrativen Prozesse befassen sich mit der Abwicklung der Kundenkontakte von der ersten Nachfrage bis zur Rechnungsstellung. Die dispositiven Prozesse decken die internen Planungs- und Steuerungsaktivitäten ab. Dazu gehören beispielsweise die Versanddisposition, die Tourenplanung und die Außendienstunterstützung.

6.4.1 Administrative Teilprozesse

Auftragsabwicklung

Kernstück der administrativen Prozesse im Vertrieb von Industrie und Handel ist die Auftragsabwicklung, die zu den klassischen Anwendungsbereichen für IT-Systeme gehört. Durch den Einsatz von IT können umso größere Rationalisierungspotenziale erzielt werden, je mehr (gleichartige) Aufträge anfallen und je mehr die Abwicklung standardisiert werden kann. Während sich die Abwicklung im Rechnungswesen in unterschiedlichen Systemen aufgrund der gesetzlichen Regelungen sehr stark ähnelt, sind die Systeme zur Unterstützung der Auftragsabwicklung sehr unterschiedlich konzipiert. Eine wichtige Rolle spielt dabei, ob für den anonymen Markt und damit zunächst »auf Lager« oder für einen speziellen Kunden (Auftragsfertigung) produziert wird. So müssen in einem System, das die Produktion für den anonymen Markt unterstützt, kundenbezogene Daten weder erfasst und gespeichert noch verarbeitet werden.

Im Folgenden wird die IT-Unterstützung für die Auftragsabwicklung eines Auftragsfertigers erläutert. Der Auftragsabwicklungsprozess lässt sich in Teilprozesse unterglieder, die jeweils von einem Modul des IT-Systems unterstützt werden (vgl. Abb. 6-10):

Abb. 6-10

Administrative Prozesse im Vertrieb

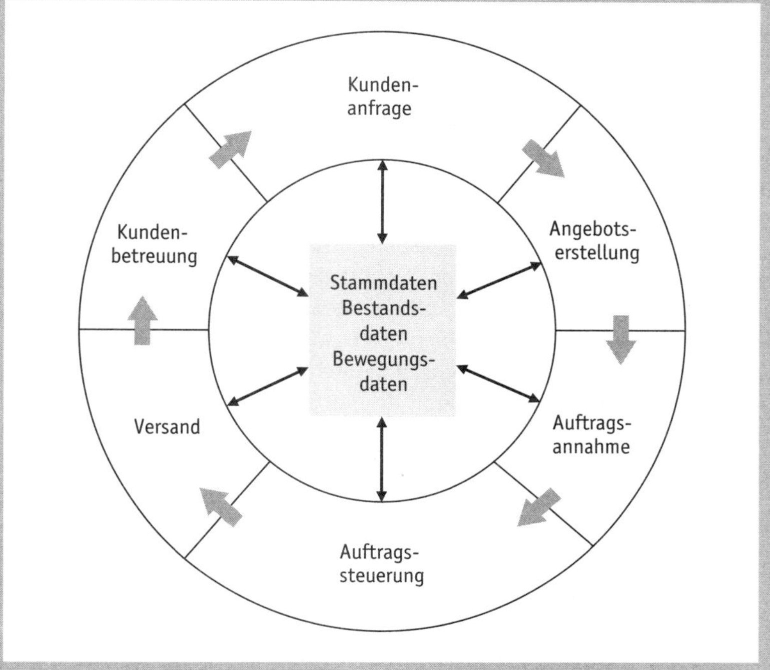

Kundenanfrage

Kundenanfrage: Das Modul Kundenanfrage dient der Annahme der Kundenwünsche und der Prüfung, ob diese erfüllt werden können. Dabei kann beispielsweise auf die Daten des Produktionsplanungs- und Steuerungssystems (PPS; vgl. Kap. 7.1) zurückgegriffen werden, um zu prüfen, ob sich die gewünschte Variante fertigen lässt. Kann das Produkt nicht gefertigt werden, muss die Kundenanfrage abgelehnt werden. Ist eine Realisierung möglich, wird ein Angebot unterbreitet.

Angebotserstellung

Angebotserstellung: Im Rahmen der Angebotserstellung wird ein auf den Kundenwunsch zugeschnittenes Angebot erarbeitet. Diese Tätigkeit kann durch unterschiedliche Hilfsmittel unterstützt werden. Beispielsweise können elektronische Produktkataloge die kundenspezifische Auswahl von Standardprodukten erleichtern, Konfigurationssysteme können die kundenindividuelle Ausgestaltung des Produktes unterstützen und Know-how-Datenbanken, in denen schon realisierte Lösungen abgespeichert sind, können den Auswahlprozess dadurch erleichtern, dass Vorschläge auf der Basis schon realisierter Lösungen gemacht werden. Über die Ausgestaltung des Produktes hinaus müssen auch Fragen der Kostenrechnung einbezogen werden, denn das Angebot muss mit einem Preisvorschlag versehen werden. Trifft das Angebot die Vorstellungen des Kunden, erteilt dieser einen Auftrag.

Auftragsannahme

Auftragsannahme: Mit der Auftragsannahme beginnt die eigentliche Auftragsabwicklung. Die eingehenden Kundenaufträge werden im System erfasst und auf ihre Realisierbarkeit geprüft. Gründe für die Ablehnung eines Auftrags können z. B. sein, dass der Auftrag nicht (mehr) in das Produktionsprogramm passt, der vom Kunden verlangte Preis beim Hersteller zu Verlusten führen würde, oder keine ausreichenden Kapazitäten vorhanden sind. Zur Prüfung dieser Fragen wird wiederum auf die Daten des PPS-Systems zugegriffen. Kann der Kundenauftrag angenommen werden, so wird dem Kunden eine Auftragsbestätigung zugestellt und der Auftrag in die Produktion gegeben.

Auftragssteuerung

Auftragssteuerung: Die Auftragsplanung und -steuerung gehören zwar zur Auftragsabwicklung, jedoch nicht zur Aufgabe des Vertriebs, sondern zur Produktionsplanung und Steuerung. Die Auftragsdaten werden daher an diese übergeben, die den Auftrag im PPS-System verwaltet. Wichtig ist, dass die Schnittstellen zwischen dem Auftragsabwicklungssystem und dem PPS-System so gestaltet werden, dass der Vertrieb auf die Daten der Auftragsverfolgung im PPS-System zugreifen kann, damit er jederzeit in der Lage ist, dem Kunden Auskunft über den Status des Auftrags zu erteilen. Mit der Lieferfreigabe durch die Produktion wird der Auftrag wieder in das Programm Auftragsabwicklung und damit in den Vertrieb übernommen. Der Vertrieb ist dann für den Versand zuständig.

Versand

Versand: Die eigentliche Auftragsabwicklung endet mit dem Versand. Hierfür sind Verpackung und Transport zu planen und zu organisieren. Hier finden sich Schnittstellen zu den dispositiven Prozessen des Vertriebs.

Kundenbetreuung

Kundenbetreuung: Auch nach dem Versand reißt der Kontakt zum Kunden in der Regel noch nicht ab, sondern der Kunde wird gezielt vom Vertrieb betreut, in der Hoffnung, weitere Geschäfte tätigen zu können.

CAS

In vielen Branchen werden die Teilschritte Angebotserstellung, Auftragsannahme und Kundenbetreuung zunehmend auf den Außendienst verlagert. Besondere Bedeutung hat in den letzten Jahren die Unterstützung des Außendienstes mit tragbaren Rechnern erlangt, die auch unter dem Begriff Computer-Aided-Selling (CAS) bekannt geworden ist. Systeme zur Unterstützung des Außendienstes können verschiedene Module enthalten: So könnte das System den Außendienstmitarbeiter zunächst einmal darauf aufmerksam machen, dass wieder ein Besuch bei einem bestimmten Kunden durchgeführt werden sollte. Diesen Besuch kann das System zudem durch Aufbereitung der Besuchshistorie in der Kundendatenbank unterstützen, aus der die bisherigen Geschäfte mit dem Kunden rekonstruiert werden können.

Elektronische Produktkataloge

Elektronische Produktkataloge können im Verkaufsgespräch eingesetzt werden, z. B. um dem Kunden alternative Lösungsansätze zu zeigen, um komplexe Produkte aus einzelnen Komponenten zusammenzusetzen oder technische Berechnungen durchzuführen, um auf dieser Grundlage kundenindividuelle Vorschläge machen zu können. Die Konfigurationskomponente überprüft dabei automatisch verschiedene Bedingungen, so dass einerseits gewährleistet ist, dass die Komponenten auch zusammenpassen, und andererseits die besonderen Anforderungen des Kunden, z. B. hinsichtlich Größe, Fläche, Geschwindigkeit, auch erfüllt und abgedeckt werden.

Artikelstammdaten

Von zentraler Bedeutung für die Integration der einzelnen Teilprozesse ist, dass sie alle auf denselben Datenbestand zurückgreifen. Zu den Grunddaten der Auftragsabwicklung gehören Artikelstammdaten und Kundendaten. Für jeden Artikel wird, sofern es sich nicht um individuelle Einzelfertigung handelt, ein Artikelsatz angelegt, in der eine Reihe von Attributen gespeichert werden. Dazu gehören insbesondere:

- Artikelnummer,
- Artikelbezeichnung,
- Preis,
- Selbstkosten.

Kundendatei

Die Kundendatei ist nicht nur für die eigentliche Auftragsabwicklung von Bedeutung, sondern auch für die langfristige Kundenbetreuung. Sie enthält daher in der Regel neben den Identifikations- und Beschreibungsdaten des Kunden eine Reihe weiterer Daten, die die Kundenbeziehung über die Zeit abbilden (vgl. Abb. 6-11). In der Kundendatenbank können aber nicht nur Fakten über den Kunden

Abb. 6-11

Kundendaten

Identifikationsdaten	▸ Name ▸ Anschrift
Beschreibungsdaten	▸ Ansprechpartner (Name, Funktion, Kompetenz, Telefon, Fax) ▸ Branche und Branchencode ▸ Zahlungsbedingungen
Anfragedaten	▸ Problembeschreibung und Kundenzeichnung
Angebotsdaten	▸ Problemlösung und Konstruktionszeichnung ▸ Mängel und Konditionen
Auftragsdaten	▸ Mängel und Konditionen
Besuchsdaten	▸ Besuchsfrequenz ▸ Letzter Besuchstermin und Besuchsbericht
Lieferdaten	▸ Transportmittel ▸ Lieferprioritäten und Belieferungsvorschriften
After-Sales-Daten	▸ Reklamationen ▸ Wartung und Reparatur

wie Firma und Adresse abgelegt werden, sondern auch weiche Faktoren, die dem Kundenbetreuer bzw. Außendienstmitarbeiter helfen, ein persönlicheres Verhältnis zu dem Kunden aufzubauen. So könnte beispielsweise gespeichert werden, wann der Kunde besonders gerne oder weniger gerne besucht wird, welche besonderen Interessen er hat usw.

CRM

In den letzten Jahren hat sich unter dem Stichwort »Customer Relationship Management« (CRM) ein großer Markt für umfassende Softwarelösungen aufgetan. CRM ist ein kundenorientierter Managementansatz, der mit Hilfe integrierter, kundenorientierter Informationssysteme die Sammlung, Bereitstellung und Auswertung von Kundenwissen ermöglicht und mit einer ganzheitlichen Ausrichtung der Unternehmensaktivitäten auf die Kundenprozesse eine systematische Anbahnung, Steuerung und Kontrolle langfristiger, profitabler Kundenbeziehungen verfolgt (vgl. dazu ausführlich Kap. 8.6).

6.4.2 Dispositive Teilprozesse

Tourenplanung

Zu den dispositiven Prozessen gehören die Tourenplanung und die Versanddisposition. Beides sind Entscheidungsprobleme, die außerordentlich komplex werden können, wenn z. B. mehrere weit entfernte Kunden kurzfristig von verschiedenen Lagern aus beliefert werden müssen. Für Transporte, die regelmäßig abgewickelt werden, können zum Teil Verfahren des Operations Research zur Optimierung von Touren eingesetzt werden.

Eine Tour besteht aus mehreren Teilstrecken, die jeweils zwei Orte verbinden, die als Abfahrts- und Zielort identifiziert werden. Den Kunden sind jeweils Orte zugeordnet. Den Touren werden Transportmittel wie z. B. LKW oder Zug zugewiesen. Diesen sind wiederum verschiedene Transporteinheiten wie z. B. Container oder Waggons zugeordnet. Die kleinste Transporteinheit bilden die Packungsarten, die nicht weiter unterteilbare Behälter darstellen. Bestimmte Packungseinheiten können nur mit einem bestimmten Transportmittel transportiert werden. Diese Daten werden als Stammdaten gespeichert und die Touren nur selten neu optimiert.

Versanddisposition

Die Stammdaten der Versanddisposition werden mit den konkreten Aufträgen in Verbindung gebracht. Die für den Versand anstehenden Aufträge werden in Versandanzeigelisten aufgeführt. Für jeden durch eine Sendung berührten Kunden wird ein Lieferschein ausgestellt, in dem jeder Artikel in einer Lieferscheinposition mit Lieferdatum erscheint. Mit jeder Lieferscheinposition, die aus dem Lager entfernt wird, muss der Lagerbestand reduziert werden. Dabei muss neben der mengenmäßigen Lagerbuchung auch eine wertmäßige Lagerbuchung auf dem Sachkonto in der Finanzbuchhaltung durchgeführt werden.

Ladeliste

Die Ladung des Transportmittels wird durch eine Ladeliste repräsentiert, die für jeden Kunden eine Ladelistenposition enthält. Die Ladelistenposition umfasst sämtliche Artikel dieser Versandtour für den Kunden, die aus mehreren Aufträgen stammen können.

6.5 Informationsbedarfsdeckungsprozesse

Informationsbedarfsdeckungsprozesse dienen der Bereitstellung von Informationen zur Deckung von Informationsbedarfen auf allen Ebenen eines Unternehmens. Die bereitgestellten Informationen bilden, insbesondere auf den oberen Ebenen, häufig die Entscheidungsgrundlage. Zu unterscheiden ist nach der Herkunft der Daten zwischen internen und externen Informationsbedarfsdeckungsprozessen. Darüber hinaus werden noch Systeme zur Unterstützung von Planungs- und Entscheidungsprozessen vorgestellt, die neben der reinen Bereitstellung auch die Entscheidungsfindung unterstützen.

6.5.1 Interne Informationsbedarfsdeckungsprozesse

Data-Warehouse

Bei den internen Informationsbedarfsdeckungsprozessen wird dem Data-Warehouse-Konzept große Bedeutung zugemessen. Der Begriff »Data-Warehouse« verleitet zu der Vermutung, es handle sich dabei um ein Datensammelzentrum, in dem Daten zur Verfügung gestellt werden. Mit einem Data-Warehouse verbindet sich jedoch der sehr viel höhere Anspruch, dem Anwender entscheidungsrelevante Daten aus den unterschiedlichen Unternehmensbereichen in einer einheitlichen Systemumgebung zur Auswertung zur Verfügung zu stellen.

Der Begriff Data-Warehouse ist ein betriebsweites Konzept, dessen Implementierung als logisch zentraler Speicher eine einheitliche und konsistente Datenbasis zur Entscheidungsunterstützung von Fach- und Führungskräften aller Bereiche und Ebenen bietet und losgelöst von den operativen Datenbanken betrieben wird (nach P. Gluchowski). In einem Data-Warehouse werden Daten aus unterschiedlichen Quellen eingepflegt und zur Datenanalyse über kurze, mittlere und längere Zeiträume (Wochen-, Monats-, Jahresbetrachtungen) gespeichert. Die Datenanalyse kann nach betrieblichen Kriterien in unterschiedlichen Dimensionen erfolgen – nach Zeit, Region, Produkt, Lieferant, Kunden usw. (vgl. Hansen/Neumann, 2009, S. 1017).

Datenbanken

Data-Warehouses unterscheiden sich sowohl von Datenbanken als auch von operativen Systemen. Datenbanken zielen auf eine leistungsfähige Datenspeicherung und Transaktionsunterstützung ab, nicht aber notwendigerweise auf die anwendergerechte, flexible Datenanalyse.

Operative Systeme unterstützen die häufige und zeitnahe Bearbeitung von Standardvorgängen durch geübte Nutzer. Zudem sind sie oft nur auf speziellen, dezentral im Fachbereich angesiedelten Rechnern installiert und nur von dort zugänglich.

Demgegenüber sollen Data-Warehouses auch dem ungeübten, gelegentlichen Nutzer von jeder Stelle des Unternehmens aus, den Zugriff auf die für ihn relevanten Daten, unabhängig vom Geschäftsbereich ermöglichen (vgl. Abb. 6-12).

Abb. 6-12

Data-Warehouse-Konzeption

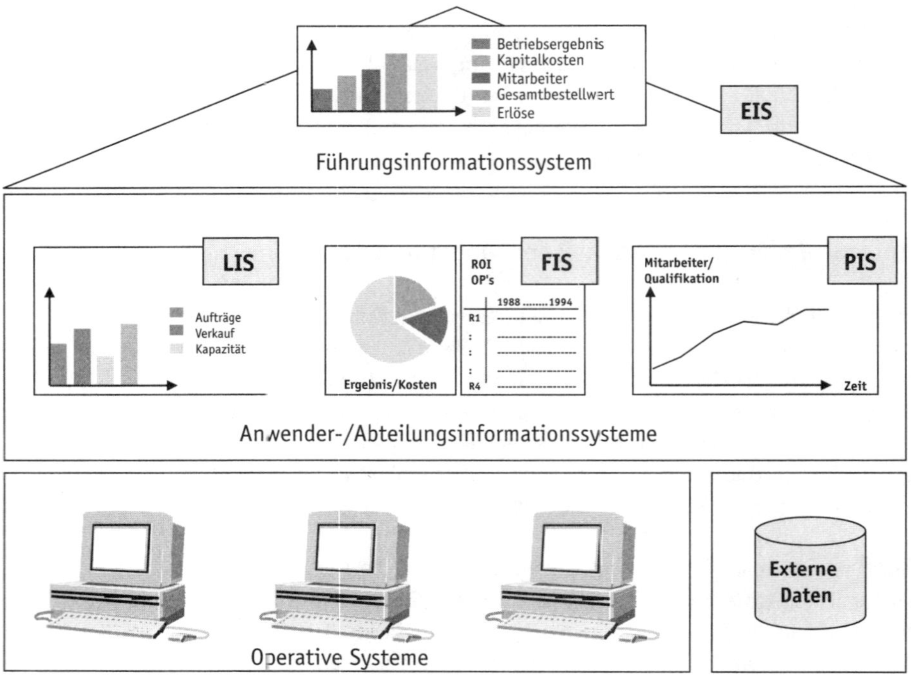

(LIS = Lagerinformationssystem, FIS = Finanzinformationssystem; PIS = Personalinformationssystem, EIS = Executive Information System)

Struktur des Data-Warehouse

Ein Data-Warehouse setzt auf einer integrierten Datenbank mit entscheidungsrelevanten Informationen auf. Diese Data-Warehouse-Datenbank (DWDB) erhält in regelmäßigen Abständen Daten aus den operativen Systemen, die Daten redundant lagert. Dabei kommt es nicht notwendigerweise auf eine sehr zeitnahe Aktualisierung an, sondern es genügt in der Regel, wenn die Daten einmal täglich oder auch nur wöchentlich aktualisiert werden. Die Daten aus den operativen Systemen und aus externen Quellen werden bedarfsgerecht herausgezogen und ggf. aufbereitet (vgl. Abb. 6-13).

In der Datenbank sind entscheidungsrelevante Daten verfügbar:

- Nach unterschiedlichen Dimensionen, z. B. nach Organisationseinheiten, Produktgruppen, Regionen, Mitarbeitergruppen, Kunden- und Zeitstrukturen, Kennzahlen, Ist- und Sollzahlen.

Abb. 6-13

Data-Warehouse

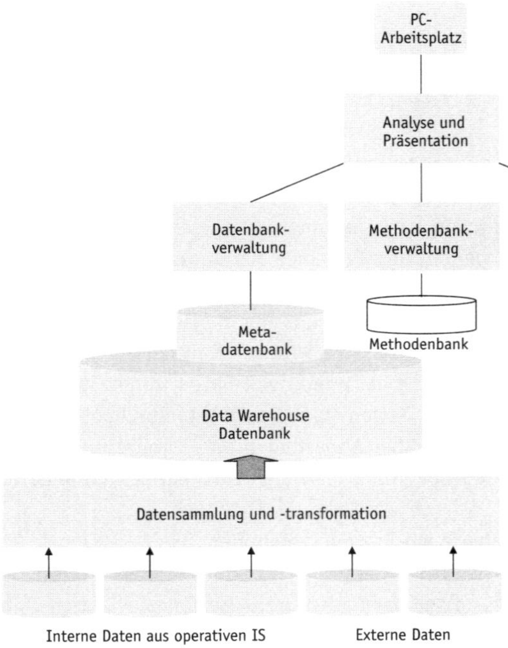

(Quelle: In Anlehnung an *Hansen/Neumann*, 2009, S. 1018)

- In unterschiedlichen Verdichtungsstufen, z. B. hoher, mittlerer oder geringer Detaillierungsgrad in Abhängigkeit von Gegenstand und Alter der Daten.
- Für unterschiedliche Zeiträume, z. B. Tage, Wochen, Monate, Quartale, Jahre.

Der direkte Zugriff wird den Endbenutzern durch eine Metadatenbank, einen sogenannten Informationskatalog, erleichtert. Dieser gibt Auskunft über die Inhalte, Formate und Auswertungen des Data-Warehouse. Zudem zeigt er, welche Werkzeuge zum Auffinden der Daten geeignet sind.

Ein Data-Mart ist ein subjektspezifisches oder abteilungsspezifisches, d. h. anwendungsorientiertes Data-Warehouse. Im Gegensatz zum zentralen Data-Warehouse können hierbei mehrere dezentrale Datenbestände existieren.
Die Datenmenge sowohl der aktuellen als auch der historischen Daten ist im Data-Mart eher gering.

> Als Data-Mining wird die softwaregestützte Ermittlung bisher unbekannter Zusammenhänge, Muster und Trends aus dem Datenbestand eines Data-Warehouse bezeichnet.

Im Mittelpunkt stehen hierbei verschiedene Methoden, mit denen aus umfangreichen Datenmengen sinnvolle Informationen herausgefiltert werden sollen. Data-Mining wird häufig in der Marktforschung, im Marketing und im Controlling eingesetzt.

Vorteile

Die Data-Warehouse-Konzeption weist für die Unternehmen eine Reihe von Vorteilen auf:

- Daten aus unterschiedlichen Datenhaltungs- und Rechnersystemen können performant analysiert werden und Probleme aus unterschiedlichen Speicherungen gleicher Datentypen können aufgelöst werden.
- Daten aus Fremdquellen (z. B. Reuters) können eingebunden werden.
- Die Performanz der operativen Systeme wird nicht durch die Datenanalysen beeinträchtigt. Die Übertragung der operativen Daten in das Data-Warehouse kann in belastungsschwachen Zeiten (z. B. bei Nacht) durchgeführt werden.
- Das Data-Warehouse ist gegenüber Änderungen und Erweiterungen der operativen Systeme stabil. Gegebenenfalls sind die Schnittstellen zu ändern.

Risiken

Diesen Vorteilen stehen aber auch Risiken gegenüber:

- Die Qualität der Daten ist ein wesentlicher Risikofaktor, denn unter Umständen werden auf der Grundlage der Data-Warehouse-Daten wichtige Unternehmensentscheidungen getroffen.
- Die Einrichtung eines Data-Warehouse ist mit Investitionen verbunden, deren Nutzen nur sehr schwer abgeschätzt werden kann.

6.5.2 Externe Informationsbedarfsdeckungsprozesse

Online-Datenbanken

Neben den traditionell papierbasierten externen Informationsquellen wie Zeitungen, Geschäftsberichten usw. gewinnen Online-Datenbanken immer mehr an Bedeutung. Online-Datenbanken sind computergestützte Informationsspeicher- und -verteilmedien, die einen Zugriff auf eine Vielfalt von Informationen bieten. Unternehmen verwenden Online-Datenbanken sowohl für strategische Zwecke (z. B. für Prognosen über langfristige Marktentwicklungen) als auch im operativen Tagesgeschäft (z. B. aktuelle Wechselkurse).

Die ersten Anwendungen fanden sich Anfang der 1970er-Jahre im militärischen Bereich. Weltweit werden heute Datenbanken zu unterschiedlichsten Themen (Märkte, Technologien, Patente, Produkte, Volkswirtschaften, Branchen, Ländern, Unternehmen etc.) angeboten. Online-Datenbanken stellen typische Retrieval-Systeme dar, d. h. sie übernehmen die Speicherung und Verwaltung von formatfreien Texten, insbesondere von Dokumenten, und unterstützen das Suchen innerhalb dieser Texte. Beispiele für derartige Datenbanken bzw. die zugehörigen

Informationsprovider im Nachrichten- und Unternehmenskennzahlenbereich sind Thomson-Reuters oder Bloomberg.

Typen

Online-Datenbanken können in die folgenden Typen unterteilt werden (Kuhlen, 1995, S. 279f):

- *Faktendatenbanken*, enthalten numerische, statistische oder Zeitreihen-Daten,
- *Referral-Datenbanken*, enthalten Hinweise bzw. Verweise auf andere Quellen,
- *Textdatenbanken*, enthalten Volltext oder bibliographische Hinweise,
- *integrierte Datenbanken*, enthalten Texte und numerische Daten,
- *multimediale Datenbanken*, enthalten akustische/visuelle Objekte.

Vorteile

Der Vorteil von Online-Datenbanken liegt in ihrer hohen Aktualität, in ihrer Geschwindigkeit der Datenbereitstellung, in der ständigen Verfügbarkeit sowie in den vielfach unmittelbar gegebenen computergestützten Weiterverarbeitungsmöglichkeiten der abgefragten Informationen. Probleme bereiten zurzeit insbesondere die fehlenden Standards bei den Zugriffsmethoden auf die verschiedenen Datenbanken.

6.5.3 Planungs-/Entscheidungsprozesse

Entscheidungsträger auf den oberen Ebenen der Unternehmen benötigen Informationen aus allen Bereichen und von allen Ebenen des Unternehmens als Grundlage für ihre Entscheidungen. Häufig werden zu diesem Zweck Entscheidungsunterstützungssysteme und Führungsinformationssysteme eingesetzt, die nicht immer eindeutig gegeneinander abgegrenzt werden.

Entscheidungsunterstützungssysteme (EUS) (engl. Decision Support Systems, DSS) sind interaktive, rechnergestützte Systeme, die den Entscheidungsträger in semi- oder unstrukturierten Entscheidungssituationen unterstützen.

Sie sind i. d. R. einfach zu benutzen und auf allen Ebenen des Unternehmens einsetzbar. Die Systeme stellen nicht nur Informationen und Erklärungen bereit, sondern geben auch Handlungsempfehlungen, die auf Methoden der Datenanalyse und auf Simulationstechniken basieren.

EIS

Executive Information Systems (EIS) sind einfach zu bedienende, grafisch orientierte Abfrage und Berichtssysteme, die den Mitgliedern der oberen Führungsebene relevante Informationen »auf Knopfdruck« bereitstellen. Zum Teil werden auch die Begriffe Führungsinformationssystem (FIS) oder Management-Informationssystem (MIS)verwendet.

Schlüsselbegriffe Kapitel 6

- **Datenintegration**
- **ERP-System**
- **Serviceorientierte Architektur**
- **Stammdaten**
- **Computer Aided Selling**
- **Data-Warehouse**
- **Entscheidungsunterstützungssystem**
- **Managementinformationssystem**

Im Mittelpunkt von EIS steht die Darstellung erfolgskritischer Daten in übersichtlicher Form als Kennzahlen oder Grafiken. Durch farbliche Kennzeichnung (Color-Coding) werden kritische bzw. unkritische Werte hervorgehoben. Häufig werden hierfür die Ampelfarben Rot, Gelb und Grün verwendet. Über Standardfunktionen wie Balken-, Säulen- und Kreisdiagramme hinaus, werden zusätzlich Kumulationen, Sortierungen und Hochrechnungen von Daten unterstützt. Die Systeme dienen weniger als Planungsgrundlage, sondern zur Initiierung von Entscheidungen. Ausgehend von aggregierten Berichtselementen kann mit der Drill-down-Technik auf die darunter liegenden Ebenen vorgedrungen werden, um bei Bedarf mehr Informationen zu erhalten und die Ursachen analysieren zu können.

Wiederholungsfragen Kapitel 6

1. *Erklären Sie die Unterschiede zwischen einer Stand-alone-Lösung und einem ERP-System.*
2. *Was versteht man unter horizontaler und vertikaler Integration?*
3. *Welche Vorteile bringt der Einsatz eines ERP-Systems für das Unternehmen?*
4. *Welche Unterstützungsmöglichkeiten bieten Anwendungssysteme für die Personalprozesse?*
5. *Was versteht man unter einem Datawarehouse und wozu wird es eingesetzt?*
6. *Was unterscheidet ein Entscheidungsunterstützungssystem von einem Managementinformationssystem?*

Literaturhinweise Kapitel 6

Hansen, H.R.: Neumann, G.: Wirtschaftsinformatik I, 10. Aufl., Stuttgart 2009.

Kuhlen, R.: Informationsmarkt: Chancen und Risiken der Kommerzialisierung von Wissen, 2. Aufl., Konstanz 1996.

Krcmar, H.: Informationsmanagement, 5. Aufl., Berlin 2010.

Müller, U.W.: Die Optimierung von Geschäftsprozessen und integrierte Informationssysteme – zwingende Voraussetzung oder einschränkendes Korsett. EUROFORUM Konferenz »Optimieren Sie Ihre Geschäftsprozesse«, Düsseldorf 1993.

Scheer, A.-W.: CIM – Computer Integrated Manufacturing. Der computergesteuerte Industriebetrieb. Berlin u.a. 1990.

Scheer, A.-W.: Wirtschaftsinformatik: Referenzmodelle für industrielle Geschäftsprozesse. 4. Aufl., Berlin u.a. 1994.

Wöhe, G.: Einführung in die Allgemeine Betriebswirtschaftslehre, 21. Aufl., München 2002.

Webseiten

SAP: http://help.sap.com/, Zugriff am 27.06.2014.

7 Branchenspezifische Anwendungssysteme zur Unterstützung innerbetrieblicher Prozesse

Lernziele

- Sie kennen Einsatzfelder für branchenspezifische Anwendungssysteme.
- Sie können den Aufbau und die Funktionsweise eines PPS-Systems erläutern.
- Sie kennen die hohe Bedeutung der IT in informationsintensiven Branchen wie dem Bankensektor, dem Versicherungsgeschäft und dem Handel.
- Sie sind in der Lage, die Funktionsweise eines Warenwirtschaftssystems zu erklären.

Wenn Sie heute durch einen Supermarkt gehen, finden Sie an den Produkten normalerweise keine Preisschilder mehr. Trotzdem erscheinen auf dem Kassenzettel die Artikelbezeichnung und der Preis. Wissen Sie, wie das funktioniert? Oder: Wie schafft der Automobilhändler es, Ihnen bereits bei der Bestellung des Neuwagens genau zu sagen, wann das Auto in der Fabrik vom Band rollen wird?

In vielen Branchen sind die branchenspezifischen Wertschöpfungsprozesse heutzutage hoch automatisiert, jeder einzelne Schritt wird durch IT unterstützt. So sind Banken und Versicherungen eigentlich im Wesentlichen IT-Unternehmen, die mit Informationen handeln.

In diesem Kapitel wird die IT-Unterstützung von branchenspezifischen Wertschöpfungsprozessen untersucht. Zunächst wird die Fertigungsindustrie betrachtet, die mit PPS-Systemen arbeitet. Danach werden die Warenwirtschaftssysteme des Handels beleuchtet. Den Abschluss bildet ein Blick in die Dienstleistungsbranche. Hier werden Banken und Versicherungen betrachtet.

7.1 Fertigungsindustrie

In der Fertigungsindustrie bildet die Produktion von Gütern den Mittelpunkt der Leistungserstellung. Auf der einen Seite sind dabei eher betriebswirtschaftlich-orientierte Planungs- und Steuerungsaufgaben, wie beispielsweise die Berechnung des Bedarfs und die Auslastung der Kapazitäten, durchzuführen, auf der anderen Seite eher technisch orientierte Aufgaben, angefangen bei dem Produktentwurf bis hin zur Steuerung der Werkzeugmaschinen. Im Folgenden werden diese beiden

Teilbereiche zunächst getrennt erläutert, bevor dann unter der Überschrift Computer Integrated Manufacturing Überlegungen zu ihrer Integration vorgestellt werden.

7.1.1 Betriebswirtschaftlich-orientierte Prozessketten

7.1.1.1 Begriff und Ziele von Produktionsplanungs- und Steuerungssystemen

Unter Produktionsplanungs- und Steuerungssystemen (PPS) versteht man rechnerunterstützte Systeme zur Planung, Steuerung und Überwachung industrieller Produktionsabläufe unter Mengen-, Termin und Kapazitätsaspekten, und zwar von der Angebotsbearbeitung bis zum Versand.

Ziele des PPS-Ansatzes

Ziele des PPS-Ansatzes sind:
- die termingerechte Belieferung,
- die effiziente Lagerverwaltung,
- die optimale Steuerung der Fertigung,
- das Bereitstellen aktueller Fertigungsinformationen und
- die Unterstützung kurzfristiger Eingriffe in den Fertigungsablauf.

Nutzen

Zu den wesentlichen Nutzengrößen von PPS gehören die Reduzierung der Lagerbestände, die Reduzierung von Ausschuss, die erhöhte Transparenz des Fertigungsgeschehens, ein höherer Auftragsdurchsatz, eine damit erzielbare höhere Liefertreue und insgesamt eine bessere Auskunftsbereitschaft.

Diesen Vorteilen stehen die in aller Regel großen Aufwände entgegen, die für die Sammlung und Pflege der Grunddaten erforderlich sind, sowie die Notwendigkeit, eine IT-gerechte Organisation einzuführen.

7.1.1.2 Teilschritte des Sukzessivplanungskonzepts

PPS-Systeme setzen sich aus verschiedenen Komponenten zusammen, die jeweils unterschiedliche Teilaufgaben der Produktionsplanung und -steuerung abdecken (vgl. Abb. 7-1).

Sukzessivplanungskonzept

Die einzelnen Planungsschritte mit zunehmendem Detaillierungsgrad werden nacheinander durchlaufen, weshalb auch der Begriff Sukzessivplanungskonzept verwendet wird. Dieser Ansatz wird eingesetzt, weil die außerordentlich großen Datenmengen und die schnellen Änderungsraten in der Fertigung regelmäßige umfassende Optimierungsansätze beispielsweise der linearen ganzzahligen Optimierung verbieten.

Primärbedarfsplanung

Auf Basis von Prognosen über die zukünftigen Absatzzahlen sowie die aktuellen Daten aus der Kundenauftragsverwaltung lässt sich die Planung des Primärbedarfes durchführen. Unter Primärbedarf versteht man das mengenmäßige Produktionsprogramm für alle Enderzeugnisse. Die Primärbedarfsplanung wird mit einem Zeithorizont von meist über einem Jahr auf der Basis der Endprodukte und der Ersatzteile durchgeführt.

Abb. 7-1

Sukzessivplanungskonzept

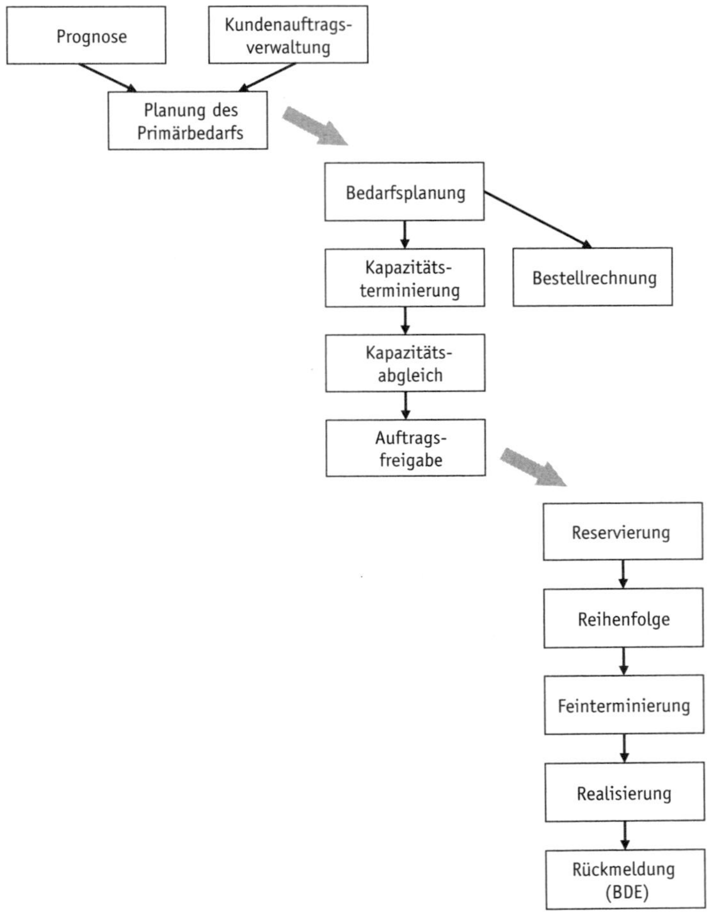

(Quelle: in Anlehnung an *Scheer*, 1994, S. 91)

Bedarfsauflösung

Aus der Primärbedarfsplanung an Endprodukten und Ersatzteilen kann die Bedarfsplanung für alle weiteren Materialien abgeleitet werden. In der Bedarfsplanung, auch Sekundärbedarfsplanung oder Bedarfsauflösung genannt, werden auf der Basis von Stücklisten die gesamten Bedarfe an Baugruppen und Einzelteilen errechnet. Stücklisten sind Übersichten, die stufenweise angeben, wie sich ein Enderzeugnis oder eine Baugruppe aus Baugruppen bzw. Einzelteilen der nächst niedrigeren Stufe zusammensetzt (vgl. Abb. 7-2).

Abb. 7-2

Stückliste

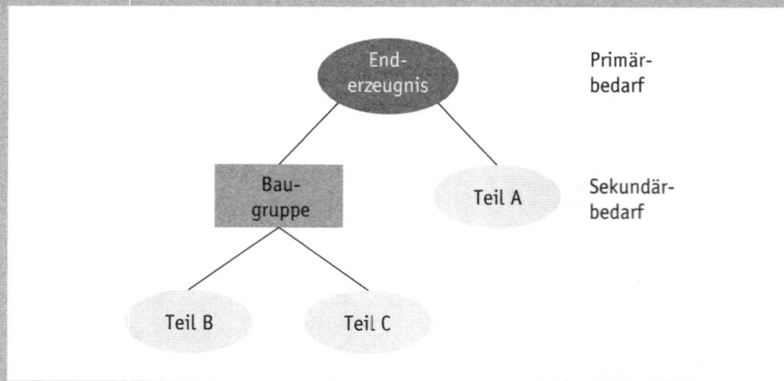

Bedarfsplanung

Im Rahmen der Bedarfsplanung wird die sogenannte Brutto-Netto-Rechnung durchgeführt. Anhand von Primär- und sonstigen Bedarfen sowie Beständen werden die zu produzierenden Teile errechnet. Abb. 7-3 zeigt das Rechenschema der Brutto-Netto-Rechnung. In der Bedarfsplanung werden ebenfalls Losgrößenbestimmungen durchgeführt, um für in größeren Mengen zu fertigende Teile optimale Losgrößen zu erwirtschaften. Diese Planung erfolgt ohne Berücksichtigung von Kapazitätsengpässen.

Zeit-/Kapazitätswirtschaft

Die Berücksichtigung der Fertigungskapazität erfolgt in der Zeit- und Kapazitätswirtschaft. Hier werden die einzelnen Arbeitsgänge zur Herstellung von Baugruppen- und Einzelteilen terminiert und die Kapazitätsbelastung berechnet. Auf der Basis der Belastungen der Kapazitäten für einzelne Maschinen und Ressourcengruppen können Kapazitätsabgleiche durchgeführt werden. Insbesondere gilt dies für Engpasssituationen, aber auch für häufig auftretende Belastungsschwankungen.

Auftragsfreigabe

Bis zu diesem Zeitpunkt wurden lediglich planerische Aktivitäten durchgeführt. Im vierten Schritt, der Auftragsfreigabe, werden die einzelnen Fertigungsaufträge zur eigentlichen Produktion freigegeben. Dabei erfolgt regelmäßig eine Prüfung, inwieweit alle notwendigen Ressourcen (Menschen, Mitarbeiter, Materialien, Vorprodukte) auch tatsächlich verfügbar sind.

Feinterminierung

Da sich in komplexen Fertigungszusammenhängen viele Detailzusammenhänge ergeben, wird in der Feinterminierung geplant, was auf welcher Maschine wann gefertigt werden soll. Diese Werkstattsteuerung wird heute mit sogenannten Leitstandssystemen auf der Werkstattebene durchgeführt, also nicht mehr zentral für ein ganzes System. Dabei geht es vor allem um die Minimierung der Durchlaufzeit und um die Minimierung verschiedener Kostenkomponenten.

Betriebsdatenerfassung

An die Feinterminierung schließt sich die eigentliche Fertigung an, die aber nicht Gegenstand der PPS-Systeme ist. Bestandteil der PPS-Systeme ist hingegen ein Modul zur Betriebsdatenerfassung (BDE). In diesem werden die realisierten Mengen- und Zeitwerte sowie Wartungsdaten erfasst.

Abb. 7-3

Schema für Brutto-Netto-Rechnung

	Primärbedarf	Bruttobedarfs-rechnung
+	Sekundärbedarf (bei höherer Dispositionsstufe)	
+	sonstiger Bedarf (aus Lagerabgangsprognose)	
+	Sicherheitszuschlag	
+	Ersatzteilbedarf	
=	Bruttobedarf	Nettobedarfs-rechnung
–	Lagerbestand	
–	freigegebene Aufträge	
+	Bestellbestand (schon reserviert)	
=	Nettobedarf	

Nachteile

Die Planungsphilosophie der klassischen PPS-Systeme hat folgende Nachteile:

- lange Planungsdauer durch sequenzielle Abarbeitung der Planungsschritte,
- durch lange Planungszyklen oft veraltete Planungsergebnisse,
- statische Durchlaufzeiten erhöhen die Gesamtdurchlaufzeit,
- führt zu schlechter Kapazitätsnutzung ohne Engpässe sinnvoll auflösen zu können.

APS

Aus diesem Grund wurden sogenannte Advanced Planning Systems (APS) entwickelt, die bei Planungen Optimierungsverfahren verwenden, die auf der engpassorientierten Planungsphilosophie beruhen. Im Gegensatz zur PPS-Planung können auf diese Weise beliebige Restriktionen (Kapazitäten, Material, Personal etc.) in der Optimierung beachtet werden. Ein weiterer Vorteil besteht in der simultanen Lösung der Planungsprobleme im Vergleich zum Sukzessivplanungskonzept. Der Einsatz simultaner Planungsverfahren wurde erst durch die Entwicklung schneller Speicherbausteine und durch die Verfügbarkeit von Prozessoren der 64-Bit-Generation ermöglicht, die es erlauben, sämtliche relevanten Planungsdaten gleichzeitig im Hauptspeicher des Rechners zu verwalten. Die APS bilden heute einen Kernbaustein der Supply-Chain-Managementsysteme (SCM, vgl. Kap. 8.7).

7.1.2 Technisch-orientierte Prozessketten

Die technisch-orientierten Prozessketten lassen sich in Planungs- und Steuerungsaktivitäten unterteilen. In den Teilbereichen Computer-Aided-Design (CAD) und -Planning (CAP) geht es um Planungsaufgaben, beim Computer-Aided-Manufacturing (CAM) um die Steuerung von Maschinen und Robotern, Transport- und Lagermaschinen sowie Instandhaltung und Qualitätssicherung.

CAD

Der Prozess der Produktentwicklung ist zu einem entscheidenden Wettbewerbsfaktor geworden: Immer kürzer werdende Produktlebenszyklen verengen das Zeitfenster, das den Unternehmen bleibt, um Investitionen in neue Produkte zu amortisieren. Deshalb wird die Produktentwicklung zunehmend durch den Einsatz moderner Software beschleunigt. CAD-Systeme, Digital-Mock-Up, Virtual und Augmented Reality sowie webbasierte Software zur Kooperation sind die derzeit wichtigsten digitalen Produktentwicklungswerkzeuge, die Zeit und Kosten sparen.

Computer-Aided-Design (CAD) ist ein Sammelbegriff für alle Aktivitäten, bei denen die Datenverarbeitung direkt oder indirekt im Rahmen von Entwicklungs- und Konzeptionstätigkeiten eingesetzt wird. Im engeren Sinne bezieht sich CAD auf die interaktive Erzeugung und Manipulation einer digitalen Objektdarstellung, z. B. durch zweidimensionale Zeichnungen oder dreidimensionale Modellbildung.

Grafische Darstellung

Hinsichtlich der grafischen Darstellung lassen sich unterschiedliche Systeme unterscheiden. Kantenorientierte Modelle bestehen aus Kanten und Punkten. Eine räumliche Darstellung ist möglich, aber schwierig. Flächenorientierte Modelle stellen die »Haut« des Körpers dar. Eine dritte Möglichkeit sind volumenorientierte Modelle, die aus einer mengentheoretischen Verknüpfung volumenorientierter Basiskörper bestehen. Je nach der Zahl der beschriebenen Dimensionen lassen sich 2D-Systeme und 3D-Systeme unterscheiden. 21/2D-Systeme sind Systeme, die eine 2D-Ansicht speichern und beschreiben und durch mathematische Operationen 3-dimensionale Modelle erzeugen.

CAP

Computer-Aided-Planning (CAP) bezeichnet die IT-Unterstützung bei der Erstellung von Arbeitsplänen. Ein Arbeitsplan beschreibt die Umwandlung eines Werkstückes vom Rohzustand in den Fertigzustand. Dabei sind die Vorgangsfolge und die Betriebsmittel festzulegen und es sind Zeiten zu bestimmen, wie lange für eine Tätigkeit gebraucht werden soll.

Die Planungen bauen auf konventionell oder mit CAD erstellten Konstruktionsplänen auf, um Daten für die Teilefertigung sowie Montageanweisungen zu erzeugen. Dazu zählen die rechnerunterstützte Planung der Arbeitsgänge und der Arbeitsgangfolgen, die Auswahl der Verfahren und Betriebsmittel zur Erzeugung der Objekte sowie die rechnerunterstützte Erstellung von Daten für die Steuerung der Betriebsmittel des Computer-Aided-Manufacturing. Die Arbeitspläne können konventionell verwendet werden, dann erfolgt die Steuerung der Maschinen durch den Menschen oder sie kann durch Programmierung in sogenannte CNC-Programme (CNC = Computerized Numerical Control) übertragen werden, die zu Steuerung von NC/CNC Maschinen (NC = Numerical Control) dienen.

CAM

Computer-Aided-Manufacturing (CAM) bezeichnet die IT-Unterstützung der technischen Steuerung und Überwachung der Betriebsmittel bei der Herstellung der Objekte im Fertigungsprozess. Dies bezieht sich auf die direkte Ansteuerung von Arbeitsmaschinen, verfahrenstechnischen Anlagen, Handhabungsgeräten sowie Transport- und Lagersystemen.

7.1.3 Computer-Integrated-Manufacturing

Die Darstellung von PPS und CAD/CAP/CAM zeigt, dass erst der Zusammenhang der Einzelbereiche entlang der Produktionskette eine vollständige Unterstützung für die Fertigungsindustrie liefert. Dabei sind die Durchführungskomponenten der betriebswirtschaftlichen und technischen Bereiche, d. h. die Systeme zur Steuerung, enger miteinander verknüpft als die planerischen Komponenten (vgl. Abb. 7-4).

Abb. 7-4

CIM

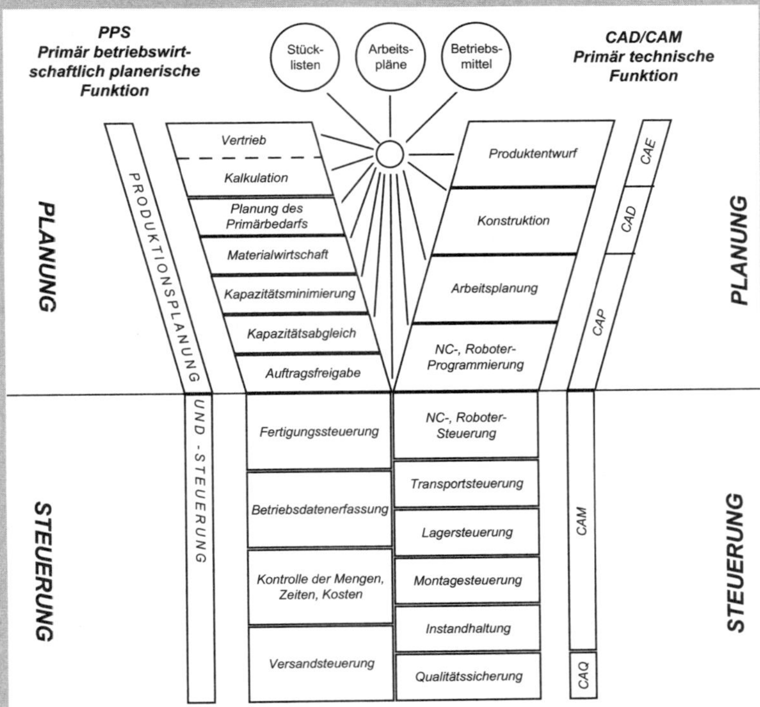

(Quelle: *Scheer*, 1990, S. 2)

CIM

In der Vergangenheit wurden Einzelbausteine der technischen und betriebswirtschaftlichen Unterstützungsmöglichkeiten implementiert, wobei der Integrationsgedanke vernachlässigt wurde. Daraus ergibt sich eine mangelnde Durchgängigkeit vieler heute im Betrieb befindlicher Systeme. Zwar waren vorher Schwerpunkte gesetzt, im PPS-Bereich insbesondere in der Materialwirtschaft und im CAD/CAM-Bereich insbesondere bei der Steuerung von CNC-Maschinen. Externer Druck, Time-to-Market und erhöhte Anforderungen an die Flexibilität erforderten jedoch, dass man sich Gedanken über die Durchgängigkeit der Unterstützung macht. Dieser Gedanke der Durchgängigkeit spiegelt sich im Konzept des Computer Integrated Manufacturing (CIM) wider. Allgemein wird unter CIM die integrierte Informationsverarbeitung der betriebswirtschaftlichen und technischen Aufgaben in einem Industriebetrieb verstanden.

Vorteile

Als Vorteile von CIM verspricht man sich eine Erhöhung der Produktivität bei gleichzeitiger Erhöhung der Flexibilität. Darüber hinaus sollten eine Verringerung der Zeit vom Kundenwunsch bis zur Auslieferung und eine Reduktion der Kosten erzielt werden. Die Empirie zeigt, dass dies nicht in allen Fällen genauso eingetreten ist, zumal in vielen Fällen eine außerordentlich hohe Komplexität erreicht wurde.

Getrieben durch die Verschärfung des Wettbewerbs haben viele Unternehmen in den letzten Jahren im Rahmen von Business-Process-Reengineering-Projekten ihre Geschäftsprozesse verbessert und versuchen kontinuierlich, ihre Abläufe zu optimieren. In zunehmendem Maße fokussieren sie dabei ihre Anstrengungen auf die Planung und Steuerung der Lieferkette (Supply-Chain), da sie sich nicht mehr als einzelnes Unternehmen am Markt, sondern als Bestandteil einer Lieferkette verstehen, die es zu optimieren gilt (vgl. Kap. 8.7).

Aus der Praxis **Industrie 4.0**

▸▸▸ Die Produktion wird sich in den nächsten Jahren durch die Verschmelzung von Telekommunikation, Fertigungstechnik und Informationstechnologie grundlegend verändern. Damit die Fabrik der Zukunft flexibler, effizienter und intelligenter wird, sollen Maschinen, Anlagen und Produkte miteinander reden.

Unter den Stichworten »Industrie 4.0« oder »Fabrik der Zukunft« werden zur Zeit Szenarien für die Produktion von morgen konzipiert und getestet. Industrie 4.0 zielt auf intelligente Produkte, Verfahren und Prozesse und wird daher auch mit den Begriffen Smart Production bzw. Smart Factory in Verbindung gebracht.

In der Smart Factory kommunizieren Produkte, Menschen, Maschinen und Ressourcen unmittelbar miteinander. Intelligente Produkte (Smart Products) kennen ihren Herstellungsprozess und künftigen Einsatz. Sie unterstützen aktiv den Fertigungsprozess und die Dokumentation (»wann wurde ich gefertigt, mit welchen Parametern soll ich ausgestattet sein, wohin soll ich geliefert werden etc.«).

Dabei soll die Smart Factory die steigende Komplexität beherrschen und darüber die Effizienz in der Produktion spürbar steigern. Mit ihren Schnittstellen zu Smart Mobility, Smart Logistics und Smart Grid ist die intelligente Fabrik ein wichtiger Bestandteil künftiger intelligenter Infrastrukturen. Damit werden sich die altbekannten Wertschöpfungsketten weiter entwickeln und völlig neue Geschäftsmodelle etablieren. Demnach werben die Anbieter rund um Industrie 4.0 damit, die Automatisierung zu vervollständigen, um so auch die Produktion auf individuelle Anforderungen kostengünstig abstimmen zu können.

Das Konzept Industrie 4.0 muss sowohl die Wertschöpfung an sich, aber auch die Arbeitsorganisation, Geschäftsmodelle und nachgelagerte Dienstleistungen umfassen. Dazu verknüpft es Produktion, Marketing und Logistik über die Informationstechnologie miteinander und erfasst alle Betriebsmittel, Produktionsstätten und Lagersysteme. Die Re-Organisation erstreckt sich von der Energieversorgung, den intelligenten Energienetzen (Smart Grids) bis hin zu modernen Mobilitätskonzepten (Smart Mobility, Smart Logistics). Auf der technischen Seite gründet das Konzept auf der Integration von Cyber-Physical-Systems in Produktion und Logistik sowie der durchgängig konsequenten Umsetzung des Internets der Dinge und Dienste in industriellen Prozessen. In dieser intelligenten Umgebung wird sich damit das bereits vor einer Dekade entworfene Konzept des Internets der Dinge und Dienste nun tatsächlich realisieren.

7.2 Handel: Warenwirtschaftssysteme

7.2.1 Begriff und Ziele von Warenwirtschaftssystemen

Im Gegensatz zu Industrieunternehmen, bei denen die Produktion von Gütern im Mittelpunkt steht, sind für den Handel die drei betrieblichen Funktionen Beschaffung, Lagerhaltung und Verkauf von Waren charakteristisch. Unter dem Oberbegriff der Warenwirtschaft werden sowohl

- der physische Warenfluss (Transport, Lagerung etc.) als auch
- der Informationsfluss zur Steuerung und Kontrolle des physischen Warenflusses

zusammengefasst.

Warenwirtschaftssystem

Die Integration aller Informationsströme von der Disposition/Bestellung über den Wareneingang, die Lagerung und den Warenausgang wird technisch in einem sogenannten »geschlossenen« Warenwirtschaftssystem (WWS) vorgenommen. Ein Warenwirtschaftssystem umfasst die Gesamtheit aller Verfahren zur Erfassung und Verarbeitung der artikelgenauen mengen- und wertmäßigen Daten von Warenbewegungen sowie zur Überwachung und Steuerung der Warenflüsse. WWS finden sowohl auf der Großhandels- als auch auf der Einzelhandelsebene Anwendung.

Im Gegensatz zum Großhandel spielt jedoch beim Einzelhandel die Verwaltung von Kreditorendaten mit angeschlossener Offener-Posten-Buchhaltung keine wesentliche Rolle, da im Einzelhandel der Barverkauf an der Kasse dominiert.

Ziele

Mit dem Einsatz von Warenwirtschaftssystemen werden u. a. folgende Ziele verfolgt:

- Reduzierung der Lagerbestände,
- Rationalisierung des Bestellwesens durch automatische Bestellung,
- Vermeidung von Inventurdifferenzen durch permanente Inventur,
- Verbesserung der Marktbearbeitung durch gezielte Managementinformation,
- Sortimentsoptimierung durch verbesserte Analyse des Umsatzverhaltens.

7.2.2 Teilprozesse in Warenwirtschaftssystemen

Barcode

WWS sollen den Durchlauf der Waren durch den Handelsbetrieb von der Bestellung bis zum Verkauf vollständig unterstützen. Den Ausgangspunkt für die Verfolgung des Artikelflusses im Warenwirtschaftssystem bildet der maschinenlesbare, vom Hersteller auf dem Artikel angebrachte Barcode (Balkencode, Strichcode), der europaweit genormt ist und daher auch die Bezeichnung Europäische Artikelnummer (EAN) trägt. Im Zuge der zunehmenden globalen Verwendung wurde Anfang 2009 die EAN in die Global Trade Item Number (GTIN) umbenannt und um eine Stelle auf jetzt 14 Stellen erweitert.

Die Artikelnummern werden dargestellt als GTIN-Strichcode mit Klarschriftfußzeile in OCR-B-Schrift. Dadurch wird eine fehlerfreie maschinelle Artikelidentifizierung erlaubt, die den Einsatz von Scannern, z. B. beim Wareneingang oder an der Kasse, ermöglicht. Da die GTIN–Artikelnummer vom Hersteller vergeben und angebracht wird, enthält sie keine Preisangaben. Waren, die nicht vom Hersteller mit einer GTIN versehen wurden, können vom Handelsbetrieb nach den Prinzipien der GTIN-Nummerierung selber ausgezeichnet werden.

Im amerikanisch/kanadischen Raum findet der UPC (Universal Product Code) Anwendung, der mit dem europäischen System kompatibel ist.

Weitere Potenziale zur Optimierung der Warenwirtschaft könnte Radio Frequency Identification (RFID) bieten, die das Scannen eines Barcodes überflüssig werden lässt. Mit RFID können Gegenstände automatisch und kontaktlos identifiziert und lokalisiert werden. Damit wird die Erfassung und Speicherung von Daten erheblich erleichtert.

Zusatzinformation

RFID

Unter RFID (Radio Frequency Identification) versteht man ein technisches System, das die Möglichkeit bietet, Daten lesen zu können, ohne diese Daten berühren oder direkt sehen zu müssen, denn sie werden über Funkerkennung übermittelt. Eingesetzt werden können solche Systeme in und auf den unterschiedlichsten Dingen, wie zum Beispiel Waren, Tieren und sogar Menschen.
Zu einem RFID-System gehören immer drei Komponenten, nämlich

- ein RFID-Transponder, der an dem Objekt, das identifiziert werden soll, angebracht werden muss,
- ein Lesegerät beziehungsweise Schreibgerät und
- Funkfrequenzen, die dem System seinen Namen geben.

Der Transponder ist das wichtigste Element eines RFID-Systems. Transponder ist ein Kunstwort, das aus den Begriffen Transmitter und Responder zusammengesetzt wurde. Transponder werden meist als Etiketten hergestellt, da diese einfach aufgeklebt oder angebracht werden können. Es gibt aber auch Transponder in anderen Formen, wenn sie zum Beispiel bei Tieren oder Menschen implantiert werden. Ein Transponder besteht aus einem Mikrochip, einer Antenne, einem Träger oder Gehäuse und unter Umständen einer Energiequelle.
Der Microchip, der sich im Gehäuse oder auf dem Träger des Transponders befindet, ist der eigentliche Datenträger, der seine Informationen an das Lesegerät sendet. Bei RFID-Systemen handelt es sich immer um beschreibbare Microchips. Für das Empfangen und Senden der Daten ist die Antenne zuständig.
Um die Daten eines Transponders lesen zu können, benötigt man ein Lesegerät, das die Daten des Transponders empfangen kann. So gibt es zum Beispiel tragbare Handgeräte z. B. für den Supermarkt, aber auch fest installierte Großgeräte, die die Daten von Waren beim Verlassen einer Werkshalle automatisch erfassen können.

Der Prozess der Warenwirtschaft auf Einzelhandelsebene kann in mehrere Teilprozesse zerlegt werden, die durch verschiedene Module unterstützt werden (vgl. Abb. 7-5):

Bestellverwaltung

1. Im Teilprozess *Bestellverwaltung* werden die Daten für die zu bestellende Ware erstmalig in das System eingegeben, d. h. es wird eine artikelgenaue Auftragserfassung vorgenommen. Dabei kann auf die im System gespeicherten Stammdaten, z. B. für Artikel und Lieferanten zurückgegriffen und der Eingabevorgang erleichtert werden. Die in diesem Schritt entstehende sogenannte Auftragsdatei bildet die Grundlage für die späteren Arbeiten beim Wareneingang, der Auszeichnung usw.

Wareneingang

2. Beim *Wareneingang* wird überprüft, ob die Lieferung mit der Bestellung übereinstimmt. Soweit die Ware mit dem EAN-Code beschriftet ist, können die Zugänge mit einem Scanner erfasst werden. Das Modul vergleicht diese Daten mit den Daten der Bestellverwaltung, der Auftragsdatei. Ist die Lieferung richtig, wird der Wareneingang vereinnahmt und artikelgenau wert- und mengenmäßig verbucht.

Rechnungsprüfung

3. Die *Rechnungsprüfung* bildet die Schnittstelle zwischen Warenwirtschaft und Rechnungswesen. Durch die artikelgenaue Wareneingangserfassung kann die Richtigkeit der Rechnung kontrolliert werden.

Bestandsführung

4. Im Modul *Bestandsführung* sind alle Warenbewegungen abzubilden. Dazu gehören neben dem Wareneingang und dem Verkauf alle Rücksendungen, Kundenumtausche/-retouren und Warenabsonderungen zwischen Lagern und Filialen.

Abb. 7-5

Module eines Warenwirtschaftssystems

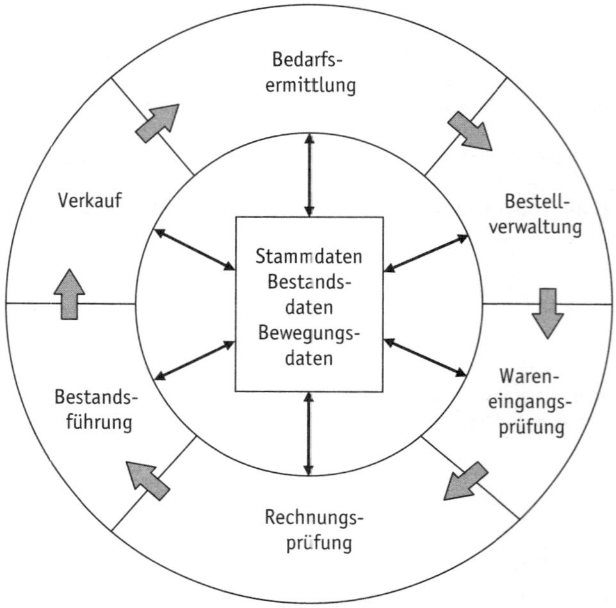

POS-System

5. Das *Verkaufsmodul* dient der Erfassung der Artikelverkäufe. Heute wird diese Erfassung in vielen Fällen mit Hilfe von Point-of-Sale (POS)-Systemen durchgeführt. An der Kasse wird mit jedem Verkaufsvorgang die Artikelnummer der Ware automatisch erfasst, indem die Warenetiketten (Barcodes, OCR-Schrift, Magnetlesestreifen) an Lesevorrichtungen (Scannern) vorbeigeführt werden. Das System greift anhand der Artikelnummer auf Artikelbezeichnung (Text-look-up-Verfahren) und Preis (Price-look-up-Verfahren, Preisabrufverfahren) zu und verwendet diese für den Druck des Kassenbons. Die Erlöse werden vom System verbucht und die verkauften Waren werden vom Lagerbestand abgebucht.

Bedarfsermittlung

6. Die *Bedarfsermittlung* berechnet bei Unterschreitung eines Mindestbestands den Bestellbedarf und stößt eine Nachbestellung an. Mit der Nachbestellung schließt sich der Kreis zur Bestellverwaltung.

Durch die vollständige Abbildung dieser Vorgänge im System sind umfassende Daten für Managemententscheidungen verfügbar. Wesentliches Merkmal dieser Daten ist ihre hohe Aktualität durch die Dialogerfassung der Warenbewegungen und Zahlungsvorgänge. So kann beispielsweise anhand des Systems täglich das Umsatzverhalten jedes einzelnen Artikels im Detail untersucht werden und die Disponenten können auf dieser Grundlage Tendenzen für die Zukunft ableiten.

Aktualität

Kernstück des Warenwirtschaftssystems ist die zentrale Datenbasis, auf die alle Module zugreifen. In der Datenbasis wird unterschieden zwischen

Datenbasis

- *Stammdaten*, z. B. Artikel- oder Lieferantenstammdaten, die sich nur selten ändern. Zunehmend werden die Stammdaten wie z. B. Artikelstämme von den Herstellern in elektronischer Form zur Verfügung gestellt und können direkt in das WWS übernommen werden. Dadurch reduziert sich der Erfassungsaufwand für den Handelsbetrieb und die Fehlerhäufigkeit nimmt ab.
- *Bestandsdaten*, z. B. Lagerbestände, die Bestände festhalten und durch Fortschreibung erfasst werden.
- *Bewegungsdaten*, z. B. Warenlieferungen oder Lagerentnahmen, die die Veränderungen von Beständen abbilden. Die Bewegungsdaten wie z. B. die Warenein- und -ausgänge werden immer häufiger durch Scanner erfasst. Dadurch werden wiederum der manuelle Eingabeaufwand sowie die Fehlerhäufigkeit reduziert.

Aus der Praxis **Das Warenwirtschaftssystem des Heim Foto-Markt**

▸▸▸ Das Fotofachhandelsunternehmen Heim Foto-Markt mit 19 Einzelhandelsfilialen und einem Sortiment von ca. 10.000 Artikeln betreibt ein WWS zur Unterstützung *operativ-logistischer* Aufgaben wie beispielsweise der Stammdatenverwaltung, der detaillierten Erfassung der Verkaufsdaten, der tagesaktuellen Bestandsführung und -optimierung sowie der automatisierten Bestellung. Darüber hinaus werden auch *strategisch-planerische* Aufgaben wie Warenstatistiken, Lieferantenstatistiken, Verkäufer- und Kundenstatistiken unterstützt.

Sämtliche administrativen und dispositiven Aufgaben werden in der Zentrale abgewickelt. Die technische Infrastruktur in der Zentrale besteht aus einem Daten- und Applikationsserver, einem Kommunikationsrechner, mehreren Arbeitsstationen sowie einem lokalen Netzwerk.

Die Filialen haben die Möglichkeit, Warenanforderungen (z. B. Sonderbestellungen von Kunden) an die Zentrale zu übermitteln. Die Erfassung der Verkaufsdaten in den Filialen erfolgt über Point-of-Sale (POS)-Systeme, die als PC-Systeme mit Kassensoftware, Schublade, Scanner, Display und Drucker für Bons und größere Belege wie Lieferscheine oder Rechnungen ausgelegt sind. An diese Kassensysteme sind zudem Geldkarten-Lesegeräte angeschlossen. Abb. 7-6 zeigt die Systemarchitektur.

Abb. 7-6

Struktur Warenwirtschaftssystem

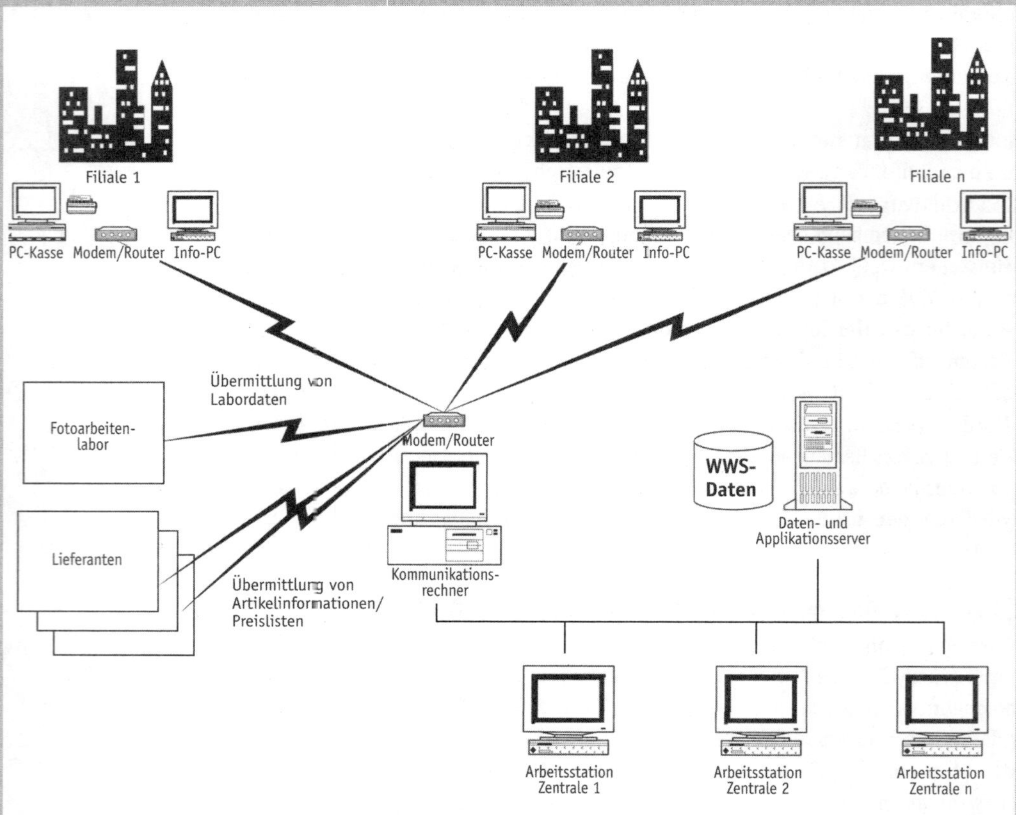

Die Kassensysteme übermitteln die Verkaufsdaten an die Zentrale und beziehen wiederum aktuelle Stammdaten-Informationen (Artikelbezeichnungen, Preise, EAN-Codes, Kundeninformationen) von dort. Die abgerufenen Verkaufsdaten werden in der Zentrale verarbeitet. Durch den täglichen Abruf der Verkaufszahlen wird eine tagesaktuelle Bestandsführung ermöglicht. Dies führt zu einer verbesserten Bestelldisposition. Hierbei werden von der Software Bestellvorschläge erzeugt, die u. a. folgende Daten berücksichtigen:

- Bestände der Filialen,
- Bestand des Zentrallagers,
- offene Bestellungen (erwartete Wareneingänge),
- offene Lieferungen (erwartete Warenabgänge),
- Verkauf je Artikel innerhalb eines Betrachtungszeitraums (Prognose zukünftiger Verkäufe).

Nach Bestätigung oder Anpassung der Bestellvorschläge wird je Lieferant automatisch eine Bestellung erzeugt und direkt aus dem System versandt. Die Belieferung der Filialen mit Waren erfolgt zum einen direkt durch die Lieferanten, zum anderen durch das Zentrallager. Zusätzlich werden zur Bestandsoptimierung in den Filialen Umlagerungsvorschläge berechnet, um Über- und Unterbestände in den Filialen auszugleichen.

Die Erfassung von Wareneingängen erfolgt über Scanner. Die Verwaltung von Stammdaten innerhalb des Bestellwesens wird durch die Bereitstellung elektronischer Preislisten der Lieferanten vereinfacht. Artikelpreise, Bestellnummer, Rabatte, Konditionen etc. müssen somit nicht mehr manuell erfasst werden.

Die Durchführung von Inventuren erfolgt mittels mobiler Datenerfassungsgeräte (MDE), die die traditionellen Inventurzähllisten ersetzen. Dadurch ergibt sich eine erhebliche Zeitersparnis, was dazu führt, dass Stichtagsinventuren durchgeführt werden können.

Über die verbesserten Logistik- und Auftragsprozesse hinaus lassen sich durch die detaillierte Erfassung von Verkaufsdaten wie Datum, Uhrzeit, Artikel, Menge, Preis, Rabatte und evtl. Kundennummer auch strategisch-taktische Entscheidungen unterstützen. Beispielsweise können folgende Informationen nach Zeitraum und Filiale ausgewertet werden:

- Umsatz/Rohgewinn je Kunde bzw. je Verkäufer,
- Umsatz/Rohgewinn je Artikel bzw. Warengruppe,
- Kundenfrequenzdaten:
  - wie viele Kunden haben in der Zeit von t1 bis t2 eingekauft,
  - wie verteilt sich die Kundenanzahl auf Tageszeiten, Wochentage etc.,
- Informationen zu Rabatten, Preisüberschreibungen, Stornobuchungen und Retouren,
- Erfassung von Arbeitszeiten, da sich Verkäufer an den Kassen an- und abmelden.

Diese Informationen dienen z. B. einer Optimierung der Personaldisposition oder helfen, Trends bei den Warengruppen zu erkennen. Die genaue Erfassung aller Warenbewegungen erlaubt entscheidungsrelevante Analysen im Sinne von Führungsinformationssystemen:

- Welche Waren verkaufen sich zur Zeit gut/schlecht?
- In welchen Regionen verkaufen sich Artikel besser/schlechter?
- Welche Standorte/Waren/Warengruppen erwirtschaften höhere/geringere Rohgewinne?
- Wie verläuft die Entwicklung des Unternehmens über einen bestimmten Zeitraum?
- Wie wirken sich Werbemaßnahmen auf die Absatzzahlen aus?
- Welche Verkäufer verkaufen welche Waren in welchem Umfang (Verkäuferanalyse)?
- Welche Kunden kaufen welche Waren? (Kundenanalyse).

Management-Entscheidungen, die aus diesem Informationssystem generiert werden können, betreffen:

- Lieferantenauswahl,
- Werbemaßnahmen,
- kundenspezifische Angebote,
- Bereinigung des Sortiments,
- Standortplanung,
- Gestaltung des Anreizsystems, insbesondere Verkäuferprovisionen.

Eine Besonderheit stellt die Verwaltung von Fotoarbeiten dar. Die von den Kunden bestellten Entwicklungen und Bilder werden im Labor eines fremden Unternehmens gefertigt und an die entsprechenden Filialen geliefert. Der Verkauf von Fotoarbeiten erfolgt über einen Scanvorgang, wobei Sendungsnummer, Preis der Fotoarbeit, Anzahl der Entwicklungen und Anzahl der Bilder ermittelt werden. Das Labor-Unternehmen übermittelt Informationen zu den produzierten Fotoarbeiten online an die Zentrale, wo die Daten als Wareneingänge eingelesen und verbucht werden. Durch die Gegenüberstellung von Verkaufsdaten und Einkaufsdaten ist eine exakte Rohgewinnberechnung möglich. Zusätzlich werden monatlich Inventuren der Fotoarbeiten zur Kontrolle von Schwund durchgeführt. ◂◂◂

7.3 Banken

7.3.1 Ziele des IT-Einsatzes im Bankensektor

Banken

Banken sind klassische Dienstleistungsunternehmen, für welche Informationen von herausragender Bedeutung sind. So entwickelten sich die Banken seit den 1970er-Jahren von Kredit- und Sparinstituten zu Informationsdienstleistern. Mit dem wachsenden Kosten- und Qualitätswettbewerb in der Branche hat die Informationstechnologie in besonderem Maße Bedeutung erlangt. So ist heute jedes Teilgebiet des Bankwesens (Kontoführung, Zahlungsverkehr, Kredit- und Anlagegeschäft sowie Kundenservice) stark IT-gestützt. Der Finanzdienstleistungssektor (Banken und Versicherungen) weist im Branchenvergleich die höchste Durchdringung mit Informationstechnologie auf, was sich beispielsweise an dem hohen Anteil der IT-Kosten an den Betriebsausgaben zeigt. In besonderem Maße zeigt sich eine fortschreitende Automatisierung von Standard- und Massengeschäften z. B. der Datenträgeraustausch beim Zahlungsverkehr.

Ziele

Durch den Einsatz von Informationstechnologie sollen in Banken verschiedenste Ziele erreicht werden. Im Vordergrund stehen dabei

- die Senkung der Bearbeitungs- und Durchlaufzeiten,
- die Reduzierung der Nacharbeiten,
- die Verringerung der Arbeiten im Back-Office,

- die Reduzierung von Qualitätsmängeln,
- die integrierte Vorgangsbearbeitung und
- die Reduzierung von Schnittstellen.

7.3.2 Teilprozesse im Bankensektor

Kontoführung

Eine der grundlegenden Aufgaben im Bankenbereich ist die Kontoführung. Diese beinhaltet die Kontenpflege, die Konteninformation, die Verbuchungen von Belastungen und Gutschriften, die Kontenüberwachung, die Zinsberechnung sowie den Kontenabschluss. Diese Aufgaben werden heute in allen Bereichen durch Informationssysteme unterstützt. Über die Abwicklung der operativen Tätigkeiten hinaus unterstützen die Informationssysteme das Management der Bank, indem sie verdichtete Kontendaten als Entscheidungsgrundlage für die Geschäftspolitik zur Verfügung stellen.

Zahlungsverkehr

Die Abwicklung des Zahlungsverkehrs, die Zahlungsaufträge, Bargeldabhebungen, Scheckeinlösungen und -gutschriften, Daueraufträge etc. sowie auf Bankenseite den Datenträgeraustausch mit Filialen, anderen Banken und Landeszentralbanken beinhaltet, erfolgt mit Hilfe verschiedener computerunterstützter Verfahren. Zu unterscheiden sind hierbei die verschiedenen Varianten des Datenträgeraustausches. Zum einen der beleglose Datenträgeraustausch, welcher sich auf den Austausch von Datenträgern (Magnetbändern, Disketten, CDs) nach einem vorgeschriebenen Datenträgeraustauschformat (DTA) beschränkt. Der Austausch physischer Datenträger wird verstärkt durch den elektronischen Zahlungsverkehr abgelöst, bei dem die Informationsübermittlung online erfolgt. Übergeordnet verwendet man den Begriff Electronic Funds Transfer System (EFTS). Ein EFTS für Banken auf internationaler Ebene ist das System SWIFT (Society for Worldwide Interbank Financial Telecommunication), über das standardisierte Nachrichtentexte (Finanztransaktionen) ausgetauscht werden.

Kreditwürdigkeitsprüfung

Im Wesentlichen werden Finanzierungsberatung, Kreditprüfung, Finanzierungsüberwachung, Finanzierungsrückführung und die Steuerung des Kreditgeschäfts durch Anwendungssysteme unterstützt. Besonders wichtig ist die Computerunterstützung bei der Kreditwürdigkeitsprüfung. So existiert für die Beurteilung von Privatkrediten ein standardisiertes Verfahren, das sogenannte Credit-Scoring. Anhand von soziodemographischen Kundenmerkmalen (z. B. Einkommenshöhe, beruflicher Qualifikationen) und Erfahrungswerten der Bank wird ein Punktwert errechnet, der als Akzeptanzgrenze bei der Beurteilung aktueller Kreditanträge herangezogen wird. Bei Firmenkrediten wird mit Hilfe von Anwendungssystemen eine Unternehmensanalyse durchgeführt, d. h. es werden betriebswirtschaftliche Kennzahlen, Bewegungsbilanzen, Periodenvergleiche und Branchenvergleiche erstellt. Oftmals werden die Resultate nicht nur errechnet, sondern gleichzeitig Schlüsse daraus gezogen.

Anlageberatung

Bei der *Anlageberatung* stehen dem Kundenberater wie dem Bankkunden selbst unterschiedlichste Wertpapier- und Börseninformationssysteme zur Verfügung. Mit Hilfe von Analyseprogrammen und den notwendigen Informationen können optimale Anlageprogramme erstellt oder entsprechende Kauf- und Verkaufsempfehlungen gegeben werden. Auch hier ist der zunehmende Einsatz von Expertensystemen festzustellen.

Börsenhandel

Neben der Anlageberatung wurden für den *Börsenhandel* eine Vielzahl von Systemen entwickelt, z. B. das Börsen-Order-Service-System BOSS, die Deutsche Terminbörse Eurex, das Inter-Banken-Informationssystem IBIS, das mittlerweile durch das Exchange-Electronic-Trading-System XETRA abgelöst wurde. Alle Systeme liefern Informationen über die aktuellen Kurse, Währungen, Zinssätze etc. Kauf- und Verkaufsaufträge werden direkt in das System eingegeben. Dieses errechnet dann auf der Basis von Angebot und Nachfrage die Kurse und übermittelt die Bestätigung der Ausführung unverzüglich an den Kunden. Von Vorteil bei diesem System sind die Ausdehnung der Börsenzeit, der direkte Zugang von Teilnehmern im In- und Ausland und der gleiche Informationsstand der Handelspartner. Problematisch ist jedoch die Gefahr von computergesteuerten Kettenreaktionen, die zu extremen Kurssprüngen und schwer kontrollierbaren Marktstörungen führen können.

Kundenselbstbedienung

Im Laufe der letzten Jahre hat sich ein deutlicher Wandel von der Bedienung am Bankschalter hin zur *Kundenselbstbedienung* am Kundenterminal vollzogen. Bei der Kundenselbstbedienung wird dem Kunden die Durchführung bestimmter Transaktionen völlig selbst überlassen, indem diese an Selbstbedienungsgeräte, z. B. Geldausgabeautomaten oder Kontoauszugsdrucker, ausgelagert werden.

Home-Banking

Die zunehmende Kundenselbstbedienung im Bankensektor wird durch die Möglichkeiten des *Home-Banking* noch verstärkt. Viele Bankgeschäfte können mittlerweile von zu Hause aus erledigt werden. Dieses kann einerseits per Telefon geschehen (Phone-Banking), indem der Kunde in einem sogenannten Call Center anruft und dort seine Wünsche mitteilt. Diese werden dann von den Bankmitarbeitern ausgeführt. Andererseits steht es dem Kunden offen, seine Bankgeschäfte über Online-Banking-Systeme abzuwickeln.

Auswirkungen

Die Beispiele zeigen, dass die IT großen Einfluss auf die Vertriebswege der Kreditinstitute haben wird. So ist zu erwarten, dass aufgrund des vermehrten Home-Bankings die Anzahl der Geschäftsstellen stark zurückgehen wird. Durch die multimediale Standardisierung der Geschäftsaktivitäten stehen die Banken unter höherem Konkurrenzdruck, da der Kunde die verschiedenen Angebote einfacher und schneller miteinander vergleichen kann. Dadurch rückt die Kundenorientierung immer mehr in den Mittelpunkt der Geschäftspolitik der Kreditinstitute.

Chancen

Chancen durch den verstärkten Einsatz von IT und Multimedia im Bankenbereich sind

- die Steigerung der Effizienz,
- die Schaffung neuer Formen der Kundenansprache und -gewinnung,
- neue Bindungsmöglichkeiten von technikbegeisterten und innovativen Kunden,

- der Aufbau neuer Wertschöpfungsketten,
- ein verbessertes Image der Banken,
- die Schaffung neuer Geschäftsfelder für das Kreditinstitut.

Risiken

Es ergeben sich jedoch auch einige Gefahren wie
- die Reduktion des persönlichen Kontaktes zum Kunden,
- die Ablehnung durch technikaverse Kunden,
- eine sinkende Kundenloyalität durch einfachere Preis- und Produktvergleiche,
- hohe Investitionskosten.

7.3.3 Direktbanken

Direktbank

Da der Austausch von Informationen einen zentralen Bestandteil des Bankengeschäfts bildet, lassen sich durch effizienten und effektiven IT-Einsatz Wettbewerbsvorteile erzielen. Dies erklärt den Geschäftserfolg der Direktbanken in Deutschland. Im Jahr 2007 waren knapp 16 % der geschäftsfähigen Deutschen, oder 9,8 Millionen Deutsche, Kunde einer Direktbank, deren Angebot und Funktionsweise im folgenden Beispiel vorgestellt wird.

Aus der Praxis **Cortal Consors – eine Direktbank**

▸▸▸ Cortal Consors ist ein Unternehmen der BNP Paribas und eine der führenden Direktbanken in Europa. Cortal Consors ist aus dem Zusammenschluss der französischen Direktbank Cortal und des deutschen Online-Brokers Consors hervorgegangen und bietet in Deutschland, Frankreich, Spanien, und Luxemburg Bankdienstleistungen an. Das Unternehmen hat mittlerweile über 1,1 Millionen Kunden. Das Produktspektrum erstreckt sich von Kontoführung und Wertpapierhandel bis hin zur Anlageberatung.

Die Kunden können an neun nationalen und 24 internationalen Börsen handeln. Im Jahr 2012 liefen 6.418.968 Trades über die Ordersysteme und es wurden rund 21 Mio. EUR in Konten und Depots verwaltet. Das Unternehmen beschäftigt 730 Mitarbeiter. (Quelle: Cortal Consors, 2014) ◂◂◂

7.4 Versicherungen

7.4.1 Ziele des IT-Einsatzes in Versicherungen

Versicherung

Ebenso wie Banken, stellen Versicherungen ein typisches Beispiel für informationelle Dienstleistungen dar. Das Versicherungsgeschäft kann dabei in die Teilgebiete Risikogeschäft, Spar-/Entspargeschäft, und in das Dienstleistungsgeschäft, das sowohl Beratung/Akquisition als auch die Abwicklung des Risiko- und Spar-/Entspargeschäfts beinhaltet, unterteilt werden. Aufgrund des informationellen Charakters ihrer Tätigkeit haben Versicherungen sehr große Datenbestände zu verwalten und zu verarbeiten. Diese fallen besonders im Rahmen des Dienstleistungsgeschäfts an. Die Sachbearbeiterarbeitsplätze sind i. d. R. mit Terminals ausgestattet, von denen aus sie Zugriff auf die zentrale Datenbank haben und an denen sie im Dialog mit dem System ihre Sachbearbeitungsaufgaben abwickeln können.

Ziele

Durch den Einsatz von IT-Systemen werden u. a. folgende Ziele verfolgt:
- die Verbesserung des Kundenservice in Form schnellerer Durchlaufzeiten beispielsweise bei Policierung und Schadensregulierung,
- die Entwicklung neuer, innovativer Versicherungsprodukte und
- die Senkung von Verwaltungskosten.

Erfolgsfaktoren

Um diese Ziele zu erreichen, kommt es im Wesentlichen darauf an, sämtliche Abläufe des Versicherungsgeschäfts zu unterstützen. Weitere wichtige Erfolgsfaktoren sind:
- die schnelle und flexible Produktgestaltung,
- die Verfügbarkeit von Erfassungs-/Verwaltungssystemen auf mobilen Rechnern des Außendienstes bzw. der Betreuer,
- die Bereitstellung multifunktionaler Arbeitsplätze mit umfassenden Auskunftssystemen für Innen- und Außendienst,
- die Bereitstellung problemorientierter, nicht hardwareorientierter Lösungen, die den Sachbearbeiter bestmöglich unterstützen.

7.4.2 Teilprozesse im Versicherungssektor

Im Versicherungssektor kann zwischen Akquisitionsprozessen des Außendienstes sowie Erstbearbeitungs- und Versicherungsfall-Abwicklungsprozessen, die in der Regel von Sachbearbeitern ausgeführt werden, unterschieden werden.

Akquisition

Die Akquisition von Versicherungsanträgen ist häufig durch den direkten persönlichen Kontakt mit dem Kunden gekennzeichnet. Tragbare Rechner ermöglichen es den Außendienstmitarbeitern vor Ort, beim Kunden auf die Kundendaten zuzugreifen, Prämienberechnungen durchzuführen, alternative Vorschläge zu unterbreiten und die Aufträge sofort im System zu erfassen.

Erstbearbeitung

Die Erstbearbeitung, die von der Anfrage des Kunden bis zur Erstellung des Vertrags reicht, lässt sich in drei Schritte untergliedern, die alle durch ein IT-System unterstützt werden:
- Erstdatenerfassung,
- Risikoprüfung und Tarifierung sowie
- Weiterbearbeitung.

Erstdatenerfassung

Im ersten Schritt werden Name und Adresse des Kunden im System erfasst und es wird anhand der vorhandenen Datensätze geprüft, ob es sich um einen Neukunden handelt. Bei der Eingabe werden die Daten auf Format und Plausibilität überprüft. Anschließend werden eine Vertrags- und eine Partnernummer vergeben.

Im Rahmen der Risikoprüfung und Tarifierung werden sogenannte Underwriting-Systeme eingesetzt, die den Entscheidungsträger bei der Risikoprüfung unterstützen sollen. Beispielsweise können sie Empfehlungen beinhalten, wie bestimmte Risiken zu tarifieren sind und sie archivieren alle Entscheidungen der Zeichnungsberechtigten.

Risikoprüfung

Ergibt die Risikoprüfung ein positives Ergebnis und ist die Tarifierung abgeschlossen, so werden die erforderlichen Vertragsdaten erfasst und der Vertrag durch Unterschrift angenommen. Ist die Vertragsannahme abgeschlossen, wird eine eindeutige Schlüsselnummer für den Vertrag vergeben und der Schwebezustand damit aufgehoben.

Annahme

Ein Versicherungsfall-Abwicklungsprozess wird durch eine Schadensmeldung durch einen Versicherten angestoßen. Der Sachbearbeiter erfasst alle schadensrelevanten Daten sowie die Versicherungsscheinnummer und die Daten des Versicherten, um die Verbindung zu den abgespeicherten Vertragsdaten herzustellen. Während der Erfassung wird automatisch eine Schadennummer vergeben.

Versicherungsfall

Im nächsten Schritt wird überprüft, ob der Schaden von der Versicherung gedeckt werden muss. Dieses geschieht durch Deckungsprüfungsprogramme, die anhand des Vertrags, der Bedingungen und des Tarifs ermitteln, ob Versicherungsschutz besteht. Besteht Versicherungsschutz, so wird die Höhe der Entschädigung berechnet. Gegebenenfalls können Rechtsauskünfte aus externen Datenbanken eingeholt werden. Steht die Höhe der zu leistenden Zahlung fest, werden entsprechende Belege oder Datenträger erstellt.

Deckungsprüfung

7.4.3 Antragsbearbeitung und Policierung in der Versicherung

Im hart umkämpften Wettbewerb wird es für die Versicherungen immer wichtiger, ihre Flexibilität und Reaktionsgeschwindigkeit zu erhöhen und sich an den Kundenwünschen auszurichten. Versicherungsunternehmen versuchen daher, Kundenorientierung durch eine Rundum-Sachbearbeitung zu realisieren. Dabei wird versucht, die Transparenz sämtlicher Teilschritte auf dem Weg zum Versicherungsvertrag für den Kunden zu erhöhen, indem ein einziger Sachbearbeiter als Ansprechpartner fungiert und für die Abwicklung des gesamten Geschäftsvorfalls verantwortlich zeichnet. Ein Geschäftsvorfall ist ein logisch zusammenhängender Arbeitsablauf, der von einem Auslöser angestoßen und nach einer vorgegebenen Vorgehensweise abgearbeitet wird. Ein typischer Geschäftsvorfall in Versicherungsunternehmen, der im folgenden Beispiel dargestellt wird, ist die Antragsbearbeitung einschließlich der Policierung einer Versicherung, die durch den Antrag eines Kunden angestoßen wird.

Aus der Praxis **IT-Einsatz bei der Klein-Versicherung**

▸▸▸ Wichtiges unternehmerisches Ziel der Klein-Versicherung (Name geändert) ist die Gewährleistung einer hohen Servicequalität durch jederzeitige Auskunftsbereitschaft gegenüber Kunden und Kundenberatern. Außerdem sollen durch den konsequenten Einsatz von IT attraktive Arbeitsplätze geschaffen und durch hohe

Produktivität niedrige Verwaltungskostensätze erzielt werden. Aus diesen Gründen werden im organisatorisch-technischen Bereich vier Grundsätze verfolgt:

- die Bearbeitung von Geschäftsvorfällen in einem Zug,
- Software-gestützte Arbeitsabläufe,
- Online-Zugriff auf Informationsquellen und Anwendungen,
- papierarme Bearbeitung der Geschäftsvorfälle.

Die Versicherungsverwaltung, die Briefschreibung und das Rechnungswesen werden bei der Klein-Versicherung als Mainframe-Anwendungen gefahren, die auf einem Rechner im Rechenzentrum der Muttergesellschaft, einer Bank, betrieben werden. Das Schriftgutmanagementsystem wird als lokales System vor Ort betrieben.

In den Geschäftsstellen der Versicherung können die Kundenberater mit einer Mainframe-Anwendung im Rahmen von Beratungsgesprächen Angebote für die Lebensversicherung erstellen und Antragsformulare bedrucken. Die Antragsdaten werden über eine Schnittstelle in das Versicherungsverwaltungssystem der Lebensversicherungssparte übernommen. Die ausgefüllten und unterschriebenen Antragsformulare werden per Post an die Zentrale geschickt. Dort werden die eingehenden Antragsformulare und sonstige Post zu den Anträgen und Verträgen gescannt, teilindiziert und dem Schriftgutmanagementsystem verfügbar gemacht. Jedes Dokument ist durch einen Index gekennzeichnet, der zur Steuerung und eindeutigen Identifikation der Dokumente dient. In seinem Aufbau entspricht der Index dem »Inhaltsverzeichnis« einer Akte. Die enthaltenen Informationen sollen dem Sachbearbeiter auf einen Blick eine Übersicht über den Arbeitsstand des Versicherungsvertrages geben.

Im Schriftgutmanagementsystem wird automatisch der Geschäftsvorfall »Neugeschäft« eröffnet. Das Dokument wird einem Sachbearbeiter automatisch per E-Mail zugewiesen. Die Dokumente in dessen E-Mail-Eingang gliedern sich in neu eingegangen Dokumente (gescannte und mit ersten Index-Werten versehene Dokumente), weitergeleitete Dokumente, die der Sachbearbeiter von anderen Sachbearbeitern erhalten hat und zurückgestellte Dokumente.

Der Sachbearbeiter wählt das Dokument »Antrag« aus. Über eine Mainframe-Anwendung kann er die von der Geschäftsstelle übernommenen Antragsdaten ergänzen. Wegen der Höhe der beantragten Rente der Berufsunfähigkeits-Zusatzversicherung fordert er über das Briefschreibungssystem eine Einkommenserklärung vom Antragsteller an. Die über das Briefschreibungssystem erstellte Ausgangspost wird gedruckt und in das Schriftgutmanagementsystem übernommen, wobei automatisch ein Index für das Dokument im Schriftgutmanagementsystem vergeben wird. Der Sachbearbeiter kennzeichnet das Dokument »Antrag« als vollständig und legt es im Archiv ab.

Geht die Einkommenserklärung bei der Versicherung ein, wird diese gescannt und teilindiziert. Anschließend wird das Dokument wieder per E-Mail dem zuständigen Sachbearbeiter zugewiesen. Wählt der Sachbearbeiter die Einkommenserklärung in seinem E-Mail-Eingang als zu bearbeitendes Dokument aus, werden ihm gegebenenfalls automatisch Informationen über Dokumente in anderen E-Mail-Eingängen zu diesem Vorgang angezeigt. Der Sachbearbeiter kann jetzt in der Mainframe-Anwendung die Policierung durchführen. Bei der Policierung werden automatisch Indizes für die erstellten Dokumente vergeben und die Dokumente werden direkt ins Archiv eingestellt. Der Sachbearbeiter vervollständigt den Index des Dokumentes »Einkommenserklärung« und legt es im Archiv ab. Damit kann der Geschäftsvorfall »Neugeschäft« abgeschlossen werden.

Die Sachbearbeiter greifen täglich auf ca. 10.000 archivierte Seiten im System zu. Insgesamt umfasst das Archiv rund 6,5 Millionen Seiten, davon 1,5 Millionen als Eingangspost und 5 Millionen Seiten als Ausgangspost, die auf 55 optischen Medien gespeichert werden. Bei der Versicherung werden täglich rund 2.500 Seiten Eingangspost gescannt und 10.000 Seiten Ausgangspost archiviert. ◂◂◂

Schlüsselbegriffe Kapitel 7

- **Produktionsplanung und Produktionssteuerung (PPS)**
- **Sukzessivplanungskonzept**
- **Computer Aided Design (CAD)**
- **Computer Integrated Manufacturing (CIM)**
- **Industrie 4.0**
- **Fabrik der Zukunft**
- **Smart Products**
- **Cyper-Physical-Systems**
- **Warenwirtschaftssystem (WWS)**
- **Online-Banking**

Wiederholungsfragen Kapitel 7

1. *Nennen Sie Beispiele für branchenunabhängige und branchenspezifische Felder für den Einsatz von Anwendungssystemen.*
2. *Erklären Sie das Sukzessivplanungskonzept.*
3. *Was versteht man unter CIM und was verspricht man sich davon?*
4. *Was versteht man unter Industrie 4.0?*
5. *Welche Ziele werden mit dem Einsatz von Warenwirtschaftssystemen verfolgt?*
6. *Erläutern Sie die Funktionalität von Warenwirtschaftssystemen.*
7. *Welche Anwendungsfelder für IT-Einsatz finden sich in Banken?*
8. *Erläutern Sie Möglichkeiten der IT-Unterstützung im Versicherungssektor.*

Literaturhinweise Kapitel 7

Hansen, H.R.; Neumann, G.: *Wirtschaftsinformatik I,* 10. Aufl., Stuttgart 2009.

Kuhlen, R.: Informationsmarkt: Chancen und Risiken der Kommerzialisierung von Wissen, 2. Aufl., Konstanz 1996.

Müller, U.W.: Die Optimierung von Geschäftsprozessen und integrierte Informationssysteme – zwingende Voraussetzung oder einschränkendes Korsett. EUROFORUM Konferenz »Optimieren Sie Ihre Geschäftsprozesse«, Düsseldorf 1993.

Scheer, A.-W.: CIM – Computer Integrated Manufacturing. Der computergesteuerte Industriebetrieb, Berlin u. a. 1990.

Scheer, A.-W.: Wirtschaftsinformatik: Referenzmodelle für industrielle Geschäftsprozesse,. 7. Aufl., Berlin u. a. 1997.

Wöhe, G.: Einführung in die Allgemeine Betriebswirtschaftslehre, 25. Aufl., München 2013.

Webseiten

Cortal Consors: http://www.cortalconsors.de, Zugriff am 14.07.2014.

8 Unternehmensübergreifende Anwendungssysteme

Lernziele

- Sie kennen verschiedene Begriffe rund um E-Business und können die Bedeutung erläutern.
- Sie können erklären, wie sich Beschaffungsprozesse durch E-Procurement-Systeme verbessern lassen.
- Sie wissen warum Unternehmen CRM-Systeme zur Kundenbindung einsetzen und welche Unterstützungsmöglichkeiten sie bieten.
- Sie können die Funktionsweise elektronischer Marktplätze erklären und unterschiedliche Marktplatzarten erläutern.
- Sie können erklären, wie Wertschöpfungsketten mittels SCM-Systemen optimiert werden können.
- Sie kennen E-Services und wissen, was mobile Anwendungen sind.

Das Internet hat nicht nur großen Einfluss auf unser privates Leben sondern auch auf die Funktionsweise von Unternehmen. Sicher haben Sie sich schon mal bei eBay umgesehen und dort vielleicht sogar etwas ersteigert oder verkauft. Die Plattform eBay erleichtert Privatpersonen nicht nur das Einkaufen, indem an einer Stelle viele verschiedene Angebote angesehen und verglichen werden können, sondern sie bietet uns auch eine Möglichkeit, Dinge zu verkaufen, ohne selbst einen Online-Shop eröffnen zu müssen. Ähnliches gilt aber auch für die Unternehmen. Großunternehmen nutzen häufig elektronische Märkte, über die sie ihre Bedarfe decken und ihre Lieferanten managen. Durch eine Anbindung an die internen Systeme auf Kunden- und Lieferantenseite können die Prozesse nicht nur schneller, sondern auch kostengünstiger abgewickelt werden.

Durch das Internet sind sämtliche Prozesse der zwischenbetrieblichen Zusammenarbeit maßgeblich verändert worden. In diesem Kapitel wird daher nicht nur auf die Einkaufs- und Vertriebsprozesse sondern auch auf Supply Chain Management, Customer Relationship Management und E-Services sowie mobile Anwendungen eingegangen.

8.1 Überblick: E-Business und E-Commerce

In der Vergangenheit konzentrierte sich der Einsatz von Anwendungssystemen sehr stark auf das eigene Unternehmen. Die Einführung integrierter ERP-Systeme hatte zum Ziel, die innerbetrieblichen Prozesse zu optimieren. Mit der zunehmenden Nutzung des Internets verschiebt sich der Fokus hin zu den unternehmensübergreifenden Geschäftsprozessen. Die bisher eingesetzten Anwendungssysteme werden dadurch nicht abgelöst, sondern ergänzt, indem E-Business-Systeme zusätzlich auch die unternehmensübergreifende Geschäftsabwicklung ermöglichen. E-Business ermöglicht die elektronische Abwicklung der Geschäftsprozesse von der Beschaffung bis zum Absatz. Es integriert Front- und Backoffice-Applikationen, um eine effiziente und effektive Geschäftsabwicklung zu ermöglichen (vgl. Abb. 8-1).

E-Business umfasst die integrierte Abwicklung aller Geschäftsprozesse zwischen Geschäftspartnern, Mitarbeitern und Kunden mit Hilfe von Informations- und Kommunikationstechnologien, insbesondere unter Nutzung der Internettechnologie.

Abb. 8-1

Unternehmensweite Gesamtlösung

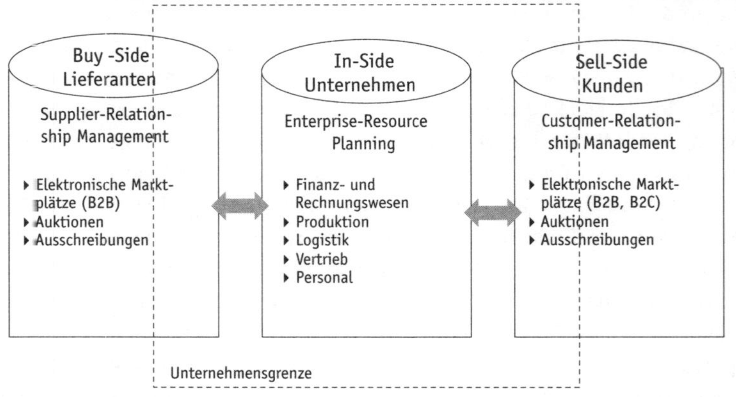

(Quelle: In Anlehnung an *Abts/Mülder*, 2009, 271)

Nach den beteiligten Marktpartnern können verschiedene Kategorien des E-Business unterschieden werden (Abb. 8-2):

- Mit dem Begriff *Business to Business (B2B)* werden längerfristige Beziehungen entlang der Wertschöpfungskette bezeichnet. Die B2B-Integration findet

Abb. 8-2

Kategorien des Electronic Business

Nachfrager / Anbieter	Consumer	Business	Administration
Consumer	**C2C** z.B. Flohmarkt, Community mit Kleinanzeigen	**C2B** z.B. Jobbörse mit Angeboten v. Arbeitnehmern	**C2A** z.B. elektronische Abgabe der privaten Steuererklärung
Business	**B2C** z.B. E-Shop, E-Mall	**B2B** z.B. E-Procurement zur Ausschreibung	**B2A** z.B. elektronische Abgabe d. Steuererklärung des Unternehmens
Administration	**A2C** z.B. Abwicklung v. Unterstützungsleistungen	**A2B** z.B. öffentliche Ausschreibungen online	**A2A** z.B. interne Behördenabwicklungen

(Quelle: In Anlehnung an *Merz*, 2002)

zwischen Anwendungssystemen statt, Menschen sind nur in Ausnahmefällen beteiligt. Typische Anwendungen sind z. B. der Austausch von Bestellungen, Rechnungen, Preislisten usw. oder Kollaborationsanwendungen sowie unternehmensübergreifendes Produktdesign oder die gemeinsame Durchführung von Projekten.

- Unter *Business to Consumer (B2C)* versteht man den Bestell- und Verkaufsprozess eines Anbieters gegenüber einer wechselnden Zahl von Endkunden. B2C-Systeme umfassen üblicherweise webbasierte Kataloge und Buchungsanwendungen, die eine interaktive Suche nach Produkten und deren Kauf unterstützen. Auf der Kundenseite ist keine Anwendungssoftware notwendig, die Interaktion z. B. mit dem Onlineshop erfolgt über den Webbrowser. Das Transaktionsvolumen pro Kunde ist eher gering und die Bindung zwischen den Transaktionspartnern eher locker. Klassische Beispiele sind Onlineshops wie z. B. Amazon.
- Die Beziehungen zwischen Unternehmen und öffentlicher Verwaltung werden unter dem Begriff *Business to Administration (B2A)* gefasst. Häufig werden Prozesse des öffentlichen Beschaffungswesens unterstützt, d. h. die Systeme stellen Publikations- und Einreichungskanäle im Rahmen von Ausschreibungen zur Verfügung.

- Unter *Consumer to Consumer (C2C)* werden elektronische Beziehungen zwischen Endkunden verstanden, z. B. im Rahmen von Auktionen auf elektronischen Marktplätzen (eBay).
- In zunehmendem Maße setzt auch die öffentliche Verwaltung auf das Internet, um dem Bürger Dienstleistungen anzubieten. Unter dem Stichwort *Administration to Consumer (A2C)* werden z. B. die Möglichkeit der elektronischen Steuererklärung, Brokeranwendungen zur Vermittlung Arbeitssuchender oder Mechanismen zur Bürgerbeteiligung zusammengefasst.
- *Administration to Administration (A2A)* reduziert sich auf die Unterstützung von Unternehmen beim internationalen Handel.

Neben diesen verschiedenen Kategorien des E-Business sind im Laufe der Jahre noch weitere Begrifflichkeiten im Zusammenhang mit E-Business entstanden. Die Abbildung 8-3 zeigt die Einordung der Begriffe.

Abb. 8-3

Begriffe im Zusammenhang mit E-Business

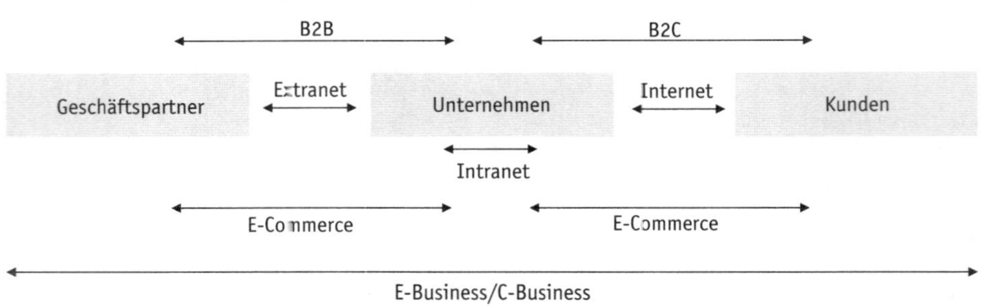

(Quelle: In Anlehnung an *Stähler*, 2003)

Zusatzinformation

Electronic Government

Electronic Government (E-Government) bezeichnet die Nutzung des Internets und anderer elektronischer Medien zur Einbindung der Bürger und Unternehmen in das Verwaltungshandeln sowie zur verwaltungsinternen Zusammenarbeit.
Kernziel von E-Government ist der Aufbau einer digitalen Verwaltung, deren Online-Angebote im Hinblick auf Information, Kommunikation, Dienstleistungen und Beteiligungsmöglichkeiten – soweit möglich und rechtlich zulässig – auf die Bedürfnisse der Bürger und Unternehmen, also auf die Bedürfnisse der Behördenkunden zugeschnitten sind.

Im Rahmen des E-Government können drei vollkommen unterschiedliche Bereiche elektronisch abgebildet werden:
- E-Administration: Der Geschäftsverkehr mit und zwischen staatlichen Stellen, z. B. die Abgabe der elektronischen Steuererklärung mit dem Elster-Programm.
- E-Democracy: Neue Formen der politischen Partizipation und Meinungsbildung, z. B. E-Petition.
- E-Assistance: Elektronische Dienstleistungen zu alltäglichen Lebenssituationen, z. B. die Bereitstellung von wichtigen Behördeninformationen, Behördenführer, regionalen Hinweisen usw. auf lokalen, regionalen und nationalen Portalen.

Ein *Intranet* ist ein unternehmensinternes Netz, das die Kommunikationsprotokolle des Internet und seine Techniken einsetzt (vgl. dazu Kap. 2.6). Der Zugang zum Intranet ist in der Regel auf die Mitarbeiter des Unternehmens begrenzt. Im Intranet finden die Mitarbeiter unternehmensspezifische Informationen, wie beispielsweise interne Schulungsmaßnahmen, Dokumentationen, Formulare, Essenspläne, Freizeitangebote u. Ä.

Intranet

Ein Teil des Intranets kann mit dem Internet verbunden sein, so dass externe, zugriffsberechtigte Teilnehmer sich über das Internet zur Abwicklung von Geschäftsprozessen einwählen können. Der Teil des Internets, auf den die externen Teilnehmer zugreifen können, wird als *Extranet* bezeichnet.

Ein Begriff, der häufig synonym mit E-Business verwendet wird, ist der Begriff des E-Commerce. E-Commerce umfasst aber nur einen Ausschnitt des E-Business.

E-Commerce

E-Commerce ist derjenige Teil des E-Business, der auf Vereinbarung und Abschluss rechtsverbindlicher Geschäftstransaktionen ausgerichtet ist.

In den folgenden Kapiteln werden verschiedene Bereiche des E-Commerce bzw. E-Business aufgegriffen. Zunächst werden die dem E-Commerce zuzurechnenden Prozesse der Beschaffung und des Vertriebs betrachtet sowie Elektronische Märkte und Zahlverfahren für Internetkäufe. Im Anschluss daran werden Themen des E-Business wie Customer Relationship Management, E-Services, Supply Chain Management und Mass Customization beleuchtet.

8.2 E-Procurement (elektronische Beschaffung)

8.2.1 Von der papierbasierten zur internetgestützten Beschaffung

Die Beschaffung über traditionelle Kanäle (Papier, Fax) ist in vielen Unternehmen sehr aufwändig und ineffizient. Dieses gilt insbesondere für Großunternehmen und Verwaltungen, die einen relativ starren, bürokratisierten Beschaffungsprozess haben. Elektronische Beschaffungssysteme können Abhilfe schaffen und die Bestellprozesse schneller und kostengünstiger machen.

Beschaffungsaufwand

Unter E-Procurement wird die Beschaffung über elektronische Kanäle verstanden, wobei insbesondere die Phasen der Information und Anbahnung sowie die Abwicklung unterstützt werden.

Durch E-Procurement wird der komplette Beschaffungsprozess elektronisch abgebildet. Voraussetzung hierfür ist eine Anbindung der E-Procurement-Systeme an die ERP-Systeme des beschaffenden und des verkaufenden Unternehmens. E-Procurement eignet sich besonders für die Beschaffung von Standardprodukten, die

Aufbau

regelmäßig bezogen werden, wie z. B. Büro- oder Verbrauchsmaterialien oder für MRO-Güter (Maintenance, Repair, Operations), d. h. Ersatzteile.

E-Procurement-Systeme bestehen in der Regel aus den folgenden Komponenten (Abts/Mülder, 2009, S. 272):

- (aggregierte) elektronische Kataloge: Die Kataloge einzelner Anbieter können in einem Katalog mit einer gemeinsamen Produktkategorisierung dargestellt werden,
- elektronischer Warenkorb zur Aufnahme der Bestellung,
- Order-Tracking zur Verfolgung des aktuellen Status des Bestellvorgangs,
- Analysemöglichkeiten zur Bedarfssteuerung.

Beschaffungsprozess

Abb. 8-4 zeigt einen typischen Beschaffungsprozess vor der Einführung von E-Procurement und mit Einsatz eines E-Procurement-Systems.

Abb. 8-4

Beschaffungsprozess ohne und mit E-Procurement

	Vor E-Procurement	**Mit E-Procurement**
Produkt-suche	Kataloge durchsehen, Bestellformular ausfüllen	Produktauswahl und Bestellung per Online-Katalog
Zusage-prozess	Papierbasierter Prüfprozess für Bestellungen	Online Zusage
Daten-eingabe	Manuelle Dateneingabe ins ERP-System	Direkte ERP-Integration, Verifizierung durch Besteller
Datenüber-tragung	Übermittlung der Bestellung per Telefon oder Fax	Unmittelbare Online-Übertragung an Lieferanten
Bestell-status	Prüfung Bestellstatus per Fax oder Telefon	Online-Prüfung Bestellstatus

Der herkömmliche papierbasierte Beschaffungsprozess ist komplex und durch viele Prozessschritte in unterschiedlichen Organisationseinheiten gekennzeichnet. Damit verbunden sind häufig Fehler, Rückfragen und Liegezeiten, die den Prozess verlängern und intransparent machen.

Mit E-Procurement informiert sich der Bedarfsträger in einem elektronischen Produktkatalog und erfasst seinen Bedarf über einen Webbrowser, indem er die gewünschten Produkte in den elektronischen Einkaufskorb legt. Die Bestellung wird nach einer automatischen Prüfung direkt an den Lieferanten weitergeleitet. Bei Überschreiten vordefinierter Grenzwerte stößt das System automatisch einen Freigabe-Workflow an und benachrichtigt den Freigabeberechtigten. Über die Tracking-Funktion kann der Bedarfsträger jederzeit feststellen, wie der aktuelle Status seiner Beschaffung aussieht.

Vorteile E-Procurement

Die Einführung eines E-Procurement-Systems bringt für das einkaufende Unternehmen folgende Vorteile mit sich:

- *Senkung der Prozesskosten der Bestellung*: Viele Unternehmen verzeichnen nach der Einführung von E-Procurement deutliche Senkungen der Prozesskosten. Studien haben jedoch gezeigt, dass dieser Effekt keineswegs bei allen Unternehmen auftritt. Die Kostensenkungen stehen in engen Zusammenhang mit einer erheblichen zeitlichen Verkürzung des Beschaffungsvorgangs.
- *Verkürzung der Bestelldauer*: Eine Verkürzung der Bestelldauer wird i. d. R. dadurch erreicht, dass die Marktsondierung gänzlich entfällt oder stark verkürzt wird, die Bestellerfassung schneller durchzuführen ist, Genehmigungsverfahren verkürzt werden, keine Angebote eingeholt werden müssen usw.
- *Erhöhte Transparenz:* Durch eine medienbruchfreie Abbildung aller Teilschritte der Beschaffung wird die Transparenz erhöht. Darüber hinaus sind alle Beschaffungsvorgänge in einem System abgelegt.
- *Verbesserte Kontroll- und Steuerungsmöglichkeiten:* Da alle Bestellungen über ein System laufen und eine Auswertung der Bestelldaten möglich ist, können wichtige Erkenntnisse z. B. über Bestellmengen und –häufigkeiten gewonnen werden. Diese können in Verhandlungen mit den Lieferanten verwendet werden oder für die Bündelung von Aufträgen, um z. B. Logistikkosten zu reduzieren.

Dem stehen folgende Nachteile gegenüber:

Nachteile E-Procurement

- *Hoher Aufwand für Prozessintegration* in Warenwirtschafts- und Buchhaltungssysteme sowohl auf Seiten des Lieferanten als auch auf der Seite des beschaffenden Unternehmens,
- *Hoher systemtechnischer Aufwand beim Anbieter,* denn alle Kataloge müssen in elektronischer Form zur Verfügung stehen,
- *Geringe Flexibilität* des einkaufenden Unternehmens beim Wechsel des Anbieters, es sei denn es wird ohnehin über einen Marktplatz eingekauft.

Zusatzinformation

Desktop-Purchasing-Systeme

Neben den beschriebenen E-Procurement-Systemen, die von den zentralen Einkaufsabteilungen genutzt werden, können in Unternehmen auch Desktop-Purchsing-Systeme (DP-Systeme) eingesetzt werden. Durch diese wird die Beschaffung geringwertiger Güter (C-Teile) dezentralisiert und von Medienbrüchen befreit, indem die Mitarbeiter von ihren Arbeitsplätzen aus die benötigten Waren über die im System hinterlegten elektronischen Kataloge auswählen und bestellen. Danach durchläuft die Bestellung in der Regel einen unternehmensinternen Genehmigungsprozess, der entweder browsergestützt oder per E-Mail abläuft. Wird die Genehmigung erteilt, leitet das DP-System die Bestellung an die entsprechenden Lieferanten weiter. Die Lieferung erfolgt direkt an den Arbeitsplatz des Mitarbeiters, wird dort von diesem geprüft und im DP-System verbucht.

Für C-Teile werden häufig im Vorfeld Rahmenverträge mit den Lieferanten geschlossen, so dass Preisvergleiche und Verhandlungen entfallen. Da es sich um häufig wiederkehrende Prozesse handelt, können durch den Einsatz der DP-Systeme die Prozesskosten bei der Beschaffung deutlich gesenkt werden. Gleichzeitig wird der zentrale Einkauf von hochvolumigen operativen Tätigkeiten entlastet.

DP-Systeme bauen immer auf einer Client-Server-Architektur auf. Clientseitig, d. h. beim Nutzer, erfolgt der Zugriff ausschließlich per Webbrowser. Es zeigt sich ein Trend zur Nutzung mobiler Endgeräte, um auch Außendienstmitarbeitern den Zugriff auf das DP-System zu ermöglichen und so beispielsweise die Ersatzteilversorgung vor Ort elektronisch zu unterstützen.

8.2.2 Betrieb des E-Procurement-Systems

Für den Betrieb von E-Procurement-Systemen existieren verschiedene organisatorische Alternativen.

Verteilte Lösung

Bei einer *verteilten Lösung* wird die gleiche E-Procurement-Software sowohl von den einkaufenden als auch den verkaufenden Unternehmen auf eigenen Rechnern installiert. Die Katalogdaten können sowohl auf dem eigenen Rechner als auch auf dem Rechner des Lieferanten abgelegt werden.

Buy-Side-Lösung

Bei der *Buy-Side-Lösung* dominiert die einkaufende Seite. Die Procurement-Software und die Produktdaten befinden sich auf den Rechnern des beschaffenden Unternehmens. Dort können die einzelnen Kataloge verschiedener Lieferanten zu einem Multilieferantenkatalog (aggregierter Katalog) zusammengefasst werden (Abb. 8-5). Aktualisierungen der Produktdaten werden dem betreibenden Unternehmen von den Lieferanten über das Internet zur Verfügung gestellt. Die Bestellungen erfolgen über das Internet und werden in gebündelter Form auf elektronischem Weg an den jeweiligen Lieferanten weitergeleitet.

Der Vorteil dieser Lösung besteht für das beschaffende Unternehmen darin, dass individuell verhandelte Preise oder spezielle Produktvarianten für das Unternehmen hinterlegt werden können. Zudem wird der Vergleich von Produkten verschiedener Anbieter erleichtert und das System kann ganz nach den Vorstellungen des Unternehmens gestaltet werden. So können z. B. ausführliche Informationen zu den Lieferanten oder Lieferantenbewertungen hinterlegt werden. Dem steht der Aufwand für die Pflege des Systems und der Kataloge gegenüber, der von dem beschaffenden Unternehmen geleistet werden muss.

Abb. 8-5

Buy-Side-Lösung

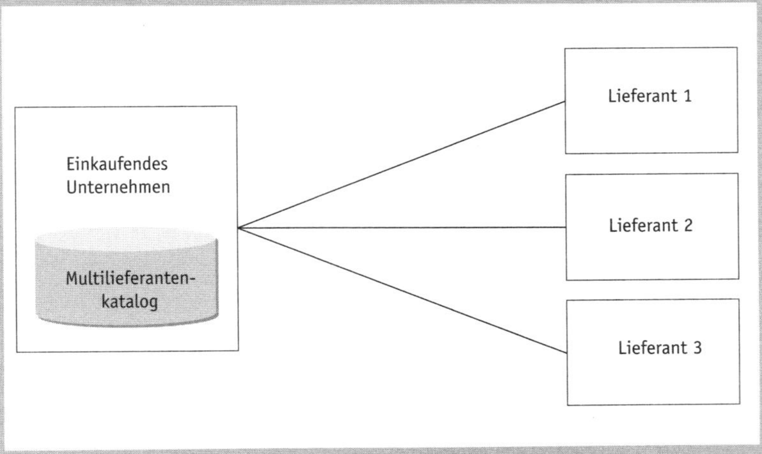

Elektronischer Marktplatz

Eine weitere Alternative ist die Anbindung an einen *elektronischen Marktplatz* (vgl. dazu Kap. 8.3), der von einem neutralen Dritten betrieben wird. Dieser übernimmt das Management der elektronischen Lieferantenkataloge sowie die Abwicklung der Beschaffungsvorgänge (Abb. 8-6). Die ERP-Systeme von Lieferanten und abnehmenden Unternehmen werden über Schnittstellen mit dem Marktplatz verbunden. Die einkaufenden Unternehmen verwenden entweder das Marktplatzsystem, um ihre Bestellung zu erzeugen, oder generieren diese direkt in ihrem Warenwirtschaftssystem. Auf elektronischem Weg wird die Bestellung dann über den Marktplatz an den Lieferanten weitergeleitet. Sofern auch dessen Warenwirtschaftssystem angeschlossen ist, kann schon vor der eigentlichen Bestellung online eine Verfügbarkeitsabfrage durchgeführt werden. Der Marktplatzbetreiber stellt Auswertungs- und Analysemöglichkeiten zur Verfügung. Neben dem Tracking der laufenden Bestellung werden auch umfangreiche Analysen zu bereits getätigten Transaktionen, z. B. welche Güter wurden wie oft bestellt, wer im Unternehmen hat was bestellt usw., angeboten. Darüber hinaus bieten die Marktplatzbetreiber häufig zusätzliche Dienstleistungen wie z. B. branchenspezifisches Know-how oder die Einbindung zusätzlicher Dienstleister wie Versicherungen oder Logistikunternehmen an.

Abb. 8-6

Marktplatz-Lösung

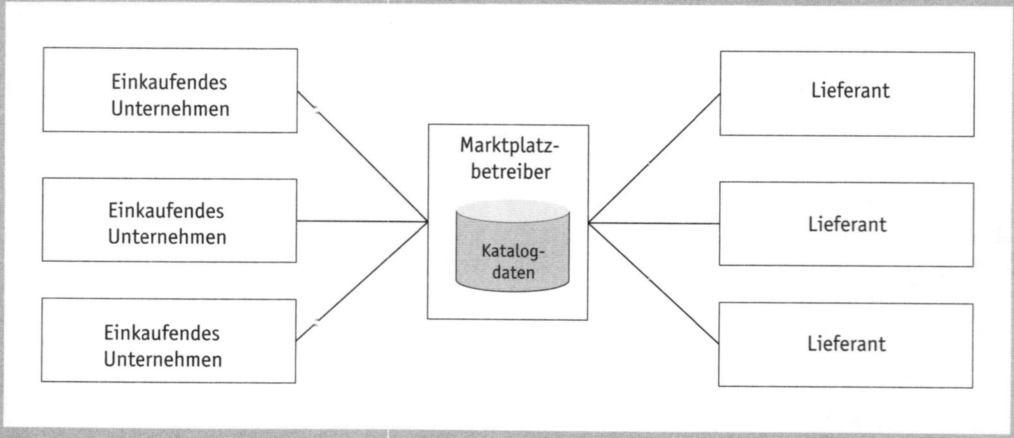

8.3 Elektronische Marktplätze

Elektronische Marktplätze ermöglichen den Kauf bzw. Verkauf von Gütern und Dienstleistungen über das Internet. Sie bringen auf einer Website mehrere Anbieter und mehrere (potenzielle) Nachfrager zusammen, um Handelstransaktionen abzuwickeln. Brenner/Breuer definieren (2001, S. 143):

> Elektronische Märkte sind mit Hilfe der Informations- und Kommunikationstechnik realisierte Marktplätze, d. h. Mechanismen des marktmäßigen Tausches von Gütern und Leistungen, die einzelne oder alle Transaktionsphasen unterstützen.

Ubiquität

Elektronische Marktplätze bieten ubiquitären Zugriff, d. h. jeder Teilnehmer kann sich von überall her (vorausgesetzt er verfügt über einen Internetzugang) rund um die Uhr an sieben Tagen in der Woche am Marktgeschehen beteiligen.

8.3.1 Typisierung elektronischer Marktplätze

Die im Internet befindlichen Marktplätze unterscheiden sich zum Teil grundlegend. Im Folgenden werden verschiedene Ausprägungen vorgestellt.

Marktteilnehmer

Eine Möglichkeit, Marktplätze zu charakterisieren ist die Betrachtung der Marktteilnehmer:

- Über *B2B-Marktplätze* wickeln Unternehmen ihre Beschaffungen untereinander ab. Im Vordergrund steht die möglichst vollständig automatisierte Abwicklung von Beschaffungsvorgängen innerhalb geschlossener Benutzergruppen.
- Bei *B2C-Marktplätzen* ist der Käufer ein Endkunde. Die Kaufvorgänge sind spontan, d. h. es besteht keine längerfristige Beziehung zwischen Käufer und Verkäufer und sie umfassen eher geringe Beträge pro Kaufvorgang.
- Bei *C2C-Marktplätzen* schließen Privatpersonen untereinander Geschäfte (ähnlich wie in einem klassischen Kleinanzeigen-Markt einer Zeitung) ab.
- Auf *B2E-Marktplätzen* (Business-to-Employee) werden z. B. Stellen vermittelt oder Arbeitsverträge angebahnt sowie Beratungsleistungen von Spezialisten angeboten. Die bekanntesten B2E-Marktplätze sind Jobbörsen im Internet.

Spezialisierung

Als zweites Unterscheidungsmerkmal kann die Spezialisierung herangezogen werden. Bei B2B-Marktplätzen wird zwischen horizontalen und vertikalen Marktplätzen unterschieden:

- *Vertikale Marktplätze* sind branchenorientiert und bieten zusätzliche Lösungen für branchenspezifische Prozesse wie z. B. Preisfindung oder Aushandlung von Leistungsmerkmalen. Außerdem werden häufig branchenrelevante Informationen und Zusatzdienstleistungen angeboten. So ist zum Beispiel www.ihb.de der elektronische Marktplatz für Fachleute aus der Holzbranche.
- *Horizontale Marktplätze* sind branchenneutral und bieten zumeist einfache, standardisierte Produkte mit einem großen Warensortiment an. Ein Beispiel ist der Marktplatz www.allago.de, der ein breites Sortiment an Büromaterialien und Bürozubehör für kleine und mittelständische Unternehmen anbietet.

Zugangsbeschränkungen

Nach den Zugangsmöglichkeiten können offene, halboffene und geschlossene Marktplätze unterschieden werden:

- *Offene Marktplätze* sind sowohl auf der Anbieter- als auch auf der Nachfrageseite für jeden offen. In der Regel erfolgt jedoch eine Registrierung mit eventueller Prüfung der Identität, Seriosität und Kreditwürdigkeit neuer Teilnehmer.
- *Halboffene Marktplätze* sind dadurch gekennzeichnet, dass entweder auf der Anbieter- oder auf der Nachfragerseite der Zugang nur für eine definierte Benutzergruppe möglich ist. Derartige Marktplätze werden häufig von Unternehmen, Verbänden oder Konsortien betrieben und streben in erster Linie eine Optimierung der eigenen Beschaffung oder des Vertriebs an.
- *Geschlossene Marktplätze* sind sowohl auf der Anbieter- als auch auf der Nachfragerseite in ihrem Zugang beschränkt. Hier handelt es sich um einen eng abgegrenzten Teilnehmerkreis, der unter sich bleiben möchte.

Preisfindungsmechanismus

Nach dem Preisfindungsmechanismus wird zwischen statischer und dynamischer Preisbildung unterschieden:

- Bei *statischer Preisbildung* setzt der Verkäufer den Preis fest und zeichnet damit seine Ware aus. Eine Verhandlung über den Preis findet nicht statt.
- Demgegenüber wird bei *dynamischer Preisbildung* der Verkaufspreis zwischen Anbieter und Nachfrager ausgehandelt.

Betreiber

Nach dem Betreiber können folgende Typen unterschieden werden (vgl. Richter/Nohr, 2002, 65):

- *Buy-Side-Marktplätze* sind häufig vertikale Marktplätze, die von einem oder mehreren Käufern betrieben werden. Das Ziel eines solchen Marktplatzes ist es, die Beschaffung der Betreiberunternehmen zu rationalisieren und ggf. neue Lieferanten zu akquirieren. Eventuell können auch Preissenkungen aufgrund von Mengenrabatten oder Einkaufsmacht erzielt werden.
- *Sell-Side-Marktplätze* können als Weiterentwicklung einzelbetrieblicher Shop- oder Vertriebslösungen verstanden werden. Auf einem angebotsgetriebenen Marktplatz schließen sich mehrere Anbieter zusammen, um ihre Produkte über eine gemeinsame Plattform zu vertreiben. Dabei verfolgen sie das Ziel, die Attraktivität für eine größere Abnehmergruppe zu steigern, ihre Märkte zu erweitern und kostengünstig die Kundenbindung zu stärken sowie neue Kunden zu gewinnen.
- *»Neutrale« Marktplätze*, die von unabhängigen Dritten betrieben werden, stellen eine objektive und neutrale Infrastruktur für den Handel zwischen Unternehmen zur Verfügung, durch die Anbieter und Nachfrager gleichermaßen unterstützt werden. Die Marktplatzbetreiber nehmen eine neutrale Position ein und beteiligen sich nicht aktiv am Marktgeschehen. Das Interesse des Marktplatzbetreibers besteht neben der zusätzlichen Einnahmequelle häufig in der breiten Verwendung der von ihm zur Verfügung gestellten Infrastruktur und/oder Software.

8.3.2 Handelsmechanismen und Servicekomponenten

Die Geschäftsabwicklung auf elektronischen Marktplätzen kann über unterschiedliche Handelsmechanismen erfolgen, von denen die Wichtigsten hier vorgestellt werden.

Produktkataloge

Die Hersteller/Händler nennen feststehende Preise für ihre Produkte. Diese werden vom Marktplatzbetreiber zusammen mit der Produktspezifikation in einem *elektronischen Katalog* zusammengefasst, der den potenziellen Kunden zugänglich gemacht wird. Es gibt keine Verhandlungsphase, sondern der Käufer erwirbt das Produkt zu dem im Katalog genannten Preis. Eine Individualisierung findet nur in Ausnahmefällen, z. B. durch Rahmenverträge bei langfristigen Liefervereinbarungen, statt.

Ausschreibung

Eine *Ausschreibung* ist eine öffentliche Bekanntmachung einer gewünschten Dienstleistung oder eines Produktes, zu der von einem oder mehreren Anbietern

Angebote erwartet werden. Vorteile der Ausschreibung über das Internet sind der geringere Zeitaufwand zum Kontaktieren einer größeren Zahl potenzieller Anbieter und die leichtere und bessere Vergleichbarkeit der Angebote durch Vorgabe elektronischer Formulare (Abgabe-Standards). So können Kosteneinsparungen erzielt werden und die höhere Zahl potenzieller Anbieter verstärkt den Wettbewerb unter den Teilnehmern.

Auktionen

Auktionen sind die wichtigste Form multilateraler Verhandlungen, bei denen Preise und Konditionen auf der Basis von Geboten der Marktteilnehmer zustande kommen. Auktionssysteme können überall dort eingesetzt werden, wo ein sporadischer Koordinationsprozess zur Preisfindung erforderlich ist. Die zu versteigernden Produkte bzw. Dienstleistungen müssen so beschrieben sein, dass der Preis als Zuschlagskriterium ausreicht. Es können vier Auktionsformen unterschieden werden:

- Bei der *Englischen Auktion* erhöhen die Bieter in einem offenen Wettbewerb so lange ihre Gebote, bis nur noch ein Bieter übrig ist. Dieser erhält dann den Zuschlag zu dem vom ihm als letztes genannten Gebotspreis. Diese Auktionsform ist geeignet, wenn der Preis eines Gutes nicht genau bekannt ist, z. B. für Gemälde oder Antiquitäten. Ein Beispiel hierfür ist: www.ebay.de.
- Bei der *Holländischen Auktion* wird ein Startpreis vom Auktionator bzw. Verkäufer vorgegeben. Dieser Preis wird so lange gesenkt, bis der erste Bieter ein Gebot abgibt. Dieser erhält dann den Zuschlag zu dem von ihm genannten Preis. Diese Form eignet sich besonders für den Verkauf von Restkapazitäten, die sonst verfallen würden. Ein Beispiel hierfür sind die Blumenauktionen in Holland.
- Bei der *Umgekehrten (Englischen) Auktion (Reverse Auction)* beschreibt der Nachfrager das Produkt und nennt einen Höchstpreis, den er zu zahlen bereit ist. Die Verkäufer können sich während der Dauer der Auktion gegenseitig unterbieten. Den Zuschlag erhält der Verkäufer, der die günstigsten Konditionen anbietet. Diese Form findet häufig bei Beschaffungsprozessen Anwendung. Ein Beispiel hierfür ist: www.my-hammer.de.
- Die *Umgekehrte Holländische Auktion* ist sehr selten. Sie liegt dann vor, wenn ein Kunde auf einer Website ein Produkt zu einem bestimmten Preis nachfragt und diesen so lange erhöht, bis ein Anbieter zur Leistung bereit ist. Ein Beispiel hierfür ist: www.priceline.com.

Aus der Praxis **MyHammer**

▸▸▸ MyHammer ist mit mehr als einer Million registrierten Nutzern und über 30.000 täglich laufenden Ausschreibungen die Nummer Eins unter den Online-Marktplätzen für Handwerks- und Dienstleistungsaufträge in Deutschland. Auf dem MyHammer-Marktplatz starten private und gewerbliche Auftraggeber Ausschreibungen, auf die Handwerker und Dienstleister entsprechende Angebote abgeben.

Auftraggeber beschreiben den durchzuführenden Auftrag in einer Ausschreibung online auf MyHammer. An der Ausführung des Auftrags interessierte

Handwerker und Dienstleister geben Angebote ab, um den Auftrag zu erhalten. Auftraggeber können so im Vergleich zu einer Vergabe auf herkömmlichem Wege sparen und erhalten außerdem in kurzer Zeit eine große Auswahl von Angeboten, aus denen sie eines auswählen können. Sie sind dabei nicht verpflichtet, dem Anbieter mit dem niedrigsten Gebot den Auftrag zu erteilen. So kann jeder das beste Angebot auf der Basis des Preises und vorliegender Bewertungen des Handwerkers auswählen.

Über MyHammer erhalten Auftraggeber in kürzester Zeit Angebote und sparen dabei 30 Prozent und mehr. Das angebotene Spektrum der MyHammer-Dienstleister und -Handwerker reicht von kompletten Baumaßnahmen über Reparaturen, Wohnungsrenovierungen und Umzüge bis zu Betreuung und Unterricht. Der Auftraggeber wählt den passenden Anbieter frei aus, nach der Auftragsdurchführung bewerten sich Auftraggeber und Auftragnehmer gegenseitig. MyHammer bietet gleichzeitig ein innovatives Branchenbuch an, das mehr als 200.000 bei MyHammer registrierte Handwerker und Dienstleister umfasst. Auftraggeber können Anbieter gezielt nach rund 1.000 Branchen mit Stichwörtern sowie ortsbezogen suchen und direkt kontaktieren. Im Suchergebnis werden die Bewertungen der Anbieter durch bisherige Auftraggeber angezeigt. Die MyHammer-Bewertungen sind ein verlässliches und objektives Entscheidungskriterium.
(Quelle: MyHammer, 2014) ◂◂◂

Börsen

Auktionen auf Märkten mit vielen Anbietern und Nachfragern werden auch zweiseitige Auktionen oder *Börsen* (engl. Exchange) genannt. Beide Marktseiten besitzen gleiche Handlungsmöglichkeiten, indem Nachfrager Kaufofferten und Anbieter Verkaufsofferten abgeben. In der Praxis werden derartige Börsen insbesondere im Wertpapierhandel eingesetzt.

Servicekomponenten

Neben dem eigentlichen Handelsmechanismus können Marktplätze dem Nutzer auch weitere Servicekomponenten bereitstellen, von denen einige im Folgenden exemplarisch dargestellt werden. In der Regel weisen einzelne Marktplätze allerdings nur eine Teilmenge dieser Eigenschaften auf (Böhm/Felt, 2001, S. 16f).

- *Directory-Services:* Die Nutzer werden bei der Suche nach geeigneten Handelspartnern unterstützt, deren Kataloge und Angebote im Marktplatz zugänglich sind.
- *Aggregierte Kataloge:* Kataloge einzelner Anbieter können in einem Katalog mit gemeinsamer Produktkategorisierung dargestellt werden. Dadurch wird der Vergleich von Preisen, Lieferkonditionen und Produkteigenschaften erleichtert.
- *Echtzeit-Transaktionen:* Der Marktplatz unterstützt die Bestellung und liefert Informationen über die aktuelle Verfügbarkeit der Produkte.
- *Personalisierung:* unternehmens- und nutzerabhängig können unterschiedliche Anbieter und Produkte dargestellt sowie ausgehandelte Rahmenverträge für das jeweilige Unternehmen hinterlegt werden.
- *Rechnungsdienste:* Die Rechnungen können vom Marktplatz aggregiert und dem einkaufenden Unternehmen einschließlich Bezahlfunktionalität online zur Verfügung gestellt werden.

- *Preisfindungsmodelle* unterschiedlichster Art wie z. B. Auktion, Festpreis usw. können realisiert werden.
- *Kollaborationsservice:* Dienste für die (projektbezogene) Zusammenarbeit zwischen Unternehmen oder Unterstützung durch Berater werden angeboten.

8.3.3 Vor- und Nachteile der Marktplatzteilnahme

Die Teilnahme an Marktplätzen kann folgende Vorteile bringen:

Vorteile

- *Schaffung neuer Märkte:* Unter Umständen können über elektronische Marktplätze neue Märkte für bisher unrentable Produkte wie z. B. Überschuss- oder Ausschussproduktionen oder verderbliche Waren geschaffen werden.
- *Vereinfachte Preisfindung aufgrund höherer Markttransparenz:* Aufgrund der großen Teilnehmerzahl und einer höheren Markttransparenz bieten Marktplätze bessere Voraussetzungen für eine dynamische Preisfindung. Mittels Auktionen können so die Erlöse gesteigert und mit Hilfe von Ausschreibungen Kosten gesenkt werden.
- Es können *Prozesskosteneinsparungen* durch Automatisierung erzielt werden.

Als Nachteile der Marktplatzteilnahme werden angesehen:

Nachteile

- *Hoher Aufwand für die Prozessintegration* in Warenwirtschafts- und Buchhaltungssystemen.
- *Komplizierter Katalogaufbau:* Lieferant muss einen elektronischen Katalog bereitstellen.

Zusammenfassend lässt sich festhalten, dass der Nutzen für die Unternehmen umso größer ist, je weiter die Integration der Prozesse erfolgt ist. Auf der anderen Seite entstehen aber mit zunehmender Prozessintegration erhebliche finanzielle Aufwendungen. Kleine und mittlere Unternehmen setzen zumeist eher auf eine schwache Prozessintegration und verzichten damit auf Echtzeittransaktionen, wodurch z. B. aktuelle Verfügbarkeitsabfragen unmöglich werden.

8.4 Vertriebsprozesse im Internet

8.4.1 Phasen des Vertriebsprozesses

Beim E-Commerce werden mehrere oder sogar alle Phasen des Verkaufsprozesses elektronisch abgewickelt. Der Verkaufsprozess lässt sich in drei Phasen unterteilen:

- In der Anbahnungsphase sucht der Kunde nach einem Produkt und informiert sich über dieses,
- in der Vereinbarungsphase kommt es zum Abschluss des Geschäfts, d. h. zur Bestellung und

- in der Abwicklungsphase erfolgen Lieferung und Bezahlung. Das Internet bietet unterschiedliche Unterstützungsmöglichkeiten für die drei Phasen (vgl. Abb. 8-7).

Abb. 8-7

Unterstützungsmöglichkeiten im Vertriebsprozess

Phase	Aufgaben	Unterstützungsmöglichkeit
Anbahnung	Public Relations Werbung Produktdarstellung Information Beratung	Unternehmenswebsite Internetwerbung, Newsletter, Affiliate Programme Elektronischer Produktkatalog FAQ, Foren, Communities Avatare, Chat, E-Mail
Vereinbarung	Produktkonfiguration Bestellung	Konfigurationssystem Shop-System, E-Mail-Bestätigung
Abwicklung	Lieferung Sendungsverfolgung Bezahlung Support	Download für digitale Produkte, Transport für physische Produkte Tracking (bei physischem Transport) Online-Zahlverfahren Online-Handbücher, FAQ

Bei physischen Gütern wie z. B. Büchern, Autos oder Kleidung kann die Auslieferungsphase nicht über elektronische Kanäle abgewickelt werden. In diesen Fällen kommt es zu einem Medienbruch, denn die Auslieferung muss durch einen physischen Transport erfolgen.

Bei digitalisierbaren Gütern und Dienstleistungen wie z. B. Beratung oder Finanzdienstleistungen und digitalisierbaren Produkten wie elektronischen Büchern, MP3-Files, Software können alle Phasen des Prozesses über das Internet abgewickelt werden.

8.4.2 Geschäftsmodelle für Online-Shops

Viele Unternehmen nutzen das Internet inzwischen nicht nur für die Verbesserung der Einkaufsprozesse, sondern auch zur Erschließung eines (zusätzlichen) Vertriebskanals. Hinter dieser Überlegung können verschiedene Geschäftsmodelle stehen.

Ein Geschäftsmodell beschreibt, wie ein Unternehmen Geld verdient. In einem weiter gefassten Verständnis umfasst ein Geschäftsmodell eine Architektur für die Waren-, Service- und Informationsflüsse inkl. einer Beschreibung der Akteure und ihrer Rollen sowie der Einkunftsquellen.

Herstellermodell

Beim *Herstellermodell* (auch Direct oder Manufacturer Model) eröffnet der Hersteller einen Onlineshop für den Direktvertrieb und spricht damit den Endkunden direkt an. Dadurch wird der klassische Handelsweg umgangen, was Auswirkungen auf ganze Branchen haben kann. Beim Direktvertrieb muss das produzierende Unternehmen die komplette Serviceinfrastruktur für Auftragsbearbeitung, Kauf- und Gewährleistungsprozesse, Service usw. selber vorhalten, was mit erheblichem finanziellen Aufwand verbunden ist.

Vorteilhaft an dem Ansatz ist, dass die Produkte günstiger kalkuliert und angeboten werden können, da die Handelsmargen entfallen. Darüber hinaus hat der Hersteller direkten Kontakt mit dem Kunden und kann so besseren Kundenservice bieten sowie ein besseres Verständnis für die Kundenwünsche entwickeln. Ein bekanntes Beispiel für den Direktvertrieb ist die Firma Dell, die ihre Computer weitgehend über das Internet vertreibt.

Disintermediation

Die These von der Disintermediation (Ausschaltung) besagt, dass Hersteller Leistungen der bisherigen Intermediäre (Zwischenhändler) übernehmen und direkt mit dem Kunden kommunizieren. Dadurch werden die Wertschöpfungsketten kürzer und Teile der abgeschöpften Gewinne könnten an den Kunden weitergegeben werden. Beispielsweise könnten Autoren ihre Bücher in elektronischer Form über das Internet bereitstellen und damit sämtliche Stufen der bisherigen Wertschöpfungskette (Autor – Verlag – Großhandel – Einzelhandel) umgehen.

Aus der Praxis **Disintermediation im Buchhandel**

▸▸▸ Der Autor Stephen King hat im Juli 2000 den Versuch unternommen, die klassischen Verlage zu umgehen, indem er anfing, auf seiner Homepage den Thriller »The Plant« kapitelweise in monatlichen Fortsetzungen zu veröffentlichen.

In der ersten Woche nach dem Erscheinen des ersten Kapitels wurde dieses 152.132 Mal heruntergeladen und 76% derer, die das Kapitel abgerufen haben, haben auch dafür bezahlt. Für das vierte Kapitel zahlten nur noch rund 46%. Nach dem sechsten Kapitel wurde der Versuch abgebrochen. ◂◂◂

Erweiterter Absatzkanal

Online-Shop als erweiterter Absatzkanal: Der Online-Shop tritt neben das Angebot im stationären Handel und bringt für bestehende und neue Kunden Vorteile wie Unabhängigkeit von den Ladenöffnungszeiten sowie mehr Bequemlichkeit mit sich. Da der Online-Shop im Gegensatz zum stationären Handel nicht an ein bestimmtes Einzugsgebiet gebunden ist, können neue Absatzmärkte erschlossen werden. Ein Beispiel hierfür ist: www.tchibo.de.

Versandhandel

Online-Shop des klassischen Versandhandels: Hier stellt der Onlineshop eine logische Ausweitung des katalogbasierten Absatzweges dar. Der Nachteil der relativ kurzen Halbwertszeit von Katalogen (werden nach ca. 4–6 Wochen weggeworfen) soll umgangen werden, denn Online ist man immer präsent und für die Logistik muss kein neues Geschäftsfeld erschlossen werden. Beispiele hierfür sind: www.otto.de; www.topdeq.com

Virtuelle Shops

Online-Shop virtueller Handelsunternehmen (»Virtual Merchants«): Virtuelle Handelsunternehmen betreiben ihr Geschäft ausschließlich im Internet. Der Verzicht auf Ladenflächen reduziert die Fixkosten ganz erheblich, was sich in der Preisfindung niederschlagen kann. Da virtuelle Läden nicht an vorhandene Grenzen des Einzugsgebietes gebunden sind, können sehr große Absatzmärkte erschlossen werden. Da das virtuelle Unternehmen nicht am Markt etabliert ist und keinen physischen Standort hat, an dem Laufkundschaft vorbeikommt, bestehen in der Anfangsphase hohe Anforderungen an das Marketing, da eine neue Marke etabliert und die kritische Masse an potenziellen Käufern erreicht werden muss. Ein Beispiel hierfür ist: www.blacksocks.com.

Bit Vendors

So genannte »*Bit Vendors*« verkaufen nur digitale Produkte und wickeln alle Phasen des Verkaufsprozesses über das Internet ab. Beispiele hierfür sind der Verkauf von Apps oder von Musiktiteln im Internet im iTunes Apple-Store.

8.4.3 Aufbau von Online-Shops

Software-Komponenten von Shop-Systemen

Die Softwaregrundlage von Online-Shops bildet ein sogenanntes Shop-System. Derzeit gibt es ca. 200 Shopsoftware-Anbieter allein in Deutschland, die ein breites Spektrum an Lösungen bereithalten. So gibt es auf der einen Seite günstige Software für den Massenmarkt und auf der anderen Seite Anbieter, die sich darauf spezialisiert haben, Software individuell an bestimmten Anforderungen auszurichten.

E-Shopkomponenten

Die meisten E-Shop-Systeme besitzen folgende grundlegende Softwarekomponenten:

- Shop-Datenbank mit Produktinformation,
- Administrationsdatenbank,
- Präsentationssystem,
- Empfehlungsdienste (»Kunden, die x gekauft haben, kauften auch y«),
- Payment Gateway (vgl. Kap. 8.5) und
- Werkzeuge für Auswertungen.

Empfehlungsdienst

Ein *Empfehlungsdienst (Recommendation Engine)* ist ein automatisches Verfahren, das ausgehend von vorhandenen Webseiten und Objekten ähnliche Objekte ermittelt und empfiehlt. Zur Ermittlung der passenden Empfehlungen verwendet der Empfehlungsdienst Methoden des Data Minings und des Information Retrieval. Bei der Empfehlung von Hyperlinks werden darüber hinaus Informationen aus dem konkreten Kontext (Webseiten-Zugriff) und zusätzliche Informationen wie z. B. die Kauf-, Navigations- oder Klick-Historie herangezogen.

Live-Support-System

Zunehmend werden E-Shops auch mit *Live-Support-Systemen* ausgestattet, insbesondere um die Absprungraten im Zahlungsbereich zu verringern bzw. um die Beratung und den Verkauf zu unterstützen. Live-Support-Systeme bieten interaktiven Service in Echtzeit über das Internet. Dazu nutzen sie häufig in Webseiten integrierte Chats. Darüber hinaus können auch Bild- und Tonübertragungen mittels Webcams, E-Mail, Voice over IP u. a. integriert sein.

Erweiterungen

Darüber hinaus finden sich häufig folgende Erweiterungen:

- Statistik- und Datamining-Systeme,
- Customer Relationship Management,

- Suchmaschinen,
- Schnittstellen zu Warenwirtschaft und Finanzbuchhaltung,
- Content-Management-Systeme.

Electronic-Mall

Eine weitere Variante eines Online-Shops besteht in der Möglichkeit, den Betrieb zunächst einem Internet-Service-Provider zu übertragen. Vergleichbar mit großen Einkaufszentren, in denen Läden von einzelnen Betreibern gemietet werden, die dann die bereits bestehende Infrastruktur nutzen, wird diese Art von Angebot als »Electronic-Mall-Konzept« bezeichnet.

Jeder einzelne Shopbetreiber erhält sein eigenes Online-Shopsystem, das im Hintergrund an eine Softwarequelle gekoppelt ist. Der Betreiber der Mall stellt nicht nur die Plattform, sondern auch zusätzliche Dienste wie Navigation, Zahlverfahren, Bonitätsprüfungen und Werbung bereit. Als Gegenleistung erhält er i. d. R. Lizenzgebühren und transaktionsorientierte Provisionen, die je nach Nutzung der Malldienste variieren können. Ein Beispiel ist die virtuelle Shopping-Mall Shopping 24, die das Angebot von mehr als 500 Waren- und Dienstleistungsanbietern und Millionen von Produkten unter einem Dach verbindet.

Online-Kaufhaus

Von einer Electronic-Mall abzugrenzen sind Online-Kaufhäuser, in denen ein einziger Anbieter unterschiedliche Produktsegmente auf einer gemeinsamen Plattform anbietet.

Abb. 8-8

Aufbau einer Shopping Mall

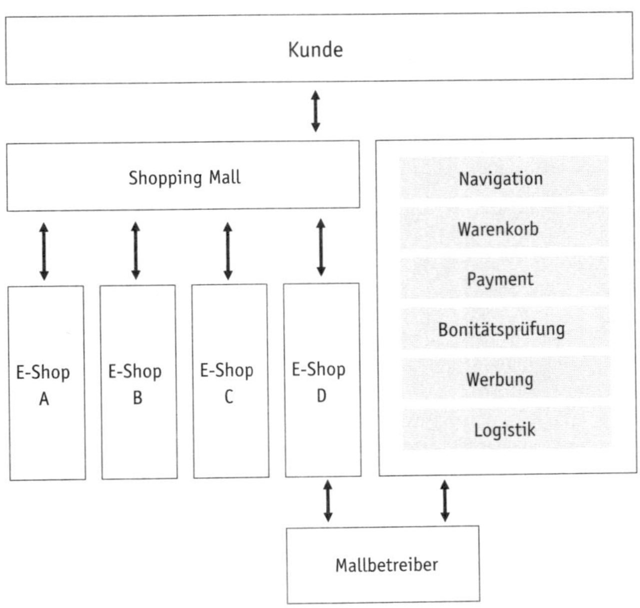

(Quelle: In Anlehnung an *Böhm/Felt*, 2001, S. 13)

8.5 ePayment

Erfolg im elektronischen Handel hängt nicht unwesentlich von den angebotenen Zahlungsmöglichkeiten ab. Doch Händler und Kunde haben sehr unterschiedliche Anforderungen bzw. Erwartungen:

Der *Händler* möchte sein Ausfallrisiko minimieren und die Kosten auf seiner Seite möglichst gering halten. Gerade kleine Händler tendieren heute noch dazu, ihre Ware nur gegen Vorkasse oder Nachnahme zu versenden, denn ihre Angst ist groß, später auf unbezahlten Rechnungen sitzen zu bleiben.

Der *Kunde* hingegen fordert Sicherheit und eine möglichst einfache und bequeme Handhabung. Am liebsten möchten die Kunden per Kreditkarte oder Lastschriftverfahren bezahlen, Vorkasse ist unbeliebt, insbesondere, wenn der Händler nicht bekannt ist.

Klassifikationsmöglichkeiten

Im Laufe der Jahre wurden verschiedene Zahlverfahren entwickelt. Diese können nach unterschiedlichen Kriterien unterteilt werden:

- Nach der Transaktionshöhe werden Nano (0,001–0,1 Euro), Micro (0,1–5 Euro), Medium (5–1000 Euro) und Macro-Payments (>1000 Euro) unterschieden.
- Nach dem Zeitpunkt der Geldübertragung wird zwischen Prepaid-, Pay-Now- sowie Pay-Later-Verfahren unterschieden (vgl. Abb. 8-9).

Diese Klassifikationsmöglichkeit wird im Folgenden zugrunde gelegt.

Abb. 8-9

Zahlverfahren im Internet nach dem Zeitpunkt der Geldübertragung

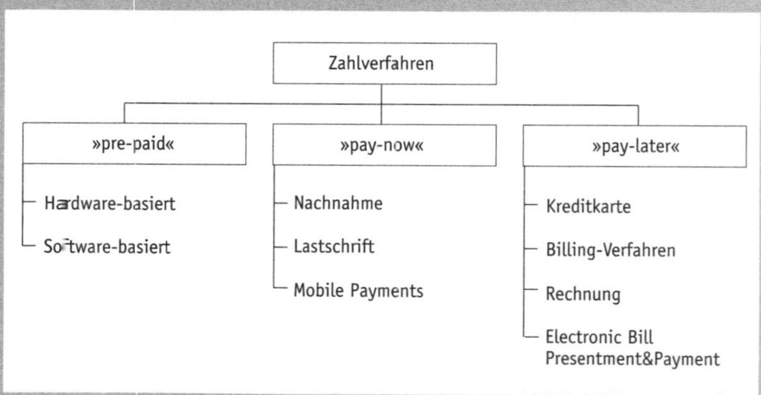

8.5.1 Prepaid-Verfahren

Prepaid-Karten

Prepaid-Verfahren sind dadurch gekennzeichnet, dass die Geldübertragung bereits vor dem eigentlichen Kauf stattgefunden hat. Bei den auf Wertkarten basierten

Verfahren kauft der Kunde vorab entweder online oder in einer Verkaufsstelle eine Wertkarte mit einem bestimmten Wert. Beim Bezahlen muss der Kunde einen auf der Wertkarte aufgedruckten Code und ein zusätzliches Kennwort im Browser eingeben. Anschließend wird das Guthaben von Hintergrundsystemen geprüft und bei ausreichender Deckung um den Kaufpreis reduziert. Beispiele für Wertkarten-basierte Verfahren sind die paysafecard und T-Pay MicroMoney.

Aus der Praxis

▸▸▸ Die *Paysafecard* (www.paysafecard.com) gibt es seit dem Jahr 2000. Mit dieser Karte kann der Kunde ohne Angabe von persönlichen Daten einkaufen, bei Verlust der Karte ist nur der auf der Karte geladene Betrag verloren. Die Karte wird weltweit an 450 000 Verkaufsstellen wie z. B. Kiosken, Drogeriemärkten und Tankstellen verkauft und ist im Wert von 10, 15, 20, 25, 30, 50 und 100 Euro erhältlich. Bei einem Einkauf können bis zu 10 Karten verwendet werden, wenn größere Beträge zu zahlen sind. Der Bezahlvorgang läuft wie folgt:

- Der Kunde kauft eine Paysafecard.
- Der Kartenhändler leitet die Zahlung an Paysafecard weiter.
- Der Kunde wählt ein Produkt im Internet aus. Auf der Karte befindet sich ein 16-stelliger PIN, der im Onlineshop auf der für Paysafecard vorgesehenen Bezahlseite eingegeben wird.
- Das Guthaben auf der Karte wird im Hintergrund kontrolliert und der Kaufpreis wird der entsprechenden PIN-Nummer zugeordnet.
- Die Zahlung an den Webshop erfolgt.

Die Paysafecard wird in Tausenden von Online-Shops akzeptiert. So können Sie damit z.B. Online Games, Musik, Internet Services oder Telefonate bezahlt werden. (Quelle: www.Paysafecard.com, 2014) ◂◂◂

Softwarebasierte Verfahren

Die *softwarebasierten Verfahren* werden auch als elektronisches Geld oder Digital Money bezeichnet. Als elektronisches Geld werden Systeme bezeichnet, die dem Bargeldcharakter von Münzen und Scheinen am ehesten gerecht werden. Für das Herstellen, Herausgeben und Einlösen von elektronischen Münzen kommen kryptografische Verfahren zum Einsatz. Diese Bezahlverfahren haben sich aber bislang am Markt nicht durchsetzen können. Die bekanntesten Systeme waren eCash und Cybercoins, die aber beide wieder vom Markt genommen wurden.

8.5.2 Pay-Now-Verfahren

Nachnahme-Verfahren

Das *Nachnahme-Verfahren* sichert durch den gleichzeitigen Austausch von physischer Ware und Zahlung Händler und Konsumenten gleichzeitig. Es ist allerdings kostenintensiv und unbequem, denn der Kunde muss zum einen anwesend sein, wenn die Ware geliefert wird, zum anderen muss er den entsprechenden Geldbetrag bar zu Hause haben. Zudem ist dieses Verfahren für zum Download bereitgestellte digitale Güter wie Software oder Musik nicht einsetzbar.

Lastschriftverfahren

Per *Lastschriftverfahren* werden Geldbeträge direkt vom Konto des Kunden abgebucht, d. h. der Händler kann nach der Versendung des gekauften Gutes den Zahlungsvorgang selber auslösen und muss nicht warten, bis der Kunde tätig wird. Das Verfahren kann ähnlich wie eine Kreditkartenzahlung eingesetzt werden, indem eine Autorisierung des Händlers erfolgt, den entsprechenden Betrag abzubuchen.

Im normalen Geschäftsbetrieb ist hierfür jedoch eine schriftliche Einwilligung des Kunden erforderlich. Aus diesem Grund wird das Verfahren beim Online-Kauf in der Regel nicht direkt zwischen Händler und Kunde eingesetzt, sondern indirekt über Dritte, die im Auftrag des Händlers die Abbuchung vornehmen.

8.5.3 Pay-Later-Verfahren

Kreditkarten

Der größte Anteil der heute genutzten Zahlungsmethoden im Internet basiert auf *Kreditkarten*. Dieses liegt zum einen an der hohen Verbreitung von Kreditkarten, zum anderen an der einfachen Übertragbarkeit von Kreditkartenzahlungen auf das Internet. Die Übertragung der Kreditkarteninformation erfolgt in der Regel über eine gesicherte Verbindung (SSL). Dennoch herrscht bei den Konsumenten große Sorge wegen der angeblich fehlenden Sicherheit.
Der Bezahlvorgang läuft wie folgt:

1. Der Kunde erhält eine Kreditkarte von seiner Bank.
2. Der Karteninhaber gibt mit der Bestellung im Internet die Kreditkartendaten (Nummer, Laufzeit, Inhaber) an den Händler.
3. Die Bezahldaten werden an das externe Rechenzentrum der vertragsabrechnenden Bank weitergeleitet.
4. Die Bezahlinformationen werden zur Autorisierung an die Kreditkartenorganisation gegeben.
5. In Rückkoppelung zur Bank des Kunden wird die Zahlungsfähigkeit und Existenz der Karte geprüft.
6. Vom Händler ausgeführte Kundenaufträge werden an das Rechenzentrum weitergeleitet, um den Bezahlvorgang anzustoßen.
7. Die Daten werden an die Kreditkartenorganisation übermittelt.
8. Der Zahlbetrag wird auf dem Kundenkonto abgebucht, die Gutschrift auf das Händlerkonto erfolgt über die Kartenorganisation und die vertragsabrechnende Bank.

Unter Sicherheitsgesichtspunkten können bei Kreditkarten drei »Sicherheitsklassen« unterschieden werden:

- unverschlüsselte Übertragung der vorstehend genannten Daten,
- SSL-Verschlüsselung,
- SET-Verfahren.

SET-Verfahren

Das *SET-Verfahren* (Secure Electronic Transaction) bietet ein Höchstmaß an Sicherheit. Beim SET-Verfahren registriert sich der Karteninhaber bei seiner Bank mit

Namen, Kartennummer und dem zu belastenden Konto. Die Bank überträgt diese Informationen in verschlüsselter Form über eine gesicherte Verbindung an die Kreditkartengesellschaft. Diese sendet dem Karteninhaber die Software mit integriertem Zertifikat und eine verschlüsselte digitale Signatur. Damit kann der Karteninhaber bei allen Firmen einkaufen, die ebenfalls ein gesichertes Zertifikat der Kreditkartenfirma haben.

Inkasso-Systeme

Eine andere Bezahlmöglichkeit ist die Verwendung von *Inkasso-Systemen*. Inkassosysteme arbeiten mit einem Mittler zwischen Kunde und Händler, bei dem sich beide Parteien registrieren lassen. Das grundlegende Prinzip dieser sogenannten Billing-Verfahren basiert auf einer Trennung der Bezahlung in zwei Ebenen:

- *Buchungssystemebene:* Bezahlungsvorgang führt zur Kontenbuchung bei dem Mittler.
- *Bezahlungsebene:* Der Mittler gleicht regelmäßig die Konten aller Teilnehmer aus, in dem eine Überweisung oder Abbuchung vorgenommen wird.

Aus der Praxis **Bezahlen mit ClickandBuy**

▸▸▸ Das 1999 gegründete Internet-Bezahlsystem ClickandBuy ist eines der führenden Bezahlsysteme im Internet. Über 14 Mio. Kunden nutzen ClickandBuy, um über alle gängigen Endgeräte Zahlungen abzuwickeln. Mehr als 14.000 Anbieter verwenden ClickandBuy zur Abrechnung für E-Commerce, Online-Entertainment und Paid Content, beispielsweise Apple iTunes, Musicload, AOL, Tiscali, AutoScout24, ADAC, RTL, MTV, Stiftung Warentest, Foto.com etc. Für den Kunden sind die meisten Services von ClickandBuy kostenlos.

Der Anbieter muss sich bei ClickandBuy anmelden und zahlt eine einmalige Anmeldegebühr, einen monatlichen Grundpreis sowie eine Provision für getätigte Transaktionen. Dafür stellt das Unternehmen dem Anbieter u. a. folgende Leistungen zur Verfügung:

- Bonitätsprüfung und Scoring (Zuverlässigkeitsprüfung) der Endkunden vor dem Abruf der Angebote,
- Rechnungsstellung im Namen des Anbieters gegenüber dem Endkunden,
- Online-Rechnungsbereitstellung für alle Endkunden,
- Zahlungsabwicklung mit dem Endkunden über Bankeinzug, Kreditkarte oder Telefonrechnung,
- Kundensupport für Fragen rund um die Abrechnung,
- Geschützter Online-Bereich zur Administration der tarifierten Inhalte und zur Auswertung der Umsätze in Echtzeit.
  (Quelle: ClickandBuy, 2014) ◂◂◂

Rechnung

Die *Rechnung* ist das altbewährteste Verfahren, jedoch für den Händler mit Risiken (Vorleistung, Eingangskontrolle, Mahnwesen) verbunden. Eine Variante im Internet per Rechnung zu bezahlen ist iclear, ein eCommerce-Clearing-System, dass dem Kunden den Kauf auf Rechnung ermöglicht und für den Händler das Ausfallrisiko übernimmt.

Electronic Bill Presentment and Payment

Mit dem sogenannten *Electronic Bill Presentment und Payment* (EBPP) müssen Rechnungen nicht mehr aufwändig und teuer per Post verschickt und vom Empfänger in seine Buchhaltungssoftware eingegeben werden. Vielmehr erhält der Geschäftspartner die Rechnung per Mail und kann diese per Mausklick einfach und schnell begleichen und in seinem Warenwirtschaftssystem speichern. Die Kostenersparnis durch EBPP schätzt Cap Gemini auf rund zwei Euro pro Vorgang. Dies wären rund 90% der insgesamt anfallenden Kosten.

8.6 Customer Relationship Management

Customer Relationship Management (CRM)-Systeme kommen zwar innerhalb eines einzelnen Unternehmens zum Einsatz, da sie aber direkte elektronische Kanäle für den Kundenkontakt bereitstellen, werden sie hier zu den überbetrieblichen Informationssystemen gerechnet.

Die Bedeutung des Customer Relationship Managements (Kundenbeziehungsmanagement) steigt seit einigen Jahren kontinuierlich an. Verschiedene Gründe sind dafür ausschlaggebend:

- Die Angebote der Unternehmen gleichen sich immer mehr an.
- Eine Differenzierung basierend auf dem Kernnutzen des Produktes wird immer schwieriger.
- Die Wechselbereitschaft der Kunden steigt, da mehr Alternativen verfügbar sind.
- Die Qualität der Kundenbeziehung und die Kundenloyalität werden zum zentralen Wettbewerbsvorteil.

Customer Relationship Management

Unter CRM versteht man ein unternehmensweit integrierendes Führungs- und Organisationsprinzip, das alle Maßnahmen umfasst, die auf eine verbesserte Kundenorientierung und Kundenzufriedenheit gerichtet sind.

Zielsetzung des CRM ist es, langfristig profitable Kundenbeziehungen aufzubauen, aufrecht zu erhalten und im Zeitablauf zu intensivieren. Zu diesem Zweck werden die Front-Office-Prozesse in Marketing, Vertrieb und Service durch CRM-Systeme unterstützt, die das erforderliche Wissen über den Kunden integriert bereitstellen.

CRM-Systeme

CRM-Systeme sind Anwendungen, die eine strukturierte und ggf. automatisierte Erfassung aller Kundenkontakte und -daten ermöglichen. Sie speichern sämtliche Kundenkontakte in einer Kundendatenbank, auf die alle Mitarbeiter in kundenorientierten Aufgabenbereichen zugreifen können. Neben den klassischen Kundenkontakten mit Vertretern oder in Zweigstellen/Niederlassungen werden auch die elektronischen Kontakte wie bspw. die Bestellung von Produkten im Onlineshop oder die Anfrage per SMS erfasst. In größeren Unternehmen werden die Daten des CRM-Systems häufig in einem Data Warehouse für eine weitergehende manuelle oder automatische Auswertung mittels Data Mining oder OLAP verwendet (vgl. Abb. 8-10).

Abb. 8-10

Kundenkontakte im CRM-System

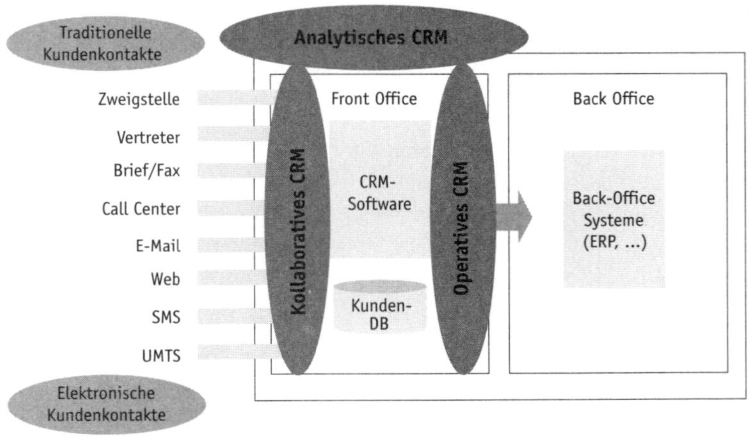

(Quelle: In Anlehnung an *Abts/Mülder*, 2009, S. 278)

Bei CRM-Systemen lassen sich drei Komponenten unterscheiden:

- *Analytisches CRM*: Hier steht die Zusammenführung und Auswertung der Kundendatenbestände im Vordergrund. Neben der CRM-Datenbank kann ein Datawarehouse bzw. Data-Mart für kundenorientierte Analysen erforderlich sein. Darüber hinaus können mit Data-Mining-Werkzeugen bisher nicht erkannte Trends und Zusammenhänge identifiziert werden.

Analytisches CRM

- *Operatives CRM:* Dazu gehören die Funktionalitäten, die den direkten Kontakt mit dem Kunden unterstützen. Hierzu gehören z. B. Informationen über den Kunden und die Kontakte, die er mit dem Unternehmen hatte. Darüber hinaus muss die Weiterleitung von Anfragen oder Beschwerden an andere Stellen unterstützt werden.

Operatives CRM

- *Kollaboratives CRM*: Hierbei geht es um die Synchronisation der verschiedenen Kommunikationskanäle (z. B. E-Mail, Fax, Telefon usw.) zwischen dem Kunden und dem Unternehmen. Der Kunde nimmt auf unterschiedlichen Wegen Kontakt mit dem Unternehmen auf und es muss sichergestellt sein, dass sämtliche Kontakte mit dem Kunden in einem System zusammengefasst werden.

Kollaboratives CRM

8.7 Supply Chain Management

Nicht nur bei der Beschaffung, sondern auch in der Produktion ist die überbetriebliche Vernetzung in den letzten Jahren immer wichtiger geworden. Für das Überleben im globalen Wettbewerb ist es heute für die Unternehmen notwendig, dem Kunden seine gewünschten Produkte in der richtigen Zusammenstellung, zum vom Kunden gewünschten Termin, am richtigen Ort und in der erwarteten Qualität zu liefern. Um diesen Anforderungen zu begegnen, ist die Optimierung bestehender und die Entwicklung neuer, innovativer Geschäftsprozessmodelle notwendig. Ein Ansatz ist hierbei das sogenannte Supply Chain Management.

Supply Chain Management

Supply Chain Management (SCM) steht für die Optimierung der Produktionskette über das eigene Unternehmen hinaus. Im Mittelpunkt steht die Wertschöpfungskette vom Lieferanten des Lieferanten bis zum Kunden des Kunden. Unter Zuhilfenahme neuester Modellierungsmethoden wird im SCM die komplette Lieferkette gestaltet, geplant und gesteuert.

Durch diesen ganzheitlichen Optimierungsansatz kann eine erhebliche Leistungssteigerung bei gleichzeitiger Reduktion der Kosten erzielt werden. Angestrebt werden die Verbesserung der Kundenzufriedenheit, die Synchronisation der Bedarfe mit der Versorgung zur Reduzierung der Durchlaufzeiten, die Optimierung der Bestände entlang der Versorgungskette und die Flexibilisierung der Prozesse und eine bedarfsgerechte Anpassung der Fertigung.

Charakteristika SCM

SCM geht über klassische Produktionsplanungs- und -steuerungssysteme (PPS siehe Kap. 7.2.1) hinaus. Funktional erweitern SCM-Systeme die bestehenden PPS-Systeme durch zusätzliche Module und veränderte bzw. neue Planungslogiken. Sie sind durch folgende Charakteristika gekennzeichnet:

- *Globale Sicht der Unternehmensnetzwerke*: Im Blickfeld stehen nicht mehr einzelne Unternehmen, sondern alle Geschäftsprozesse einer Lieferkette oder eines Netzwerkes. Zwischen den Unternehmen des Netzwerkes können vielfältige Arten von Beziehungen existieren, z. B. rechtliche (z. B. Joint Venture), organisatorische Beziehungen (z. B. Weisungsbefugnisse), zeitliche (z. B. Just-in-Time), finanzielle (z. B. Beteiligungen).
- *Geschwindigkeit*: Die heutigen SCM-Systeme ermöglichen es, »online« optimierte, ganzheitliche Pläne für die Produktion zu erstellen.
- *Simultane Planung*: Entgegen der isolierten Teilmodellbetrachtung von MRP II-Systemen basieren SCM-Systeme auf ganzheitlichen Modellierungs- und Planungsansätzen. Mit Hilfe von hauptspeicherresidenten Modellen und leistungsfähigen Optimierungsalgorithmen werden Simultanplanungen ermöglicht, die parallel Material, Prozesse und Ressourcen – im Idealfall – für die gesamte Lieferkette betrachten.
- *Engpassorientierung*: Die Planung berücksichtigt die Auswirkung aller Geschäftsereignisse auf sämtliche Ressourcen entlang der kompletten Wertschöpfungsket-

te, wodurch umsetzbare Lösungen vorgeschlagen werden, die für die Gesamtkette vom Lieferanten über den Hersteller bis hin zum Kunden optimal sind.

Advanced Planning Systems

Hauptspeicherresidente Modelle ermöglichen eine deutliche Steigerung der Geschwindigkeit und somit eine schnelle Reaktion auf veränderte Marktbedingungen. Zusammen mit leistungsfähigen Optimierungsalgorithmen werden Simultanplanungen ermöglicht, die parallel Material, Prozesse und Ressourcen, im Idealfall für die gesamte Lieferkette, betrachten. Darüber hinaus verfolgen APS einen inkrementellen Planungsansatz, d.h. schreiben bei Veränderungen die Pläne fort und erstellen sie nicht neu, wie im PPS-System üblich. Advanced Planning Systems (APS) übernehmen diese Aufgabe der umfassenden Optimierung. Sie sind dabei oft eng an die zusätzlich bestehenden ERP-Systeme angebunden und beziehen aus ihnen die erforderlichen Daten. So werden Restriktionen aller Art über die gesamte Wertschöpfungskette hinweg identifiziert und im Interesse eines größtmöglichen Durchsatzes berücksichtigt.

SCM Module

SCM-Systeme lassen sich in strategische, taktische und operative Planungsebenen unterteilen und gehen damit über die klassischen PPS-Systeme hinaus. Abb. 8-11 zeigt die wesentlichen Module von SCM-Systemen.

Abb. 8-11

Module von SCM-Systemen (in Anlehnung an Rohe/Meyr/Wagner, 2000, S. 10)

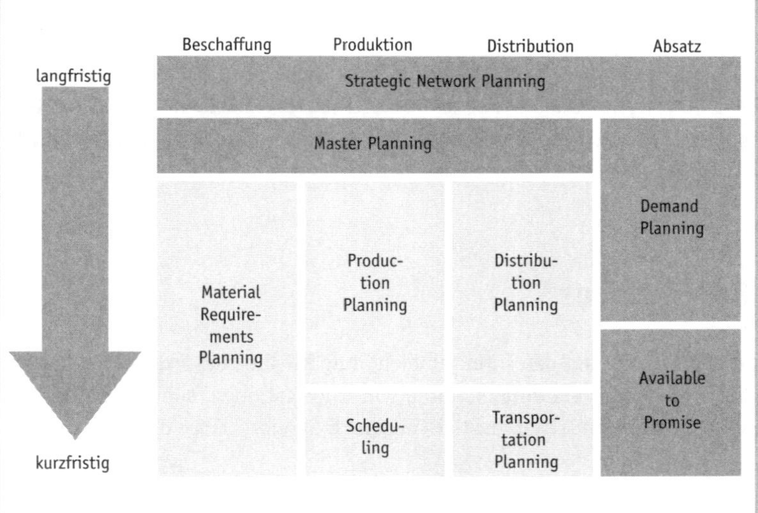

Strategic Network Planning

Unter dem Begriff *Strategic Network Planning* (auch Supply Chain Design oder Supply Chain Configuration genannt) werden, basierend auf monetären und logistischen Analysen (oft in Form von Simulationen), Aussagen über die Konfiguration von Lieferketten unter Berücksichtigung verschiedener Szenarien (Produktmix, Beschaffungsstrategie usw.) getroffen.

Demand Planning

Das *Demand Planning* (Bedarfsplanung/Absatzprognose) prognostiziert die zukünftigen Absatzmengen, um die nachfolgenden Planungsstufen an den Bedarfen des Marktes auszurichten. Hierzu werden unterschiedliche mathematische Verfahren verwendet, wobei neben Vergangenheitsdaten auch aktuelle Informationen z. B. zu Werbekampangen usw. einfließen. Das Demand Planning wird oft als wichtigstes Modul der SCM-Systeme bezeichnet.

Master Planning

Unter *Master Planning* wird die Ermittlung eines kostenminimalen Gesamtplanes verstanden. Dazu wird ein Abgleich der aktuellen Absatzmengen und Kapazitäten über die gesamte Lieferkette durchgeführt. Um das Datenvolumen zu reduzieren, fokussiert sich das Master Planning beispielsweise auf Endprodukte und Engpassressourcen.

Requirements Planning

Das Modul *Material Requirements Planning* (MRP) vollzieht die Materialbeschaffung für die Produktion. Mengen und Termine der benötigten Materialien werden verbrauchs- oder programmbezogen festgelegt und automatisch beschafft.

Produktionsplanung

Die *Produktionsplanung* (Production Planning und Scheduling) wird häufig dezentral durchgeführt, um realisierbare Produktionspläne für die einzelnen Standorte zu erhalten. Durch die dezentrale Planung können dezentrale Engpässe in der Planung besser berücksichtigt werden.

Distributionsplanung

Im Rahmen der *Distributionsplanung* (Distribution Planning) werden Lagerbestands- und Verteilplanungen durchgeführt. Sie stellt das Bindeglied zwischen Produktionsplanung und Bedarfsvorhersage dar. Zu den Transportplanungen (Transportation Planning) gehören z. B. Tourenplanungen, Ladeplanungen und die Transportmittelauswahl. Sie sind meist kurzfristig ausgerichtet und eng mit der Distributionsplanung verbunden.

Available to Promise

Available to Promise (ATP) bedeutet die kurzfristige Ermittlung von verbindlichen Lieferterminzusagen. Bei der Ermittlung der Zusagen werden sowohl die aktuelle Kapazitäts- und Materialsituation als auch die Kosten von verschiedenen Möglichkeiten der Auftragserfüllung berücksichtigt.

8.8 E-Services

Unternehmen nutzen das Internet nicht nur für die Abwicklung geschäftlicher Transaktionen oder die Bereitstellung von Informationen, sondern bieten zunehmend auch elektronische Dienstleistungen (E-Services) über das Internet an.

> Unter E-Services werden Dienstleistungen verstanden, bei denen die Leistungserstellung elektronisch, d. h. computergestützt erfolgt. Damit wird auch der Nachfrager über elektronische Medien in den Erstellungsprozess integriert.

Ein bekanntes Einsatzgebiet für E-Services ist das Electronic Banking. Der Kunde kann über das Internet verschiedene Dienstleistungen rund um sein Konto in Anspruch nehmen. So kann er beispielsweise im Internet Überweisungen tätigen,

Daueraufträge erteilen, seinen Kontostand prüfen und sich über die aktuellen Börsenkurse informieren.

Aber auch in anderen Branchen haben E-Services längst Einzug gehalten und es gibt ein breites Spektrum unterschiedlichster Dienstleistungen, von denen hier nur einige exemplarisch vorgestellt werden.

Empfehlungssysteme

Unternehmen, die Bücher oder Musiktitel anbieten, arbeiten häufig mit *Empfehlungssystemen*. Beispielsweise bekommt der (bekannte) Kunde bei Amazon persönliche Empfehlungen angezeigt, oder zu einem Artikel die Hinweise »Kunden, die diesen Artikel gekauft haben, haben auch... gekauft« und »Dazu passen die folgenden Artikel...«.

Konfigurationssysteme

Unternehmen der Automobilindustrie bieten auf ihren Seiten häufig *Konfigurationssysteme* an. Diese ermöglichen es dem Kunden, sein Wunschauto zu konfigurieren und als 2- oder 3-D Ansicht zu betrachten. Dabei wird in der Regel auch der Preis für die jeweilige Konfiguration angezeigt. Darüber hinaus finden sich auf fast allen Seiten eine Händler- und eine Werkstattsuche.

Mass Customization

Unternehmen verschiedener Branchen wie z. B. Textilien, Schuhe, Uhren & Schmuck, Fertighäuser, Küchen, Möbel und Lebensmittel bieten *Mass Customization* (kundenindividuelle Massenfertigung) im Internet an. Der Kunde kann sich das Produkt nach seinen Wünschen gestalten und der Hersteller produziert genau nach seinen Vorgaben. Möglich wird die individualisierte Massenfertigung erst durch den Einsatz moderner Informationstechnologie. Der Kunde gestaltet internetbasiert sein Produkt mit Hilfe eines Konfigurators. Hinter der elektronischen Oberfläche werden eine hochautomatisierte, aber flexible Logistik und entsprechende Produktionsmittel benötigt, um kostengünstig das individualisierte Produkt herstellen zu können.

8.9 Mobile Business

Mit der stärkeren Verbreitung von mobilen Endgeräten gewinnt auch das Mobile Business (M-Business) immer mehr an Bedeutung.

Unter Mobile Business versteht man die ortsungebundene Abwicklung von Geschäftsvorfällen über mobile Endgeräte unter Nutzung von Netzwerken und Diensten.

Für M-Business gibt es verschiedene Einsatz- bzw. Anwendungsmöglichkeiten, die sich analog zum E-Business in die Kategorien B2C, B2B und B2E einteilen lassen.

Mobile B2C-Anwendungen

Mobile B2C-Anwendungen sind z. B. im Bereich des M-Banking und M-Payment anzutreffen. Beim M-Banking werden die Bankgeschäfte über mobile Endgeräte abgewickelt. So können die Kunden beispielsweise ihre Kontodaten abrufen oder sich über Börsenkurse informieren. Beim M-Payment steht der bargeldlose Bezahlvorgang z. B. per Handy im Mittelpunkt.

Ein weiteres Anwendungsgebiet ist das Mobile Ticketing. So kann sich der Kunde per Handy einen Fahrschein kaufen oder eine Sitzplatzreservierung vornehmen.

Aus der Praxis **Das Handy-Ticket der Deutschen Bahn**

▸▸▸ Die Deutsche Bahn bietet ein Handy-Ticket an, das bis 10 Minuten vor Abfahrt des Zuges per Handy gebucht werden kann. Voraussetzung für die Buchung des Handy-Tickets ist die einmalige Registrierung unter www.bahn.de im Bereich »Meine Bahn«. Ist diese erfolgt, kann mit dem Handy eine Verbindung zur mobilen Reiseauskunft über http://mobile.bahn.de hergestellt werden. Dort kann über die Verbindungssuche die gewünschte Zugverbindung identifiziert und ausgewählt werden. Nach dem Einloggen mit Benutzername und mobiler PIN kann die Buchung kontrolliert, die Zahlungsart ausgewählt und das Ticket gebucht werden.

Das Handy-Ticket wird dem Kunden als MMS (Multimedia Messaging Service) zugestellt und eine Bestätigungsmail an die hinterlegte E-Mailadresse geschickt. Fragt der Zugbegleiter auf der Fahrt nach dem Ticket, so zeigt man ihm das Handy-Ticket als MMS. Mit dem Scanner seines Kontrollgeräts kann der Zugbegleiter das Handy-Ticket problemlos und schnell einlesen. (Quelle: Deutsche Bahn, 2014) ◂◂◂

Location Based Services

Location Based Services (LBS, standortbezogene Dienste) sind mobile Dienste, die unter Zuhilfenahme von positions-, zeit- und personenabhängigen Daten dem Benutzer selektive Informationen auf mobilen Endgeräten bereitstellen. Vom Grundprinzip her wird als erstes die Anfrage zusammen mit der Position des Geräts über ein Netzwerk an einen Location Service Provider oder ein Geoportal weitergegeben. Besitzt das Endgerät selbst kein Positionierungsmodul, muss der Ort über die Funkzelle bestimmt werden. Der Location Service Provider bearbeitet dann die Anfrage eventuell unter Einbezug weiterer Dienstanbieter, die geografische Daten und/oder weitere Dienste (z. B. Routensuche) liefern. Zum Schluss wird die Antwort vom Location Service Provider an das mobile Endgerät des Nutzers schickt.

Im privaten Umfeld finden LBS z. B. Anwendung bei der Suche nach einem Kaufhaus, einem geeigneten Restaurant oder einer Bar. Touristen können sich umgebungsbezogene Informationen direkt vor Ort auf ihren PDA/ihr Handy laden und so eine Stadt entdecken. Friend Finder überprüft welche Freunde einer vordefinierten Liste sich in der Nähe des Geräts aufhalten (friendfinder.com).

Mobile B2B-Anwendungen

Auch für *mobile B2B-Anwendungen* gibt es unterschiedliche Einsatzbereiche. Im Gegensatz zu den B2C-Anwendungen sind die Beziehungen zwischen den Partnern jedoch komplexer, da zum einen die Geschäftsprozesse der Partner aufeinander abgestimmt werden müssen und zum anderen die übermittelten Informationen meist komplexer sind. Im Supply Chain Management können mobile B2B Lösungen zu einer Flexibilisierung der Lieferketten führen, indem Bestellungen direkt vom Ort des Bedarfs über mobile Endgeräte an den Lieferanten gemeldet werden.

Dadurch können Zeit und Arbeitsaufwand eingespart werden. Auch in der Logistik erhofft man sich Vorteile. So können Transportbehälter mit mobilen Sendern ausgestattet werden, die den aktuellen Standort melden und so Verzögerungen bzw. Verspätungen der Lieferung frühzeitig anzeigen.

Mobile B2E-Anwendungen sind insbesondere für die Mitarbeiter wichtig, die nur selten im Büro vorbeikommen. So kann beispielsweise die Erfassung der Arbeitszeit über ein mobiles Endgerät erfolgen, das die ermittelten Daten an die Zentrale übermittelt. Auch kann z. B. die Steuerung der Außendienstmitarbeiter über mobile Geräte erfolgen. Vor einem Kundenbesuch kann sich der Außendienstmitarbeiter die aktuellen Kundendaten auf sein Gerät laden und nach dem Kundenbesuch die aktualisierten Daten wieder zurückmelden.

Schlüsselbegriffe Kapitel 8

- **E-Business**
- **E-Commerce**
- **E-Procurement**
- **Online-Shop**
- **Geschäftsmodell**
- **ePayment**
- **Elektronischer Markt**
- **Supply Chain Management**
- **Customer Relationship Management**
- **Mobile Anwendungen**
- **Location Based Services**
- **E-Services**

Wiederholungsfragen Kapitel 8

1. *Sind E-Business und E-Commerce dasselbe bzw. welche Unterschiede bestehen?*
2. *Welche unterschiedlichen Arten elektronischer Märkte können unterschieden werden?*
3. *Was versteht man unter E-Procurement?*
4. *Welche Verbesserungen versprechen sich Unternehmen durch eine Präsenz auf elektronischen Märkten?*
5. *Wie funktionieren elektronische Märkte?*
6. *Welche Geschäftsmodelle werden mit Online-Shops verfolgt?*
7. *Was ist der Unterschied zwischen einer Electronic Mall und einem Online-Shop?*
8. *Was versteht man unter Supply Chain Management-Systemen?*
9. *Wie ist ein Customer Relationship Management-System aufgebaut?*
10. *Was ist ein E-Service?*
11. *Welche Arten von mobilen Anwendungen können unterschieden werden?*

Literaturhinweise Kapitel 8

Abts, D.; Mülder, W.: Grundkurs Wirtschaftsinformatik, 7. Aufl., Wiesbaden 2013.

Benjamin, R.; Wigand, R.: Electronic Markets and Virtual Value Chains on the Information Superhighway, in: Sloan Management Review, 1995, Nr. 2, S. 62–72.

Böhm, A.; Felt, E.: e-commerce kompakt. Heidelberg, Berlin 2001.

Bullinger, H.-J.; Schuster, E.; Güntzel, K.: Collaborative Business: Der neue Trend für produzierende Unternehmen, in: it – Industrielle Informationstechnik, 3/4 März 2002, S. 21ff.

Calik, K.: Im Handumdrehen bestellt, in: CYbiz, 3.2002, S. 49–50.

Korschinowski, B.: Bitte ein Bit. In: CYbiz, 6/7.2003, S. 44–46.

Picot, A.; Reichwald, R.; Wigand, R.: Die grenzenlose Unternehmung. Wiesbaden 1996, Teil 7.

Merz, M.: E-Commerce und E-Business. 2. Aufl., Hamburg 2002.

Stähler, P.: http://www.business-model-innovation.com/definitionen/ebusiness.htm, Datum des Zugriffs, 7.12.2003.

Internetseiten

Deutsche Bahn: http://www.bahn.de/p/view/buchung/mobil/handy_ticket.shtml, Zugriff am 28.5.2014.

MyHammer: www.myhammer.de, Zugriff am 28.5.2014.

Paysafecard: www.paysafecard.com, Zugriff am 28.5.2014.

9 Unterstützung der Gruppenarbeit

Lernziele

- Sie kennen die wesentlichen Aspekte sowie Vor- und Nachteile von Computergestützter Gruppenarbeit (CSCW).
- Sie kennen Softwarelösungen zur elektronischen Unterstützung von Gruppenarbeit und können deren Einsatz am Beispiel erläutern.
- Sie verstehen die Konzepte der Telekooperation und des Information-Sharing.
- Sie kennen die wesentlichen Aspekte von Enterprise 2.0 sowie die zu Grunde liegenden Technologien.
- Sie kennen die verschiedenen Ausprägungen des Workflow-Computing und können die dazugehörigen Arten von Workflows beschreiben.

Unter dem Stichwort Gruppenarbeit verbergen sich viele Aspekte unseres alltäglichen Lebens, auf die wir inzwischen nicht mehr verzichten wollen oder können. So beziehen wir häufig unsere Informationen zu alltäglichen Themen aus der freien Enzyklopädie Wikipedia und unseren Freundeskreis aus Schulzeiten pflegen wir, wie selbstverständlich, in Facebook oder StudiVZ. Schauen wir uns unser Kommunikationsverhalten einmal etwas genauer an: Schnell stellt man fest, dass dies ohne Dienste wie E-Mail, Twitter, WhatsApp oder Skype heute nicht mehr vorstellbar ist. All die genannten Beispiele sind Aspekte der computerunterstützten Gruppenarbeit, die uns auf den ersten Blick oftmals gar nicht als solche auffallen.

Auch in den Unternehmen spielt die Unterstützung von Gruppenarbeit eine entscheidende Rolle. So ist es für viele global operierende Unternehmen von zentraler Bedeutung, das Wissen des Unternehmens für alle Mitarbeiter verfügbar zu halten, so dass es an allen Standorten gleichermaßen genutzt werden kann. Auch arbeiten Projektteams verteilt an verschiedenen Standorten und müssen nicht nur Informationen über den Projektfortschritt austauschen, sondern auch gemeinsam an Dokumenten arbeiten.

Doch bevor die verschiedenen Aspekte der computerunterstützten Gruppenarbeit wie Information Sharing oder Telekooperation näher betrachtet werden, gibt das nachfolgende Unterkapitel einen einleitenden Überblick über die wesentlichen Grundbegriffe und Konzepte der computerunterstützten Gruppenarbeit.

9.1 Überblick: Computerunterstützte Gruppenarbeit

Verschiedene Studien zeigen, dass Führungskräfte bis zu 90% ihrer Arbeitszeit für Kommunikation aufwenden (Pribilla/Reichwald/Goecke, 1996; Mast, 2008). Einer Studie von McKinsey aus dem Jahr 2011 zu Folge kommunizieren Führungskräfte, die mit ihrem Kommunikationsverhalten zufrieden sind, zu 38% in persönlichen Gesprächen, zu 28% asynchron über E-Mail und Sprachmitteilungen, und zu 21% per Telefon. Auf Echtzeitnachrichtendienste entfallen 8% und auf Videokonferenzen 4% (Bevins/De Smet, 2013).

CSCW

So viel Zeit Mitarbeiter mit Gruppenarbeit verbringen, so viele Klagen existieren über mangelnde Effizienz und Produktivität der Teamarbeit, insbesondere von Sitzungen. Die Zusammenarbeit in arbeitsteiligen Organisationen soll daher durch computerunterstützte Gruppenarbeit (auch CSCW = Computer Supported Cooperative Work) verbessert werden.

CSCW ist ein interdisziplinäres Forschungs- und Anwendungsgebiet, in dem sich Wirtschaftsinformatiker, Informatiker, Organisatoren, Soziologen, Computerergonomen und Vertreter anderer Disziplinen den diversen Aspekten der IT-gestützten Gruppenarbeit widmen.

Ziele

Ziel der computerunterstützten Zusammenarbeit ist es, die Zusammenarbeit von Menschen durch den Einsatz von IKT effizienter und flexibler, aber auch humaner und sozialer zu gestalten. Die Koordination der einzelnen Aufgabenträger soll vereinfacht werden und weniger personal- und zeitaufwändig erfolgen. Dadurch bleibt mehr Zeit für produktive Arbeiten, die Durchlaufzeiten können reduziert und Entscheidungsprozesse beschleunigt werden.

Darüber hinaus zielen Systeme der computerunterstützten Gruppenarbeit auf eine Verbesserung der Ergebnisqualität, beispielsweise durch die Beschleunigung von Entscheidungen, ab. Für den Einzelnen bietet der Einsatz der Werkzeuge zum Beispiel die Möglichkeit, seine Aufgabenfelder zu erweitern und an Entscheidungen gleichberechtigter mitzuwirken.

Herausforderungen

Die Entwicklung von CSCW-Systemen steht dabei vor besonderen Herausforderungen, aufgrund

- der Vielfalt der Anwendungen,
- der Verteiltheit der Gruppenunterstützungssysteme (Raum und Zeit),
- der benötigten Flexibilität für die Erfüllung der heterogenen Anforderungen der Teilnehmer,
- der Änderung von Gruppenverhalten und
- der größeren zu unterstützenden Aufgabenvielfalt.

Klassifikation der Werkzeuge

Die Bewältigung der Herausforderungen geschieht durch die Entwicklung und den Einsatz von Systemen, die auf unterschiedlichen Kooperationsparadigmen basieren und dementsprechend verschiedene Kooperationsmodelle verwirklichen.

Unterschiedliche Paradigmen kommen in der bekanntesten Einteilung von CSCW-Werkzeugen, die nach zeitlicher und räumlicher Verteilung unterscheidet, deutlich zum Vorschein. Im Hinblick auf die zeitliche Ausgestaltung können die Teilnehmer zeitlich synchron, d. h. gleichzeitig oder asynchron, d. h. zu verschiedenen Zeiten an der gemeinsamen Aufgabe arbeiten. Die andere Dimension unterscheidet danach, ob sich alle Teilnehmer an einem Ort oder an mehreren Orten befinden. Aus der Gegenüberstellung von synchronem-asynchronem Verlauf der Gruppenarbeit und ein Ort vs. Verteilung entstehen vier Unterstützungsformen. Diese werden als

1. Entscheidungsraum (synchron - gleicher Ort),
2. lokales Netzwerk für Entscheidungen (asynchron - gleicher Ort),
3. verbundene Entscheidungsräume (synchron - verschiedene Orte) und
4. Fern-Netzwerk für Entscheidungen (asynchron - verschiedene Orte)

bezeichnet.

Da die Asynchronität die Bedeutung der Entfernung überlagert, d. h. die Nähe und Ferne der Gruppenmitglieder zu gleichen Ergebnissen führt, können die Unterstützungsformen (2) und (4) zusammengefasst werden. Dies ergibt die drei wesentlichen Unterstützungsformen: Elektronischer Entscheidungsraum (synchron - gleicher Ort), verteilte, verbundene Entscheidungsräume (synchron - verschiedene Orte) und Entscheidungsnetzwerk (asynchron). Für jede der Unterstützungsformen werden verschiedene Werkzeuge angeboten (vgl. Abb. 9-1).

Abb. 9-1

Typen und Werkzeuge der Gruppenunterstützung

Zusammenarbeit der Teammitglieder	**zu gleicher Zeit**	**zeitlich versetzt**
Am gleichen Ort (face-to-face)	Computerunterstützte Sitzungsmoderation Präsentationssoftware Beamer Smart-Board	Gruppentermin-Kalender Projektmanagement-systeme
An unterschiedlichen Orten	Telefonkonferenz Videokonferenz Screen-Sharing	E-Mail, Voice-Mail Gemeinsam genutzte Datenbank Bulletin Boards

In der Trennung in die drei bzw. vier Bereiche liegt die zentrale Schwäche der obigen Klassifikation und der auf ihr aufbauenden Werkzeuge: Sie geht am Integrationsbedürfnis der Gruppenarbeit vorbei, denn diese vollzieht sich in einem Wechsel von Sitzungen und isolierter Arbeit am Gruppenthema und ist eben nicht nur auf eine der Situationen beschränkt. Dennoch leitet diese Einteilung heute noch weit gehend Forschung und Produktangebot. Erst langsam treten die Vermeidung von Medienbrüchen zwischen den einzelnen Gruppenarbeitsphasen und eine ganzheitliche, temporal- und aufgabenintegrative Gruppenunterstützung in den Vordergrund.

Einsatzkonzepte

Eine weitere Klassifikationsmöglichkeit für die computerunterstützte Gruppenarbeit ist die Unterscheidung der zwei Einsatzkonzepte »Workgroup-Computing« und »Workflow-Computing« Während beim Workgroup-Computing der Fokus auf der Gruppe und den Kooperationsbeziehungen in der Gruppe liegt, werden beim Workflow-Computing arbeitsteilige Prozesse als aufeinanderfolgende Tätigkeiten betrachtet. Zur Orientierung gibt die Abbildung 9-2 einen Überblick über die Charakteristika von Workgroup- und Workflow-Computing.

Abb. 9-2

Workgroup- und Workflow-Computing

	Workflow-Computing	**Workgroup-Computing**
Koordinationsmodell	»Aufteilung und Lösung von Teilproblemen«	»Lösung eines gemeinsamen Problems«
Anzahl der Beteiligten	hoch	niedrig
Räumliche Verteilung der Beteiligten	an einem Ort/an verschiedenen Orten	an einem Ort/an verschiedenen Orten
Zeitliche Verteilung	bisher: zu unterschiedlichen Zeiten	zur gleichen Zeit/ zu unterschiedlichen Zeiten
Strukturierungsgrad der Aufgabe(n)	bisher: hoch	mittel/gering
Wiederholungsfrequenz	bisher: hoch	mittel/gering
Bedeutung organisatorischer Regeln	hoch	niedrig
»Organisatorischer Bezug«	organisationsweite Prozesse	Gruppe
Einbindung in Gesamtorganisation	ja	bisher: gering
Anbindung an betriebliche Informationsverarbeitung	zum Teil	bisher: nein
Primäres Ziel	bisher: Effizienz	bisher: Flexibilität
Aktive Steuerung und Verfolgung des Arbeitsfortschritts	ja	bisher: nein

(Quelle: *Hasenkamp*, 1994, S. 27)

Trotz der Unterscheidung in Abb. 9-2 sind Workflow- und Workgroup-Computing inhaltlich eng verknüpft. Dieses wird deutlich, wenn man Gruppenarbeit wie folgt auffasst: Gruppenarbeit ist der Prozess der Arbeit an einem gemeinsamen Material. Prozess und Material sind zwei Sichtweisen auf das gleiche Phänomen, die Gruppenarbeit. Während Workgroup-Computing den Aspekt des gemeinsamen Materials in den Vordergrund stellt, konzentriert sich Workflow-Computing auf den Ablauf. Letztendlich sind jedoch beide Aspekte ebenso eng verwoben, wie sich Materialbearbeitung und Arbeitsweitergabe im Gruppenprozess abwechseln.

9.2 Workgroup-Computing

9.2.1 Einsatzfelder für Workgroup-Computing

Workgroup-Computing

Unter Workgroup-Computing ist die Anwendung einer gemeinschaftlich nutzbaren computerbasierten Umgebung zu verstehen. Unterstützt werden zumeist kleinere und überschaubare Teams bei der Erfüllung einer gemeinsamen Aufgabe, wobei die Koordination, das Treffen von Gruppenentscheidungen, die Kommunikation sowie das gemeinsame Bearbeiten eines Objektes im Vordergrund stehen. Die Auswirkungen der Computerunterstützung auf die Gruppenarbeit sind vielfach untersucht worden. So konnte beispielsweise gezeigt werden, dass sich die Entscheidungsqualität verbessert und die Zeit für die Entscheidungsfindung reduziert (McLeod, 1992).

Mit dem Begriff »Groupware« wird die gemeinschaftlich nutzbare computerbasierte Umgebung bezeichnet, die die computergestützte Zusammenarbeit ermöglicht. In diesem Verständnis ist Groupware mehr als nur spezielle Software: Es handelt sich um die Kombination spezifischer Hard- und Software, die bestimmte Formen der Zusammenarbeit ermöglichen.

CSCW-Werkzeuge

CSCW-Werkzeuge ermöglichen es, mehreren Personen, elektronisches Material wie z. B. Textdokumente gemeinsam zu bearbeiten. Dadurch können Raum und Zeit überbrückt werden. In der amerikanischen CSCW-Forschung hat sich hierfür der Begriff »Sharing« eingebürgert. Jedes Gruppenmitglied bearbeitet auf seinem Computerbildschirm eine Kopie des gemeinsamen Materials, die Software übernimmt die Koordination der Beiträge der einzelnen Teilnehmer. Inzwischen ist es mit Hilfe von CSCW-Werkzeugen möglich, gemeinsam Textdokumente, Gliederungen, Zeichnungen, gemalte Skizzen, Tabellen und Ideenlandschaften (Cognitive Maps) zu erstellen. Drei Möglichkeiten der Teamarbeitsunterstützung sollen im Folgenden betrachtet werden:

- Computerunterstützte Sitzungen, z. B. durch ThinkTank,
- Information Sharing, z. B. durch IBM Lotus Notes, Microsoft SharePoint,
- Telekooperation, z. B. durch Videoconferencing.

9.2.2 Computerunterstützte Sitzungen

CATeam

Sitzungen verlaufen häufig nicht effizient. Typische Probleme ergeben sich beispielsweise aus einer schlechten Vorbereitung, aus der Dominanz einzelner Teilnehmer, fehlenden Möglichkeiten der Meinungsäußerung, durch Abgleiten vom Thema usw. Computerunterstützte Gruppenarbeit, auch Computer Aided Team (CATeam) genannt, versucht, die Probleme von Sitzungen zu verringern und das positive Potenzial der Zusammenarbeit in Sitzungen besser auszuschöpfen. Das Ziel ist also, durch den Einsatz von IT eine höhere Produktivität zu erreichen. Dabei soll durch den Einsatz von Computern nicht der Sitzungsablauf automatisiert werden und schon gar nicht soll der Computer als »intelligente Maschine« an der Sitzung teilnehmen. Vielmehr stellt der Computer den Sitzungsteilnehmern ein flexibles gemeinsames Material (Texte, Zeichnungen, Gliederungen. usw.) zum gemeinsamen Arbeiten zur Verfügung.

Unter dem Begriff Electronic Meeting Systems (EMS) werden Computersysteme verstanden, die den Sitzungsprozess unterstützen.

Abb. 9-3

Sitzungsunterstützungssystem ThinkTank

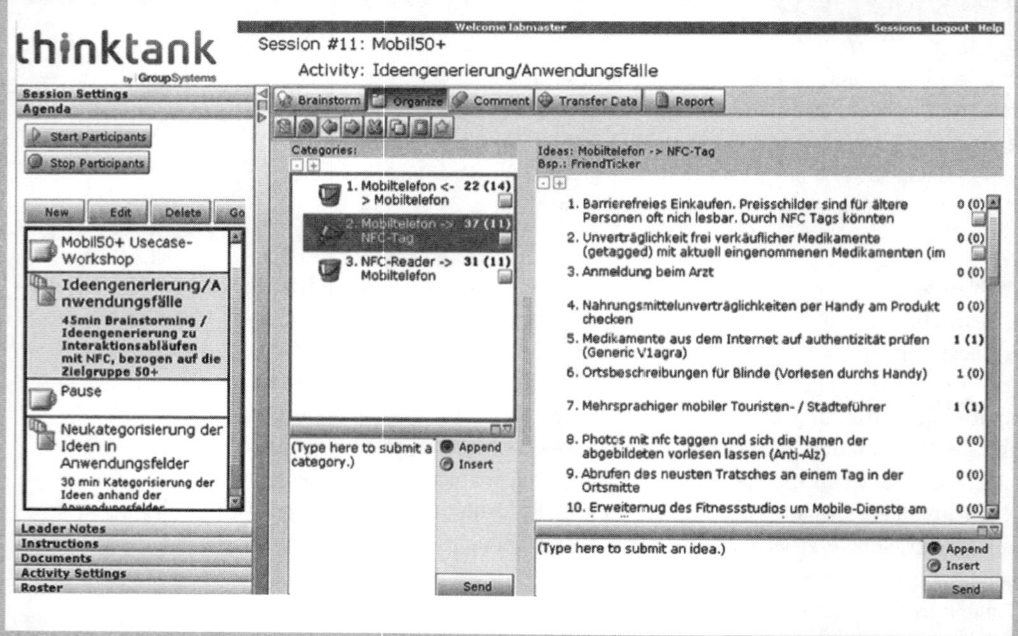

Bei den meisten der verfügbaren EMS handelt es sich um reine Softwarelösungen, die keine spezielle Hardware erfordern. In Anlehnung an Methoden und Techniken traditioneller Sitzungen unterstützen sie jeweils durch spezielle Werkzeuge Sitzungsaktivitäten wie beispielsweise das Sammeln von Informationen, das Generieren von Ideen, das Organisieren von Ideen, das Evaluieren von Ideen, das Explorieren von Ideen und das Darstellen von Ideen. Als Beispiel eines EMS kann die Software ThinkTank von GroupSystems genannt werden (vgl. Abb. 9-3).

Werkzeuge zur Sitzungsunterstützung ermöglichen neue Formen der Zusammenarbeit: Die wichtigsten neuen Formen sind

- anonymes Arbeiten,
- paralleles Arbeiten und
- der Einsatz neuer Problemlösungstechniken.

Anonymes Arbeiten

In mündlichen Diskussionen ist immer bekannt, wer was beiträgt. Wenn mehrere Personen an einem gemeinsamen Material arbeiten oder sie über den Computer kommunizieren, kann verborgen bleiben, wer welchen Beitrag geleistet hat. In hierarchischen Organisationen führt diese *Anonymität* zu einer deutlich größeren Offenheit. Teilnehmer, die sich z. B. aufgrund ihres niedrigen Status nicht trauen, etwas beizutragen, nehmen – durch die Anonymität geschützt – an der Sitzung aktiv teil. Auch für Teilnehmer mit einem höheren Status kann anonymes Arbeiten vorteilhaft sein. Sie erhalten so ein ehrlicheres Meinungsbild und sind in der Lage, selbst Vorschläge zu machen, die sie noch nicht ganz durchdacht haben, oder hinter die sie nicht das Gewicht ihrer Autorität stellen wollen.

Paralleles Arbeiten

Paralleles Arbeiten erhöht die Produktivität einer Gruppe deutlich. Während sich in einer mündlichen Diskussion einer Gruppe von 12 Personen im Durchschnitt jeder Teilnehmer 5 Minuten in einer Stunde aktiv beteiligen kann, kann jeder bei schriftlicher paralleler Zusammenarbeit die vollen 60 Minuten beitragen. Paralleles Arbeiten ist besonders beim gemeinsamen Brainstorming sinnvoll, weil hier jeder nur so viel von den Beiträgen der anderen lesen muss, bis er selbst zu neuen Beiträgen angeregt wird. Arbeit in Untergruppen wird durch CSCW-Werkzeuge deutlich vereinfacht, wenn mehrere Untergruppen an einem gemeinsamen Material arbeiten. Jede Untergruppe kann sich dann jederzeit über den aktuellen Zwischenstand der Arbeit der anderen informieren, ohne diese zu stören.

Problemlösungstechniken

Aus moderierten Sitzungen sind *Problemlösungstechniken* wie Metaplan und Brainstorming inzwischen gut bekannt. Sie verbessern die Zusammenarbeit, indem sie Arbeitsprozess und Arbeitsergebnis strukturieren, die Kreativität der Sitzungsteilnehmer fördern und zu einem rationaleren Arbeitsablauf führen. Mit Hilfe von CSCW-Werkzeugen sind innovative Problemlösungstechniken möglich, die auf neuartigen Materialien (z. B. grafischen Ideennetzwerken) oder neuen Problemlösungstechniken aufbauen. Die Gruppendynamik wird durch den Einsatz von Problemlösungstechniken (z. B. Priorisierung durch kooperative Sortierverfahren) stark beeinflusst.

Moderation

Zur Durchführung computerunterstützter Sitzungen ist ein ausgebildeter Moderator notwendig, der den Sitzungsablauf gestaltet und das System bedient. Den

Sitzungsablauf gestaltet er durch die Auswahl einzelner Werkzeuge aus dem »Werkzeugkasten«, in dem verschiedene, nahezu beliebig kombinierbare Werkzeuge zur Unterstützung von Kreativitäts- und Strukturierungsaufgaben enthalten sind. Kreativitätsaufgaben wie beispielsweise die Generierung von Ideen für Ziele eines Projektes können z. B. durch das Werkzeug »Elektronisches Brainstorming« unterstützt werden (vgl. Abb. 9-4).

Abb. 9-4

Überblick Elektronisches Brainstroming

Problemlösungstechnik	Unstrukturiertes elektronisches Brainstorming
Werkzeug	Elektronisches Brainstorming
Unterstützung	Unterstützt die Ideenfindung in Gruppen
Arbeitsweise	Sitzungsteilnehmer tauschen anonym und simultan, aber mit eigenem Arbeitstempo Ideen und Kommentare aus, die sich auf eine vorgegebene Fragestellung beziehen. Die Teilnehmer können sich bereits abgegebene Kommentare durchlesen und sich von diesen anregen lassen. Die Kommentarlisten werden rechnergestützt ausgetauscht, indem der eine neue Idee abgebende Teilnehmer eine augenblicklich ungenutzte Ideenliste erhält.

Vorteile

Untersuchungen zeigen, dass computerunterstützte Sitzungen verschiedene Vorteile mit sich bringen. Der Haupteffekt, eine zum Teil erhebliche Zeitverkürzung gegenüber traditionellen Sitzungen, wird durch paralleles Arbeiten erzielt. Die Möglichkeit des parallelen Arbeitens erlaubt zusätzlich eine größere Gruppengröße, da alle gleichzeitig ihren Beitrag liefern können.

Computerunterstützung kann darüber hinaus zu einer erhöhten Partizipation und demokratischeren Entscheidungsprozessen führen. Die Beteiligung der Teilnehmer wird gleichmäßiger und der Arbeitsprozess sowie der Informationsstand werden für alle Teilnehmer durchsichtiger. Insbesondere fällt es einzelnen Teilnehmern schwerer, Sitzungsteilnehmer zu manipulieren und »versteckte Tagesordnungen« (Hidden Agendas) durchzusetzen.

Weiterhin kann die Abstimmung über einzelne Aspekte erleichtert werden, da alle Teilnehmer direkt von ihrem Arbeitsplatz aus ihr Votum abgeben können. Das Werkzeug errechnet dann sofort ein Gesamtergebnis der Gruppe. Auf diese Weise wird den Gruppen häufig ihre Unstimmigkeit erst bewusst, denn auch die stillen Teilnehmer kommen bei der Abstimmung gleichberechtigt zum Zuge. Durch wiederholtes Abstimmen im Gruppenprozess können Einigungsprozesse transparent gemacht und der Fortschritt der Gruppe verzeichnet werden.

Praktischer Einsatz

Während die Nutzenpotenziale in zahlreichen Untersuchungen nachgewiesen wurden, können sich Systeme für computerunterstützte Sitzungen bisher im praktischen Einsatz trotz vieler drängender Sitzungsprobleme nur bedingt durchsetzen.

Die Ursachen dafür liegen in der Einbettung der Informationssysteme in den Arbeitsalltag von Gruppen- und Sitzungsarbeit. Diese Einbettung ist ein komplexer Prozess der Aneignung sozialer Strukturen. Als wichtige Erfolgsfaktoren für die Einführung von Systemen für computerunterstützte Sitzungen werden Managementunterstützung, Nutzung der Implementierungseigenschaften von Systemen, die Eigenschaften des sozialen Zielsystems sowie der Einführungsprozess selbst genannt.

Weiterverarbeitung

Systeme zur Unterstützung von Gruppen erleichtern es, Material aus der Sitzung mit nach Hause zu nehmen oder in die Sitzung einzubringen. Vor der Sitzung können die Teilnehmer Material vorbereiten, das die Teilnehmer dann in der Sitzung ändern. Während der Sitzung stehen alle schriftlichen Eingaben den Teilnehmern jederzeit in einem Gruppengedächtnis zur Verfügung. Sie können nachlesen, was in vorangegangen Sitzungsphasen beigetragen wurde und das bisher erarbeitete Material weiter verwenden (etwa indem Ideen aus dem Brainstorming danach in einer Gliederung weiter verwendet werden). Sie können auch externe Informationsquellen – seien es Dokumente, Datenbanken oder abwesende Experten – in die Sitzung einbeziehen. Am Ende einer Sitzung kann jeder Teilnehmer alle Sitzungsergebnisse ausgedruckt oder digital zur Weiterverarbeitung mitnehmen.

Der folgende Fall aus der Praxis zeigt die Einsatzmöglichkeiten und Funktionsweise von Sitzungsunterstützungs-Systemen.

Aus der Praxis **Strategiesitzung einer Verlagsgruppe**

▸▸▸ Ein Medienunternehmen möchte seine Internet-Strategie von Grund auf verändern. Dazu werden über dreißig Führungskräfte zu einem Strategie-Workshop eingeladen. Es gilt, ihre Ideen, Meinungen und Bewertungen zu einem sinnvollen Ganzen zusammenzufügen. Damit dies in der gesetzten Zeit bei einer so hohen Teilnehmerzahl möglich ist, möchte die Firma ein EMS einsetzen.

Sie beauftragt zwei Moderatoren, die gemeinsam mit dem Workshopleiter ein Sitzungskonzept entwickeln und die Hard- und Software des EMS »ThinkTank« beim Kunden bereitstellen.

Für jeden der Teilnehmer stellen die Moderatoren ein Notebook bereit. Auf diesem Rechner läuft die Software des EMS, mit der die Teilnehmer schriftliche Beiträge abgeben können. In der ersten Arbeitsphase sollen die Teilnehmer Ideen generieren, welche Nutzungsmöglichkeiten das Internet für Kunden und Mitarbeiter des Unternehmens bietet. Dazu starten die Moderatoren auf den Computern der Teilnehmer das Werkzeug »Elektronisches Brainstorming«. In diesem wird bei jedem Teilnehmer ein leeres Notizblatt auf dem Bildschirm angezeigt, auf dem Ideen eingetragen werden können. Dieses elektronische Blatt wird dann einem weiteren Teilnehmer angezeigt, sodass dieser die Idee des anderen erweitern oder eine neue Idee hinzufügen kann. Innerhalb kurzer Zeit lässt sich so eine große Anzahl von Ideen erzeugen und sammeln. Diese werden dann in der folgenden Aktivität mit dem Werkzeug »Kategorisierer« in Themengruppen eingeordnet. Im Anschluss daran starten die Moderatoren ein Brainstorming über Bewertungskriterien für Projekte, nach denen Projekte für die Realisierung ausgewählt werden sollen.

Die Führungskräfte erstellen auf diesem Wege eine Liste von Projektideen, die in einem weiteren Schritt mündlich diskutiert werden, um ein gemeinsames Verständnis von allen Ideen zu erzeugen. Die wesentlichen Punkte der Diskussion werden dabei von den Moderatoren in einem weiteren EMS-Werkzeug für alle Teilnehmer sichtbar mit protokolliert. Auf Basis des Brainstormings über Projektideen und der dazu passenden Bewertungskriterien wird das Werkzeug »Gruppenmatrix« gestartet, bei dem die Teilnehmer die Projektvorschläge nach den ermittelten Kriterien bewerten können. Alle Beiträge und Bewertungen werden im EMS gespeichert und können den Teilnehmern direkt nach der Sitzung elektronisch zur Verfügung gestellt werden. (Quelle: Krcmar H.; Böhmann T.; Klein A., 2001) ◂◂◂

9.2.3 Information-Sharing

Im Rahmen einer computerunterstützten Gruppenarbeit erfolgt der Austausch von Informationen zwischen den beteiligten Gruppenmitgliedern mit Hilfe einer gemeinschaftlich nutzbaren, computerbasierten Umgebung. Es besteht dabei nicht nur die Möglichkeit, Informationen auszutauschen, sondern auch diese gemeinsam zu bearbeiten bzw. zu generieren. Die Umgebung übernimmt die Verwaltung des Austausch- bzw. Bearbeitungsprozesses.

Unter dem Begriff »Information-Sharing« wird ein Austausch von Informationen (z. B. Dokumente, Dateien, etc.) zwischen Personen verstanden.

9.2.3.1 Bausteine

Zu den Bausteinen des Information-Sharing gehören u. a. Dokumenten- und Content-Management-Systeme, Recherchesysteme, Portale und Verzeichnisdienste, wobei die Kombination dieser Bausteine nicht nur möglich und sinnvoll ist, sondern sehr oft praktiziert wird. Ein Beispiel hierfür ist ein Portal, das mit Hilfe eines Content-Management-Systems betrieben wird. Für das Wiederauffinden von Informationen wird dabei ein Recherchesystem verwendet. Im Folgenden werden die Bausteine des Information-Sharing sowie die Sharing-Systeme näher erläutert.

Dokumentenmanagementsysteme

Dokumentenmanagementsysteme unterstützen die Arbeit mit großen Dokumentensammlungen. Dabei geht es um die Erzeugung, Erfassung, Ablage, Verwaltung sowie das Wiederauffinden und Weiterverarbeiten von Dokumenten. Die Systeme bieten neben der Möglichkeit, Dokumentensammlungen nach einer inhaltlichen Struktur zu organisieren auch eine Unterstützung der geordneten Arbeit an einzelnen Dokumenten. Dazu gehört beispielsweise die Möglichkeit, Dokumente zur Bearbeitung aus dem System auszubuchen. Diese Ausbuchung verhindert, dass andere Benutzer zur gleichen Zeit das Dokument verändern. Eine Versionierung von Dokumenten macht Veränderungen an Dokumenten kenntlich und durch Sicherung von älteren Versionen des Dokuments auch später noch nachvollziehbar. Gleichzeitig können bei vielen Systemen auch einfache Arbeitsabläufe zur Prüfung von Dokumenten hinterlegt werden, wenn diese in einer Dokumentensammlung veröffentlicht werden. Über solche Mechanismen können Teile der Qualitätssicherung von Wissensobjekten umgesetzt oder zumindest unterstützt werden.

Content-Management-Systeme

Content-Management-Systeme (CMS) folgen ähnlichen Prinzipien wie Dokumentenmanagementsysteme. Beispiele für Dokumentenmanagementsysteme sind Alfresco, Microsoft SharePoint oder Xerox DocuShare. Auch IBM Lotus Notes kann als DMS genutzt werden. Ihr Schwerpunkt liegt aber vor allem auf dem redaktionellen Management von Inhalten im Intra- oder Internet. CMS unterstützen die Erzeugung und Verwaltung von Inhalten, wobei Inhalte und Darstellung der Inhalte getrennt werden (Darstellungsunabhängigkeit). Damit ermöglichen sie die Präsentation der Inhalte in unterschiedlichen Kontexten, Kombinationen, Medien und Formaten. Gleichzeitig werden redaktionelle Abläufe wie die Prüfung und Freigabe der Inhalte unterstützt. Ein Beispiel für ein Content-Management-System ist ContentServ, welches die medienübergreifende Veröffentlichung (Cross Media Publishing) unterstützt.

Recherchesysteme

Aufgabe von *Recherchesystemen* ist es, Benutzern das Auffinden von Wissensobjekten (z. B. Dokumente) in unterschiedlichen Datenquellen zu ermöglichen. Dazu müssen zunächst die für solche Suchanfragen zu berücksichtigenden Wissensobjekte identifiziert werden. Diese Wissenseinheiten sind zu deskribieren, d. h. ihnen müssen Beschreibungswörter als Deskriptoren der Inhalte zugeordnet werden. Bei der Deskribierung können die Wissenseinheiten zum einen klassifiziert und zum anderen indiziert werden. Bei der Klassifikation werden die Wissenseinheiten Klassen einer Klassifikation zugeordnet, also z. B. bestimmten Themengebieten. Bei der Indizierung werden den Wissenseinheiten Schlagwörter oder Stichwörter zugeordnet. Die Stichwörter werden dabei meistens Textinhalten der Wissenseinheiten entnommen. Schlagworte müssen dazu im Unterschied nicht im Text vorkommen.

Das bekannteste Beispiel für Recherchesysteme sind Suchmaschinen im Internet. Sie identifizieren über das Verfolgen von Hyperlinks Dokumente im Internet, die in einem automatischen Prozess deskribiert werden. Hinterher können diese Dokumente meistens über Stichwörter gesucht werden.

Portale

Der Begriff *Portal* bezeichnet einen zentralen Einstiegs- und Navigationspunkt, der dem Anwender Zugang zu einem virtuellen Angebotsraum bietet und ihn auf weiterführende Informationen – entsprechend seiner jeweiligen Interessen – lenkt. Die Idee eines Portals ist es, Mitarbeitern einen zentralen Zugang zu den Informationen und Informationssystemen im Unternehmen bereitzustellen, die sie für ihre Arbeit benötigen. Portale waren zunächst vor allem im Internet zu finden, um Nutzern dort die Navigation zu verschiedensten Informationsquellen und den Zugriff auf unterschiedliche Funktionen von Informationssystemen zu erleichtern. Heute finden Portale – insbesondere Intranets – beispielsweise als Mitarbeiterportal für Personalangelegenheiten Verbreitung.

Wikis

Der Name *Wiki* kommt aus dem Hawaiischen und bedeutet »schnell«. Unter Wikis versteht man eine spezielle Form von Portalen die es den Nutzern erlauben, Inhalte selbst direkt im Browser zu erstellen und so an der Gestaltung der Inhalte mitzuwirken. Wikis sind dem Bereich der Content-Management-Systeme zuzuordnen, wobei der Fokus nicht auf einer Trennung von Inhalt und

Darstellung, sondern auf einer einfachen Pflege und Anpassbarkeit der Inhalte liegt. Für das Erstellen und Verändern von Inhalten wird meist eine spezielle Wiki-Syntax oder auch einfaches HTML verwendet. Inzwischen gibt es für viele Wiki-Systeme auch sogenannte WYSIWYG-Editoren, die es dem Nutzer erlauben, Inhalte genauso komfortabel wie in einem gewöhnlichen Textverarbeitungsprogramm zu bearbeiten.

Das erste wirkliche Wiki, das WikiWikiWeb, wurde vom US-amerikanischen Softwareautor Ward Cunningham als Wissensverwaltungswerkzeug entwickelt und ab 1995 im Internet öffentlich betrieben. Im Laufe der Zeit gingen aus diesem ersten Wiki einige Abkömmlinge hervor wie z. B. das UseModWiki oder das MeatballWiki.

Wikipedia

Den großen öffentlichen Durchbruch erfuhr die Technologie mit dem Erscheinen der freien Enzyklopädie *Wikipedia* die aus dem 2000 gestarteten Nupedia-Projekt hervorging. Im Jahr 2009 ist Wikipedia eine der am häufigsten genutzten Internetseiten mit zwischen 25.000 und 60.000 Zugriffe pro Sekunde.

Blogs

Unter einem *Blog* etwa versteht man ein im Internet geführtes, meist öffentliches Journal oder Tagebuch. Blogs werden als Liste von Beiträgen dargestellt, wobei der neuste Beitrag stets zuerst angezeigt wird. Blogs basieren wie auch Wikis auf Content-Management-Systemen, sodass sich der Nutzer lediglich um die Inhalte und nicht um das Layout und die Darstellung seiner Beiträge kümmern muss. Neue Beiträge können dabei entweder analog zu Wikis direkt im Browser oder über eine spezielle Autorenschnittstelle eingepflegt werden. Zum Einsatz kommen Blogs unter anderem im journalistischen Bereich in Form von Online-Zeitungen oder als allgemeine News-Seiten. Ein weiterer wesentlicher Einsatzbereich ist der private Sektor, in dem Blogs z. B. für Reiseberichte genutzt werden können. Einer der heute bekanntesten Betreiber von Blogs ist die Seite www.blogger.com, die es jedermann ermöglicht kostenlos einen eigenen Blog im Internet zu führen.

Microblogging

Unter dem Begriff *Microblogging* versteht man eine besondere Form von Blogs die aus extrem kurzen Beiträgen bestehen. Meist können hier Textmeldungen von bis zu 200 Zeichen über unterschiedliche Kanäle, wie z. B. E-Mail, SMS oder Instant Messaging erstellt und abonniert werden. Es gibt aber auch einige Dienste, die zusätzlich Video oder Sprachnachrichten erlauben. Eine breite Öffentlichkeit hat diese Form der Blogs mit dem Erscheinen des Microblogging-Dienstes Twitter erreicht. Inzwischen werden Millionen von Nachrichten weltweit täglich über Twitter verschickt und gelesen. Eine große Bedeutung hat diese Technologie vor allem im journalistischen Bereich gewonnen, da Nachrichten oftmals schneller über Microblogs verbreitet werden als über die klassischen Kanäle. Allerdings birgt die Technologie auch einige Nachteile, vor allem hinsichtlich der Frage der Verlässlichkeit und Authentizität der »getwitterten« Nachrichten. So muss hier vor allem im journalistischen Bereich eine kritische Prüfung der abonnierten Nachrichten erfolgen.

9.2.3.2 Information-Sharing im Intranet

Das Intranet hat sich in den vergangen Jahren zu dem zentralen Medium des Information-Sharing entwickelt. Seine Vorteile bestehen darin, dass es auf offenen Standards basiert und so den Zugang zu Informationen plattform- und herstellerunabhängig ermöglicht.

Intranet

Einfach gesagt ist ein Intranet die Anwendung der Internet-Technologien auf das private LAN- oder WAN-Netzwerk eines Unternehmens. Seit den frühen 1980er-Jahren haben Unternehmen mit privaten Netzwerken mit der Aufgabe gekämpft, zwecks Informationsaustausch verschiedene Typen von Computern miteinander zu verbinden und die Netzwerk-Administratoren mussten sich mit der Unverträglichkeit verschiedener Hard- und Software befassen. Die Anwendung der Internet-Technologie in einem privaten Netzwerk kann viele dieser Probleme lösen.

Ein Intranet ermöglicht einen sofortigen Zugriff auf Informationen, wie beispielsweise elektronische Telefonverzeichnisse, Organigramme, Richtlinien, Informationen über Projekte, Unternehmensentwicklungen usw. Durch die elektronische Bereitstellung der Informationen können folgende Vorteile erzielt werden:

- Reduzierung der Betriebskosten z. B. durch Reduzierung von Druck- und Papierkosten,
- Erhöhung der Produktivität durch geringere Suchzeiten und verbesserte Information,
- höhere Informationsverfügbarkeit,
- einfache Bedienbarkeit.

Intranets sind jedoch nicht nur im unternehmerischen Kontext interessant, sondern auch für öffentliche Einrichtungen und Behörden von Bedeutung.

9.2.4 Telekooperation

Unter Telekooperation wird die elektronisch unterstützte standortübergreifende Zusammenarbeit zwischen Personen verstanden. Sie umfasst sowohl synchrone als auch asynchrone Kooperationsprozesse bzw. -vorgänge.

Zusammenarbeit bedeutet dabei die Erzielung von Ergebnissen durch Kommunikation, Koordination und die gemeinsame Bearbeitung von Materialien. Ziel ist die bedarfsgerechte und effiziente Kooperation zwischen Organisationseinheiten und/oder Privatpersonen.

Formen der Telekooperation

Im Rahmen der Telekooperation spielen sowohl die Bearbeitung von Materialien als auch die elektronische Kommunikation eine wesentliche Rolle. Beispiele für Materialien, die editiert, bewertet oder abgestimmt werden sind Akten, Berichte, Verträge oder Konstruktionszeichnungen.

Beispiele für elektronische Kommunikation sind E-Mail, textbasierte Konferenzen, Telefonkonferenzen oder Videokonferenzen. Diese generischen Formen der Telekooperation sind von konkreten Anwendungen, in denen sie eingesetzt werden, zu unterscheiden. Die verbindende Zwischenschicht bilden sogenannte Anwendungsszenarios. Im Folgenden werden zunächst die beiden generischen Formen E-Mail und Telekonferenzen vorgestellt, bevor im Anschluss daran Anwendungsszenarios skizziert werden.

9.2.4.1 Bausteine

Unter elektronischer Post (E-Mail) wird die Versendung von schriftlichen Mitteilungen auf elektronischem Wege verstanden.

E-Mail

Der Fokus von E-Mail ist die Unterstützung arbeitsteiliger Prozesse und die Verbesserung der Kommunikation zwischen Mitarbeitern.

Vorteile des Einsatzes von E-Mail sind die ständige Erreichbarkeit des Empfängers, indem die Nachricht in seinen elektronischen Postkorb (Electronic Mailbox) gestellt wird, die Möglichkeit des asynchronen Nachrichtenaustausches, d. h. ein Sender ist nicht darauf angewiesen, dass der Empfänger zum gleichen Zeitpunkt am anderen Ende der Leitung sitzt, sowie die Möglichkeit weltweit Dokumente mit großer Geschwindigkeit auszutauschen.

E-Mail-Systeme besitzen nur eine geringe integrierende Wirkung, da die Nachrichten lediglich zwischen den Benutzern ausgetauscht, nicht jedoch direkt in andere Programme übernommen werden können. Auch fehlt ein gemeinsames Archiv als Informationspool in einer Arbeitsgruppe oder Organisation. Weitere Grenzen von E-Mail-Systemen sind die ungenügende Unterstützung des Kommunikationskontextes einer Nachricht, da Nachrichten als isolierte Objekte behandelt werden, die Gefahr der Informationsüberflutung wegen mangelnder Filterung relevanter Informationen sowie die fehlende Spezifikation von Empfängern anhand ihrer Aufgaben und die nicht vorhandene Gruppierung von Dokumenten zu einem Dossier, welches dann verschickt wird.

Spam

Mit der zunehmenden Anzahl an ausgetauschten E-Mails steigt auch die Zahl an unerwünschten Nachrichten. Meist handelt es sich dabei um Werbe-E-Mails, in denen Produkte oder Webseiten angepriesen werden, an denen die Empfänger in der Regel kaum Interesse haben. Eine Belästigung durch unerwünschte E-Mails wird als ›Spam‹ bezeichnet. Spam-Mails sind nicht nur für den Empfänger störend, sondern können erhebliche Probleme für Datenschutz- und Datensicherheit verursachen. Darüber hinaus verursachen Spam-Mails auch erhebliche Kosten auf Seiten der Empfänger und der E-Mail-Betreiber.

Unter einer Telekonferenz versteht man eine Konferenz, bei der sich die Teilnehmer nicht am gleichen Ort befinden.

Telekonferenzen

Im Gegensatz zu computerunterstützten Sitzungen, die an einem Ort durchgeführt werden, befinden sich die Teilnehmer von Telekonferenzen an unterschiedlichen Standorten. Dieses erscheint insbesondere im Hinblick auf die Einsparung von Reisezeiten und -kosten vorteilhaft, da die Mitarbeiter an ihren jeweiligen Einsatzorten bleiben können. Telekonferenzen lassen sich in Telefonkonferenzen, Bildkonferenzen und textbasierten Konferenzen unterscheiden. Bei Telefonkonferenzen können sich die Teilnehmer nur hören, aber nicht sehen. Es findet eine verbale und paraverbale Kommunikation zwischen den Kommunikationspartner mit Hilfe der gesprochenen Sprache statt.

Bildkonferenzen

Bildkonferenzen können weiter unterschieden werden in Videokonferenzen, bei denen sich die Teilnehmer sehen und hören können, Dokumenten-Konferenzen, bei denen die Teilnehmer gleichzeitig ein gemeinsames Dokument (z. B. eine Zeichnung) betrachten und bearbeiten können und Computer-Konferenzen, bei denen die Teilnehmer gleichzeitig dieselbe Anwendung benutzen (Application-Sharing).

Textbasierte Konferenzen

Textbasierte Konferenzen (Chats) basieren auf einer schriftlichen Kommunikation zwischen den Teilnehmern. Schriftliche Nachrichten können entweder an einzelne oder an alle Kommunikationspartner adressiert werden. Die Kommunikationspartner lesen die an sie persönlich und an alle adressierten Nachrichten in einem Konferenzbereich (Chatroom) und reagieren auf diese mit entsprechenden Antwort-Nachrichten.

Awareness

Bei der gemeinsamen Arbeit ist das »Gewahrsein« *(Awareness)* der Anwesenheit und des Verhaltes anderer Gruppenmitglieder eine Grundvoraussetzung für gemeinsames und koordiniertes Handeln. Oberste Ebene der Gruppenwahrnehmung ist das Wissen, wer überhaupt Teil der Gruppe ist und in welchen globalen Zustand er sich befindet (nicht eingeloggt, eingeloggt, inwieweit aktiv etc.) Eine Ebene darunter stellt sich die Frage, in welchem Teil des Dokumentes sich die Gruppenmitglieder lokal befinden und ob sie dort aktiv sind bzw. welche Tätigkeit sie ausüben (lesen, schreiben, navigieren).

Buddy-Systeme

Systeme, die einem nach dem Einloggen anzeigen, welche Gruppenmitglieder gerade elektronisch erreichbar sind, werden *»Buddy-Systeme«* genannt. Diese liefern Awareness-Information zu den Mitgliedern einer meist explizit definierten Gruppe. Oft wird noch zusätzliche Information zur Erreichbarkeit von Personen angegeben, z. B. ob eine Person gestört werden darf. Weiterhin ist meist eine Verbindung zu Chat- oder Mail-Systemen integriert. Bekannte Beispiele für solche Systeme sind ICQ (www.icq.com), Skype (www.skype.com) oder der AOL Instant Messenger (www.aim.com).

Virtuelle Communities/
Soziale Netzwerke

Virtuelle Communities lassen sich als Gruppen von Menschen verstehen, die sich auf Grund eines gemeinsamen Interesses, eines gemeinsames Problems oder einer gemeinsamen Aufgabe zusammenfinden und deren Mitglieder bei ihrem Interagieren unabhängig von Raum und Zeit sind. Eine Community-Plattform stellt Dienste bereit, die Informationsaustausch und Interaktionen ermöglichen.

Interaktionsdienste

Diese *Interaktionsdienste* lassen sich in Kommunikations- und Matchmaking-Dienste gliedern. Kommunikationsdienste können sowohl zeitsynchron als auch asynchron funktionieren. Der Dienst »Chat« ist ein Beispiel für zeitgleiche, geschriebene Kommunikation zwischen Personen an verteilten Orten. Matchmaking-Dienste als zweite Gattung der Interaktionsdienste dienen dem Auffinden von Beziehungen zwischen Akteuren oder Wissenseinheiten, die der Benutzer noch nicht kennt.

Informationsdienste

Die *Informationsdienste* lassen sich in generische und personalisierte Dienste unterteilen. Generische Informationsdienste sind beispielsweise Newsletter, die an alle Community-Mitglieder gehen. Die individuelle Startseite oder der eigene Kalender können als Beispiel für personalisierte Informationsdienste genannt werden.

Zwei prominente Vertreter von virtuellen Communities sind zum einen die Networking-Plattform Xing (www.xing.com) und zum anderen die Community-Plattform Facebook (www.facebook.com).

9.2.4.2 Anwendungsszenrios

Anwendungsszenarios

Anwendungsszenarios für Telekooperation bilden die mittlere Schicht zwischen generischen Formen der Telekooperation wie z. B. Videokonferenzen und konkreten Anwendungslösungen. Fünf Szenarios können unterschieden werden:

- *personenbezogene Szenarios*, die sich auf die individuelle (ad-hoc) Kommunikation zwischen einzelnen Personen beziehen (Punkt-zu-Punkt und Multipunkt),
- *geschäftsprozessorientierte Szenarios*, die auf die Unterstützung durchgängiger zeit- und erfolgskritischer Abläufe (einmalige und wiederkehrende Prozesse) zielen,
- *flächendeckende Szenarios*, d. h. die vollständige Ausstattung von einzelnen oder mehreren (Partner-) Organisationen als Basisinfrastruktur,
- *On-Demand-Szenarios*, d. h. das Vorhalten eines Angebotes an Telekooperationsmöglichkeiten auf Abruf für einen (anonymen) Kunden,
- *Szenarios »gemeinsames virtuelles Büro«*, die einen Schwerpunkt bei der umfassenden medialen Unterstützung des sozialen Kontextes haben.

Open Innovation

Ein weiteres Anwendungsszenario stellt der Open Innovation Ansatz dar, welcher durch die zunehmende Verfügbarkeit von Telekooperationsmöglichkeiten an Bedeutung gewinnt. Innovation ist heute der wesentliche Treiber für Wachstum und wirtschaftlichen Erfolg. Bislang waren Innovationen allerdings ein Thema, das streng innerhalb der eigenen Unternehmensgrenzen gehalten wurde. Unter Open Innovation versteht man die Öffnung des Innovationsprozesses über die eigenen Unternehmensgrenzen hinweg. So werden vor allem Kunden und wesentliche Interessensgruppen bewusst und aktiv in den Innovationsprozess integriert. Ein Beispiel für ein solches offenes Vorgehen ist die Innovationsplattform SAPiens, in der Kunden und Interessierte neue Innovationen im SAP-Bereich einstellen, diskutieren und bewerten können. Inzwischen setzten viele Unternehmen das Paradigma der Open Innovation in ihren Innovationsprozessen ein und rücken den Kunden so immer stärker in den Fokus ihrer Innovationsentwicklung (vgl. Abb. 9-5).

Telekooperation ist nicht nur für Unternehmen interessant. Das folgende Beispiel zeigt Anwendungsmöglichkeiten der Telekooperation in Parlamenten.

Abb. 9-5

Paradigma der Open Innovation

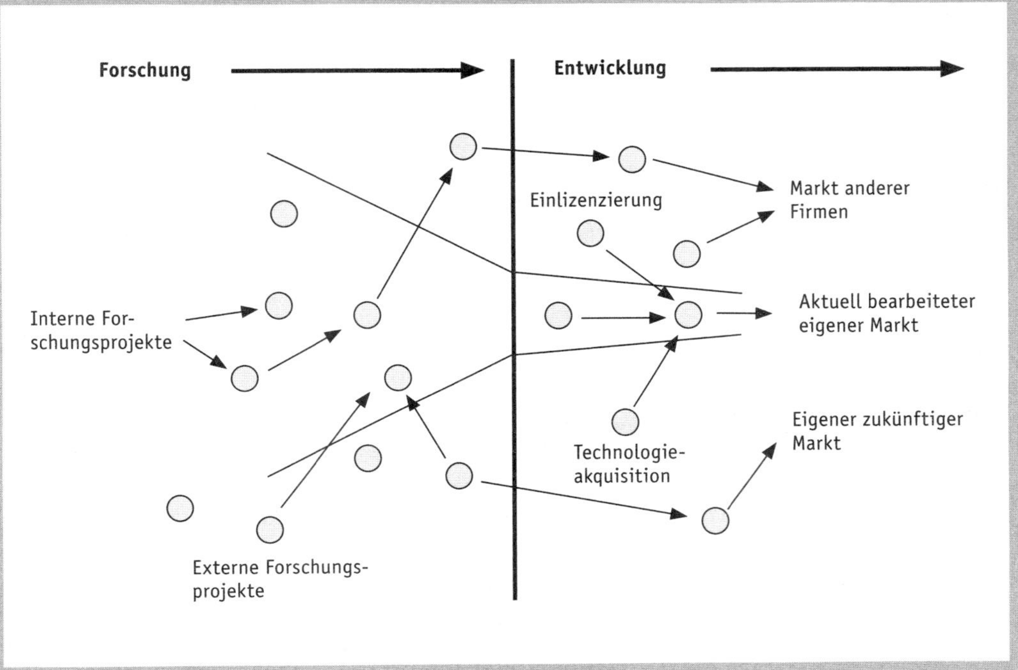

Aus der Praxis **Telekooperation in Parlamenten**

▸▸▸ Mit dem Projekt CUPARLA – Computerunterstützung der Parlamentsarbeit – wurde kommunalen Mandatsträgern der Zugang zum Information-Highway eröffnet. Im Auftrag der DeTeBerkom GmbH, einer Tochtergesellschaft der Deutschen Telekom AG, erprobte der Lehrstuhl für Wirtschaftsinformatik von Prof. H. Krcmar als Projektkoordinator ab 1996 gemeinsam mit der Datenzentrale Baden-Württemberg und der Firma ITM GmbH Möglichkeiten zur Telearbeit in Parlamenten.

Die kommunale Parlamentsarbeit in Deutschland ist eine ehrenamtliche Tätigkeit. Die meisten Kommunalpolitiker stehen unter einer Doppelbelastung von politischem Amt und Beruf. Eine Belastung, die durch wachsende Informationsmengen und steigenden Kommunikations- und Abstimmungsbedarf im Vorfeld von Endscheidungen immer größer wird. Mit CUPARLA wurden neue Möglichkeiten der Telearbeit und Telekooperation erprobt und untersucht, wobei folgende Ziele definiert wurden:

- flexible und effiziente Arbeitsgestaltung,
- verbesserte Informationszugänge,
- Abbau von Kommunikations- und Kooperationsbarrieren zwischen Parlament, Verwaltung und Fraktionen,

- Unterstützung der Entscheidungsvorbereitung und
- Förderung bürgernaher Parlamentsarbeit durch Bürgerinformationssysteme und Kommunikationsmöglichkeiten zwischen Bürgern und Politiker über E-Mail.

CUPARLA bietet Möglichkeiten, um die vielfältigen Kommunikations- und Kooperationsbeziehungen im Parlament durch Computerunterstützung produktiver und einfacher zu gestalten. Die Zusammenarbeit der Gemeinderäte wird untereinander und mit der Verwaltung in drei Teleszenarien unterstützt:

- Computerunterstützte Sitzungen zur gleichen Zeit am gleichen Ort. Innerhalb des üblichen Plenarsaals werden beispielsweise Werkzeuge zum Abstimmen und zum gemeinsamen Bearbeiten von Dokumenten, zusätzliche Kommunikationskanäle, Unterstützung für parlamentarische Prozeduren, Zugang zu externen Informationen und ein automatisches Protokollieren von Sitzungsergebnissen in einem computergestützten Parlamentsarchiv zur Verfügung gestellt.
- Telekooperation zur gleichen Zeit an verschiedenen Orten. Den Parlamentsmitgliedern werden Werkzeuge zur Verfügung gestellt, mit denen sie über Kommunikationsverbindungen und Shared-Document-Werkzeuge zusammenarbeiten können. Dieser Aspekt wurde im Projektverlauf zurückgestellt, weil hierzu wenig Bedarf bei den Gemeinderäten besteht.
- Telekooperation zu verschiedenen Zeiten an verschiedenen Orten. Ausschüsse, Fraktionen, die Verwaltung und interessierte Externe arbeiten zusammen, indem sie untereinander Nachrichten austauschen und gemeinsam Dokumente bearbeiten. Alte Dokumente, Sitzungsprotokolle und aufgezeichnete wichtige Sitzungsepisoden werden in einem Sitzungsarchiv abgelegt.

Abb. 9-6

Unterstützung der Gemeinderatsarbeit an verschiedenen Orten

Verwaltung	Mobiler Arbeitsplatz	Entfernter fester Arbeitsplatz
im Fraktionssitzungssaal	beim Ortstermin	zu Hause
im Sitzungssaal des Ausschusses	auf der Anfahrt	am Arbeitsplatz
in der Fraktionsgeschäftsstelle	auf externen Sitzungen	

Die Auswirkung des Computereinsatzes wurde wissenschaftlich evaluiert. Zusammenfassend kann festgehalten werden, dass CUPARLA insgesamt sehr positiv beurteilt wurde. Die Technologie zur Unterstützung der Gemeinderatsarbeit wurde im gesamten Gemeinderat eingeführt. (Quelle: *Schwabe,* 2000) ◂◂◂

9.2.5 Enterprise 2.0

Der Begriff Enterprise 2.0 wurde insbesondere durch McAfees Artikel »The Dawn of Emergent Collaboration« (2006) geprägt. Er beschreibt darin, wie Social Software eine effiziente Zusammenarbeit zwischen Mitarbeitern im Unternehmen aber auch mit Partnern und Kunden unterstützen kann.

Als Grundlage dienen die in den vorausgegangen Kapiteln beschriebenen Bausteine des Information-Sharing und der Telekooperation. Hierbei liegt der Fokus insbesondere auf den Komponenten des Web 2.0 (z.B. Blogs, Wikis) und der Social Software (Virtual Communities).

Web 2.0

> Unter Web 2.0 versteht man im Wesentlichen ein »Mit-Mach-Internet«, bei dem die Anwender nicht länger nur Inhalte im Internet passiv rezipieren, sondern aktiv mitgestalten.

Die Anwender werden dabei zu sogenannten Prosumenten, die in persönlichen Blogs oder gemeinsam in Wikis eigene Inhalte beitragen (User-Generated-Content).

Social Software

In Ergänzung hierzu liegt der Fokus von Social Software auf der sozialen, computergestützten Interaktion sowie den Beziehungsstrukturen zwischen Individuen und Gruppen.

Diese, bislang im privaten Umfeld verbreiteten Ansätze werden im Rahmen des Enterprise 2.0 in den Unternehmenskontext übertragen. Hierbei ist das Ziel, einen freien Informations- und Wissensaustausch unter Mitarbeitern sowie mit externen Partnern und Kunden zu fördern. Die Einsatzfelder finden sich daher insbesondere im Wissensmanagement (z.B. teilen von Best Practices), der Projektkoordination (z.B. informelle Projetberichterstattung) aber auch der Innen- und Außenkommunikation (z.B. Diskussion über Produktmerkmale).

Stecher (2012, 28) fasst die wesentlichen Aspekte von Enterprise 2.0 wie folgt zusammen:

> Enterprise 2.0 ist die Integration und der Einsatz von klassischen IuK-Technologien, Groupware, Web 1.0, Web 2.0 und Social Software in bestehende IT- und Organisationslandschaften zur Unterstützung der Kollaboration, Selbstorganisation und Wissensvernetzung in und zwischen Unternehmen.

Kulturelle Veränderung

Neben der technologischen Komponente ist bei Enterprise 2.0 allerdings auch eine kulturelle Komponente zu beachten. Die Einführung dieses Paradigmas bedarf in vielen Fällen einer kulturellen Veränderung sowie Anpassungen bei der Aufbau- und Ablauforganisation. So erfordert Enterprise 2.0 beispielsweise eine offene, über Bereichs- und Hierarchiegrenzen hinausgehende Kommunikationskultur. Vormals zentral gesteuerte, bürokratische und getaktete Prozesse werden von einer agilen Vorgehensweise abgelöst, bei der Informationen nach Bedarf bereitgestellt bzw. abgefragt werden. Insofern führt die Verbreitung von Enterprise 2.0 vermehrt zu flacheren Hierarchien und autonomen, selbststeuernden Teams.

Nutzenpotenziale

Dem Enterprise 2.0 Paradigma werden verschiedene Nutzenpotenziale zugeschrieben, die zu Kostensenkungen, Zeiteinsparungen und Qualitätssteigerungen führen können. Kostensenkungen lassen sich insbesondere durch einen geringen Aufwand bei der Informationsbeschaffung und den damit verbundenen Such-, Kontakt- und Reisekosten realisieren. Zeiteinsparungen ergeben sich beispielsweise durch eine vereinfachte Informationsweitergabe, schnelleres Auffinden von Wissensträgern und die Unterstützung bei der Wissensentwicklung und dem Wissenstransfer. Andererseits kann durch den computergestützten Informationsaustausch und Kollaboration auch Reisezeit eingespart werden. Qualitätssteigerungen lassen sich auf eine bessere Informationsverarbeitung, Wissens- und Risikomanagement, abgestimmte Aktivitäten (Koordination) und eine kollektive Wissensgenese zurückführen.

Abbildung 9-7 fasst die wesentlichen Nutzenpotenziale von Enterprise 2.0 zusammen. Diese lassen sich insbesondere auf Management-, Prozess- und Mitarbeiterebene identifizieren.

Abb. 9-7

Nutzenpotenziale von Enterprise 2.0

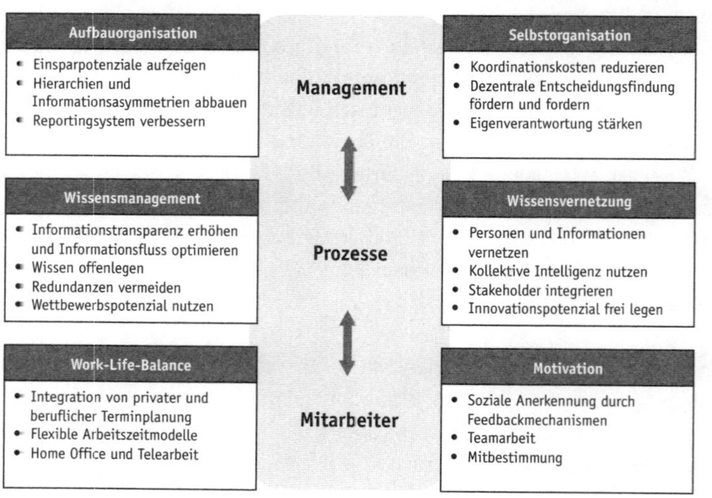

Quelle: Stecher (2012, S. 82)

Verbreitung und Nutzen

Einer Studie von BITKOM (2008) zu Folge sehen deutsche Unternehmen den Nutzen von Enterprise 2.0 insbesondere in der Bereitstellung und Strukturierung von Inhalten durch Nutzer, der sozialen Vernetzung der Anwender sowie einer vereinfachten Integration von Diensten und Inhalten. Von den befragten 361 Unternehmen hat lediglich ein Fünftel noch keine Erfahrung mit Enterprise 2.0 gesammelt. Die am weitesten verbreiteten Applikationen dienen der Informationsstrukturierung und Telekooperation. So werden insbesondere Content- und Dokumentenmanagementsysteme, Wikis und Webkonferenzsysteme genutzt. Die Unternehmen, die Enterprise 2.0 Technologien bereits nutzen, realisierten insbesondere Verbesserungen bei der internen Kommunikation, einen geringeren Aufwand bei der Informationsbeschaffung sowie eine effizientere Nutzung von explizitem und implizitem Wissen. Wenngleich Investitionen in Web 2.0 Technologien keinen Schwerpunkt darstellen, so sehen etwa dreiviertel der deutschen Unternehmen eine zunehmende Bedeutung darin. Über die Hälfte der befragten Unternehmen schreiben Enterprise 2.0 auch eine positive Wirkung auf den Unternehmenserfolg zu.

9.3 Workflow-Computing

9.3.1 Einsatzfelder für Workflow-Computing

Formulierung der Abläufe

Die Unternehmen sehen sich steigenden Kosten im Gemeinkostenbereich, insbesondere bei der Büroarbeit gegenüber. Zudem spielt auch bei Bürotätigkeiten der Faktor Zeit eine zunehmend wichtige Rolle, da durch die schleppende Bearbeitung von Vorgängen im Verwaltungsbereich das ganze Unternehmen in seiner Reaktionsgeschwindigkeit eingeschränkt und dadurch seine Wettbewerbsfähigkeit gefährdet wird. Diese beiden Faktoren sowie die steigende Formalisierung der Abläufe bei zunehmender Komplexität haben in den Unternehmen ein besonderes Interesse an den Vorgängen am Arbeitsplatz geweckt.

Workflow

Während in der Vergangenheit das Augenmerk auf den einzelnen Büroaktivitäten und ihrer Optimierung lag, steht bei der Workflow-Betrachtung der Ablauf des Prozesses (auch Vorgang oder Workflow genannt) von seiner Initiierung bis zum Abschluss über alle Aktivitäten hinweg im Mittelpunkt. Der Fokus der Gestaltungsansätze verschiebt sich damit von den Einzelaktivitäten hin zu den Schnittstellen. Damit wird gleichzeitig deutlich, dass bei Workflow-Computing der Koordinationsaspekt im Rahmen der Zusammenarbeit in einem Team von Mitarbeitern im Vordergrund steht. Workflow-Computing kann daher als Teilbereich des asynchronen Workgroup-Computing betrachtet werden.

Die globale Zielsetzung des Workflow-Managements besteht in der Unterstützung der Aufgabenerfüllung am Arbeitsplatz und als vorgangsspezifisches Ziel in der Unterstützung der Integration und Koordination mehrerer Arbeitsplätze in Arbeitsprozessen. Gezieltes Workflow-Management kann helfen, folgende Ziele zu erreichen:

- Erhöhung der Transparenz über den Prozess,
- Termin-Einhaltung,
- Flexibilität und Reaktionsmöglichkeit in Bezug auf Veränderungen,
- Verringerung der Anzahl von Arbeitsschritten,
- Parallelisierung von Arbeitsschritten,
- Verringerung der Aufgabenkomplexität,
- Verringerung der Durchlaufzeiten.

In Arbeitssituationen treten sehr unterschiedliche Workflowtypen auf. Dabei reicht das Spektrum von nicht-strukturierten gruppeninteraktiven Prozessen (Ad-hoc-Workflow) bis hin zu vorstrukturierten Prozessen (transaktionsorientierter Workflow) (vgl. Abb. 9-8).

Abb. 9-8

Workflowtypen

	transaktional	**flexibel**	**ad hoc**
	Automation, Formalisierung		Vorfallsbezogene Flexibilität
Objekte	Daten Geschäftsobjekte	Daten Geschäftsobjekte	Formularobjekt
Ablauf Visualisierung	implizit, im Programm enthalten	explizit, im Nachrichtensenden und im Programm enthalten	explizit, durch Angabe des Empfängers
Datenhaltung	zentral, Client-Server	zentral/dezentral, Client-Server	zentral/dezentral, Client-Server
Verbindung von Bearbeitungs-unterstützung und Kommunikation	eng, durch Programmierung	eng, durch Benutzer definierbar	locker
Aufgabe	Abarbeiten von Geschäftsvorfällen	Berücksichtigung von Ausnahmen	bedarfsorientierte Modellierung des Prozesses

Transaktions-Workflow

»Transaktions-Workflow« wird auch als »Production Workflow« oder »Predetermined Workflow« bezeichnet. Dabei handelt es sich um häufig und immer gleichartig ablaufende Prozesse, die aus Routine-Aktivitäten bestehen und in der Regel durch dieselben Mitarbeiter ausgeführt werden. Beispiele für Transaktions-Workflow sind die Bearbeitung von Versicherungsschäden oder die Vergabe von Krediten.

Ausgangspunkt für den Einsatz von Transaktions-Workflow-Systemen ist in der Regel die Ist-Modellierung eines bestehenden Vorgangs, der eine Stärken-Schwächen-Analyse folgt. Aufbauend auf den Ergebnissen dieser Analyse und den Prinzipien der Organisationsgestaltung des Unternehmens wird dann der zukünftige

Sollprozess modelliert. Durch Animation und/oder Simulation können Hinweise auf vorhandene Schwachstellen bzw. Ansatzpunkte für Verbesserungen des Sollprozesses erlangt werden. Sowohl Ist- als auch Soll-Modellierung werden zur besseren Visualisierung vorzugsweise grafisch unterstützt.

Der Zyklus Analyse-Modellierung-Animation/Simulation kann mehrfach durchlaufen werden, bis ein optimierter Vorgang vorliegt. Die Steuerung des Vorgangs erfolgt mit dem neu modellierten Vorgang. Während des Vorgangs wird der Ablauf protokolliert, um einerseits aktuelle Informationen über den Status zu geben, andererseits um eine Grundlage für spätere Analysen und Prozessverbesserungen zu bilden.

Flexibler Workflow

Unter dem Begriff *»flexibler Workflow«* werden Workflows verstanden, die Kombinationen aus fest definierten Abläufen und Gruppenarbeit darstellen. Dabei kann es sich um Transaktions-Workflows als Teil von Arbeitsgruppen handeln oder um Transaktions-Workflows mit Arbeitsgruppen in den einzelnen Bearbeitungsschritten. Der flexible Workflow ist in einem hohen Maß vom Kontext abhängig, in dem der Prozess abläuft. Dieser Kontext beschreibt die relevante Umwelt, die sich auf den Verlauf des Prozesses auswirkt:

- Wichtige Kunden können den Prozessablauf beeinflussen,
- neue Produktvarianten erfordern unterschiedliche Prozessbeteiligte oder
- veränderte Rahmenbedingungen erfordern andere Daten, die für einzelne Prozessschritte zur Verfügung stehen müssen.

In diesen Fällen wird der Prozess der Umweltsituation angepasst, weshalb dieser Workflow als flexibel bezeichnet werden soll. Ein Beispiel könnte die Erstellung eines Jahresberichts sein.

Ad-Hoc-Workflow

Bei *»Ad-Hoc-Workflows«* handelt es sich um einmalige und kurzlebige Prozesse, die häufig spontan, dringend und oftmals vertraulich sind. Sie variieren stark in ihrem Komplexitätsgrad und können daher meist nicht im Voraus strukturiert bzw. automatisiert werden. Typische Beispiele für einen Ad-Hoc-Workflow finden sich im Projektmanagement oder in der Behandlung von Sonderaufträgen. Je mehr und je häufiger Routineaufgaben verlassen werden, desto mehr muss ein anderes Vorgehen bei der Modellierung der Prozesse beachtet werden. Die Vorabmodellierung, wie sie bei Transaktions-Workflows Anwendung findet, die die Schritte des Workflows vor seiner Ausführung festlegt, muss in diesen Fällen um eine bedarfsorientierte Modellierung bei der Ausführung des Vorgangs ergänzt werden. Denn niemand kann heute entscheiden, welche Ausnahmesituationen morgen den Ablauf eines Vorgangs beeinflussen.

Workflow-Systeme

Die unterschiedlichen Workflow-Typen sollten idealerweise durch Workflow-Software unterstützt werden. Workflow-Systeme, auch Vorgangssteuerungssysteme genannt, sind Softwaresysteme, die aktiv daran beteiligt sind, innerhalb einer Organisation den Informationsfluss zu steuern und Arbeitsaufgaben durchzuführen. Es handelt sich um Anwendungen, die es Mitarbeitern oder Gruppen von Mitarbeitern ermöglichen, in einem strukturierten und unstrukturierten Umfeld automatisch eine Reihe von einmaligen oder wiederkehrenden Abläufen so zu steuern, dass die Ziele des Unternehmens erreicht werden. Bislang werden in der

Regel jedoch fast ausschließlich Transaktions-Workflows unterstützt, da diese einer Standardisierung am leichtesten zugänglich sind.

9.3.2 Architektur der WfMS

WfMC-Referenzmodell

Das Workflow-Referenzmodell der Workflow Management Coalition (WfMC) definiert einen Rahmen für die Grobarchitektur von Workflow-Systemen und identifiziert deren Merkmale, Funktionen, Eigenschaften und Schnittstellen. Darüber hinaus wird mit Hilfe des Referenzmodells das Glossar für eine einheitliche Terminologie bezüglich des Funktionsumfangs definiert.

WfMC

Die WfMC ist ein internationaler, freiwilliger Zusammenschluss von Softwareherstellern, Workflow-Absatzmittlern, Benutzern und Analysten mit über 300 Mitgliedern. Das Ziel der WfMC ist die Förderung des Workflow-Einsatzes durch Verabschiedung von Standards für Begriffe, die Interoperabilität und Verbindung zwischen Workflow-Systemen. Dies soll durch die Einführung einer Reihe von Schnittstellen erreicht werden, die es den Anwendern erlauben, bestimmte Module eines Herstellers durch die Module anderer Hersteller zu ersetzen oder zu ergänzen.

Abb. 9-9

WfMC-Workflow-Referenzmodell

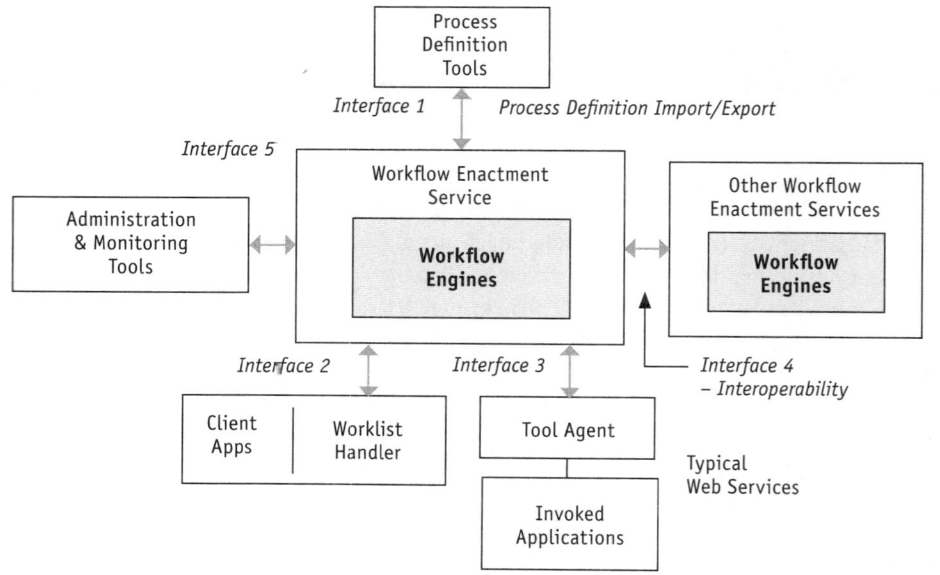

Das Szenario in Abb. 9-9 zeigt fünf von der WfMC definierte Schnittstellen, die jeweils zwischen der zentralen Komponente eines Workflow-Systems und den übrigen Komponenten definiert sind. Nach der Initialisierung durch den Benutzer wird eine Workflow-Spezifikation instanziiert und von der Workflow-Engine interpretiert. Eine oder mehrere Engines formieren einen Workflow-Enactment-Service. Während der Ausführung werden Aktivitäten erzeugt. Diese Aktivitäten korrespondieren entweder mit Workflow-Client-Applikationen oder mit einbindbaren (invoked) Applikationen. Die Workflow-Client-Applikationen sind typischerweise interaktive Aktivitäten, wie z. B. intellektuelle Entscheidungen. Einbindbare Applikationen sind automatisierte Aktivitäten wie z. B. Host-Applikationen. Workflows können weitere Subworkflows enthalten, die von einer externen Workflow-Engine ausgeführt werden. Um den Workflow zu analysieren und eine Rückmeldung zu erhalten, werden Administrations- und Monitoring-Werkzeuge eingesetzt. Im Folgenden werden die Workflow-Komponenten und deren Schnittstellen im Referenzmodell vorgestellt.

Workflow-Enactment-Service

Im Mittelpunkt der Betrachtungen steht der Workflow-Enactment-Service (Workflow-Ausführungsservice), der einen Software-Service repräsentiert, in dem Prozessinstanzen und Aktivitäten ausgeführt werden. Der Workflow-Enactment-Service besteht aus einer oder mehreren Workflow-Engines. Eine Workflow-Engine stellt eine Laufzeitumgebung für eine Workflow-Instanz bereit und ist für deren Ausführung verantwortlich. Die Schnittstelle des Workflow-Enactment-Services wird als Workflow-Application-Programming-Interface (WAPI) bezeichnet. Über die innerhalb des WAPI zur Verfügung gestellten Schnittstellen können die Komponenten Prozessdefinitionswerkzeuge, Administrations- und Monitoringwerkzeuge, Workflow-Clientanwendungen, einbindbare Anwendungen und weitere Workflow-Enactment-Services auf die Dienste des Workflow-Systems zugreifen.

Prozessdefinition

Unter der *Prozessdefinition* wird eine von einem Rechner ausführbare Form der Prozessbeschreibung verstanden. Die Prozessdefinition wird z. B. mit einer formalen Prozessdefinitionssprache beschrieben und beinhaltet alle nötigen Informationen über den Prozess. Dies sind Informationen z. B. über Start- und Endbedingungen, konstituierende Aktivitäten und Regeln für das Navigieren innerhalb des Prozesses, Benutzereingriffe, Verweise auf eingebundene Anwendungen oder Definitionen workflowrelevanter Daten. Die Schnittstelle zur Prozessdefinition dient zum Austausch von Workflow-Beschreibungen, die vom Workflow-Enactment-Service ausgeführt werden sollen.

Workflow-Client-Application

Der Austausch von Informationen zwischen Benutzern und dem Workflow-Enactment-Service erfolgt über die Workflow-Client-Application-Schnittstelle. Durch die Standardisierung dieser Schnittstelle können unterschiedliche Workflow-Clients verschiedener Workflow-Anbieter eingesetzt werden. Ein Beispiel für einen Workflow-Client ist ein Benutzer-Frontend von Standardsoftware oder eine in das Workflow-System eingebundene E-Mail-Anwendung. Einige Workflow-Systeme bieten die Möglichkeit der Eigenimplementierung.

Invoked Application

Eine einbindbare Applikation *(Invoked Application)* ist eine Workflow-Applikation, die von einem Workflow-System entweder zum (vollständigen oder partiellen) Automatisieren einer Aktivität oder zur Unterstützung eines Workflow-Teilnehmers beim Ausarbeiten einer Tätigkeit aufgerufen wird. Die Schnittstelle zu den einbindbaren Applikationen realisiert eine Standardisierung beim Applikationsaufruf.

Andere Workflow-Enactment-Services

Die optimale Unterstützung betrieblicher Abläufe wird teilweise erst durch die Kombination verschiedener Workflow-Systeme erreicht, deren funktionale Schwerpunkte in unterschiedlichen Bereichen liegen. So sind Workflow-Systeme, die auf E-Mail-Systemen basieren, besser für Ad-hoc-Workflow-Ausführungen geeignet. Die WfMC arbeitet daher an der Standardisierung einer Schnittstelle, über die sich Workflow-Systeme verschiedener Hersteller verbinden lassen. Die Spannweite der Interoperabilität variiert dabei von der Ausführung einfacher Aktivitäten durch unterschiedliche Workflow-Engines bis zum Austausch kompletter Prozessdefinitionen inklusive aller benötigten workflow- und anwendungsrelevanter Daten zwischen unterschiedlichen Workflow-Enactment-Services.

Administrations- und Monitoring-Werkzeuge

Es ist unerlässlich, schon zur Laufzeit oder nach Beendigung eines Prozesses Informationen über dessen Ausführungszustand abzurufen oder auszuwerten. So können bereits zur Laufzeit mögliche Engpässe erkannt, die Einhaltung von Fristen überwacht oder eine gerechte Arbeitsaufteilung geplant werden. Dafür müssen geeignete Administrations- und Monitoring-Werkzeuge vorhanden sein, die über eine gemeinsame standardisierte Schnittstelle auf die entsprechenden Daten, auch verteilt ausgeführter Workflows, zugreifen können. Neben der einfachen Auswertung und Statusabfrage müssen weitere Funktionen, wie z. B. die Administration unter Berücksichtigung zusätzlicher Aspekte wie Sicherheit, Autorisierung usw. unterstützt werden.

Das folgende Beispiel eines im Internet agierenden Onlineshops zeigt, wie eine flexible Workflowlösung mit einer Internetanwendung gekoppelt werden kann, um dem Unternehmen so einen entscheidenden Wettbewerbsvorteil zu sichern.

Aus der Praxis **Internet und Workflow bei Amazon**

▸▸▸ Der Internethändler Amazon wurde 1994 von Jeff Bezos gegründet und ist seit Juli 1995 im Internet aktiv. Das Unternehmen startete ursprünglich als reiner Buchhändler, bietet inzwischen aber ein umfangreiches Portfolio an Waren an. Zusätzlich können auch dritte Händler das Portal des Unternehmens als Markplatz nutzen. Heute ist Amazon der weltweit größte Internethändler und hatte im Jahr 2013 insgesamt 117.300 Mitarbeiter bei einem jährlichen Umsatz von 74,95 Mrd. US-Dollar (Amazon 2014).

Die folgenden Abschnitte beschreiben einen typischen Bestellvorgang für einen Buchkauf bei Amazon. Es wird gezeigt, wie eine geschickte Integration des Workflows in das Internetportal von Amazon diesen nahezu vollständig automatisieren und dessen Ausführung somit optimieren kann.

Beim Betreten des Onlineportals von Amazon wird der Kunde zunächst auf die allgemeine Suchseite geleitet. Hier hat er, analog zu einem konventionellen Warenhaus die Möglichkeit, durch das Angebot von Amazon zu stöbern und seine gewünschten Artikel zu finden. Besonders ist hierbei anzumerken, das Amazon aufgrund des bisherigen Kauf- und Suchverhaltens hier eine erste Optimierung vornehmen kann, indem z. B. Bücher, die den Interessensgebieten des Kunden entsprechen, bevorzugt angezeigt werden können. Zusätzlich kann das Unternehmen auch die Informationen von anderen Kunden zur Unterstützung heranziehen und so beispielsweise zur aktuellen Auswahl vergleichbare Bücher anbieten.

Hat der Kunde den vom ihm gewünschten Artikel gefunden, kann er diesen einfach in seinen persönlichen Warenkorb legen. Dies bietet dem Kunden die Möglichkeit, viele Artikel zu sammeln und später noch einmal durchzusehen oder gesammelt zu erwerben. Ist der Kunde mit seinem Warenkorb zufrieden, kann er zur virtuellen Kasse weitergehen. Durch die geschickte Kombination des Einkaufsprozesses mit einerseits dem für den Kunden zugänglichen Kundenportal im Internet und andererseits dem Backendsystem von Amazon, kann der Kunde an dieser Stelle den virtuellen Laden verlassen und seinen Einkauf zu einem beliebigen späteren Zeitpunkt wieder aufnehmen.

In einem nächsten Schritt kann nun auf der Seite des Internethändlers geprüft werden, ob die ausgewählte Ware so im Lager verfügbar ist und bei Bedarf seinerseits eine Bestellung bei externen Lieferanten einleiten. Dies bietet Amazon einerseits die Möglichkeit, seinen Kunden frühzeitig detaillierte Informationen über die zu erwartende Lieferzeit zu geben und andererseits seine internen Bestellvorgänge zu optimieren.

Nun kann der Kunde den Kauf abschließen, indem er an der virtuellen Kasse diesen bezahlt. Aufgrund der hier angegeben Lieferinformationen kann dar Internethändler die angegebene Lieferzeit nochmals genauer einschränken und die anfallenden Lieferkosten berechnen. Auch ist eine weitere Optimierung des Lieferprozesses möglich, da hier automatisch ein dem Kunden naheliegendes Versandzentrum angesteuert werden kann. Ein weiterer Vorteil ist das Bezahlinformationen wie z. B. Kreditkarteninformationen direkt überprüft werden können und so der Zahlungsabschluss beschleunigt werden kann.

Schließlich können die Waren an den Kunden verschickt und die Zahlung vollzogen werden. Somit ist der Vorgang sowohl aus Sicht des Händlers als auch aus der Sicht des Kunden erst mal abgeschlossen. Aufgrund der engen Integration des Bestellworkflows mit den internen Buchhaltungssystemen von Amazon kann eine eventuelle nachfolgende Reklamation oder Rückgabe der Ware wiederum in einem integrierten Workflow abgewickelt werden. ◂◂◂

Schlüsselbegriffe Kapitel 9

- **Computerunterstützte Gruppenarbeit, CSCW**
- **Workgroup-Computing**
- **Workflow-Computing**
- **Groupware**
- **Electronic Meeting Systems (EMS), ThinkTank**
- **Computer Aided Team (CATeam)**
- **Information-Sharing**
- **Dokumenten-Management-System, Content-Management-Systeme (CMS)**
- **Portal**
- **Telekooperation**
- **Virtuelle Communities**

Wiederholungsfragen Kapitel 9

1. *Grenzen Sie Workgroup- und Workflow-Computing voneinander ab und beschreiben Sie Einsatzfelder.*
2. *Grenzen Sie unterschiedliche Formen der Gruppenunterstützung voneinander ab und nennen Sie jeweils ein Beispiel.*

3. *Erläutern Sie den Begriff »CATeam« und beschreiben Sie drei unterschiedliche Werkzeuge.*
4. *Beschreiben Sie Einsatzfelder und Vorteile eines Intranets.*
5. *Nennen Sie unterschiedliche Workflow-Typen.*
6. *Beschreiben Sie den Aufbau und die Funktionsweise von flexiblen Workflow-Systemen.*

Literaturhinweise Kapitel 9

Hasenkamp, U.; Syring, M.: CSCW (Computer Supported Cooperative Work) in Organisationen – Grundlagen und Probleme. In: Hasenkamp, U.; Kirn, S.; Syring, M.(Hrsg.): CSCW – Computer Supported Cooperative Work. Bonn u. a., 1994, S. 13–38.

Henning, D.: Computerwoche 51/98, S. 45.

Krcmar, H.: Informationsmanagement, Berlin 2014.

Lewe, H.; Krcmar, H.: Groupware. In: Informatik Spektrum, Vol. 14(1991), Nr. 6, S. 345–348.

Mast, C.: Unternehmenskommunikation: Ein Leitfaden, Stuttgart 2008.

O.V.: The Workflow Management Coalition, www.wfmc.org, 2009.

Pribilla, P.; Reichwald, R.; Goecke, R.: Telekommunikation im Management, Stuttgart 1996.

Schwabe, G.; Streitz, N.; Unland; R.: CSCW-Kompendium. Lehr- und Handbuch zum computerunterstützten kooperativen Arbeiten. Berlin, Heidelberg 2001.

Schwabe, G.: Telekooperation für den Gemeinderat, Stuttgart 2000.

Schwarzer, B.; Krcmar, H.: CATeam zur Unterstützung der prozessorientierten Einführung von Standardsoftware. In: Management&Computer, 4/95, S. 291–299.

Weiterführende Literatur

Krcmar, H.; Lewe, H.; Schwabe, G.: Teamarbeit im Büro- Stand und Perspektiven, in: Office Management, 43(1995), Nr. 4, S. 18–21.

Schwabe, G.; Krcmar, H.: CSCW-Werkzeuge, in: Wirtschaftsinformatik, 38(1996), Nr. 2, S. 209–225.

10 Informationsmanagement

Lernziele

- Sie verstehen die drei Ebenen des Informationsmanagements und ihre integrierte Betrachtung.
- Sie verstehen die Auswirkung und Bedeutung des Informationsmanagements auf die Unternehmensstrategie.
- Sie kennen relevante Entscheidungsbereiche und Entscheidungsträger für das Management und die Steuerung von IT.
- Sie haben eine Übersicht über die verschiedenen Möglichkeiten, das Informationsmanagement in die Organisationsstruktur einzubinden.
- Sie kennen die fünf Ziele des IT-Controllings und die damit verbundenen Anforderungen.
- Sie sind sich über die Konsequenzen von mangelnder Datensicherheit bewusst und über Möglichkeiten, erfolgreich Datensicherheit zu gewährleisten.
- Sie sind sich der Relevanz von Datenschutz und der Auswirkungen von Datenmissbrauch bewusst.

Fühlen Sie sich manchmal von der Unmenge an Informationen, mit denen Sie im privaten Umfeld konfrontiert werden, überfordert? Internet, TV, Printmedien und Radio liefern uns täglich eine Unmenge an neuen Informationen zu den vielfältigsten Themengebieten. Für den Einzelnen wird es dadurch sehr schwer zu bestimmen, welche und wie viele Informationen in einer bestimmten Entscheidungssituation genutzt werden sollen. Das Wissen der Menschheit wächst ungeheuer schnell. Mittlerweile existieren mehrere Millionen Bücher und Dokumente, die Regalbretter von ca. 900 Kilometer Länge füllen könnten. Die rasante Verbreitung der Informationstechnologie und die zunehmende Globalisierung haben wesentlich zu dieser Wissensexplosion beigetragen. Schätzungen zufolge wächst das Internet mit einer jährlichen Rate von 23%. Besonders große und internationale Unternehmen mit mehreren tausend Mitarbeitern sehen sich einer enormen Informationsflut gegenüber, die es zu bewältigen gilt. Wie können die Mitarbeiter in einem Unternehmen die zur Erfüllung ihrer Aufgaben notwendigen Informationen zeitnah und in ausreichender Qualität auffinden? Welche Informationstechnik ist dazu notwendig und wie kann sie effizient und effektiv eingesetzt werden? Wie kann sichergestellt werden, dass einerseits Informationen unternehmensweit verfügbar und andererseits vor unbefugtem Zugriff geschützt sind? Mit diesen und ähnlichen Fragestellungen beschäftigt sich das Informationsmanagement eines Unternehmens, das in den folgenden Unterkapiteln erläutert wird.

10.1 Überblick

In den vorangegangenen Kapiteln wurden unterschiedliche Aspekte des IT-Einsatzes in Unternehmen behandelt. So wurden einerseits technische Trends und ihre Verbindung zur organisatorischen Gestaltung der Unternehmen beleuchtet, andererseits wurden Bereitstellungs- und Einsatzmöglichkeiten für Anwendungssysteme in unterschiedlichen Unternehmensbereichen und Branchen vorgestellt. Diese vielfältigen Ausprägungen der Beschäftigung mit IT im Unternehmen werden heute unter dem Begriff »Informationsmanagement« zusammengefasst.

In der Literatur existieren eine Vielzahl von Definitionen und Konzepten für Informationsmanagement. Allgemein wird davon ausgegangen, dass es Aufgabe des Informationsmanagements ist, eine adäquate Informationsversorgung im Unternehmen zu gewährleisten und die dafür notwendigen organisatorischen Voraussetzungen sowie die technische Infrastruktur zu schaffen und aufrechtzuerhalten. Um diese sehr allgemeine Sichtweise zu konkretisieren, wird im nächsten Unterkapitel ein Überblick über die Aufgaben des Informationsmanagements gegeben (vgl. Kap. 10.2). Die Aufgaben des »Managements des Informationsmanagements«, zu denen die strategische Ausrichtung, die Organisation der Informationsverarbeitung und das Informationsverarbeitungs-Controlling gehören, werden im Einzelnen beschrieben (vgl. Kap. 10.3-10.9). Den Abschluss des Kapitels bilden Überlegungen zu Datenschutz und Datensicherheit, die zentrale Voraussetzungen für die Aufgabenerfüllung des Informationsmanagements bilden.

10.2 Aufgaben des Informationsmanagements

Das Informationsmanagement (IM) hat vielfältige Aufgaben auszuüben, die in der Literatur nach unterschiedlichen Kriterien gegliedert werden. Im Folgenden wird das Modell des Informationsmanagements von Krcmar (2010) zugrunde gelegt (vgl. Abb. 10-1). Danach werden die Aufgaben des Informationsmanagements unterschieden in Managementaufgaben des IM und Aufgaben des Managements des IM.

Managementaufgaben des IM

Die Managementaufgaben des IM beziehen sich auf drei Handlungsobjekte, die in Abb. 10-1 nach der Nähe zur Technik abgebildet sind:

- die Informationen im Rahmen des Managements der Informationswirtschaft,
- die Anwendungen im Rahmen des Managements der Informationssysteme und
- die Technik im Rahmen des Managements der Informationstechnik.

Management der Informationswirtschaft

Handlungsobjekt der Ebene *Management der Informationswirtschaft* ist die Ressource Information. Im Mittelpunkt stehen Entscheidungen über den Informationsbedarf und das Informationsangebot sowie den Informationseinsatz. Der Informationsbedarf und seine Deckung durch das Informationsangebot werden in einem informationswirtschaftlichen Planungszyklus geplant, organisiert und kontrolliert. Das Management erstreckt sich dabei auf alle in einem Unternehmen wesentlichen

Abb. 10-1

Ein Modell des Informationsmanagements

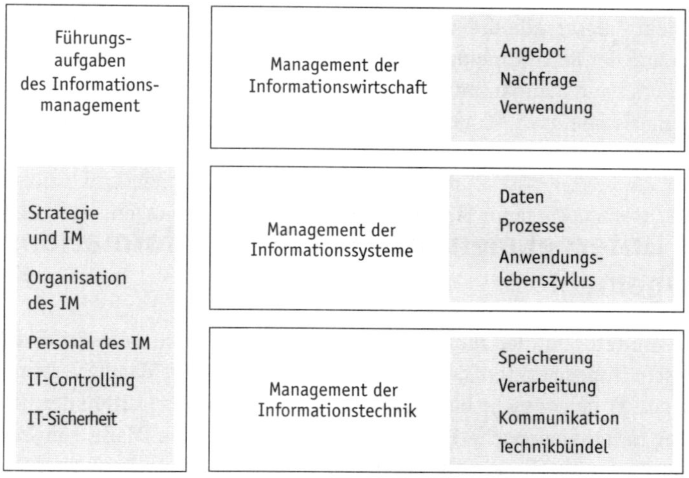

(Quelle: *Krcmar*, 2010, S. 50)

Verwendungszwecke von Informationen. Es spezifiziert Anforderungen an die Ebene der Informations- und Kommunikationssysteme, die gegeben sein müssen, damit die Informationsverarbeitungsaufgaben im Unternehmen erfüllt werden können.

Management der Informationssysteme

Handlungsobjekt der Ebene *Management der Informationssysteme* sind sämtliche Anwendungen, die zur Deckung des Informationsbedarfes dienen. Damit bilden das Management der Daten und der Prozesse die Kernaufgabe auf dieser Ebene. Das Management der Anwendungsentwicklung erfolgt ebenfalls auf dieser Ebene. Diese mittlere Ebene spezifiziert einerseits Anforderungen an und erhält andererseits Unterstützungsleistungen von der Ebene der Informations- und Kommunikationstechnik. Aspekte des Managements der Informationssysteme wurden in den Kapiteln 4-9 aus unterschiedlichen Perspektiven beleuchtet. Aus diesem Grund wird im Folgenden nicht weiter auf sie eingegangen.

Management der Informationstechnik

Auf der Ebene des *Managements der Informationstechnik* stehen die Speicherungs-, die Verarbeitungs- und die Kommunikationstechnik im Mittelpunkt des Interesses. Das Technikmanagement im Allgemeinen betrifft die Bereitstellung und Verwaltung der Technikinfrastruktur sowie die Planung der technischen Anpassungen eingesetzter Systeme. Auf dieser untersten Ebene wird die physische Basis, d. h. die technische Infrastruktur, für die Anwendungslandschaft auf der mittleren Ebene und die Bereitstellung der Informationsressourcen auf der obersten Ebene gelegt. Einige Aspekte des Managements der Informationstechnik wurden in Kapitel 2 behandelt und werden daher im Folgenden nicht weiter berücksichtigt.

Management des Informationsmanagements

Neben diesen Aufgaben, die sich auf ein konkretes Handlungsobjekt beziehen, existieren aber auch Aufgaben, die auf jeder Ebene anfallen oder nicht auf einer Ebene einzuordnen sind. Als generelle Aufgaben des Informationsmanagements gehören sie zur Gruppe *»Führungsaufgaben des Informationsmanagements«*. Handlungsobjekte dieser, alle drei Ebenen betreffenden Managementaufgaben sind die Bestimmung der Bedeutung des Informationsmanagements für die Unternehmensstrategie, die aufbauorganisatorische Gestaltung des IM und das Management des IT-Personals sowie das IT-Controlling. Diese Aufgabenfelder werden in den folgenden Kapiteln behandelt.

10.3 Unternehmensstrategie und Informationsmanagement

Vor dem Hintergrund der zunehmenden Informationskonkurrenz auf den Absatz- und Beschaffungsmärkten gewinnen Informationen und damit verbunden der Einsatz von IT immer mehr Bedeutung für die Wettbewerbsposition der Unternehmen. Der unternehmerische Erfolg hängt in zunehmendem Maße von Informationsvorsprüngen ab, die ein Unternehmen gegenüber seiner Konkurrenz erzielen kann. Informationen und IT-Einsatz sind jedoch nicht in allen Branchen, Unternehmen und Unternehmensteilen von gleicher Bedeutung für die Erzielung von Wettbewerbsvorteilen.

Bedeutungsmatrix

Einen Ansatzpunkt für die Analyse der Bedeutung der Informationsverarbeitung im Unternehmen stellt die Bedeutungsmatrix nach McFarlan et al. (1983) dar (vgl. Abb. 10-2). In diesem Konzept wird die Bedeutung der Informationssysteme im Unternehmen in zwei Dimensionen bestimmt: durch die strategische Bedeutung der Anwendungssysteme in der Gegenwart und in der Zukunft.

Abb. 10-2

Bedeutungsmatrix

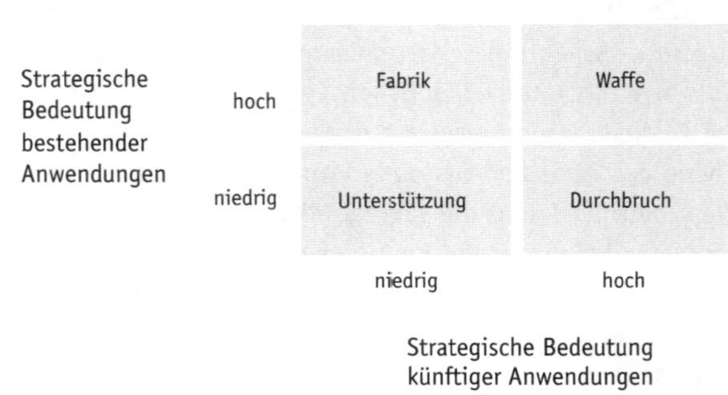

(Quelle: *McFarlan* et al., 1983, S. 150)

Aus der Bedeutungsmatrix ergeben sich vier unterschiedliche Bedeutungen bzw. Rollen von Informationssystemen. Sie sind:

Rollen von Informationssystemen

- *Unterstützung:* Die Informationssysteme sind nicht kritisch für das Tagesgeschäft und werden auch in der Zukunft keine Wettbewerbsvorteile bringen können.
- *Fabrik:* Die Informationssysteme sind kritisch für das Tagesgeschäft, allerdings werden die Anwendungen, die in der Entwicklung sind, keine zukünftigen Wettbewerbsvorteile bringen.
- *Durchbruch:* Die Informationssysteme sind im Umbruch: Bislang war ihre Bedeutung gering, für die Zukunft wird ihnen jedoch strategische Bedeutung zugesprochen.
- *Waffe:* Die Informationssysteme sind strategisch, wenn sie sowohl für das Tagesgeschäft kritisch sind als auch in der Zukunft Wettbewerbsvorteile bringen können.

Neben der reinen Klassifikation lässt sich die Beurteilungsmatrix auch anwenden, um aus der Rolle der Informationsverarbeitung als Waffe, Durchbruch, Fabrik oder Unterstützung abzuleiten, wie das IM in Bezug auf bestehende Investitionen, zukünftige Investitionen, das Technologierisiko, die Planung der Informationsverarbeitung, die Bildung von Know-how-Schwerpunkten und der Abwicklungsanforderungen ausgestaltet werden soll. Damit lässt sich das Konzept verwenden, um den adäquaten Managementansatz für die Informationsverarbeitung zu ermitteln und auszuwählen. In Abb. 10-3 werden die Konsequenzen dieser Bestimmung der Bedeutung der Informationsverarbeitung aufgezeigt. In der Praxis finden sich oft Mischformen dieser Rollen, bei der die Einteilung der Informationsverarbeitung auf der einen Seite und die realisierten Verhaltensweisen in Bezug auf Investitionen, Risiko und Abwicklungsanforderungen auf der anderen Seite nicht konsistent sind.

Vor-/Nachteile

Beim Einsatz der Beurteilungsmatrix für die Rollenbestimmung des Informationsmanagements ist das Gesamtunternehmen bzw. das Portfolio seiner Anwendungen der Gegenstand der Überlegungen, während einzelne Produkte oder Technologien nicht in die Entscheidung einbezogen werden. Da die Zuordnung zu einem Quadranten nicht statisch aufzufassen ist, kann der Ansatz auch benutzt werden, um den passenden Managementansatz für die Informationsverarbeitung über einen längeren Zeitraum hinweg zu ermitteln. Die Matrix ist ebenso nützlich, um das künftige Anwendungsportfolio zu bestimmen und zu bewerten.

Die Beurteilungsmatrix hilft jedoch nicht zu bestimmen, in welchem Quadranten sich ein Unternehmen befinden sollte (und sich in Zukunft befinden wird) und bietet keine Hinweise darauf, wo mögliche strategische Anwendungen der Informationstechnik bestehen und genutzt werden könnten.

Abb. 10-3

Konsequenzen der strategischen Bedeutung der Informationstechnologie

	Bedeutung der IT			
IT als	**Waffe**	**Durchbruch**	**Fabrik**	**Unterstützung**
Wirkung auf				
Bestehende Investitionen	kritisch	nicht ausreichend	kritisch	unkritisch
Zukünftige Investitionen	kritisch	kritisch	zurückhaltend	unkritisch
Technologie Risiko	bewusst planen	hoch	niedrig	null
Planung der IT	mit Unternehmens-plan	mit Unternehmens-plan	Ressourcen/ Kapazität	untergeordnet
Know-how Schwerpunkte	Schlüssel und Schrittmacher	neu aufzubauen, Schrittmacher	breites Know-how, Monitoring	keine
Abwicklungs-anforderungen	Sicherheit und Effizienz	Sicherheit	Effizienz, Kosten-reduktion	Wirtschaftlichkeit
Besondere Faktoren	Konkurrenzver-gleich. Überalte-rung vermeiden	Ausbildung und Innovation/ Management-identifikation	Reaktiv	Reaktiv, keine Risikoprojekte

(Quelle: *Groß*, 1985, S. 61)

10.4 IT-Governance

Die Gestaltungsaufgabe von IM-Entscheidungsprozessen und damit verbundene Verantwortlichkeiten für das IM wird als »IT-Governance« bezeichnet. Unternehmenstyp, -kultur, Marktsituation und Reifegrad beeinflussen die Entscheidung über Verantwortlichkeiten. Es ist möglich, IT-Entscheidungen zentral vom Geschäftsbereich (Geschäftsmonarchie), zentral von IT-Verantwortlichen (IT-Monarchie), in Abstimmung mit den Verantwortlichen aller anderen Geschäftsbereiche (föderal), in Abstimmung mit einem IT-Verantwortlichen und einem Geschäftsbereich (Duopol) oder dezentral von jedem Anwender (Anarchie) zu treffen.

IT-Governance bedeutet »specifying the decision rights and accountability framework to encourage desirable behaviour in the use of IT« (Weill/ Woodham 2002, S. 2).

Managements des Gestaltungsprozesses

Ziel des Managements des Gestaltungsprozesses ist es, Kohärenz zwischen Unternehmenskultur, Organisationsprinzipien, tatsächlicher Struktur und den Potenzialen der IT für die Erfüllungen der Anforderungen des Marktes herzustellen. Außerdem müssen die Informationswirtschaft, die Informationssysteme und die Informations- und Kommunikationstechnologie als Elemente des IM abgestimmt werden.

Gestaltungsentscheidungen des IM

Im Rahmen der IT-Governance müssen verschiedene Gestaltungsentscheidungen getroffen werden (vgl. Abb. 10-4). Zu Beginn müssen IT-Prinzipien festgelegt werden, die als Grundlage für alle folgenden Entscheidungen gelten. Darauf aufbauend müssen IT-Architektur, IT-Applikationen, IT-Infrastruktur und IT-Investitionen und Priorisierung festgelegt werden. Aus der IT-Architektur, die Regeln für Daten, Anwendungen und Infrastruktur zur Standardisierung und Integration ermöglicht, wird ein Plan für die Anschaffung neuer IT-Ressourcen erarbeitet. Die IT-Infrastruktur bildet die Grundlage für die Entscheidungen über IT-Applikationen, die wiederum prozessorientierte IT-Dienste als Grundlage für die IT-Potenziale des Unternehmens bereitstellen.

Abb. 10-4

IT-Governance Entscheidungsbereiche

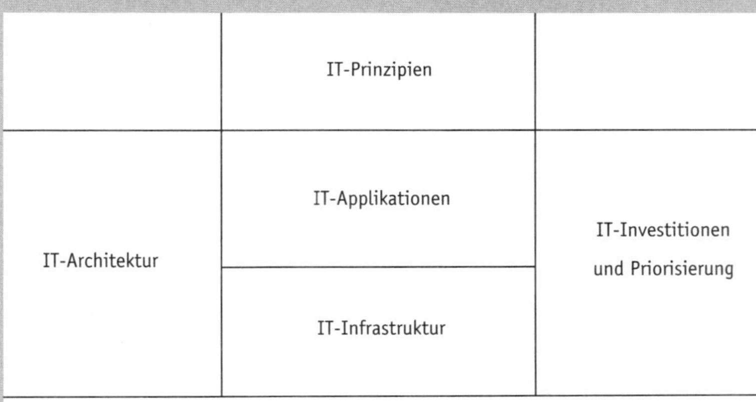

(Quelle: *Weill, Ross,* 2004, S. 27)

IT-Compliance

Eine wichtige Aufgabe der IT-Governance ist die Einhaltung rechtlicher Rahmenbedingungen im Bereich des IM, das in der Literatur als IT-Compliance bezeichnet wird. Durch vielfältige Anforderungen an Unternehmen, wie Gesetze und Normen, hat der Begriff Compliance in der Betriebswirtschaftslehre große Bedeutung erlangt. Hier bezeichnet der Begriff Compliance, oder auch Corporate Compliance, im Allgemeinen das Bestreben eines Unternehmens geltende Regeln einzuhalten. Dabei können diese Regeln einerseits vom Gesetzgeber auferlegt sein, oder auch aus Kundenwünschen oder ethischen Richtlinien entstehen.

Im Bezug auf die IT kann Compliance zwei verschiedene Bedeutungen besitzen. Mit Hilfe der Informationstechnik kann die Einhaltung von Gesetzen, Richtlinien und anderen Verhaltensmaßregeln sichergestellt werden. Die IT ist folglich das Mittel um Compliance zu gewährleisten. Andererseits kann die IT selbst Gesetzen, Richtlinien und andern Verhaltensmaßregeln unterworfen seien. Somit ist die IT als Gegenstand von Compliance zu betrachten und es wird das Ziel verfolgt, den Einsatz von IT effizient und sicher zur Unterstützung von Geschäftsprozessen und zur Vermeidung von Risiken zu nutzen. An dieser Stelle kann zwischen IT-gestützter Corporate Compliance (IT als Mittel) und IT-Compliance (IT als Gegenstand) unterschieden werden.

Typische Aufgaben der IT-Compliance umfassen die Ausrichtung der IT an rechtlichen Vorgaben (wie z. B. Datenschutz, Datensicherheit, Informationssicherheit und Berechtigungskonzepte) oder an existenzielle Kundenanforderungen (wie z. B. Prozessqualitätsanforderungen oder Verfügbarkeit).

10.5 Enterprise Architecture Management

Um die IT an den Anforderungen der Geschäftsbereiche auszurichten und eine gemeinsame, zukunftsorientierte Planung von IT und Prozessen sicherzustellen, beschäftigen sich viele Unternehmen intensiv mit dem sogenannten Enterprise Architecture Management (EAM), oder deutsch: Management der Unternehmensarchitektur.

Unternehmensarchitektur

Die Unternehmensarchitektur (Enterprise Architecture, EA) unterscheidet sich von anderen IT-Architekturen durch ihren unternehmensweiten Fokus. Durch diesen weiten Fokus eröffnet die EA die Möglichkeit, Probleme, die mit einem engeren Blickwinkel nicht sinnvoll gelöst werden können, auf einer übergeordneten Ebene anzugehen. So kann z. B. die Zusammenarbeit in der Softwareentwicklung/-bereitstellung über verschiedene Geschäftsbereiche hinweg verbessert werden, um Mehrfachentwicklungen zu verhindern, was insgesamt zu Kosteneinsparungen führt. Diesen Vorteilen steht allerdings der Nachteil einer größeren Anzahl Beteiligter gegenüber, was zu mehr Abstimmungsaufwand und politisch motivierten Diskussionen führen kann.

Typischerweise wird eine Unternehmensarchitektur nicht durch eine einzige Architektur, sondern durch mehrere Teilarchitekturen beschrieben. Die einfachste Zerlegung der Unternehmensarchitektur ist die Aufteilung in eine Geschäftsarchitektur und eine IT-Architektur (vgl. Abb. 10-5). Die Geschäftsarchitektur umfasst alle nicht-technischen Bestandteile der Architektur wie Strategien, Prozesse, Aufbauorganisation und Ressourcen. Die IT-Architektur umfasst alle technischen Bestandteile der EA. Insbesondere beinhaltet sie die Anwendungssysteme, die ihrerseits eine eigene (System-)Architektur haben, sowie die Infrastruktur.

Abb. 10-5

Unternehmensarchitektur

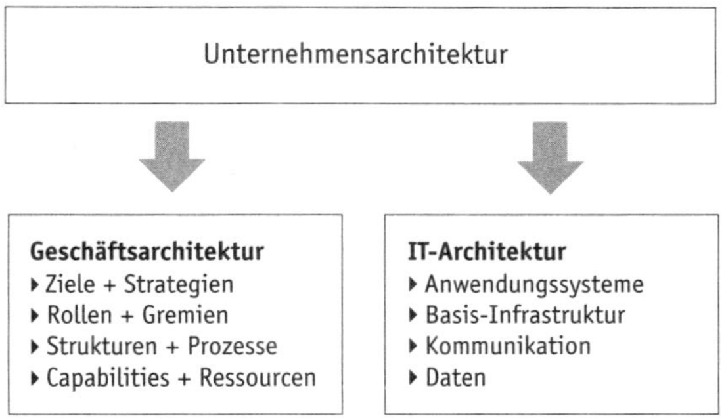

(Quelle: *Schwarzer*, 2009)

Aufgaben des Enterprise Architecture Management

Das Enterprise Architecture Management übernimmt die Verantwortung für eine anforderungsgetriebene und effektive Vorgehensweise bei der Erarbeitung, Pflege und dem Einsatz der Architekturen sowie von Standards und Richtlinien zur Vereinheitlichung der Architektur. EAM wird in den Unternehmen zumeist in Form eines Projektes eingeführt und dann dauerhaft an eine Stelle in der Linie übergeben. Damit es diese Aufgabe wahrnehmen kann, muss das EAM aufbau- und ablauforganisatorisch in das Informationsmanagement des Unternehmens integriert sein.

EAM verfolgt das Ziel, einen ganzheitlichen Überblick über bestehende und geplante Architekturen zu geben. Auf dieser Basis sollen Gestaltungsentscheidungen hinsichtlich der Ausrichtung der Architektur an der Unternehmensstrategie getroffen und Gestaltungsregeln, z. B. hinsichtlich der Verwendung bestimmter Technologien festgelegt werden. EAM hat somit vorrangig Planungs- und Steuerungscharakter. Ein wichtiger Aufgabenbereich in diesem Zusammenhang ist das Bebauungsmanagement.

Unter Bebauungsmanagement wird die Dokumentation der Ist-Landschaft und die Planung und Gestaltung der zukünftigen IT- und Prozess-Landschaft des Unternehmens auf der Basis von Unternehmensarchitekturen verstanden.

Vorgehensweise im Bebauungsmanagement

Die Vorgehensweise im Bebauungsmanagement lässt sich grob in drei Schritte unterteilen, die immer wieder durchlaufen werden. Zunächst wird die Ist-Situation erfasst und dokumentiert, d. h. die vorhandenen Prozesse, Organisationseinheiten, IT-Systeme usw. werden abgebildet. Dadurch wird Transparenz über die Ist-Architektur erlangt (vgl. Abb. 10-6, Schritt 1). Nach Bewertung der Ist-Situation anhand von IT- und Businesskriterien können Schwachstellen, Risiken und

Abb. 10-6

Vorgehensweise Bebauungsmanagement

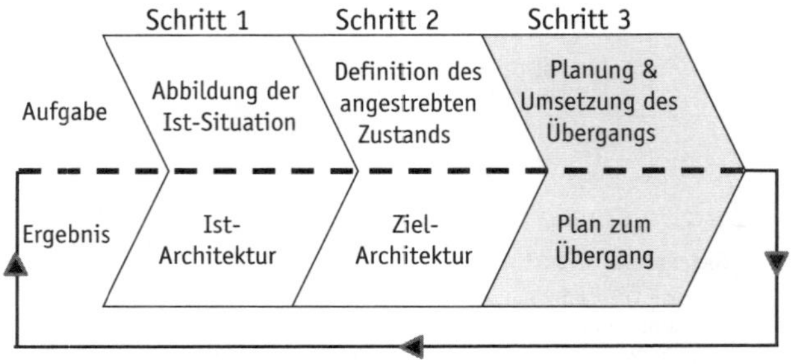

(Quelle: *Schwarzer*, 2009)

dringende Handlungsfelder systematisch identifiziert werden. Ausgehend von diesen Erkenntnissen und unter Berücksichtigung der zukünftigen Anforderungen der Fachbereiche wird dann die Soll-Bebauung (Ziel-Architektur) konzipiert (vgl. Abb. 10-6, Schritt 2). Im nächsten Schritt werden konkrete Maßnahmen zur Umsetzung sogenannte Plan-Architekturen (auch als Roadmaps zur Umsetzung bezeichnet) abgeleitet. Diese dienen dann als Grundlage für die Auswahl und Durchführung von Projekten zur (langfristigen) Umsetzung der Zielarchitektur.

Die Einführung eines EAM im Unternehmen ist mit erheblichem finanziellen Aufwand verbunden, da schon die Dokumentation des Ist-Zustands in den meisten Unternehmen sehr aufwändig ist. Dennoch beschäftigen sich insbesondere Großunternehmen intensiv mit diesem Thema, da sie sich kurzfristig durch eine Konsolidierung der Anwendungslandschaft Kosteneinsparungen versprechen und langfristig durch eine bessere Ausrichtung der IT an der Unternehmensstrategie Wettbewerbsvorteile erhoffen.

10.6 Aufbauorganisatorische Gestaltung des Informationsmanagements

Im Hinblick auf die Organisation des Informationsmanagements sind zwei Aspekte zu unterscheiden:

- die Alternativen der organisatorischen Verankerung des Informationsmanagements im Unternehmen und
- die Alternativen der organisatorischen Gestaltung des Informationsmanagements.

Im Rahmen der aufbauorganisatorischen Gestaltung des Informationsmanagements in einem Unternehmen sind folgende Teilaufgaben zu erfüllen:

- die Festlegung der Aufgaben des Informationsmanagements,
- die Verteilung der Aufgaben,
- die Stellenbildung und
- das Einfügen der Stellen in die Aufbauorganisation.

Im Folgenden werden zunächst Alternativen der organisatorischen Verankerung des Informationsmanagements betrachtet und im Anschluss daran der interne Aufbau des Informationsmanagements.

10.6.1 Aufbauorganisatorische Verankerung des Informationsmanagements

Obwohl heute in vielen Fällen von Informationsmanagement gesprochen wird, findet sich der Begriff »Informationsmanagement« nur verhältnismäßig selten in Organigrammen von Unternehmen. Häufig findet sich die aus der Vergangenheit beibehaltene Bezeichnung »IT-Abteilung« oder die modernere Bezeichnung »Informationsverarbeitung«. Hier wird der Begriff IT-Abteilung beibehalten.

Um das IM in ein Unternehmen einzugliedern, gibt es verschiedene Ansätze, die mit verschiedenen Vor- und Nachteilen verbunden sind. Historisch gesehen gibt es einen Wandel von primärer Unterstützung des Rechnungswesens zur Durchdringung aller Geschäftsbereiche. Dementsprechend stammt die Verankerung des IM als Linieninstanz unter dem Rechnungswesen aus der Zeit der Rechnungswesensunterstützung. Die Etablierung des IM als Stabsstelle oder Abteilung ermöglicht eine übergreifende Koordination des IM. Als zusätzliche Aufgabe kommt für die IT im Rahmen der Prozessorientierung der Trend hinzu, den Wertschöpfungsprozess nun ganzheitlich zu unterstützen. Als Organisationsstruktur bietet sich hierfür die Matrixorganisation an. Zentrale und dezentrale Elemente existieren in der Matrixorganisation nebeneinander.

Es werden vier Grundformen der Eingliederung des IM in funktional orientierte Unternehmen unterschieden (vgl. Abb. 10-7).

IM als Linieninstanz in einer Fachabteilung

Bei der Integration des IM als Linieninstanz wird das IM einem Fachbereich unterstellt. Dieses Konzept ist sinnvoll, wenn das IM ausschließlich einem Fachbereich unterstellt ist, oder hauptsächlich einen Fachbereich betreut, da es zu Konflikten kommen kann, sobald verschiedene Fachbereiche beteiligt sind. Ebenso ist fraglich, ob ein Bereich sinnvolle IM-Entscheidungen für andere Bereiche treffen kann.

IM als Fachabteilung

In Unternehmen, in denen das IM eine sehr hohe Bedeutung hat, wie bspw. in der Finanzbranche, kann das IM auch als eigenständiger, gleichwertiger Hauptbereich neben Vertrieb oder Produktion angesiedelt werden. Das Bearbeiten von Anfragen anderer Fachbereiche und die Umsetzung strategischer Unternehmensaufgaben ist in diesem Fall allerdings schwieriger.

Abb. 10-7

Alternativen der organisatorischen Verankerung der IT-Abteilung

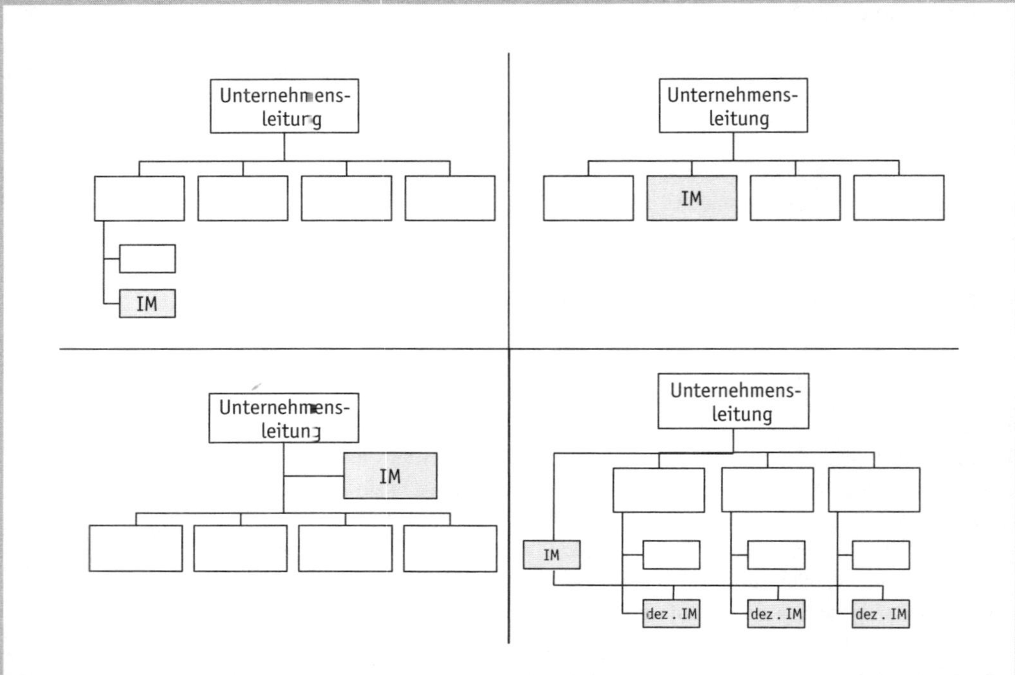

IM als Stabstelle

Außerhalb der Linie kann das IM auch als übergreifende Stabsstelle organisiert werden, um vermehrt strategische Aufgaben wahrzunehmen. Dies geschieht durch einen engeren Kontakt zur Unternehmensleitung. Aufgrund der fehlenden Weisungsbefugnis können Projekte und Ideen dennoch oftmals schwer durchsetzbar sein.

IM als Querschnittsfunktion in einer Matrixorganisation

Wenn das IM als Querschnittsfunktion in einer Matrixorganisation integriert wird, sind in den einzelnen Fachbereichen dezentrale IM-Funktionen vorhanden, die von einer übergeordneten Instanz, z. B. einem Lenkungsausschuss, koordiniert werden. Dieses Konzept verbindet die Vorteile der vorangegangenen Ideen, indem es kurze Wege zu den Fachbereichen als auch zur Unternehmensleitung nutzt. Nachteil dieser Organisationsalternative ist der nicht zu unterschätzende Koordinationsaufwand zwischen den dezentralen und zentralen Einheiten des IM sowie den Fachabteilungen.

10.6.2 Alternativen der organisatorischen Gestaltung des Informationsmanagements

Rechenzentrum

Die klassische Organisation der IT unterscheidet zwischen den drei Teilbereichen Rechenzentrum, Anwendungsentwicklung und Benutzerservice, die sich aus den operativen Aufgaben des Informationsmanagements ableiten lassen (vgl. Abb. 10-8).

Das Rechenzentrum umfasst einerseits den eigentlichen Rechenzentrumsbetrieb, zu dem die Arbeitsplanung, die Arbeitsvorbereitung, das Operating und die Nachbereitung gehören. Die Aufgabe der zentralen Datenerfassung, die in der Vergangenheit zum Rechenzentrumsbetrieb gehörte, ist heute in den Unternehmen weitgehend verschwunden, da die Daten dezentral erfasst werden.

Abb. 10-8

Klassische IT-Organisation

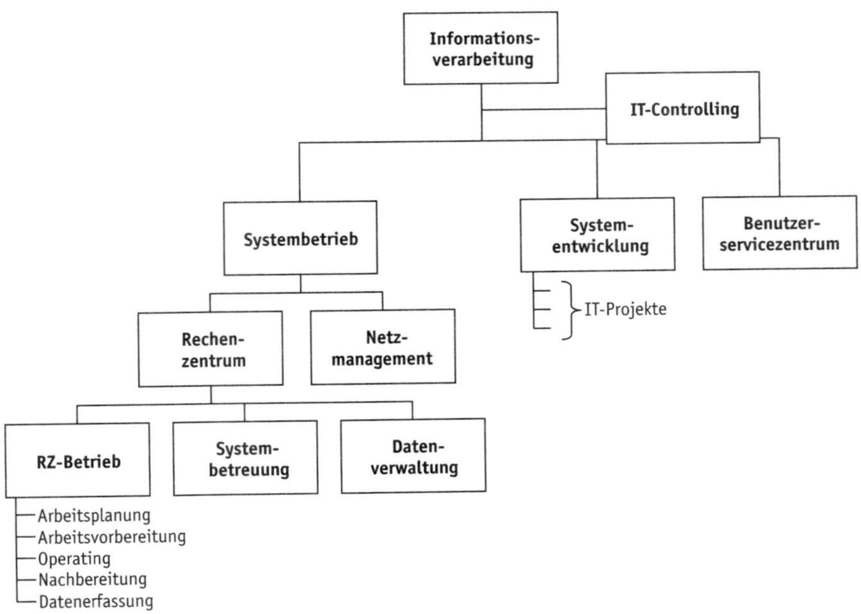

(Quelle: In Anlehnung an *Stahlknecht*, 2002, S. 453)

Datenverwaltung

Eine Aufgabe, die häufig im Rechenzentrum wahrgenommen wird, ist die Datenverwaltung. Dem sogenannten Datenbankadministrator obliegt die Festlegung der physischen Datenorganisation sowie die Vorkehrungen zum Datenschutz. Darüber hinaus nimmt das Rechenzentrum die Systembetreuung wahr, zu der die Betreuung der Systemsoftware, d. h. der Betriebssysteme, der systemnahen Software und der Middleware gehören. Zunehmende Bedeutung erlangt das Netzmanagement, das die Gestaltung der Netzstrukturen, die Auswahl geeigneter Netz- oder Mehrwertdiensteanbieter, die Einrichtung und Durchführung des Netzbetriebs sowie die Leistungsmessung beinhaltet.

Anwendungsentwicklung

Für die organisatorische Gestaltung der Anwendungsentwicklung gibt es unterschiedliche Alternativen. Eine erste Alternative ist die Aufteilung in Systemanalyse und Programmierung (vgl. Abb. 10-9). Vorteilhaft an dieser Alternative ist, dass sowohl Systemanalytiker als auch Programmierer Spezialisten auf ihren Gebieten sind. Nachteilig wirkt sich jedoch der fehlende direkte Kontakt zwischen Programmierer und Nutzer aus, was dazu führt, dass die Anforderungen häufig nicht optimal erfüllt werden.

Abb. 10-9

Trennung von Systemanalyse und Programmierung und IT-Koordinator

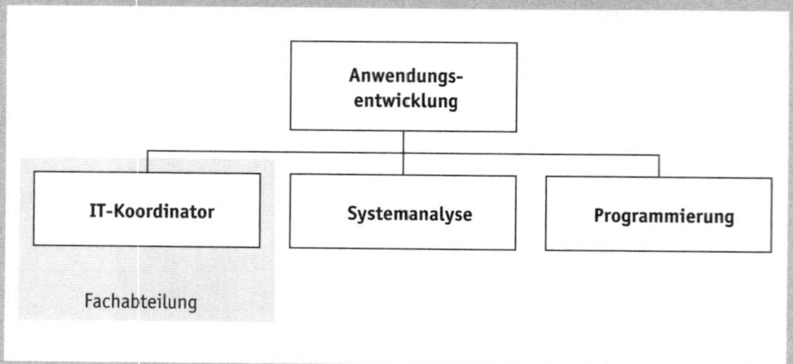

IT-Koordinator

Eine zweite Alternative ist die Benennung eines IT-Koordinators, der zwar der Anwendungsentwicklung unterstellt ist, aber im Fachbereich vor Ort arbeitet (vgl. Abb. 10-9). Dadurch kann für eine gute Umsetzung der Nutzerbedürfnisse gesorgt werden. Problematisch an der Lösung ist die Aufgabenabgrenzung für den IT-Koordinator.

Eine dritte Alternative ist die interne Gliederung der Anwendungsentwicklung nach den zu unterstützenden Fachbereichen (vgl. Abb. 10-10). Dadurch können sich die Mitarbeiter der Anwendungsentwicklung auf ein Gebiet spezialisieren und detailliertes Fachwissen und ein tiefer gehendes Problemverständnis gewinnen. Problematisch ist jedoch, dass eine Knappheit der Ressourcen nur schwierig auszugleichen ist und dass Abteilungsegoismen die Zusammenarbeit behindern.

Abb. 10-10

Aufteilung nach Anwendungsbereich

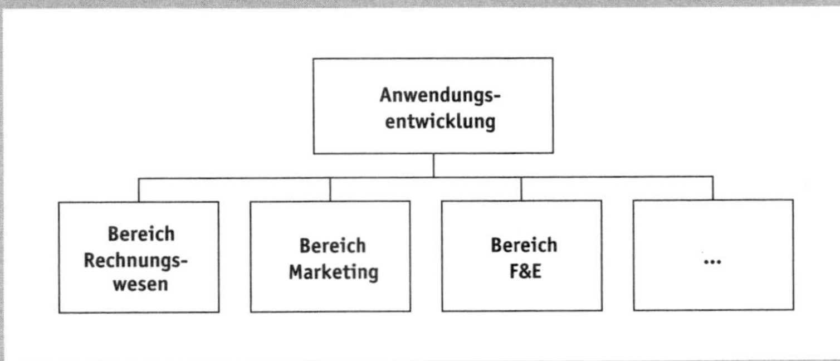

Matrix-Organisation

Eine vierte Alternative stellt die Einrichtung einer Matrix-Organisation mit den Dimensionen Projekt und Anwendungsentwicklung dar (vgl. Abb. 10-11). Die Mitarbeiter sind einerseits dem Projektleiter aus dem Fachbereich, andererseits der

Abb. 10-11

Matrix-Organisation

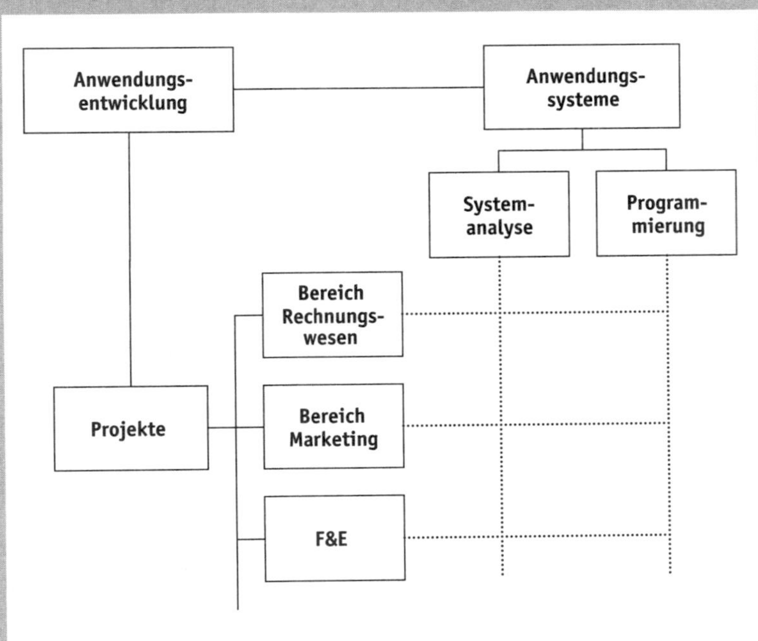

Anwendungsentwicklung unterstellt. Vorteilhaft an dieser Lösung ist die Möglichkeit des flexiblen Einsatzes der Mitarbeiter. Nachteile, insbesondere Interessenkonflikte, bringt die Doppelunterstellung mit sich.

Benutzerservice

Der Benutzerservice, auch Information-Center genannt, hat mit der Zunahme der individuellen Datenverarbeitung an Bedeutung gewonnen. Aufgabe des Benutzerservice ist in erster Linie die Unterstützung der Mitarbeiter in den Fachbereichen bei IT-Fragen. Drei Aufgabenbereiche sind zu unterscheiden:

- *Erbringung von Dienstleistungen an den Endnutzer*: Dazu gehören z. B. die Untersuchung von Einsatzmöglichkeiten von Endnutzersoftware, Kosten-Nutzen-Analysen sowie Beratungsleistungen.
- *Steuerung der individuellen Datenverarbeitung*: Dazu gehören z. B. die Standardisierung von Hard- und Software und die Erteilung und Verwaltung von Zugriffsrechten.
- *Marketing der individuellen IT*: Dazu gehören z. B. Werbung für das Konzept sowie die Durchführung von Pilotprojekten.

Help-Desk

Für kurzfristige Problemlösungen haben die meisten Unternehmen ein Help-Desk aufgebaut, an dem Mitarbeiter des Benutzerservice in Form einer Hotline ständig telefonisch erreichbar sind. Sie bieten Unterstützung bei Problemen mit der Bedienung der Geräte oder der Anwendungen oder helfen in Fehlersituationen.

10.7 Ablauforganisatorische Gestaltung des Informationsmanagements

Aufgabe der ablauforganisatorischen Gestaltung des IM ist es, die Prozesse der IT-Abteilung festzulegen. Im Rahmen der prozessorientierten Gestaltung ist eine Unterteilung in drei verschiedene Betrachtungsebenen denkbar. Auf strategischer Ebene werden Prozesse der Planung und Steuerung sowie zur Architekturgestaltung definiert. Die taktische Ebene hingegen umfasst die Planung der Entwicklung, der Führungsinformation und der verfügbaren Ressourcen. Auf operationaler Ebene schließlich finden der operative Betrieb und die Wartung der Systeme sowie die Steuerung derselben statt. In der Praxis wurden zur IT-Leistungserbringung verschiedene Ansätze entwickelt, von denen sich einige als Best-Practices etablieren konnten. Aus diesen Best-Practices wurden Referenzmodelle wie CobiT und ITIL abgeleitet. Die zunehmenden Anforderungen an das Management der IT-Leistungserbringung machen ein umfassendes Verständnis der Potenziale des IT-Dienstleisters unumgänglich. Zum Aufbau dieses Verständnisses dienen IT-Servicekataloge, die die Gesamtheit der angebotenen IT-Services in strukturierter Form bündeln.

CobiT

Im Jahre 1993 veröffentlichte die Information Systems Audit and Control Association (ISACA) das Control Objectives for Information and related Technology (CobiT). Es handelt sich um ein branchenunabhängiges IT-Governance-Referenzmodell, das allgemeine, international anerkannte Grundsätze und Ziele für die

Informationstechnologie vorgibt. Durch die Integration in das Internal Control-Integrated Framework des Committee of Sponsoring Organisations der Treadway Commission (COSO), wird ein ganzheitlicher Ansatz für Unternehmenssteuerung, Enterprise Governance und zum Risikomanagement angeboten. Das Referenzmodell integriert 36 nationale und internationale Standards aus den Bereichen Qualität, Sicherheit und Revision in einem generischen Prozessmodell, dass die Integration von IT-Prozessen und Best-Practices ermöglicht.

Die Adressaten von CobiT umfassen neben IT-Dienstleistern, Usern und Revisoren auch das Management und die Prozessverantwortlichen in den Geschäftsbereichen. Die vorhandenen IT-Prozesse werden den Kategorien Planung und Organisation, Akquisition und Implementierung, Lieferung und Unterstützung sowie Überwachung und Evaluation zugeordnet. CobiT bietet für alle Prozesse spezifische Kontrollziele, die als Soll-Ergebnis der durchgeführten Aktivität überprüfbar sind. CobiT bietet Reifegradmodelle, Performanceziele, Metriken für die IT-Prozesse und Aktivitätsziele, um den aktuellen Status der IT-Systeme zu benchmarken.

ITIL

Neben CobiT ist *ITIL* ein weiteres Referenzmodell für das Management von internen Dienstleistungen im Unternehmen. Die Abkürzung ITIL steht für Information Technology Infrastructure Library und stellt heute den meist verbreiteten Leitfaden für Service Management und IT-Prozesse dar. Dieser Leitfaden baut auf Best Practices auf und ist in seiner Art und seinem Umfang momentan einzigartig.

Entwickelt wurde ITIL in den späten 1980er-Jahren im Auftrag der britischen Regierung vom Office of Government Commerce (OGC). Neben dem erwähnten Leitfaden gibt es inzwischen viele Produkte, wie beispielsweise Trainings, Berufsqualifikationen, Beratungen oder Software Tools, die unter dem Namen ITIL rangieren. Der Kern von ITIL sind 40 Bücher, die inzwischen überarbeitet und zu fünf Büchern zusammengefasst wurden. ITIL liegt mittlerweile in der dritten Version (ITIL V3) vor und beschreibt, welche Prozesse innerhalb einer IT-Abteilung umzusetzen sind. Folgende Bücher existieren in der dritten Version:

- *Servicestrategie:* Beschreibt den strategischen Hintergrund der IT-Services und legt die Zielsetzung, Definition und Spezifikation aus der Geschäftsperspektive fest,
- *Serviceentwurf:* Überführt die Geschäftsperspektive in IT-Services aus operativer Sicht und beschreibt Funktionsweise und Leistungsumfang der Prozesse,
- *Serviceüberführung:* Stellt die Entwicklung konkreter IT-Services auf Basis der operativen Anforderungen dar,
- *Servicebetrieb:* Gibt Richtlinien und Empfehlungen zum effektiven und effizienten operativen Betrieb der IT-Dienstleistungen,
- *Kontinuierliche Serviceverbesserung:* Thematisiert die kontinuierliche Steigerung der Servicequalität und geht näher auf Zielvereinbarungen, Kennzahlen, Kontrollmechanismen und Methoden zur Schwachstellenidentifikation ein.

ITIL schreibt nicht vor, wie diese Prozesse umzusetzen sind. Dies bedeutet, dass ITIL weder ein Tool, das eingeführt werden kann, noch ein Prozessmodell ist. Stattdessen gibt ITIL eine Art Orientierungsrahmen, den Unternehmen verwenden können, um ihr eigenes Prozessmodell zu entwickeln. ITIL V3 bietet im Vergleich zur Vorgängerversion ein stringenteres Konzept, eine stärkere Ausrichtung von IT-Prozessen an den Geschäftsprozessen, sowie eine umfassendere Beschreibung der einzelnen Prozesse und ihrer Schnittstellen. Allerdings ist das Rahmenmodell im Vergleich zu seinem Vorgänger deutlich komplexer.

ITIL hat sich mittlerweile aufgrund seiner Praxistauglichkeit und Übertragbarkeit als De-facto-Standard etabliert. Die Tatsache, dass es ein Public-Domain-Framework ist, damit also nicht dem Urheberrecht unterliegt, sichert die zeitnahe Anpassung an Veränderungen in Managementkonzepten. Schließlich bietet ITIL die Möglichkeit ein einheitliches Vokabular – und damit Klarheit über Begriffe und Prozesse – einzuführen.

IT-Service-Kataloge

Um erfolgreich Informationsmanagement umsetzen zu können, ist es grundlegend, die Anforderungen der Leistungsnehmer in Form von Bedarfen für Geschäftsprozesse zu erfassen. Der IT-Service-Katalog dokumentiert und standardisiert die angebotenen Leistungen inklusive Umfang, Merkmalen und Qualität. Das vollständige Leistungsangebot der IT-Organisation wird somit für Leistungsnehmer und für Leistungsgeber übersichtlich und verständlich dargestellt. Der Katalog als Grundlage der Leistungsvereinbarung ermöglicht Leistungsnehmern, bedarfsgerechte Services auszuwählen, und ermöglicht dem Leistungsgeber einen verbindlichen Umfang der Leistung. Die praktische Umsetzung von IT-Service-Katalogen erweist sich als Herausforderung. Nur mit einem hinreichend konkretem, detaillierten Gestaltungsvorschlag, der Struktur und Beschreibungen umfasst, können einheitliches Verständnis und Transparenz sichergestellt werden. Häufig werden zur Überprüfung von IT-Service-Katalogen IT-spezifische Kennzahlen eingesetzt.

10.8 Sourcing

Outsourcing

Eine grundlegende Frage für das Informationsmanagement besteht darin, ob und in welchem Umfang IT-Leistungen auch von externen Stellen erbracht, d. h. eingekauft werden können.

> Outsourcing ist eine Zusammensetzung der Wörter Outside, Resource und Using. Es bedeutet, dass einzelne Aufgaben der IT, wie z. B. Infrastruktur, Applikationen, Prozesse oder Personal, oder die gesamten IT-Aufgaben auf Basis einer vertraglichen Vereinbarung, für einen definierten Zeitraum an ein anderes Unternehmen abgegeben werden. Dabei ist nicht festgelegt, ob die IT-Funktion zuvor im Unternehmen angesiedelt war oder direkt an einen externen Anbieter ausgelagert wird. Es umfasst die Auslagerung (externes Outsourcing), d. h. die Übertragung von Aufgaben an ein (rechtlich) externes Unternehmen sowie die Ausgliederung (internes Outsourcing) an ein rechtlich verbundenes anderes Unternehmen (Shared Services). (Quelle: Krcmar 2010, S. 473)

Erste Konzepte zum Outsourcing beschäftigten sich zunächst mit der grundlegenden Frage, ob bestimmte IT-Leistungen selbst oder von externen Dienstleistern erstellt werden sollten. Neben dem Grad der Wertschöpfungstiefe kann nach dem Outsourcing-Gegenstand unterschieden werden: Man differenziert IT-Infrastruktur-, Anwendungs- sowie Geschäftsprozess-Outsourcing. Beweggrund vieler Outsourcing-Vorhaben war vor allem die Senkung der IT-Kosten. In einer nächsten Phase wurde der Umfang des Outsourcing betrachtet. Hier kann zwischen totalem und selektivem Outsourcen unterschieden werden. Aus dieser Diskussion entwickelte sich ein Trend zum Insourcing/Backsourcing, d. h. Prozesse wurden wieder im Unternehmen bearbeitet. Weiterhin wurde festgestellt, dass der Vertrag zwar als rechtliche Grundlage dient, ein neues Konzept des »Relationship Managements« aber die Outsourcing-Beziehung ganzheitlich betrachten muss.

Abb. 10-12

Dimensionen des IT-Sourcings

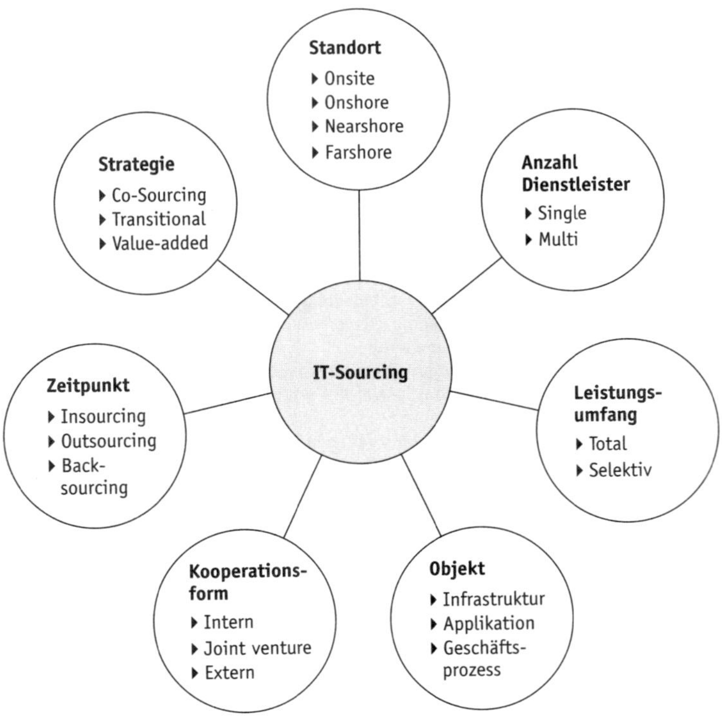

(Quelle: In Anlehnung an *von Jouanne-Diedrich et al, 2005, S. 23*)

Institutionalisierung

Die verschiedenen Alternativen des IT-Sourcings sind in Abb. 10-12 aufgeführt. Im Folgenden werden die Dimensionen Standort und Anzahl Dienstleister erläutert. Unter Offshoring wird generell die Auslagerung der Dienstleistung in ein Niedriglohnland verstanden. Bei der Entscheidung über den Outsourcing-Standort bezeichnen die Begriffe onsite, onshore, nearshore und farshore die steigende Distanz zwischen Unternehmen und Dienstleistungserbringer.

Für die Wahl der Anzahl der Dienstleister sind mehrere Kriterien zu beachten. Outsourcing an einen einzelnen Dienstleister erfordert einen geringeren Koordinationsaufwand als eine Auslagerung an mehrere Dienstleister. Zudem sind Zuständigkeiten eindeutig abgegrenzt und es kann keine Schuldzuweisung unter den Dienstleistern erfolgen. Ein weiterer Vorteil ist die Nutzung des Verbundeffekts. Das Unternehmen kann so seine Kosten senken und hat eine höhere Marktmacht gegenüber dem Dienstleister. Nachteilig wirkt sich die Abhängigkeit vom Dienstleister aus. Preissteigerungen, Qualitätsverluste oder der totale Ausfall der Leistung führen zu erheblichen Problemen, da der Dienstleister schwer ersetzt werden kann. Weiterhin ist zu beachten, dass die Qualität nun von einem einzelnen

Abb. 10-13

Vorteile/Ziele des Outsourcing

Kosten	▸ Kostenreduktion, Umwandlung von Fixkosten in variable Kosten ▸ Verbesserte Kostentransparenz ▸ Verursachungsgerechte Leistungsverrechnung stärkt das Kostenbewusstsein in den Fachabteilungen
Personal	▸ Entlastung der internen DV von Routinearbeiten (Anwendungsstau-Vermeidung) ▸ Unabhängigkeit von chronischen oder temporären Personalknappheiten ▸ Verringerung der Abhängigkeit von einzelnen DV-Mitarbeitern mit Spezial-Know-how
Risiko	▸ Verringerung/Verlagerung d. Risiken der wachsenden techn. Dynamik ▸ Erhöhung der Datensicherheit (z. B. durch Ausweich-Rechenzentren) ▸ Vertraglich geregelte Abwälzung von Risiken und mögl. Gefahren an Outsourcer
Technik/Know-how	▸ Zugang zu speziellem Know-how, das selbst nur schwer und teuer aufzubauen oder zu halten ist ▸ Nutzung modernster Techniken ohne eigene Investitionen ▸ Die Anwendung moderner Entwicklungsmethoden oder die Erstellung von Dokumentationen erfolgt bei Outsourcing-Anbietern meist disziplinierter als in der eigenen Entwicklungsabteilung

(Quelle: In Anlehnung an *Bongard*, 1994, S. 152)

Dienstleister abhängt, dessen Prozesse nicht zwangsläufig best-in-class seien müssen. Die Wahl mehrerer Dienstleister erhöht die Koordinationskosten erheblich und führt zum Verlust von Verbundeffekten. Andererseits sinkt die Abhängigkeit von einem einzelnen Zulieferer maßgeblich. Schließlich steigt die Wahrscheinlichkeit, dass ein Dienstleister Best-in-Class-Prozesse aufweist.

Vorteile

Für das Outsourcing sprechen eine Reihe von Gründen (vgl. Abb. 10-13), die jedoch vor dem Hintergrund jedes einzelnen Unternehmens auf ihre Relevanz hin analysiert werden müssen.

Risiken

Diesen Chancen sind allerdings die in Abb. 10-14 dargestellten Risiken entgegenzuhalten.

Abb. 10-14

Nachteile/Risiken des Outsourcing

Kosten	▸ Einmalige Umstellungskosten (Switching Costs) ▸ Risiken der vertraglichen Preisfixierung; Instransparenz und Unkontrollierbarkeit der verlangten Preise ▸ Nichteintreffen erwarteter Kostensenkungen ▸ Schwierige Abschätzung der Preisentwicklung im Bereich der IT und im Telekommunikationsbereich
Personal	▸ personalpolitische und arbeitsrechtliche Probleme ▸ Verlust von Schlüsselpersonen und deren Know-how ▸ Die im Unternehmen verbleibenden Restaufgaben der Informationsverarbeitung schaffen keine ausreichende Motivation mehr für das verbleibende IT-Personal
Technologie	▸ Starre Bindung an die Technologie des Outsourcing-Anbieters ▸ Gefahr einer zu großen Standardisierung
Datenschutz	▸ Gewährleistung des Datenschutzes vertraulicher Daten
Rückkehr zur eigenen IT	▸ Wiederaufbau von Know-how nach gescheiterten Outsourcing-Projekten ▸ Langfristige Bindung an Outsourcing-Verträge ▸ Aufwand für den Wiederaufbau einer IT-Abteilung (Rechenzentrum) ▸ Bei völliger Aufgabe der Informationsverarbeitungs-Know-how-Basis durch Outsourcing ist es fast unmöglich, nach mehreren Jahren den Auslagerungsschritt rückgängig zu machen

(Quelle: *Bongard*, 1994, S. 153)

10.9 Inhalte und Ziele des IT-Controllings

Das IT-Controlling soll die Transparenz über die Informationswirtschaft und den IKT-Einsatz im Unternehmen herstellen, die für unternehmerische Entscheidungen über die Gestaltung der Informationsverarbeitung und den Technologieeinsatz benötigt werden. IT-Controlling ist das Controlling der Informationssysteme im Unternehmen, nicht die Unterstützung des Controllings durch Informationssysteme selbst.

Ziele des IT-Controllings

Das IT-Controlling verfolgt insbesondere die fünf Ziele:

- *Effektivität:* Das Ziel Effektivität soll die strategische Relevanz sicherstellen, d. h. dafür sorgen, dass die Aktivitäten des Informationsmanagements die langfristigen Ziele des Unternehmens unterstützen oder sie positiv verändern.
- *Effizienz:* Die Wirtschaftlichkeit der IKT-Nutzung gewährleistet, dass Kosten und Nutzen in einem angemessenen Verhältnis stehen.
- *Qualität:* Die Qualität der durch das IM erbrachten Dienstleistungen ist sicherzustellen, um die Wirkung der Dienstleistungen zu garantieren.
- *Funktionalität:* Die Funktionalität insbesondere der Software ist angesichts der wachsenden Flexibilitätsanforderungen zu sichern.
- *Termineinhaltung:* Die Termineinhaltung aller Maßnahmen des IM ist wegen der zunehmenden Relevanz des Wettbewerbsfaktors »Zeit« von Bedeutung.

10.9.1 Elemente des IT-Controllings

IV-Controlling-Haus

Zur konsequenten Realisierung des IT-Controllings ist eine durchgängige Konzeption erforderlich, die die verschiedenen Teilaspekte des IT-Controllings integriert. Abb. 10-15 zeigt das IT-Controlling-Haus, das unter dem Dach der IT-Controlling-Ziele die einzelnen Bausteine zusammenführt. Das IT-Controlling stellt zunächst ein Koordinationssystem für den IT-Bereich und die Informationswirtschaft bereit. Dieses Koordinationssystem ist funktions- und unternehmensübergreifend zu sehen und soll eine Controllingunterstützung für alle informationswirtschaftlichen Aktivitäten im Unternehmen liefern. Für den IT-Bereich selbst stellt das IT-Controlling ein Berichtswesen für das Informationsmanagement bereit. Kennzahlen- und andere Messsysteme helfen, die Leistungen des Informationsmanagements zu steuern. Im Mittelpunkt der Konzeption steht das Controlling der Anwendungssysteme, das in die Aufgabengebiete Portfolio-, Projekt-, Produkt- und Infrastrukturcontrolling unterteilt werden kann.

Das *Portfoliocontrolling* stellt durch die Betrachtung aller im Unternehmen geplanten und vorhandenen Anwendungen deren strategische Relevanz und die Wirtschaftlichkeit sicher. Es unterstützt die Auswahl durchzuführender Projekte.

Das *Projektcontrolling* bezieht sich auf jedes einzelne Projekt und überwacht Wirtschaftlichkeit, Qualität, Funktionalität und Termine.

Abb. 10-15

IT-Controlling-Haus

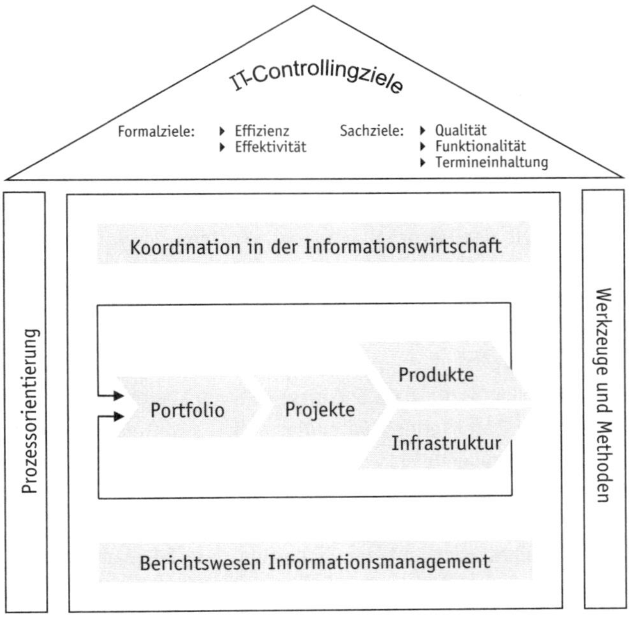

(Quelle: *Krcmar/Buresch*, 1995, S. 296)

Das *Produktcontrolling* begleitet die fertiggestellten Anwendungssysteme über den Rest des Lebenszyklus der Applikationen und gewährleistet für diese Zeit, Qualität und Funktionalität.

Das *Infrastrukturcontrolling* beschäftigt sich mit der Sicherung der oben beschriebenen Ziele im Rahmen des IS-Architekturplanungsprozesses. Dabei fokussiert es auf die durch langfristige Planungsmaßnahmen sicherzustellenden Voraussetzungen für die Informationsversorgung und -verarbeitung des Unternehmens.

Kennzahlen

Kennzahlen treffen Aussagen über die Ausprägung eines Merkmals zu einem bestimmten Zeitpunkt. Im Informationsmanagement werden Kennzahlen eingesetzt, die komplexe Informationen aggregieren und übersichtlich darstellen. Zur Betrachtung eines gesamten Sachverhalts können Kennzahlen zu sogenannten Kennzahlsystemen kombiniert werden. Es existieren verschiedene Dimensionen von Kennzahlen: So dienen beispielsweise Steuerungskennzahlen als Grundlage für Steuerungsmaßnahmen, Informationskennzahlen bieten Informationen für bestimmte Szenarien ohne direkten Handlungsbezug, Benchmarks dienen zum Vergleich und damit der Orientierung und Ausrichtung. Quantitative Kennzahlen bilden konkrete Zahlenwerte ab, qualitative Kennzahlen hingegen beinhalten weiche Faktoren, z. B. Einschätzungen und Beurteilungen. Im Gegensatz zu vergangenheitsbezogenen Kennzahlen, die auf der Basis von Ist-Werten ermittelt werden und oftmals als Planungsgrundlage dienen, stellen zukunftsbezogene Kennzahlen Soll-Werte und Zielgrößen dar.

10.10 Datensicherheit und Datenschutz

10.10.1 Datensicherheit

In den Bereich der Datensicherheit gehören alle grundsätzlichen Maßnahmen gegen Diebstahl, Verfälschung, Weitergabe von Daten, unerlaubter Einsicht in Datenbestände, Sabotage, fahrlässige Bedienfehler sowie Einwirkungen höherer Gewalt.

Zur Datensicherheit (engl.: Data Security) gehören alle Maßnahmen, die zur Verhinderung von Datenverlust, Datendiebstahl und Datenverfälschung beitragen. Durch vorbeugende Maßnahmen soll die Vollständigkeit und Korrektheit der Daten zu jedem Zeitpunkt sichergestellt werden.

Datensicherheit befasst sich mit der Sicherung des IT-Gesamtsystems (vgl. Abb. 10-16). Dazu zählen die Sicherung:
- ordnungsgemäßer Arbeitsabläufe im gesamten IT-Bereich,
- der Daten und Programme vor Verlust, Zerstörung oder Verfälschung,
- der IT-Anlagen und Nebeneinrichtungen (Klimaanlage, Datenträgerarchiv) vor Beschädigung oder Zerstörung.

Gefahren

Um wirkungsvolle Maßnahmen für die Datensicherung festlegen zu können, müssen erst die Risiken und Gefahren erkannt werden. Solche sind z. B.:
- Katastrophen und höhere Gewalt (Feuer, Wasser, Blitz usw.),
- technische Störungen (Stromausfall, Ausfall der Klimaanlage usw.),
- menschliche Handlungen (unbeabsichtigte, zufällige Handlungen durch Unwissenheit, mangelnde Sorgfalt, beabsichtigte, vorsätzliche Handlungen wie Terrorakte, Spionage, Computerkriminalität).

Unter Computerkriminalität versteht man alle rechtswidrigen oder anderweitig schädlichen Verhaltensweisen, die unter Einbeziehung einer automatischen Datenverarbeitungsanlage vorgenommen werden.

Computerkriminalität

Zur Computerkriminalität gehören:
- Computerbetrug – Straftaten, die mit der Absicht verübt werden, sich oder einem Dritten einen rechtswidrigen Vermögensvorteil durch Vorspiegelung falscher oder durch Unterdrücken wahrer Tatsachen zu verschaffen,
- Computer-Software-Piraterie,

Abb. 10-16

Sicherheitsrelevante Bereiche für PC-Sicherheit

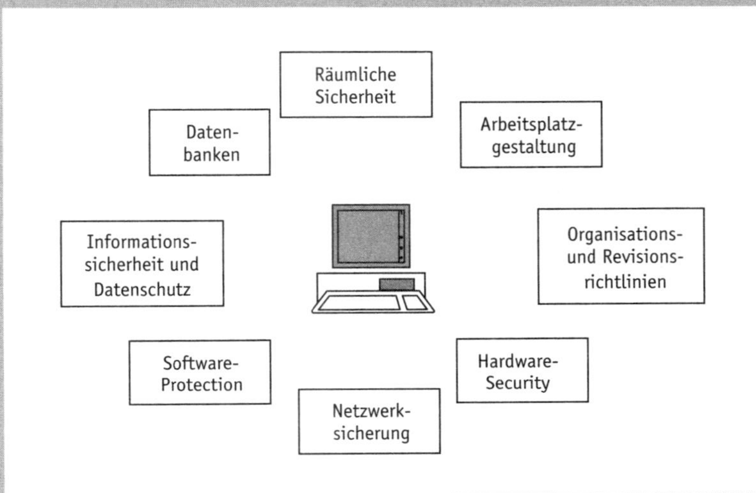

- Datenfälschung – Speicherung bzw. Veränderung von Daten,
- Datenveränderung und Sabotage – Löschen, Unterdrücken, Unbrauchbarmachen oder Veräußern von Daten,
- Ausspähen von Daten – unberechtigter Zugang oder unberechtigte Verschaffung von elektronisch, magnetisch oder sonst nicht mittelbar lesbaren Daten,
- Datendiebstahl – missbräuchliche Nutzung von IT-Anlagen zur Verschaffung von Vermögensvorteilen zu Lasten des Unternehmens.

Viren

Besondere Bedeutung haben in den letzten Jahren Computerviren erlangt.

Computerviren sind unbeständige Programmstücke, die sich (wahlfrei oder gezielt) an Anwendungsprogramme (Programm- bzw. Link-Viren) oder an Teile des Betriebssystems (System-Viren) ankoppeln und damit selbstständig verbreiten können.

Virentypen

Nach der Wirkungsweise werden folgende Virentypen unterschieden:
- überschreibende Viren: Teile des Originalprogramms werden überschrieben, die Programmgröße ändert sich nicht,
- nicht-überschreibende Viren: Das Originalprogramm wird nicht überschrieben, die Programmgröße ändert sich.

Virenschäden

Mögliche Folgen eines Virenbefalls können z. B. sein:
- sinnlose Meldungen, Geräusche oder Bildschirmanimationen,

- Reduzierung der Verarbeitungsgeschwindigkeit des Rechners,
- Blockade bekannter Programme,
- Zerstörung von Daten- bzw. Programm-Dateien,
- Formatierung von Speichermedien.

Datensicherungsmaßnahmen

Datensicherungsmaßnahmen konzentrieren sich darauf, Risiken zu erkennen und Störungen zu verhindern. Die Bedeutung des Problems wird durch Ergebnisse von Umfragen unterstrichen, wonach deutsche Unternehmen bei einem Totalausfall der Informationssysteme durchschnittlich höchstens vier bis acht Tage, Banken nur zwei Tage überleben würden. Als Datensicherungsmaßnahmen stehen verschiedene Alternativen zur Verfügung:

- bauliche Maßnahmen – Wahl eines geeigneten RZ-Standorts, feuerfestes Mauerwerk, fensterlose Räume usw.,
- technische Maßnahmen – unterbrechungsfreie Stromversorgung, Sprinkleranlage, Notrufeinrichtungen, Zugangskontrollen,
- personelle Maßnahmen – Personalauswahl, Werksausweise, Schlüsselregelungen,
- organisatorische Maßnahmen – Sicherungskonzepte für Plattendateien, Zugriffskontrolle, Prüfziffernverfahren.

10.10.2 Datenschutz

Mit dem Datenschutz für personenbezogene Daten befasst sich das Bundesdatenschutzgesetz (BDSG). Die erste Fassung stammt aus dem Jahr 1977, seither wird das Bundesdatenschutzgesetz kontinuierlich an technische Möglichkeiten und Erfordernisse angepasst.

> Unter Datenschutz i. e. S. versteht man den Schutz personenbezogener Daten bei manueller oder maschineller Datenverarbeitung. Natürliche Personen sollen vor unerwünschten Auswirkungen gespeicherter Daten geschützt werden.

BDSG

Unter personenbezogenen Daten werden dabei Einzelangaben über persönliche oder sachliche Verhältnisse von natürlichen Personen verstanden. § 9 BDSG legt technische und organisatorische Maßnahmen fest: »Öffentliche und nicht-öffentliche Stellen, die selbst oder im Auftrag personenbezogene Daten verarbeiten, haben die technischen und organisatorischen Maßnahmen zu treffen, die erforderlich sind, um die Ausführung der Vorschriften dieses Gesetzes, insbesondere die in der Anlage zu diesem Gesetz genannten Anforderungen, zu gewährleisten. Erforderlich sind Maßnahmen nur, wenn ihr Aufwand in einem angemessenen Verhältnis zu dem angestrebten Schutzzweck steht.«

Kontrollmaßnahmen

Um die Ausführung der Vorschriften des Gesetzes zu gewährleisten, sind in der Anlage zu § 9 BDSG insgesamt acht Kontrollmaßnahmen aufgeführt. Die meisten dieser Kontrollen gehören zu den routinemäßigen Datensicherungsmaßnahmen. Folgende Kontrollmaßnahmen werden angeführt:

- *Zutrittskontrolle:* Unbefugten ist der Zutritt zu Servern, mit denen personenbezogene Daten verarbeitet oder genutzt werden, zu verwehren.
- *Zugangskontrolle:* Es ist zu verhindern, dass IT-Systeme von Unbefugten genutzt werden können.
- *Zugriffskontrolle:* Es ist zu gewährleisten, dass die zur Benutzung eines Computers Berechtigten ausschließlich auf die ihrer Zugriffsberechtigung unterliegenden Daten zugreifen können und dass personenbezogene Daten bei der Verarbeitung, Nutzung und nach der Speicherung nicht unbefugt gelesen, kopiert, verändert oder entfernt werden können.
- *Weitergabekontrolle:* Es ist zu gewährleisten, dass personenbezogene Daten bei der elektronischen Übertragung oder während ihres Transports oder ihrer Speicherung auf Datenträger nicht unbefugt gelesen, kopiert, verändert oder entfernt werden können und dass überprüft und festgestellt werden kann, an welche Stellen eine Übermittlung personenbezogener Daten durch Einrichtung zur Datenübertragung vorgesehen ist.
- *Eingabekontrolle:* Es ist zu gewährleisten, dass nachträglich überprüft und festgestellt werden kann, ob und von wem personenbezogene Daten in IT-Systeme eingegeben, verändert oder entfernt worden sind.
- *Auftragskontrolle:* Es ist zu gewährleisten, dass personenbezogene Daten, die im Auftrag verarbeitet werden, nur entsprechend den Weisungen des Auftraggebers verarbeitet werden können.
- *Verfügbarkeitskontrolle:* Es ist zu gewährleisten, dass personenbezogene Daten gegen zufällige Zerstörung oder Verlust geschützt sind.
- *Getrennte Verarbeitung*: Es ist zu gewährleisten, dass zu unterschiedlichen Zwecken erhobene Daten getrennt verarbeitet werden können.

Schlüsselbegriffe Kapitel 10

- **IT- und Unternehmensstrategie**
- **IT-Governance**
- **CobiT**
- **Outsourcing**
- **IT-Controlling**
- **Datensicherheit**
- **Datenschutz**
- **Computerkriminalität**

Wiederholungsfragen Kapitel 10

1. *Beschreiben Sie das Modell des Informationsmanagements und erläutern Sie die verschiedenen Aufgabenbereiche.*
2. *Erläutern Sie die Bedeutungsmatrix nach McFarlan.*
3. *Welche Schlussfolgerungen ergeben sich aus der Bedeutungsmatrix für die Gestaltung des Informationsmanagements?*
4. *Zeigen Sie verschiedene Alternativen der organisatorischen Verankerung des Informationsmanagements auf und nennen Sie ihre Vor- und Nachteile.*
5. *Erläutern Sie die Aufgaben des Rechenzentrums sowie des Benutzerservice.*
6. *Welche Möglichkeiten der internen Gestaltung der Anwendungsentwicklung gibt es?*
7. *Zeigen Sie das Spektrum der Outsourcing-Alternativen auf.*

8. Nennen Sie Gründe für und gegen Outsourcing.
9. Welche Ziele verfolgt das IT-Controlling im Unternehmen.
10. Skizzieren Sie das IT-Controlling-Haus und erläutern Sie seine Bausteine.

Literaturhinweise Kapitel 10

Bongard, S.: Outsourcing-Entscheidungen in der Informationsverarbeitung: Entwicklung eines computergestützten Portfolio-Instrumentariums, Wiesbaden 1994.

Groß, J.: Entwicklung des strategischen Informations-Managements in der Praxis, in: Strunz, H. (Hrsg.): Planung in der Datenverarbeitung. Berlin u. a., 1985, S. 38–66.

Krcmar, H.: Informationsmanagement. 6. Aufl., Berlin u. a. 2014.

Krcmar, H.; Buresch, A.: IV-Controlling – Ein Rahmenkonzept für die Praxis. In: Controlling, Heft 5 (1994), S. 294–305.

McFarlan, F.W.; McKenney, J.L.; Pyburn, P.: The information archipelago – plotting a course. In: Harvard Business Review, Vol. 61 (1983), Nr. 1, S. 145–156.

Picot, A.; Maier, M.: Analyse- und Gestaltungskonzepte für das Outsourcing. In: Information Management, Heft 4 (1992), S. 14–27.

Schwarzer, B.: Enterprise Architecture Management. Norderstedt, 2009.

Stahlknecht, P.; Hasenkamp, U.: Einführung in die Wirtschaftsinformatik. 12. Aufl., Berlin 2005.

o.V.: Bundesdatenschutzgesetz. In: http://bundesrecht.juris.de/bundesrecht/bdsg_1990/, zugegriffen am 11.11.2009.

von Jouanne-Diedrich, H; Zarnekow, R.; Brenner, W.: Industrialisierung des IT-Sourcings, in: HMD – Praxis der Wirtschaftsinformatik 245, Oktober 2005, S. 18–27.

Weiterführende Literatur

Heinrich, L.: Informationsmanagement. 9. Aufl., München 2009.

Knolmayer, G.; Mertens, P.: Organisation der Informationsverarbeitung. 3. Aufl., Wiesbaden 1998.

Krcmar, H.: Was die Geschäftsführung von DV wissen muss. In: Information Management, 2/1994, S. 12–18.

Rudolph, S.: Servicebasierte Planung und Steuerung der IT-Infrastruktur im Mittelstand – Ein Modellansatz zur Struktur der IT-Leistungserbringung in mittelständischen Unternehmen, Wiesbaden 2009.

Sachregister